交通职业教育教学指导委员会推荐教材
高职高专院校工程机械运用与维护专业教学用书

高等职业教育规划教材

Fadongji Gouzao Yu Weixiu

发动机构造与维修

主　编　吴幼松
副主编　牛丽姜
主　审　李文耀

人民交通出版社

内 容 提 要

本书是高等职业教育规划教材，由交通职业教育教学指导委员会交通工程机械专业指导委员会组织编写。主要内容包括：工程机械发动机工作原理和构造，发动机维修基础知识，曲柄连杆机构，配气机构，柴油机供给系，汽油机供给系，发动机冷却系、润滑系，发动机的装配与调试。

本书是高职高专院校工程机械运用与维护专业教学用书，也可供公路机械化施工专业、机电一体化专业教学使用，或作为继续教育及职业培训教材，也可供从事工程机械管理的技术人员学习参考。

图书在版编目(CIP)数据

发动机构造与维修／吴幼松主编. --北京：人民交通出版社，2009.7
ISBN 978-7-114-07602-2

I. 发… II. 吴… III. ①汽车－发动机－构造②汽车－发动机－车辆修理 IV. U472.43

中国版本图书馆 CIP 数据核字(2009)第 017604 号

书　　名：发动机构造与维修
著 作 者：吴幼松
责任编辑：范　坤
出版发行：人民交通出版社股份有限公司
地　　址：（100011）北京市朝阳区安定门外外馆斜街 3 号
网　　址：http://www.ccpress.com.cn
销售电话：（010）59757973
总 经 销：人民交通出版社股份有限公司发行部
经　　销：各地新华书店
印　　刷：北京虎彩文化传播有限公司
开　　本：787×1092　1/16
印　　张：19.125
字　　数：458 千
版　　次：2009 年 7 月　第 1 版
印　　次：2023 年 6 月　第 10 次印刷
书　　号：ISBN 978-7-114-07602-2
定　　价：45.00 元

前言

QIANYAN

交通职业教育教学指导委员会交通工程机械专业指导委员会自1992年成立以来，对本专业指导委员会两个专业（港口机械、筑路机械）的教材编写工作一直十分重视，把教材建设工作作为专业指导委员会工作的重中之重，在“八五”、“九五”和“十五”期间，先后组织人员编写了20多本专业急需教材，供港口机械和筑路机械两个专业使用，解决了各学校专业教材短缺的困难。

随着港口和公路事业的不断发展，港口机械和公路施工机械的更新换代速度加快，各种新工艺、新技术、新设备不断出现，对本专业的人才培养提出了更高的需求。另外，根据目前职业教育的发展形势，多数重点中专学校已改制为高等职业技术学院，中专学校一般同时招收中专和高职学生，本专业教材使用对象的主体已经发生了变化。为适应这一形势，交通工程机械专业指导委员会于2006年8月在烟台召开了四届二次会议，制定了“十一五”教材编写出版规划，并确定了教材的编写原则：

1 拓宽教材的使用范围。本套教材主要面向高职，兼顾中专，也可用于相关专业的职业资格培训和各类在职培训，亦可供有关技术人员参考。

2 坚持教材内容以培养学生职业能力和岗位需求为主的编写理念。教材内容难易适度，理论知识以“够用”为度，注重理论联系实际，着重培养学生的实际操作能力。

3 在教材内容的取舍和主次的选择方面，照顾广度，控制深度，力求针对专业，服务行业，对与本专业密切相关的内容予以足够的重视。

4 教材编写立足于国内港口机械和筑路机械使用的实际情况，结合典型机型，系统介绍工程机械设备的基本结构和工作原理，同时，有选择地介绍一些国外的新技术、新设备，以便拓宽学生的视野，为学生进一步深造打下基础。

《发动机构造与维修》是高职高专院校工程机械运用与维护专业规划教材之一，内容包括：发动机工作原理和构造，发动机维修基础知识，曲柄连杆机构，配气机构，柴油机供给系，汽油机供给系，发动机冷却系，润滑系，发动机的装配与调试。

参加本书编写工作的有：安徽交通职业技术学院吴幼松（编写第二、五、六、七、八章）、汤峰（编写第四章），山西交通职业技术学院牛丽姜（编写第一、九章），新疆交通职业技术学院孙珍娣(编写第三章)。全书由吴幼松担任主编,牛丽姜担任副主编,山西交通职业技术学院李文耀担任主审。

本套教材在编写过程中,得到交通系统各校领导和教师的大力支持,在此表示感谢!

编写高职教材,我们尚缺少经验,书中不妥和疏漏之处,敬请读者指正。

交通职业教育教学指导委员会
交通工程机械专业指导委员会
2009.1

目录

—MULU

第一章

发动机工作原理和构造

第一节　概　　述

一、基本结构

为了实现“化学能—热能—机械能”这种能量形式的转化过程，并使其连续进行，构成循环运动，人们设计了如图1-1所示的装置。在圆筒形的气缸5中有一个活塞6，连杆8的上端通过活塞销7与活塞6铰接，其下端与曲轴9的连杆轴颈铰接，从而把只能作直线往复运动的活塞与只能作旋转运动的曲轴联系起来，使这两种机械运动可以相互转换。气缸的上端由气缸盖1封闭，气缸盖上装有进气门2和排气门3，并由专门机构分别控制而实现对进排气孔道的开闭。另一个由专门机构控制的喷油器4，负责定时向燃烧室喷射柴油。曲轴的一端装有飞轮10，以使曲轴均匀旋转。

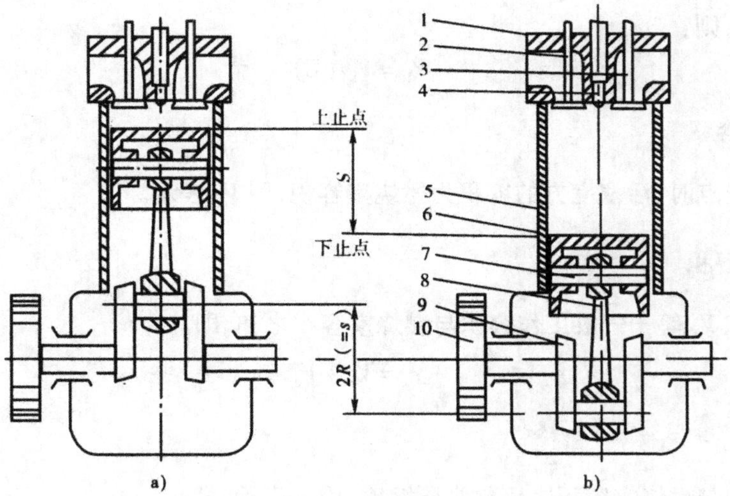

图1-1　单缸四行程柴油机结构简图

1-气缸盖；2-进气门；3-排气门；4-喷油器；5-气缸；6-活塞；7-活塞销；8-连杆；9-曲轴；10-飞轮

柴油机和汽油机，四行程发动机和二行程发动机，尽管从基本工作原理上讲，它们都是燃料在气缸内燃烧，首先将化学能转变成热能，进而将热能再转化为机械能。但是，由于燃料不同和工作过程等方面存在一些重要差别,从而导致结构上的许多差异。现着重阐述单缸四行程柴油机的工作过程和工作原理。为了便于比较,将对二行程柴油机和四行程、二行程汽油机的工作过程也略做介绍。

二、基本术语

1. 上止点、下止点及活塞行程

活塞离曲轴回转中心最远处,通常为活塞的最高位置,称为上止点;活塞离曲轴回转中心最近处,通常为活塞的最低位置,称为下止点。上、下止点间的距离 S 称为活塞行程。曲轴与连杆下端的连接中心至曲轴中心的距离 R 称为曲柄半径,显然 $S=2R$。同时曲轴每转一周,活塞移动两个行程。

2. 气缸工作容积

活塞从上止点到下止点所扫过的容积称为气缸工作容积或气缸排量,用 V_h 表示。

$$V_h = \frac{\pi D^2}{4 \times 10^6} \times S(\mathrm{L})$$

式中:D——气缸直径,mm;

S——活塞行程,mm。

3. 发动机排量

多缸发动机各缸工作容积的总和称为发动机工作容积或发动机排量,用 V_L 表示。若发动机的气缸数为 i,则:

$$V_L = V_h i(\mathrm{L})$$

4. 燃烧室容积

活塞在上止点时,活塞上方的容积为燃烧室容积,用 V_c 表示。

5. 气缸总容积

气缸总容积 V_a 等于气缸工作容积与燃烧室容积之和,即:

$$V_a = V_h + V_c$$

6. 压缩比

气缸总容积与燃烧室容积之比称为压缩比,用 ε 表示,即:

$$\varepsilon = \frac{V_a}{V_c} = \frac{V_h + V_c}{V_c} = 1 + \frac{V_h}{V_c}$$

压缩比表示气缸内气体被压缩的程度。压缩比越大,压缩终了时气缸内的气体压力和温度就越高。一般柴油机的压缩比为 15 ~ 22,汽油机的压缩比为 6 ~ 10。

7. 发动机的工作循环

在气缸内进行的每一次将燃料燃烧的热能转化为机械能的一系列连续过程(进气、压缩、做功和排气),称为发动机的工作循环。

8. 二行程发动机

活塞往复两个行程完成一个工作循环的发动机,称为二行程发动机。

9. 四行程发动机

活塞往复四个行程完成一个工作循环的发动机,称为四行程发动。

第二节 发动机的工作原理

一、四行程柴油机的工作循环

图 1-2 为单缸四行程非增压柴油机工作循环示意图。

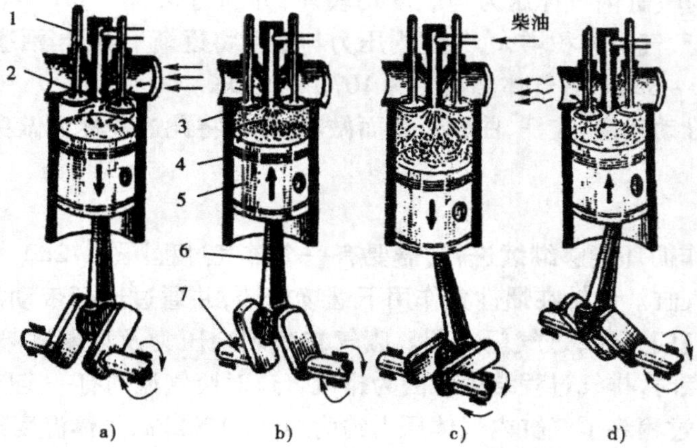

图 1-2 单缸四行程非增压柴油机的工作循环
a)进气过程;b)压缩过程;c)做功过程;d)排气过程
1-排气门;2-进气门;3-喷油器;4-气缸;5-活塞;6-连杆;7-曲轴

1. 进气过程

在四行程柴油机工作过程中,首先要让空气进入气缸。在进气过程[图 1-2a)]开始时,活塞位于上止点,此时进气门开启,排气门关闭。活塞在曲轴、连杆的带动下,由上止点向下止点运动。随着活塞向下运动,活塞上方的气缸容积不断增大,气缸内气体压力逐渐下降,新鲜空气便在气缸内外压差的作用下进入气缸。当活塞运动到下止点时,进气门关闭,进气过程结束。

由于进气气流遇到一定阻力以及时间上的限制,所以进气过程终了时气缸内气体压力低于大气压力,(约为 78.4~88.2kPa)。进入气缸的新鲜空气,因为与气门、气缸壁、活塞等高温零件接触,并与上一循环(排气过程)残余的高温废气相混合,所以进气过程终了时,其温度可升高到 320～340K。

2. 压缩过程

进气过程结束后，活塞在曲轴、连杆的带动下，由下止点向上止点返回。此时进气门和排气门都关闭。在压缩过程[图 1-2b）]中，随着活塞向上运动，气缸容积不断减小，被密封在气缸内的空气受到压缩，其压力、温度都逐渐升高。当活塞运动到上止点时，压缩过程结束。此时气缸内气体压力约为 2.94～4.90MPa。气体温度约为 770～970K。气体温度升高为柴油喷入气缸后自行着火燃烧创造了有利条件（向雾化后的柴油传导热量）。

3. 做功过程

在压缩过程接近终了时（活塞到达上止点前），喷油器以很高的压力将柴油喷入气缸。细小的油雾很快地从高温空气中吸收热量并汽化与空气混合形成可燃混合气，自行着火燃烧。由于在做功过程[图 1-2c）]中进气门和排气门始终都是关闭的，所以燃烧后的高温气体，在密闭的气缸内形成很高的气体压力。在此压力的作用下，活塞由上止点向下止点运动，并通过连杆带动曲轴旋转。活塞运动到下止点时，做功过程结束。

做功过程开始时气缸内气体压力与温度均较高，分别为 5.88～11.76MPa，1770～2270K。随着做功过程的进行，气缸容积增大，气缸内压力与温度将逐渐下降，当活塞到达下止点时，缸内气体压力约为 290～390kPa，气体温度约为 1070～1170K。

因为气体压力推动活塞、连杆、曲轴运动而做功，所以将此过程称为做功过程。

4. 排气过程

为了使下一工作循环能够继续进行，需要有一个排气过程[图 1-2d）]，将做功过程中燃烧形成的废气排出气缸。曲轴在惯性力作用下继续旋转，并通过连杆带动活塞由下止点向上止点运动。此时排气门开启，进气门关闭。废气在其剩余压力及活塞驱赶作用下排出气缸。待活塞运动到上止点时，排气过程结束。因为排气管道对废气流动有一定的阻力，加之排气时间的限制，所以排气过程终了气缸内气体压力约为 100～120kPa，气体温度约 570～770K。

至此，柴油机经历了进气、压缩、做功、排气四个过程，完成了一个工作循环。由于曲轴一端装有飞轮，依靠飞轮旋转的惯性将使曲轴继续旋转，则下一个工作循环又开始，如此周而复始，使柴油机得以连续不断地运转。

由于在每一个工作循环中活塞需上下运动四个行程（曲轴转两圈），因而得名四行程柴油机。显然，上述四个行程中只有做功行程发出能量，其余三个行程都要消耗能量。最初（起动时）这些能量需依靠外力提供，当柴油机一旦着火工作以后，则由做功行程向其余三个行程提供能量，而这三个行程又为做功行程创造必要的条件。

二、四行程汽油机的工作循环

四行程汽油机的工作循环与四行程柴油机的工作循环一样，也由进气、压缩、做功、排气四个过程组成。但由于汽油机用的燃料是汽油，其黏度比柴油小，易挥发，而且自燃温度比柴油高，所以它的混合气形成与着火方式都与柴油机不同，进而其工作循环的具体过程也与柴油机不同。

图 1-3 为单缸四行程汽油机的工作循环示意图。

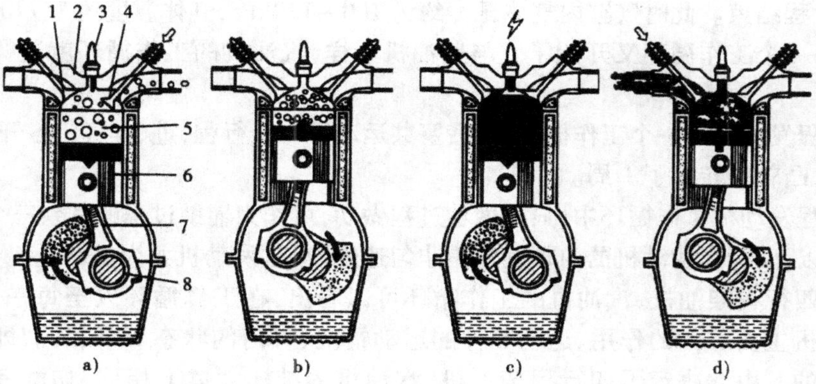

图 1-3 四行程汽油机工作示意图

a）进气行程；b）压缩行程；c）做功行程；d）排气行程

1-排气门；2-气缸盖；3-火花塞；4-进气门；5-气缸；6-活塞；7-连杆；8-曲轴

1. 进气过程

四行程汽油机工作循环，首先需要让汽油与空气组成的混合气进入气缸［图 1-3a）］。在曲轴旋转运动的带动下，活塞由上止点向下止点运动。随着活塞向下运动，活塞上方的气缸容积不断增大，气缸内气体压力便逐渐减小。此时排气门关闭，进气门开启。在气缸内外压差的作用下，新鲜空气与化油器供给的汽油形成混合气，通过进气门流入气缸。活塞运动到下止点时进气门关闭，进气过程结束。进气过程终了时，气缸内气体压力约为 74 ~ 88kPa，气体温度约为 360 ~ 490K。

2. 压缩过程

在曲轴旋转运动的带动下，活塞由下止点向上止点运动，此时进、排气门均关闭。随着活塞向上运动，活塞上方的气缸容积逐渐减小［图 1-3b）］。被密封在气缸内的可燃混合气的压力、温度同时升高。当活塞运动到上止点时压缩过程结束。压缩过程终了时气缸内的气体压力约为 785 ~ 1370kPa，气体温度约为 570 ~ 700K。

3. 做功过程

当压缩过程接近终了时，火花塞发出电火花点燃可燃混合气。由于汽油的迅速燃烧，进、排气气门又都处于关闭状态，所以气缸内气体压力与温度急剧上升（气体压力达 2.94 ~ 4.41MPa，气体温度达 2270 ~ 2770K），气体压力推动活塞向下止点运动。待活塞运动到下止点时做功过程［图 1-3c）］结束。此时气缸内的气体压力约为 295 ~ 395kPa，气体温度约为 1170 ~ 1470K。

4. 排气过程

在此过程中，进气门关闭，排气门开启。活塞在曲轴、连杆的带动下，由下止点向上止点运动,废气在剩余压力与活塞驱赶作用下排出气缸[图 1-3d)]。当活塞到达上止点时,排气门关闭,排气过程结束。此时气缸内气体压力约为 100 ~ 120kPa,气体温度约为 770 ~ 1070K。

此后,下一个工作循环又开始了。与柴油机一样,汽油机的工作循环就这样周而复始地进行。

在四行程发动机的一个工作循环中,活塞共运动了 4 个行程,进、排气门各开启一次,曲轴转动了 2 周,凸轮轴转动了 1 周。

在四行程发动机工作循环中,只有做功过程做功,可作为辅助过程的其余三个过程均要消耗动力。所以,四行程发动机的曲轴旋转是非匀速的(单缸发动机尤为显著)。

从以上四行程柴油机、汽油机的工作循环可以看出,在工作循环以至每一个过程中,柴油机与汽油机主要零件的作用、运动零件的运动情况、气门的状态等都相同,即它们的基本原理是相似的。由此决定了四行程柴油机、汽油机的结构大体上相同,如两者都有曲柄连杆机构、配气机构、冷却系、润滑系、起动系等。但由于所用燃料及混合气形成方法有所不同,使得两者的燃料供给系有明显的区别,如柴油机燃料供给系中设有喷油泵、喷油器等部件,而汽油机燃料供给系中则设有汽油泵、化油器等部件。又因为汽油的自燃温度高,要通过外界火源点燃,所以汽油机设有点火系。由于柴油的自燃温度低,用比较大的压缩比所产生的气体高温便可以使柴油自燃,因此柴油机不设点火系。因为柴油机的压缩比较大,其做功过程中的气体爆发压力大,气体膨胀程度大,所以,与汽油机相比,在气缸工作容积相同的情况下,柴油机做功多、功率大。与此对应的,其零件受力大,振动噪声也大,因此柴油机显得比较笨重。

三、二行程柴油机工作过程

单缸二行程柴油机的工作循环与二行程汽油机工作循环也有很多相似之处,所不同的主要是进入气缸的不是可燃混合气,而是纯空气。图 1-4 为带有换气泵的二行程柴油机工作循环示意图。新鲜空气由换气泵提高压力(约为 0.12 ~ 0.14MPa)后经气缸外部的空气室和气缸壁上的进气孔进入气缸内,而废气则经由专设的排气门排出。

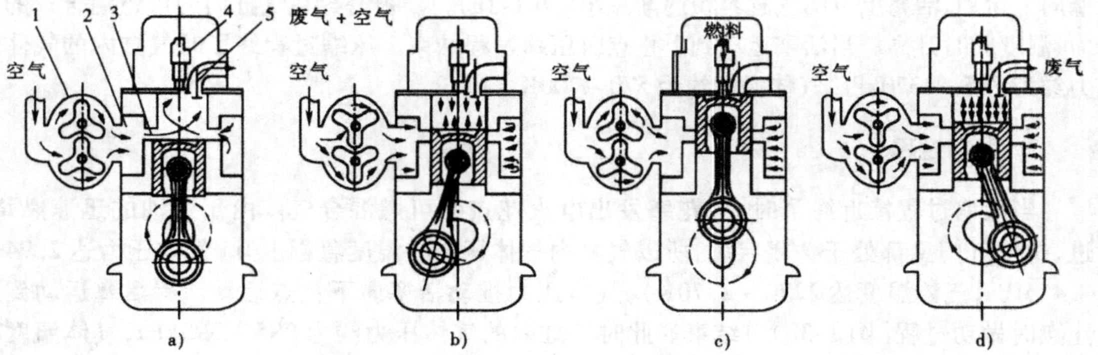

图 1-4 二行程柴油机工作循环示意图

1-扫气泵;2-空气室;3-进气孔;4-喷油器;5-排气门

第一行程

活塞自下止点向上止点移动。行程开始前,进气孔和排气门均已开启,由换气泵提高压力的空气进入气缸进行换气[图1-4d)]。当活塞继续上移将进气孔关闭,排气门也关闭时,空气开始被压缩[图1-4a)]。当活塞接近上止点时,喷油器向气缸内喷入雾状柴油并自行着火[图1-4b)]。

第二行程

活塞到达上止点后,着火燃烧的高温高压气体推动活塞下行做功。活塞下行至2/3行程时,排气门开启,废气靠自身压力自由排出气缸[图1-4c)],此后进气孔开启,进行与汽油机类似的换气过程。

二行程柴油机由于换气时进入气缸的是纯空气,没有燃料损失,在某些大型工程机械和重型载货汽车上被采用。

四、二行程汽油机工作过程

二行程发动机的工作循环也包括进气、压缩、做功和排气四个过程,但它是在活塞往复运动两个行程内完成的,图1-5为二行程汽油机工作循环示意图。

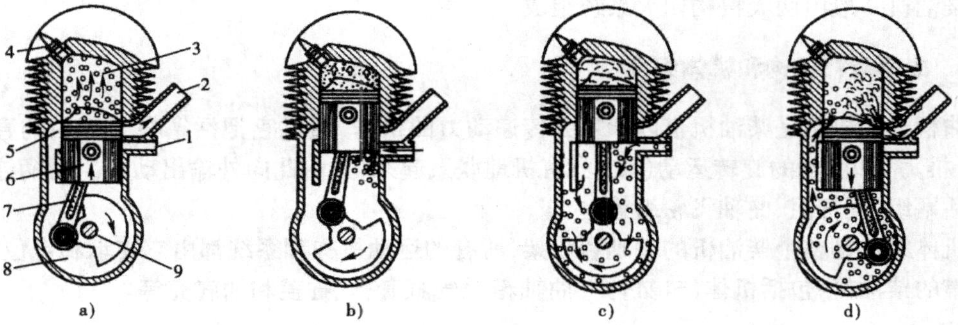

图1-5 二行程汽油机工作循环示意图

a)压缩;b)进气 c)膨胀做功;d)排气

1-进气孔;2-排气孔;3-气缸;4-火花塞;5-扫气孔;6-活塞;7-连杆;8-曲轴箱;9-曲轴

第一行程

在曲轴旋转的带动下,活塞由下止点向上止点运动,当活塞上行至关闭换气孔和排气孔时[图1-5a)],已进入气缸的新鲜混合气开始被压缩,直到活塞到达上止点,压缩结束。

第二行程

当活塞接近上止点时[图1-5c)],火花塞产生电火花,点燃混合气,燃烧后形成的高温、高压气体推动活塞从上止点向下止点运动做功,当活塞下行到关闭进气孔后,活塞下方曲轴箱内的可燃混合气被预压缩。

当活塞下行到排气孔开启时[图1-5d)],部分燃烧后的废气靠自身压力经排气孔排出,紧接着换气孔开启,曲轴箱内经过预压的可燃混合气经换气孔进入气缸,并扫除气缸内的废气。

排气孔的位置应保证使做功过程约为活塞全行程的2/3,它稍高于换气孔,以便做功过程结束时靠气缸内气体的剩余压力排气。这既有利于排气干净,也可使气缸内压力降低,便于从换气孔进入新鲜混合气。

活塞顶做成特殊形状,将新鲜混合气引向上部,这样既可以防止新鲜混合气大量地混入废气,并随废气一起排出气缸,造成浪费,又可驱除废气,使排气更为彻底。但是尽管如此,要完全避免可燃混合气的损失是不可能的。

通过上述分析可知,二行程汽油机在换气时由于有混合气损失,所以经济性差,在大中型工程机械和车辆上的运用受到了限制。但由于其结构简单、质量小、制造费用低等优点,被工程机械柴油主机的起动机和摩托车、微型汽车等小排量发动机采用。

第三节　发动机的总体构造

为实现"燃料化学能转换成热能并进而转换为机械能"这一能量转换过程,并能连续、长期、稳定地工作,发动机是一部由许多机构和系统组成的复杂机器。现代发动机的结构形式很多,即使是同一类型的发动机,其具体结构也是千差万别,但是,为了完成发动机工作循环所需的基本构造则是大同小异。下面叙述广泛应用的柴油机的总体构造,并扼要介绍汽油机的结构特点。

柴油机一般由两大机构四大系统组成。

1. 曲柄连杆机构和机体组件

曲柄连杆机构是柴油机借以产生并传递动力的机构,通过它把活塞在气缸中的直线往复运动(推力)和曲轴的旋转运动(转矩)有机地联系起来,并由此向外输出动力。曲柄连杆机构包括活塞组、连杆组、曲轴飞轮组等。

机体组件是整个柴油机的基础和骨架,所有的运动机构和系统都由它支承和定位,借以形成完整的柴油机,包括机体(气缸体 - 曲轴箱)、气缸套、气缸盖和油底壳等。

2. 配气机构

配气机构主要由进气门、排气门、摇臂、推杆、挺杆、凸轮轴、正时齿轮等组成,其作用是使新鲜气体适时充入气缸并及时从气缸排出废气。配气系统还包括设置在气缸盖内的进、排气道,与进、排气道连接的进、排气歧管,进排气管,空气滤清器,排气消声器,增压式柴油机上还装有废气涡轮增压器。

3. 燃料供给系

柴油机燃料供给系包括:燃油箱、柴油粗滤清器、柴油精滤清器、喷油泵及调速器总成、喷油器、低压油管、高压油管。燃料供给系的功用是:根据柴油机工作循环需要和柴油机负荷的变化,定时适量地将清洁的高压柴油供给喷油器,由喷油器将柴油以雾状(极细微颗粒)喷入燃烧室,使之与气缸内的压缩空气混合燃烧。

4. 润滑系

润滑系的任务是用机油来保证各运动零件摩擦表面的润滑,以减少摩擦阻力和零件的磨损,并带走摩擦产生的热量和磨屑,这是柴油机长期可靠工作的必要条件之一。润滑系主要包括机油泵、机油滤清器、机油冷却器和润滑油道等。

5. 冷却系

冷却系的任务是保持柴油机工作的正常温度，将受热零件的多余热量散发到大气中去。柴油机温度过高或过低，都将影响正常工作，因而这也是柴油机长期可靠工作的必要条件之一。冷却系主要包括水泵、风扇、散热器和节温装置等。

6. 起动装置

静止的柴油机需借助外力起动才能转入自行运转。起动装置为柴油机的起动提供外力，创造必要条件。起动装置包括起动机（电动机或二行程汽油机）及便于起动的辅助装置。

综上所述，曲柄连杆机构与供给系互相配合，得以实现能量的转化，输出动力，是柴油机的核心机构。它们工作情况的好坏，对柴油机的性能具有决定性的影响。而其他各机构和系统则都是起保证作用的。它们之间互相配合，协同动作，为柴油机的长期工作创造必要的条件，缺一不可。

汽油机使用的燃料性质及向发动机气缸供给的方式与柴油机有一定差异。另外，汽油机的点火方式也与柴油机不同。

汽油机燃料供给系，在进气管路中串连一个制备汽油与空气混合的装置——化油器。化油器的任务是：把汽油与即将进入气缸的空气，根据发动机不同工况的要求，制备各种适当浓度的混合气，进入气缸。

汽油机中有点火系统。因为汽油机进气行程中，进入气缸是汽油与空气的混合气，所以发动机的压缩行程中，气缸内压缩的也是这些混合气。因此汽油机的压缩比不可能像柴油机那么大（柴油机压缩比一般为 16 ~ 22，而汽油机的压缩比一般只有 6 ~ 10）。否则，活塞还未到上止点，缸内混合气就可能被压燃，发动机将无法运转。汽油机设置有电点火系统，其任务是：在活塞上行到压缩行程临近上止点时，在缸内产生电火花，以点燃气缸内的混合气。汽油机的点火系包括：电源部分——蓄电池和发电机，点火线圈，断电—配电器，火花塞，低压导线和高压导线。

第四节　发动机主要性能指标

为了表征各种类型发动机的性能特点，比较发动机性能的优劣，一般以发动机性能参数作为评价指标。其主要性能指标有动力性指标和经济性指标。动力性指标包括有效转矩、有效功率及升功率等；经济性指标，也叫燃料经济性指标，指的是发动机的有效燃油消耗率（也称比油耗）和有效热效率。

1. 有效转矩

发动机的曲轴飞轮组件驱动工作机械的力矩称有效转矩，用 T_e 表示，单位是 N·m。它是燃料在气缸内燃烧放热，气体膨胀加在活塞上的气体压力在曲轴上产生的转矩，减去因机械摩擦和驱动各辅助装置所形成的阻力矩，最后从飞轮端传出可供实际使用的转矩（即输出转矩）。有效转矩值可用测功器通过试验测定。

2. 有效功率

发动机在单位时间内对外实际做功的大小称有效功率，用 P_e 表示，单位是 kW。对于直线运动的物体，功率就是力与速度的乘积；对于旋转运动的物体，功率就是转矩与角速度的乘积。所以有效功率：

$$P_e = T_e \frac{2\pi n}{60} 10^{-3} = \frac{T_e n}{9550}(\mathrm{kW})$$

式中：T_e——有效转矩，N·m；

n——曲轴转速，r/min。

有效转矩 T_e 和每分钟转数 n 都可以通过试验测定，相应的有效功率 P_e 可以用上式算出。有效转矩和有效功率是评定柴油机动力性能的主要指标。

根据国家标准，发动机标定的功率分为 4 种，15min 功率、1h 功率、12h 功率和持续功率。它们分别指发动机允许连续运转 15min、1h、12h 和允许长期连续运转的最大有效功率。通常按发动机的用途和使用特点，在其标牌上标出上述 4 种功率中的 1 ~ 2 种功率及其相应的转速。工程机械柴油机通常以 12h 功率作为标定功率。若需短期超负荷工作，大致可按 110% 的 12h 功率作为 1h 功率，运转时间不得超过 1h，若需连续超过 12h，大致可按 90% 的 12h 作为持续功率进行使用。

3. 升功率

在标定工况下发动机每升气缸工作容积所发出的有效功率称为升功率，用 P_L 表示，单位是 kW/L。

$$P_L = \frac{P_e}{i \cdot V_h} = \frac{P_e}{V_L}(\mathrm{kW/L})$$

式中：P_e——发动机标定功率，kW；

i——气缸数；

V_h——单个气缸工作容积，L；

V_L——发动机排量，L。

升功率是从发动机有效功率出发，对其工作容积的利用率进行评价，是评价发动机整机动力性能和强化程度的指标。

4. 燃油消耗率和有效热效率

发动机每工作 1h 所消耗的燃料重量称为耗油量，用 G_T 表示，单位是 kg/h。耗油量 G_T 仅仅表明柴油机在 1h 内消耗的绝对油量，而并未表明这 1h 内做功的多少，因此，不能说明燃油经济性的好坏。

能够表征燃油经济性的指标是柴油机平均每发出 1kW·h 的功所消耗的燃料量，称为耗油率，用 g_e 表示，单位是 g/(kW·h)。耗油率 g_e 越低，表明燃油经济性越好。

$$g_e = \frac{G_T}{P_e} 10^3 \quad [\mathrm{g/(kW \cdot h)}]$$

式中：G_T——发动机每小时耗油量，kg/h；

P_e——发动机有效功率，kW。

由于有燃料不能完全燃烧的损失，废气所带走的热损失，冷却系散走的热损失，以及机械摩擦阻力和驱动各辅助装置消耗功所相当的热损失，有效热效率 η_e 的值较低。有效热效率 η_e 和耗油率 g_e 之间应成反比关系。

一般柴油机的 η_e 为30%～40%，汽油机的 η_e 为20%～30%。

标志发动机动力性能（T_e、P_e）和燃油经济性能（η_e 和 g_e）的指标是随着许多因素而变化的，其变化规律称为柴油机特性。在上述各项指标中，耗油量 G_T 有效转矩 T_e 和转速 n 三项，可在试验台上直接测出，其他三项即有效功率 P_e、耗油率 g_e 和有效热效率 η_e 则由计算得出。

第五节　发动机名称和型号编制规则

一、型号编制规则

发动机可以按照各种不同的分类方法进行分类。一台发动机应该怎样归类？其结构和工作特征如何？能否用一简明方式表达呢？一般用发动机的型号可以较为准确的表述。下面介绍国产发动机型号编制规则。

为了便于发动机的生产管理和使用，我国对发动机名称和型号编制规则重新审定并颁布了国家标准 GB/T 725—1991《内燃机产品名称和型号编制规则》。标准的主要内容如下：

（1）发动机产品名称均按所采用的燃料命名，例如柴油机、汽油机、煤气机、沼气机、双（多种）燃料发动机等。

（2）发动机型号由阿拉伯数字、汉语拼音字母和 GB/T 1883—2005《往复活塞式内燃机词汇》中关于气缸布置所规定的象形字符号组成。

（3）发动机型号由四部分组成，如图1-6所示。

①首部：包括产品系列代号、换代符号和地方、企业代号，由制造厂根据需要自选相应字母表示，但需经行业标准化归口单位核准、备案。

②中部：由缸数符号、气缸布置形式符号、冲程符号和缸径符号组成。

③后部：由结构特征符号和用途特征符号组成。

④尾部：区分符号。同一系列产品因改进等原因需要区分时，由制造厂选用适当符号表示。后部与尾部可用“—”分隔。

型号表示方法如下。

1. 柴油机

（1）YZ6102Q——六缸直列、四行程、缸径102mm、水冷、汽车用（YZ 为扬州柴油机厂代号）。

（2）12V135ZG——12缸、V型、四行程、缸径135 mm、水冷、增压、工程机械用。

（3）12VE230ZC$_z$——12缸、V型、二行程、缸径230 mm、水冷、增压、船用主机、左机基本型。

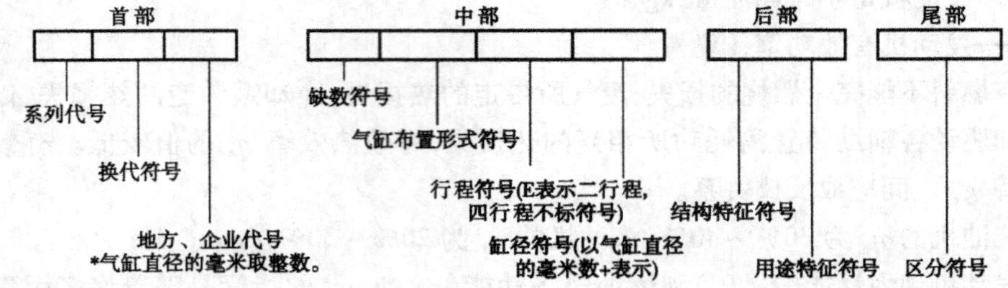

气缸布置形式符号

符号	气缸布置形式
无符号	多缸直列及单缸
V	V型
P	平卧形

结构特征符号

符号	结构特征
无符号	水冷
F	风冷
Z	增压
Z_L	增压中冷
D_Z	可倒转
N	凝气冷却
S	十字头式

用途特征符号

符号	用　途
无符号	通用型及固定动力
T	拖拉机
M	摩托车
G	工程机械
Q	汽车
J	铁路机车
D	发电机组
C	船用主机，右机基本型
C_X	船用主机，左机基本型
Y	农用运输车
L	林业机械

图 1-6　发动机型号

2. 汽油机

(1)1E65F——单缸、二行程、缸径 65 mm、风冷、通用型。

(2)EQ6100Q——6 缸、直列、四行程、缸径 100mm、水冷、汽车用,区分符号 1 表示第一种变型产品(EQ 为第二汽车制造厂代号)。

(3)BJ492QA——四缸、直列、四行程、缸径 92 mm、水冷、汽车用,区分符号 A 表示变型产品(BJ 为北京汽车制造厂代号)。

我国为加速工程机械和汽车工业的发展,在“吸收外资,引进技术”的方针指引下,引进外国厂商先进的应用技术或专利,康明斯发动机和小松发动机。这类发动机目前并未按国家标准 GB/T 725—1991 编制型号。

康明斯发动机在我国使用范围基本上包括 3 个系列,即 V 系列、N 系列和 K 系列。这类发动机一般都采用废气涡轮增压或带中冷器,如 N 系列增压(NT)、V 系列(VT)、V 系列增压、中冷(VTA)、K 系列(KT)、K 系列增压、中冷(KTA)等。康明斯柴油机型号的识别说明见图 1-7。

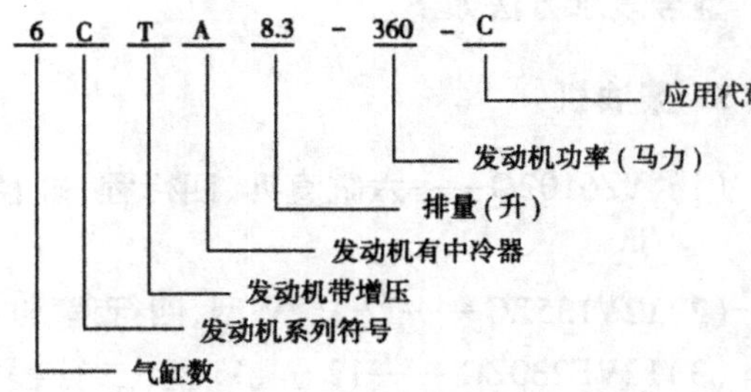

图 1-7　康明斯柴油机型号说明

其应用代码(用途代号):A—农业;

C—工程机械；D—发电机驱动机；F—消防泵；G—发电机组；L—发动机车；M—船机；P—动力组；R—轨道车；T—军事作战车。

小松发动机的编号说明见图 1-8。

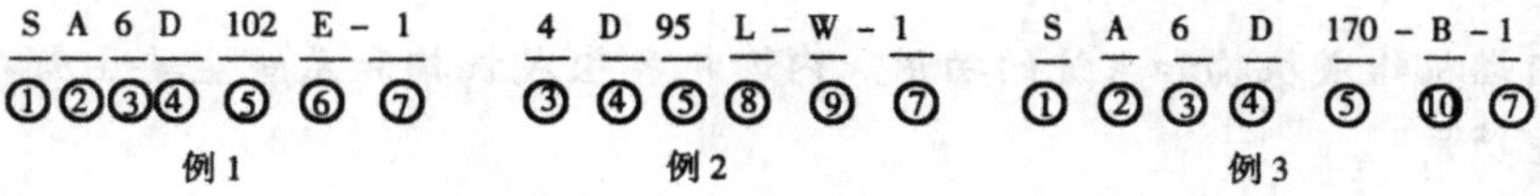

图 1-8　小松柴油机型号的说明

其用途代号：①S 表示有涡轮增压器；②后冷却器，A 表示水冷式后冷却器，AA 表示空冷式后冷却器；③气缸数；④气缸排列形式，D 表示 4 行程水冷直列式，V 表示 4 行程水冷 V 形式；⑤气缸内径；⑥排气环保型；⑦改进号；⑧L 表示长行程，S 表示短行程；⑨涡流室式（whirl）；⑩按马力大小排，A、B、C……

二、发动机的旋转方向

根据 GB/T 726—1994《往复式发动机旋转方向、气缸和气缸盖上气门的标志及直列式内燃机右机、左机和发动机方位的定义》的规定，发动机的旋转方向是指其功率输出轴的转向而言。在确定发动机的转向时，观察视线应由功率输出端朝向自由端看。凡输出轴顺时针方向旋转者称为“右转”；凡逆时针旋转者称为“左转”。图 1-9a）所示发动机转向为左转。

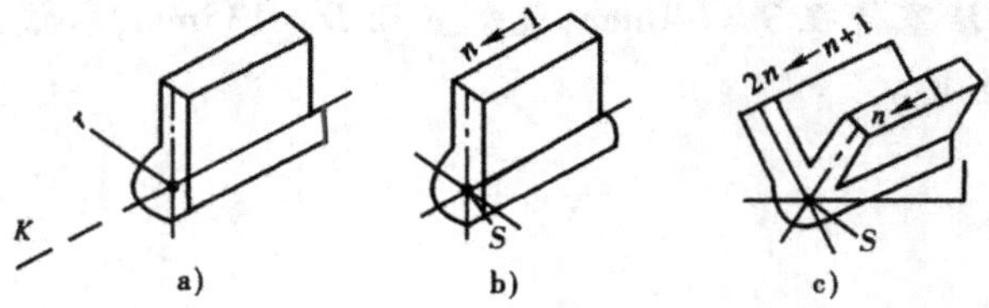

图 1-9　确定发动机旋转方向及气缸排列编号的示意图
K-视向；*S*-功率输出端；*n*-每列气缸数

三、发动机的气缸编号

根据 GB/T 726—1994 的规定，不论发动机的气缸排列形式如何。均应从自由端开始向功率输出端方向依次进行气缸编号，如图 1-9b）所示。两列以上的多列式发动机进行编号时，应首先确定列次，然后再根据上述规定编列各缸号码。

气缸列次的规定方法是：由功率输出端，以垂直于输出轴中心线的水平线为基准，从该水平线的右端沿逆时针方向依次计数，最先遇到的一列气缸为第Ⅰ列，以后依次为第Ⅱ列，第Ⅲ列，……如图 1-9c）所示。

复习思考题

1. 解释名词术语。

（1）上止点；（2）行程；（3）曲柄半径；（4）燃烧室容积；（5）气缸工作容积；（6）排量；（7）压

缩比

2. 四行程汽油机通常主要由哪些机构和系统组成?

3. 四行程柴油机通常由哪些机构与系统组成?比较四行程汽油机和柴油机组成机构与系统间的区别。

4. 写出内燃机组成机构和系统的功用。内燃机各组成机构和系统主要由哪些总成组成?各总成有哪些功用?

5. 四行程内燃机的一个工作循环由哪些行程组成?二行程内燃机的工作循环由哪些行程组成?说明单缸四行程柴油机的工作原理。

6. 比较单缸四行程柴油机与汽油机的工作过程,列表指出两者的不同之处。在外形结构上,如何区分柴油机和汽油机?

7. 何谓发动机的有效转矩、有效功率、升功率、耗油率和有效热效率?

8. 举例说明国产内燃机产品名称和型号编制规则。

9. 与四行程内燃机相比,二行程内燃机有哪些特点?

10. 在相同的排量和转速条件下,理论上二行程内燃机的功率比四行程高多少倍?但实际上二行程内燃机的功率一般比四行程内燃机高多少倍?为什么?

11. S195 柴油机在转速 $n=1800\text{r/min}$ 时,每秒的工作循环次数是多少?每秒的行程数为多少?

12. 6135 柴油机,其 $D\times S=135\text{mm}\times 140\text{mm}$,压缩比 $\varepsilon=19$,试求气缸的燃烧室容积 V_c。

13. 6135 柴油机的活塞行程 $S=140\text{mm}$,气缸直径 $D=135\text{mm}$,求该柴油机的曲柄半径 R、气缸工作容积 V 和排量 V_L。

第二章

发动机维修基础知识

发动机零件的耗损按其原因可分为:零件的磨损,零件的腐蚀,零件的疲劳及零件的变形等四类。

零件表面磨损,使它的尺寸、形状和表面质量发生了变化,改变了零件原有的配合特性。零件磨损是不可避免的。但是,在掌握零件磨损规律的基础上,采取相应技术措施,可以减少零件的磨损,提高零件的使用寿命。

金属零件表面常发生化学腐蚀和电化学腐蚀,研究零件表面腐蚀的原因,减少零件腐蚀的措施,也是提高零件使用寿命的重要途径。

零件疲劳是指零件在交变载荷作用下,由于材料的疲劳而产生的破裂和折断。研究疲劳的影响因素,是为了提高零件的扰疲劳性能,减少零件的损坏。

零件变形,可能产生弯曲、扭曲、挠曲等损伤。基础件的变形,是造成轴承座孔间轴度轴线垂直度和平行度等位置误差过大的主要原因。如气缸体产生变形,严重的影响发动机的装配关系,降低发动机的修理质量和使用寿命。

零件修复的目的是恢复它们的配合特性和工作能力。

零件修复的基本方法有两种:一是对磨损零件进行机械加工,使其恢复原有的几何形状,这种方法叫修理尺寸法;另一种方法是利用堆焊、喷涂、刷镀、电镀和粘结等工艺增补零件的磨损表面,再进行机械加工恢复零件的基本尺寸、几何形状及粗糙度,此外压力加工法是利用金属的塑性变形来恢复磨损部分的形状和尺寸。

发动机修复方法中,机械加工法是基本的修复方法,其应用比较多,使用面也比较广。

第一节　发动机的耗损

发动机在使用运行中,各组成的总成和零件将逐渐丧失原有的或技术文件所要求的性能,从而引起发动机技术状况变差,出现故障,直至不能执行规定的功能。了解发动机零件性能恶化的过程,就能针对零件失效的原因采取相应的措施,防止零件的早期损坏,进而控制发动机的技术状况,使发动机的技术状况处于规定的水平。因此,研究发动机零件和总成技术状况变化的原因及其耗损规律,建立和掌握控制发动机技术状况的理论基础,是十分必要的。

一、发动机零件的耗损

发动机零件在工作过程中,由于零件之间的相互作用、外部环境的影响以及零件的隐伤等因素，使零件产生磨损、塑性变形和疲劳损坏等耗损形式，造成零件失去设计制造时所给定的功能。

1. 摩擦与润滑

两物体具有相对运动（或运动趋势）时便会产生摩擦。根据摩擦表面相对运动的特性，摩擦分为滑动摩擦和滚动摩擦。根据摩擦表面的润滑特性，摩擦分为干摩擦、边界摩擦、混合摩擦和液体摩擦等形式。

1）干摩擦

干摩擦是指摩擦表面之间无润滑剂的摩擦。在发动机的动配合副中，一般不允许出现干摩擦现象。

2）液体摩擦

液体摩擦是指两摩擦表面被连续的润滑油完全隔开时的摩擦。摩擦只发生在润滑油膜的内部，摩擦系数仅有0.001~0.01，几乎对摩擦副不产生磨损。

发动机动配合应保持液体摩擦。保持液体摩擦的基本条件是：首先，必须连续地供给足够的润滑油并保持良好的油性；其次，要使两摩擦面有足够的接触面积、合理的形状和配合间隙；第三，不要超负荷运转；第四，合理地选择润滑油的品种和规格。否则，液体润滑将转化为其他的摩擦形式。两摩擦面的相对速度对液体摩擦也有影响。

3）边界摩擦

两摩擦表面的凸起部分仅由一层极薄的油膜隔开。这种摩擦叫边界摩擦。

这层润滑油与摩擦表面互相作用，依靠吸附和化学反应在表面间形成的油膜，油膜的厚度趋于零，一般小于0.1μm。

边界摩擦在发动机的各种配合中普遍存在，如气缸的配合副、凸轮与挺杆间的摩擦等。

4）混合摩擦

把摩擦分为干摩擦、液体摩擦和边界摩擦只是为了论述方便。在很多情况下，各种摩擦是混合存在的。我们把两种或两种以上摩擦状态并存的现象叫混合摩擦。介于边界摩擦和干摩擦间的混合摩擦叫半干摩擦；介于边界摩擦和液体摩擦间的混合摩擦叫半液体摩擦。

2. 零件的磨损

磨损是指零件工作表面的物质，由于相对运动不断损耗的现象。按摩擦表面相对运动的类型，磨损可分为滑动磨损、滚动磨损、冲击磨损、微动磨损和流体侵蚀等；按磨损的机理，磨损则分为黏附磨损、磨粒磨损、疲劳磨损和腐蚀磨损等。

1）黏着磨损

两个物体在载荷作用下作相对运动时，实际接触面积很小，应力很大，接触点产生塑性变形，使接触点处的温度升高。当温度升高到材料的熔化温度时，便发生了黏着现象。黏着点温度降低而凝固时，在随后的相对运动中便被撕脱下来。这种损伤现象叫黏着磨损。发动机拉缸和曲轴烧瓦的咬黏是黏着磨损的典型例子。

互熔性强的金属或硬金属与软金属组成的配合副在润滑不良条件下容易产生黏着磨损。强化材料表面，选择合理的表面粗糙度，保持良好的润滑条件，科学的磨合工艺等都有利于防止黏着磨损。

2）磨料磨损

磨料磨损是硬质颗粒进入摩擦表面所引起的磨损叫磨料磨损。磨料磨损是摩擦表面的微观切削作用或者两摩擦表面受硬质颗粒划伤的一种比较简单的耗损形式。磨粒磨损随运动速度、载荷的增大而增强，随磨粒硬度的增高而加剧。

外来磨料进入摩擦表面，引起磨料磨损是发动机机件失效的主要原因之一。磨粒磨损表面呈擦伤、沟纹或条纹状。减轻磨粒磨损的措施就是要防止磨粒进入摩擦表面。

3）表面疲劳磨损

齿轮、凸轮、滚动轴承的滚动体及滚道等工作表面经过一定的工作时间后会出现麻点或凹坑。在这种滚动或滚动加滑动的摩擦中，由于高接触应力的反复作用使工作表面产生磨损和疲劳剥落的现象叫表面疲劳磨损。

4）腐蚀磨损

腐蚀磨损是指摩擦材料与周围介质发生化学变化或电化学相互作用引起的磨损。因其介质的性质、介质作用在摩擦表面上的状态以及摩擦材料性质的不同，腐蚀磨损的状况也不同。根据腐蚀磨损的状态可分为氧化磨损、微动磨损、化学腐蚀磨损和穴蚀等四种。

（1）氧化磨损。摩擦表面与大气中氧的相互作用，在摩擦过程中，氧吸附在摩擦表面上，并向内层扩散，其作用过程与摩擦条件有关。在摩擦表面发生塑性变形的同时，表面形成化学吸附膜、氧的固溶体膜和金属氧化物。这些脆性的氧化物在切向力和正压力的作用下，与表面分离，使摩擦表面产生磨损。

一般说来，在工程机械发动机零件中氧化磨损是普遍存在的。但氧化磨损率比其他磨损小，这是由于表面的氧化膜对零件的抗磨粒磨损具有一定保护作用的缘故。影响氧化磨损的主要因素有滑动速度、接触载荷、介质、润滑条件和材料的性质等。当载荷超过某一临界值时，磨损量随载荷的增大而急剧增加，并有可能由氧化磨损转化为黏着磨损。

（2）微动磨损。在零件的嵌合部位、静配合处虽然没有宏观的相对位移，但在外部交变负荷和振动的影响下，会产生微小的滑动，此时表面上产生大量的微小氧化物磨损粉末，由此造成的磨损谓之微动磨损。在微动磨损的产生处往往形成磨痕，其结果不仅使零件配合精度下降，更严重的是会引起应力集中，导致零件变形甚至断裂。

（3）特殊介质腐蚀磨损。特殊介质的腐蚀磨损是指摩擦副在酸、碱和盐等特殊介质中形成的腐蚀磨损。其磨损特点是磨损速度极快。

（4）穴蚀。穴蚀也称气蚀，是指相对于液体接触的金属表面在相对运动过程中产生的一种表面破坏现象，其磨损特征呈麻点状或泡沫海绵状穴坑。

例如，柴油机湿式缸套外壁穴蚀的形成，主要是因为在柴油机运行中，活塞在侧向力的作用下撞击缸套，缸套产生高频振动，引起冷却水压的波动。当水压的波动超过冷却水的静压时，因冷却水压力低于冷却水饱和蒸气压即产生气泡。当水压的波动大于饱和蒸气压时，气泡破裂，引起超过 10kHz 的极其剧烈的水压波动，气泡破裂时产生的微小射流和冲击波，使缸套外壁的浸蚀层逐渐脱落，呈现麻点或海绵状穴蚀。

在一般情况下，发动机零件的磨损常常是由于几种磨损机理综合作用的结果。

5）提高零件耐磨性的途径

各种磨损进程都取决于摩擦条件以及摩擦表面性质。为了提高发动机主要配合副的耐磨性,延长其使用寿命,人们已经做了大量的研究工作并取得了显著的效果。

(1)结构措施积极提高总成、机构和配合副结构的合理性,改善配合副的摩擦条件;自动调节和控制发动机工况,保证发动机以最佳的工况工作,减小配合副的动负荷;选取最佳的摩擦材料、几何形状、表面粗糙度、尺寸精度和润滑状况等,如采用喷钼抗磨覆盖层;采用能浮动在油楔上的桶形活塞环;第一道活塞环槽镶耐磨铸铁圈的共晶铝硅合金活塞;加铌气缸套;采用纸质滤芯的空气滤清器和纸质全流式机油滤清器等。

(2)工艺措施是指从加工工艺方面提高配合副耐磨性的措施,主要依靠从材料投产到最终机械加工和强化加工等生产工艺的各个环节,包括零件摩擦表面微观几何特性、零件尺寸精度和几何形状精度、零件动平衡、装配质量、合理的磨合规范与优良的磨合质量等,都能保证零件与配合副最终具有必要的物理机械性能。

例如,在每个具体的摩擦条件下,都有一个最佳的表面粗糙度,经过磨合的摩擦表面均会建立一个稳定的、耐黏着磨损和疲劳磨损的工作微观几何形状,这与加工获得的初始表面粗糙度无关;气缸的网纹磨削有利于防止初始黏着磨损;表面挤压、表面激光淬火、碳氮共渗和表面喷钼等表面强化工艺都能有效地提高摩擦表面的耐磨性。

(3)使用措施包括发动机的运行、技术维护和技术状况的监控等三个方面。

发动机主要是以非稳定工况运行,它恶化了配合副的摩擦条件,加剧了零件的磨损。通过正确的操作,减少非稳定工况运行的比例,尽可能地维持发动机以最佳工况运行,从而减少配合副的动载荷,降低配合副的工作温度,使润滑油维持正常的油性,达到减轻零件磨损的目的。

提高发动机的维修质量和维修作业人员的素质。科学地采用新技术、新设备进行发动机的维修。严格执行发动机维修的各级技术条件,进行认真的质量检验,选用合理的维修工艺和运行材料。

利用发动机诊断技术,定期地、连续地对发动机进行技术状况监控,就有可能在机构或配合副损坏之前,及时地采取相应措施,消除故障隐患,确保发动机具有较高的技术性能和运行能力,有效地提高发动机的使用寿命。

3. 零件的疲劳损坏

零件疲劳是指发动机零件在较长时间内由于交变载荷的作用,性能破坏,甚至产生断裂的现象。

1)疲劳损坏的特点

疲劳断裂的特点是断裂时的应力,远远低于材料的强度极限,甚至低于屈服点。在交变应力作用下的疲劳断裂,在断裂前不会发生明显的塑性变形,断裂是突发性的。因此,疲劳断裂具有极大的危险性,常常导致致命的故障,甚至导致重大的机械事故。

2)减轻疲劳断裂的措施

(1)正确的操作,防止发动机超速运行,减少冲击,避免零件超负荷。

(2)尽量防止酸、碱、盐和过度潮湿等腐蚀介质引起的腐蚀磨损和疲劳损坏。

(3)在零件维修中应注意:

①保证原厂规定的表面粗糙度。油孔表面的划痕,甚至机械加工的纹路,过大的表面粗糙

度都会造成零件表面缺陷，使应力集中增加，加速疲劳裂纹的形成与扩展。

②避免形成新的危险断面，尽量避免应力集中。

③保持零件上的工艺结构符合原设计规定。如磨削曲轴轴颈时，要注意磨削过渡圆角，不可过小或过大。圆角过小会使应力集中增大；圆角过大会使轴承的有效长度减小或轴承配合间隙增大。

④变形零件经冷压校正后，其疲劳强度降低约10%。因此，应做好校正后的消除应力措施。

⑤合理使用表面强化工艺。

3）严格对易疲劳损坏零件的技术监控

从疲劳断面分析，疲劳折断虽在瞬间发生，但其形成却有一定的过程，即由渐变转为突变过程。重视并认真对易疲劳损坏的零件进行隐伤检验，发现疲劳裂纹时及时更换新件。就能在一定程度上避免疲劳断裂所造成的损失。

4. 零件的变形

发动机零件在使用过程中，由于质点位置的变化使零件的尺寸或形状改变的现象叫做零件的变形。发动机零件的变形特别是基础件的变形，破坏了各零件的装配关系，会缩短其使用寿命。

引起零件变形的原因有：

①内应力：铸件在结晶过程中，形成的热应力和相变应力，虽然经退火处理基本得到消除，但是部分未能得到消除的残余应力在使用过程中，将会导致弹性极限的变低，残余应力得到松弛，于是极易产生塑性变形。

②外载荷：发动机过载或受力不均匀，引起应力的再分配，一方面加速残余应力松弛的进程，同时因应力的再分配还会形成新的残余内应力。

③温度：金属材料的弹性极限随温度的升高而下降，内应力松弛的速度也随温度的升高而加快。因此，在高温条件下将加剧工作零件的变形。

维修质量过差，修理工艺不合理，也将引起零件的变形。如对变形气缸体等主要零件进行修理使其形位误差恢复到公差的范围内，就会产生活塞在偏缸状态下运行；曲轴在强迫状态下转动等，必然加速和加剧零件应力的再分配而导致新的变形。磨削曲轴时，装卡过定位，使曲轴产生新的弯曲。

发动机修理中，必须不断地探索新的零件修理工艺，认真修复变形零件，这是提高维修质量，改善大修发动机可靠性与耐久性的一项重要内容。

5. 零件材料的老化

发动机零件材料的性能随着使用时间的增长而逐渐出现衰退的现象，称为老化。用塑料、尼龙、橡胶等合成材料做成的零件经过一段时间的使用后，其表面质量、强度、硬度等性能都发生了很大的变化，这种现象叫零件材料的老化。塑料、尼龙、橡胶等材料在机械上用得越来越多，因此，材料的老化已经成为一个不可忽视的问题。维修时，必须按原厂技术文件所规定的周期更换橡胶类零件，以避免因其老化而引起机械事故。

二、发动机的磨损

发动机在长期使用后，气缸、活塞、活塞环、活塞销、连杆和轴承(瓦)、曲轴和轴承(瓦)、轴颈等主要运动件，都会发生自然磨损。当磨损超过允许限度时，就会产生不正常的运转现象。

发动机各零件、组合件磨损程度很难一致，需要修理的时间也很难事先确定。因此，需要根据发动机的使用情况，随时掌握发动机的技术性能状况，灵活地进行维护和修理作业，从而延长发动机大修的周期。

若出现个别零件发生个别故障和损伤，一般可作为局部的小修处理。小修是临时性的维修作业，可以就机进行。

若是发动机经过长期运转后，零件磨损过度，运行技术参数大大下降，则须对发动机进行解体，作彻底的检查、修理和调整，恢复原有的技术参数和动力。

三、发动机需要修理的依据

当发动机出现以下情况时，就须进行大修。

(1)发动机加速性能明显减弱时。

(2)气缸压力下降，在水温达70℃，发动机转速在100～150r/min时，用气缸压力表检测气缸压力，其数值达不到该机型标准值的75%或最大功率较标准功率降低25%时。

(3)气缸磨损，气缸的圆度误差达到0.050～0.063mm，或圆柱度误差达到0.175～0.250mm(以磨损最大的一个气缸为准)时。

(4)机油消耗，如每升机油维持发动机运转时间低于标准的40%时。

(5)燃油消耗，如每升燃油维持发动机运转时间低于标准的60%时。

(6)出现不正常的噪声和金属敲击的异响时。

(7)发动机不能正常运转或根本不能运转时。

(8)发动机达到修理期限时。

(9)其他重大损伤事故时。

第二节　发动机零件的修理方法

发动机零件的修理很重要，做好这项工作可以减少换件数量，节约资金，减少待料时间，缩短修理周期，降低成本，提高效益。

发动机零件的修理方法有：零件的机械加工修复、焊修、刷镀、喷涂与喷焊、粘结和零件变形的校正等。

一、机械加工修复方法

1. 机械加工修复的特点及注意的问题

发动机零件修复中的机械加工与新件的制造有很大的差别。其特点如下：

加工批量小或是单件生产；加工余量很小，往往只是对零件的局部加工；工作的表面硬度大，有时还要对淬硬表面进行加工；由于使用中零件的变形，使得零件的装卡和定位基准的选择比较困难。

为了保证修复零件的耐久性和互换性，要求修复件符合原厂规定的尺寸、精度、形状与位置公差和表面粗糙度的要求，零件在机械加工修复时，应注意以下几个问题。

1）定位基准与加工精度

为了保证加工精度，首先必须选择合理的定位基准。由于修复件的磨耗与变形，加之维修设备不及制造厂的精度高，这就给零件修理中选择基准和保证加工精度带来一定的困难。

轴类零件原加工的基准多半是轴两端的中心孔，但在使用过程中，中心孔有的被磨损或碰伤，有的因轴的弯曲而失去再作基准的意义。故在加工前，应先对轴类零件进行校直，然后以轴的某些关键部位为基准，或者用研磨法修整中心孔，再以修整后的中心孔为基准修复轴类零件。对于耗损严重的中心孔，必要时可以堆焊后重新加工。

为保证加工精度，基准的选择应注意与原加工基准尽量统一或选择加工精度高、变形小的部位为定位基准。如曲轴经长期使用后，出现弯曲、扭曲变形和轴颈的不均匀磨损，在修磨曲轴时不仅要保证各轴颈的精度，而且要保证各加工表面之间、加工表面与非加工表面之间的位置精度。如果磨削曲轴主轴颈时，只注意每道主轴颈的尺寸、圆度、圆柱度及各主轴颈的同轴度，而忽略检查曲轴上的飞轮凸缘及后端轴承座孔与主轴颈的同轴度，就会导致变速器在使用过程中发出响声和加速输入轴齿轮与轴承座孔的磨损。

壳体类零件在修复过程中的定位基准多为某一平面或几个平面，但壳体由于使用中平面经常发生磨损或变形，修复时如再用此平面为定位基准，就必须先以关键轴线为基准对其平面进行检查，并加以修整，否则就会使加工精度降低，零件配合关系受到破坏。如镗缸时，常用气缸体下平面为定位基准，如其变形过大，应先以主轴承座孔的轴线为基准，修整气缸体的下平面，再以下平面为基准加工上平面、前后端面、镗削主轴承座孔、凸轮轴座孔，最后镗削各个气缸。这样不但保证了各个气缸的加工精度，而且恢复了各气缸的平行度和垂直度。

2）轴类零件的圆角

曲轴等承受冲击和交变载荷的轴类零件，在形状和尺寸的过渡面上，对应力集中极为敏感，为了减轻和分散应力集中及其影响，在这些过渡断面上制造有一定的过渡圆角。

曲轴工作时，轴颈和曲柄臂过渡圆角处的最大应力，要比轴颈中部的应力大 2～3 倍。当曲柄臂厚度一定时，过渡圆角越大，应力集中系数越小，曲轴的疲劳强度也就越高。修磨不慎，造成过渡圆角过小，在使用中容易产生疲劳折断；假若过渡圆角过大，在曲轴轴承的两端容易引起黏着磨损。因此，修复轴类零件，在不影响装配关系的情况下，应选取原厂设计圆角的上限，以减轻应力集中，提高零件的疲劳强度，延长使用寿命。

3）零件的表面粗糙度

零件经修复后应具有与新件相同的表面粗糙度。但是，在实际修理过程中，不少修复零件的表面粗糙度并未达到规定的要求。其原因有：一是设备的精度低；二是维修人员未能引起足够的重视。修复零件的工作表面过粗糙，无疑会加剧零件的磨损，缩短零件的使用寿命。

表面粗糙度过低，首先影响零件的耐磨性。这是因为粗糙的表面使初始磨损量增加，加大发动机正常工作期间的配合间隙，大大地缩短了零件的使用寿命，同时也使功率损耗增加。其次，表面粗糙度将影响配合副的实际过盈，过于粗糙的工作表面，压装时会因剪切而压平表面上的凸点，使实际过盈减小。

表面粗糙度会影响零件的抗疲劳磨损能力和疲劳强度,优质钢材对表面粗糙度更为敏感,在交变载荷作用下,在表面粗糙处容易形成疲劳源,产生疲劳磨损或疲劳裂纹,逐渐扩展而使零件折断。这是因为材料强度越高,应力集中越严重。

表面粗糙度对零件的抗腐蚀性能也会产生影响。因为腐蚀性物质极易黏附在裂纹和表面凹处造成腐蚀,并逐渐扩展。如用滚压法处理加工表面,使其预加压应力既可增加防腐蚀性能,又可提高疲劳强度,是一种可取的加工方法。抛光也是一种提高零件疲劳强度的好方法。抛光虽然没有使工作表面产生预加压应力,但是由于其表面光滑,减少了应力集中和与腐蚀介质的接触面,所以曲轴磨削后最好采用抛光。但要注意,轴颈的抛光纹理的方向必须与曲轴旋转方向一致。

2. 修理尺寸法

修理尺寸法在发动机修理中得到广泛的应用。为了平衡零件间的使用寿命,多种零件用修理尺寸法,如气缸、活塞、活塞环、活塞销、曲轴与轴承等磨损速度快、寿命较短的零件。

在零件结构、强度和强化层允许的条件下,将配合副中主要件的磨损部位经过机械加工至规定的尺寸,恢复其正确的几何形状和精度,然后更换相应的配合件,得到尺寸改变而配合质不变的修理方法,称为修理尺寸法。

在使用修理尺寸法时,首先应确定配合副中的主要件,一般是选择结构形状复杂、工艺难度大和制造成本高的零件,将其磨损部位扩大(孔类零件)或缩小(轴类零件)至规定的修理尺寸,然后更换相应的易损零件,并使两者的配合符合技术条件。由于仅对主要零件的磨损表面进行加工,这样就能大大降低维修成本。

显然,使用修理尺寸法修理后的尺寸已不同于零件的原基本尺寸,而是形成了一个对孔是增大了的、对轴件是缩小了的新基本尺寸。经修理后,除了获得一个新的修理尺寸外,其配合性质、配合盈隙、形位公差、表面粗糙度、表面机械性能和热处理状态都没有改变。

1)修理尺寸等级与级差

修理尺寸是指零件表面通过修理,形成符合技术文件规定的大于或小于原设计基本尺寸的新的基本尺寸。

为了增加修理次数,延长主要零件和基础件的使用寿命,根据主要件的结构、强度与硬化层的情况,结合每个大修理间隔之间零件的磨损量,国家标准制定了各种配合件的修理尺寸等级和级差。因此,标准中不同配合副的修理尺寸可分为若干个等级,但任何维修企业不得自行制定修理尺寸的等级和级差。

例如,发动机的气缸与活塞的修理尺寸,柴油机为八级,汽油机为四级,级差为0.25mm;发动机曲轴主轴颈和连杆轴颈的修理尺寸,柴油机可达六级,汽油机为四级,级差为0.25mm;活塞销有四级修理尺寸,级差为0.04mm;凸轮轴轴颈有二级修理尺寸,级差为0.2mm。但是,由于发动机报废期限的差别及零件材料质量、强化工艺、结构设计的发展,不同机型的修理尺寸等级也有所不同。

为了防止各级修理尺寸的零件混淆,在零件的非工作面上打印有修理尺寸的级别或修理尺寸的代号、尺寸误差分组标记等,也有的涂印在包装上,更换零件时应先细心核对这些标记。

2)修理尺寸的确定

在发动机各气缸中，如有某一气缸超过磨损极限，则应进行镗缸修理。其修理尺寸的确定是：先测量出磨损最大气缸的直径尺寸，加上机械加工总余量，则气缸的修理尺寸为最大磨损气缸尺寸加上镗磨加工余量的和，然后选取与此和相接近的修理尺寸即是气缸的修理尺寸。

加工余量的大小取决于加工设备及工人技术水平，目前一般为0.10～0.20mm，如考虑气缸偏磨因素，加工余量还可适当取大一些的值。

例如，某发动机缸径为ϕ135.00mm，磨损后测得气缸最大直径为ϕ135.38mm，加工余量0.10mm，该气缸恢复到原正确几何形状的尺寸为ϕ135.48mm，则该气缸修理尺寸应选取第二级修理尺寸，即为ϕ135.50mm。

对于曲轴主轴颈和连杆轴颈，如果其圆度和圆柱度超过规定的使用极限，则应按下一级修理尺寸进行磨削。

利用修理尺寸法修理同一尺寸组合的零件时，如曲轴的各主轴颈和各连杆轴颈，缸体的各缸孔，必须按最大磨损的轴或孔确定修理尺寸。同一台发动机的气缸，同一曲轴的主轴颈或连杆轴颈，必须采用同一级的修理尺寸，以保证各相同配合副的修理尺寸一致。

加工时，一般应先从磨损较大的孔和轴开始，因为有时对磨损不均匀的轴和孔的加工余量难以估算准确，先加工磨损大的轴或孔可防止因修理尺寸改变使加工好的轴和孔返工。

3）修理尺寸的特点和应用要点

综上所述，修理尺寸的特点一是必须系列化、标准化，满足零件互换性的要求；二是对零件结构、强度等无影响；三是必须保证能够恢复原设计要求的或技术文件规定的配合性质和技术状况。

使用修理尺寸法的要点是：

（1）同组的孔或轴的修理尺寸要按磨损最大的孔或轴来选择。

（2）同组的孔或轴的修理尺寸必须一致。

（3）加工时，应先加工磨损最大的孔或轴。只要磨损最大的孔或轴能加工好，其他孔或轴一定能加工好。

（4）应根据实际情况选择修理尺寸等级，尽量避免修理尺寸的越级使用。

3. 镶套修复法

发动机零件在使用中，有些只是局部磨损或损伤，当其结构和强度允许时，将其磨损部位通过机械加工缩小（轴类零件）或扩大（孔类零件）至一定的尺寸（一般为2～3mm），然后用过盈配合的方法镶入一个套，使零件恢复基本尺寸的修理工艺，称为镶套修复法。

零件镶套修复法是发动机零件修理必不可少的方法，如气缸套、气门导管及各种衬套的镶配，都属于镶套修复的范畴。

镶套修复法的优点是：能恢复较多的磨损层，便于零件恢复到基本尺寸，为以后的修理提供了方便；可以修复基础件的局部磨损，延长基础件的使用寿命；工艺简单，操作和加工简便，不需要大型设备，质量容易得到保证；镶套一般在常温下进行，零件不易变形，不改变零件的热处理状态。

1）镶套的材料

镶套的材料要根据镶套部位的技术条件来选择，如在高温下工作的部位，镶套材料应与基体一致或相近，二者的线膨胀系数尽可能相同，如镶气门座圈，就要选择与基体膨胀系数相同的材料。

2）镶套的过盈量

镶套过盈量应选择合适，必要时要经过强度计算。过盈量太大，易使零件变形或挤裂。过盈量太小，又容易松动和脱落。

镶套时，套多是薄壁衬套。包容件受拉应力，被包容件受压应力，当套壁厚度不大时（2～3mm），应力大小与相对过盈成正比。

所谓相对过盈就是单位直径（为镶套的基本尺寸）上的过盈量。如轴承承孔镶套，套的外径为100mm，过盈量为0.05mm，则相对过盈为0.000 5mm。根据相对过盈的大小，镶套的配合分为四级，即轻级、中级、重级和特重级。各级配合的特点和应用范围见表2-1。

镶套中的过盈配合 表2-1

<table>
<tr><th>级 别</th><th>相对平均过盈</th><th>配合代号</th><th>装配方式</th><th>特 点</th><th>应 用</th></tr>
<tr><td>轻级</td><td>0.000 5 以下</td><td>$\frac{H6}{r5}\frac{H6}{r6}$</td><td>压力机压入</td><td>传递力矩小，必要时另行紧固</td><td></td></tr>
<tr><td>中级</td><td>0.000 5～0.001</td><td>$\frac{H7}{s6}$ $\frac{H7}{r6}$ $\frac{H8}{s7}$</td><td>压力机压入</td><td>受一定力矩及冲击，分组选择，装配力过大另紧固</td><td>气缸套、气门导管及主销孔</td></tr>
<tr><td>重级</td><td>0.001</td><td>$\frac{H8}{s7}$</td><td>压力机压入</td><td rowspan="2">受很大转矩分组装配，加热包容件，冷却被包容件</td><td rowspan="2">飞轮齿圈、气门座圈</td></tr>
<tr><td>特重级</td><td>>0.001</td><td>$\frac{H8}{V7}$</td><td>温差法</td></tr>
</table>

为了保证镶套可靠，对重级和特重级，必须验算结合强度和材料的最大应力，并要在经过试验后，再投入正式使用。

镶干式气缸套时，选用中级过盈配合，过盈过大时会使气缸套承孔变形失圆或胀裂。

镶气门座圈时，由于要承受高温和高频冲击，负荷较大，应采用重级过盈配合。

镶气门导管时，由于尺寸较小，受力不大，选用中级过盈配合。过盈过大时，会使气缸套承孔变形失圆或胀裂。

二、发动机零件的其他修复方法

发动机零件的修理方法，除前面阐述的机械加工修复外，还有多种方法。下面就零件焊修、零件刷镀修复、零件的喷涂与喷焊修复、零件的黏结修复、零件的变形与校正等作一介绍。

1. 发动机零件焊修

发动机零件的焊修是利用电弧或气体火焰的热量，将焊丝或焊粉和零件的表层金属熔合，以达到填补零件的磨损和恢复零件完整性的工艺。

焊修是将已磨损的金属层重新焊一层金属，经切削加工后使用。焊修后的发动机零件，可以得到较高的强度，焊层的厚度便于控制；焊修设备简单，修复成本低。因此，焊修在零件修复中也被广泛应用。焊修一般分为电焊、气焊、氩弧焊和二氧化碳保护焊等,应根据不同情况适当选择采用。

不同材料的零件也应采用不同的焊修方式,如铸铁件的焊修、铝质零件的焊修等。

2. 发动机零件刷镀修复

刷镀是依靠一个与阳极接触的垫或刷提供电镀需要的电解液的电镀方法。刷镀投资少,生产效率高;镀层厚度可以精确控制,实现精密镀覆,镀后可以直接装配使用;刷镀对基体金属热影响小,且无金相组织变化;刷镀能源消耗少,镀液对环境的污染小。所以,发动机维修中刷镀也被广泛采用。

根据零件的材料和磨损情况,在刷镀时应选择相应的刷镀金属溶液、活化液和刷镀工艺。

刷镀金属溶液有黑色金属溶液、有色金属溶液、贵金属溶液和合金溶液四大类近百种,选用不同的金属溶液进行刷镀,可获得不同机械性能和理化性能的镀层。

活化液通过电化学及镀笔擦拭作用,除去受镀面上的氧化膜及其他杂质,显露出新鲜的基体金属及其金相组织。活化是保证镀层结合力的关键。

刷镀工艺由零件受镀表面预处理、刷镀镀层和镀层去应力处理三个工序组成。表面预处理包括清洁除锈、零件修整、电净与活化。刷镀镀层包括打底层、刷夹心层、刷工作层。去应力处理一般是在镀后对其进行低温回火处理,以减小其内应力。

刷镀层的主要缺陷是镀层结合不良、自行剥离和镀层烧焦、粗糙、开裂等。

3. 发动机零件的喷涂与喷焊修复

喷涂与喷焊都属于热喷涂范畴。用热源将合金、精细陶瓷等加热到熔融状态,并高速地喷射到经过预处理的工件表面上,形成附着可靠的涂敷层的技术称为喷涂。若将涂敷层加热重熔,实现涂层与工件表面冶金结合,称之为喷焊。

热喷涂技术能恢复零件尺寸,也能改善零件表面的机械性能和理化性能,快速经济地恢复零件的技术状况。氧乙炔火焰喷涂技术,由于设备简单,投资少,且涂层质量也比较好。因此,氧乙炔火焰喷涂与喷焊技术在发动机维修中已被广泛采用。

氧乙炔火焰喷涂工艺包括工件表面预处理、工件预热和送粉(喷粉)三个阶段。喷涂后须进行车削加工或磨削加工。因涂层结构一般是在较软的基体上分布有硬质点,车削加工时刀具磨损严重,须用硬质合金刀具且控制切削速度和进刀量,保持切削刃锋利,供给充分的冷却液和小进刀量;磨削加工应采用碳化硅砂轮。

氧乙炔喷焊工艺中工件表面预处理与喷涂相同。按喷粉与重熔的顺序,氧乙炔喷焊可分为喷熔一步法和喷熔两步法。喷熔一步法操作是喷涂与重熔两过程同时进行。喷熔两步法是按先喷后熔顺序进行操作。喷焊后须进行车削加工。喷焊层硬度虽不是很高,但组织中弥散的硬质点会增加切削抗力和切削振动,易造成刀具过热磨损现象或崩刀,最好选用超细晶粒的硬质合金刀具车削加工。

4. 发动机零件的黏结修复

零件黏结修复的基本原理是:利用黏结剂渗入被黏物体表面凹凸不平的孔隙中,在固化的机械镶嵌作用、黏结剂分子间的相互吸引、黏结剂分子对被黏物体的扩散作用和化学反应的化学键作用下把两者连接在一起，即黏结是机械力、分子力和化学键共同作用的结果。

黏结剂的种类繁多，但发动机维修中常用的黏结剂主要分有机黏结剂和无机黏结剂两类。用黏结剂修复发动机零件，具有设备投资少、成本低、工艺简单、零件不变形、金属材料性能不改变等优点。

常用的有机黏结剂有：环氧树脂黏结剂、酚醛树脂黏结剂和厌氧黏结剂等。

1）环氧树脂黏结剂

环氧树脂黏结剂是一种多组分的黏结剂，一般只能现用现配制。可用它黏结各种金属零件和非金属零件。其优点是：有较强的黏结力、固化收缩小、耐油、耐酸、耐腐蚀、电绝缘性能好和使用方便。其缺点是：性脆、韧性差、不耐高温，只能适合工作温度不高于 423K 的工作部位的黏结修理。

2）酚醛树脂黏结剂

酚醛树脂黏结剂也是一种多组分的黏结剂，它具有较高的黏结强度，耐热性好，可在473 ~ 573K 的工作温度下长期工作。其主要缺点是脆性大，不耐冲击。酚醛树脂黏结剂可以单独使用，也可以与环氧树脂黏结剂混合使用。

3）厌氧黏结剂

厌氧黏结剂是一种以丙烯双脂为主要成分的单液型多组分室温固化的黏结剂。它与氧气或空气接触时不会固化，一旦隔绝空气后，便会立即固化。厌氧黏结剂具有使用方便、室温固化快、强度高、不含有机溶剂、浸润性好、毒性小、密封性好和耐热、耐碱等特点。厌氧黏结剂专用于密封、黏结、紧固防松的黏结。

4）氧化铜黏结剂

氧化铜黏结剂是无机黏结剂，具有耐热性好（873 ~ 1 173K）、黏结工艺简单、使用方便、操作容易等特点。它的缺点是黏结脆性大，耐冲击能力差。氧化铜黏结剂主要用来黏补气缸体上平面，特别是气门室附近的裂纹。还可以用来镶螺塞、管接头防漏或黏结折断的钻头、硬质合金刀头，并代替键黏结轴与皮带轮等。

黏结修复工艺可分为黏结前的表面准备、涂胶和固化三道工序。黏结前的准备是决定黏结质量的关键步骤，包括表面机械加工、表面清洁和表面化学处理等方面。涂胶时，必须使胶层均匀布满黏合表面，避免在胶层中存在气泡。零件黏合后必须经过固化，固化有一定的接触压力、一定的固化温度和一定的固化时间三个要素的要求。固化是黏结工艺的最终工序，不可粗心大意。

5. 发动机零件的变形与校正

发动机零件变形是指发动机零件在使用中，由于使用和装配不当造成的附加载荷、零件刚度不足以及零件机械加工中未得到消除的残余应力等因素，导致轴件的弯曲、扭转和平面的翘曲等塑性变形。变形增大了零件形状和位置误差，也破坏零件间的配合关系，在维修中必以校正。

零件校正的目的在于消除零件的残余变形，恢复零件塑性变形前的正确形状。发动机零件修复中的常用校正方法有：压力校正、火焰校正和敲击校正等。

1）压力校正

零件的压力校正是通过外加的静载荷使零件产生反向变形，恢复零件正确形状的校正法。由于金属材料的塑性特性和金属零件的内应力的作用，在进行压力校正时，对零件的反向压校变形量、压校的速度、持续压校的时间、内应力的消除等要素要进行认真的选择，应避免反复的过校正，否则难以达到预想的校正效果，甚至会使零件折断。

压力校正多采用室温冷校，如果零件材料的塑性较差或尺寸较大，也可以进行适当加热。如图2-1a）所示，轴类零件的弯曲最为常见，其弯曲的最大部位多在轴的中部。校正时，将轴支承在V形铁上，将其弯曲部位朝上，用压力机缓慢平稳地向下施压，轴的反向变形量可从置于轴下的百分表得知。压校过程中的工件受力如图2-1b）所示。工件上方表面受压应力，下方受拉应力。当表面的应力超过材料的屈服极限时，使零件产生的反向变形应力适当，零件就会得到校正。由于零件断面上的各点应力状态差异极大，经过冷压校正后零件的变形多发生在零件断面的过渡圆角处，变形也极不稳定，在以后的使用中有恢复原状的趋势（即弹性后效）。此外，零件的疲劳强度、抗弯刚度和抗扭刚度也明显降低。所以，对于重要的轴件，在冷校后必须消除应力的热处理。

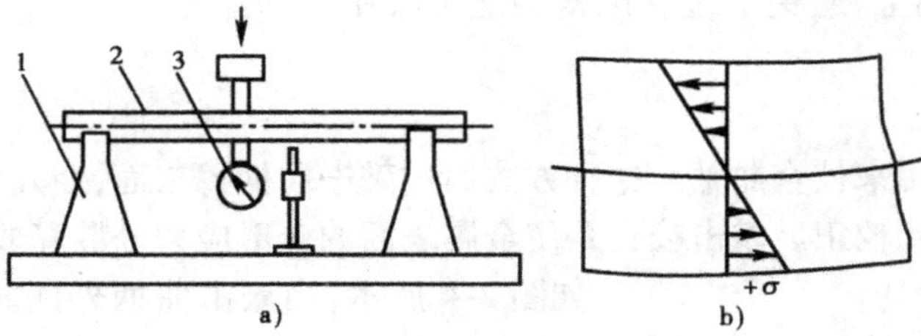

图2-1　零件的压力校正

a）压力校正；b）工件的应力

1-V形块；2-轴；3-百分表

对于调质或正火零件（如连杆等）的热处理，可在冷压后加热至673～773K，保温0.5～2h；对于表面淬硬件（如曲轴、凸轮轴等），加热至473～523K，保温5～6h，以免降低零件的表面硬度。

一经冷压校正后的零件，其疲劳强度下降10%～15%，校正次数越多，降低的程度越大。因此，一些重要的轴件在其使用期限内的校正次数，一般不得多于两次。

图2-2所示为发动机曲轴的冷压校正。压校的过正量一般为正向变形量的10～15倍，但不能过大，否则会将曲轴压断，其最大的压校变形量不应超过4mm。当曲轴的弯曲较大时，可分别多次校正。

压校速度不宜过快，通常为0.05mm/s，否则会因内应力的骤增而使曲轴压断。在压校变形量达到2.5mm以上时，压校速度应不大于0.01mm/s。

持续压校的时间，在施压至最大压校量时，压力仍要保持2～4min，以减小曲轴的弹性后效。

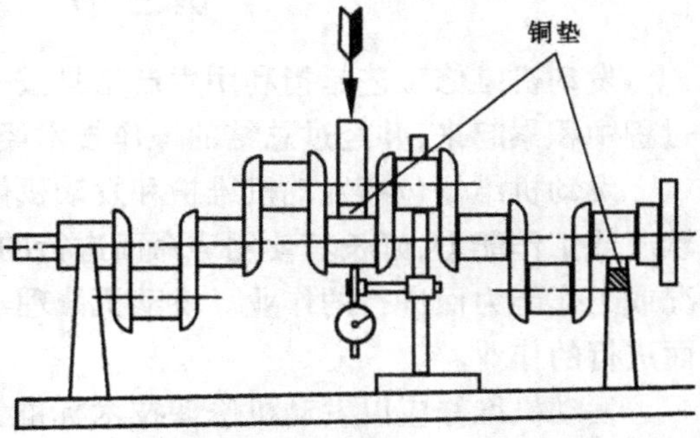

图2-2　曲轴的冷压校正

在压校过程中，曲轴每变形1.5mm以及卸除压校载荷前，应使用铜锤轻击各道曲拐的表面，以减小和松弛内应力。最好在校正后进行低温时效处理，将曲轴加热到473～523K，保温5～6h，以彻底消除冷压时的内应力。

对不同材料的曲轴，校正时要求也不同，球墨铸铁曲轴的塑性较差，材料的屈服极限与强度极限相差甚近，容易校断，应慎用或不用冷压校正。

2）火焰校正

火焰校正也称氧气—乙炔热点校正。它具有校正效果好、效率高、工件校正后的变形稳定、对零件的疲劳强度影响小等优点。火焰校正尤其适用于一些尺寸较大、形状较复杂的零件。

火焰校正是利用气焊炬对变形工件弯曲凸起处的一点或几点迅速局部加热和急剧局部冷却使工件得到校正的方法。

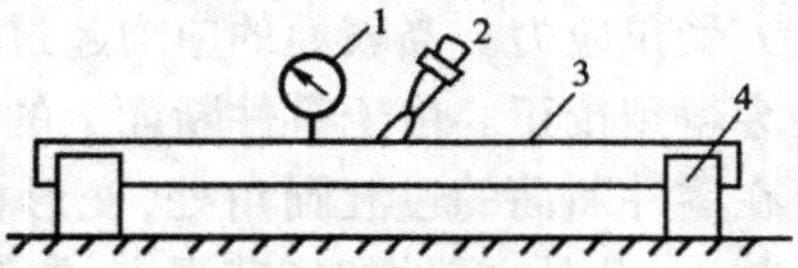

图2-3　火焰校正

1-百分表；2-焊炬；3-工件；4-V形块

如图2-3所示，将工件支承在V形块上，用百分表检查其弯曲情况并使工件凸起处向上，用火焰迅速加热973～1073K后，立即用水急骤冷却。校正时，通过百分表随时观察校正情况，直至变形工件校正为止。用这种方法校直曲轴，其变形发生在曲柄上，避免了过渡圆角的应力集中，对疲劳强度的影响较小。

3）敲击校正

敲击校正目前仅用来校直曲轴。这种方法通过敲击曲柄臂表面，使其发生变形，因而改变轴轴线的位置从而得到校正。敲击校正是使金属表面的变形应力分散释放而延展校正。

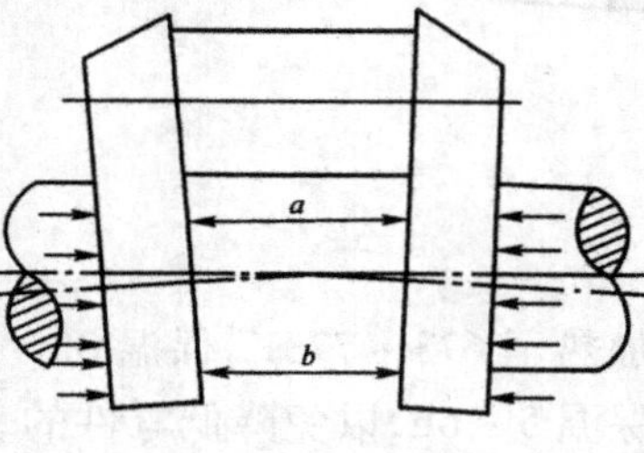

图2-4　敲击校正原理示意图

如图2-4所示，当敲击曲柄外侧时，在外力引起的塑性变形作用下，外侧表面金属延展而内侧表面金属受压，使曲柄臂下方并拢，主轴颈两端向下移动，中部向上弯曲。可使曲轴轴线恢复原平行状态。同样，相反方向的变形，则敲击曲柄臂的内侧。

曲轴的敲击校正，因其变形发生在曲柄臂而不在轴颈圆角，消除了圆角处应力集中的后患，因而校正精度较高，对零件疲劳强度的影响也较小。在实际操作中，要先确定曲轴的弯曲方向，找出曲柄臂应敲击的部位及敲击的轻重程度，才能获得较好的效果。

第三节　发动机维修工艺

发动机维修工艺是指利用生产工具按一定要求进行发动机维修的方法，是在维修发动机过程中积累起来，并经过总结的操作技术经验。

发动机维修包括发动机维护和发动机修理两个方面，是指为维持和恢复发动机完好技术状况或工作能力，延长其使用寿命而进行的作业。发动机维护是指为维持发动机完好技术状况或工作能力而进行的作业。发动机修理是指为恢复发动机完好技术状况、工作能力和寿命而进行的作业。

发动机维修应以发动机修理技术标准为依据。《发动机修理技术标准》是对发动机修理过程的技术要求、检验规则所做的统一规定。

发动机修理是发动机所有零件及总成修理的总称。发动机修理的实质就是恢复零件技术状况。发动机的修理应根据被检验零件的技术状况,制定不同的修理方法。

发动机进厂大修时,应对各部分进行分组解体、测量、检查和鉴定,并对各总成的各个部件及发动机的缸套、曲轴等进行磨耗检测,以便得到是否更换的依据。一般对磨损较大的运动件需要更换;对一些不便更换的部件,宜采用焊补、热喷涂、电刷镀和镀铬等工艺恢复其原设计尺寸来保证质量。需更换的零件应按照要求购买原厂家或指定协作厂家的零配件。

在实践中,所有零件、组合件及总成需要修理的时间很难一致,有易损零件和不易损零件,其磨耗与损伤程度也不尽相同。按照不同的修理对象和不同的作业范围,发动机修理可分为发动机大修、总成大修、发动机小修、零件修理以及就机修理法和总成互换修理法。

1. 发动机大修

发动机大修是指用修理或更换发动机任何零部件(包括基础件)的方法,恢复发动机完好技术状况,完全或接近完全恢复发动机寿命的恢复性修理。

发动机在运转一定时间并通过检测鉴定后,需要有计划地进行一次尽可能的恢复性修理,其目的主要是通过修理,基本达到或恢复发动机原有的动力性、经济性,使发动机的技术状况和运转性能达到规定的技术标准。

发动机进行大修,须彻底地分解和清洗,精细的修复、装配和调整,确保修理质量。

2. 总成大修

总成经过一定的使用后,其基础件和主要零件有破裂、磨损、变形,需要拆散进行彻底修理,它是采用更换总成中零部件及基础件的方法来恢复其完好的技术状况和寿命的修理。

3. 发动机小修

发动机小修是用更换或修复个别零部件的方法,保证或恢复发动机工作能力的运行性修理。

小修是对发动机在运转中所发生的临时故障和局部损伤进行修理。有些按自然磨损或根据总成的外部特征预先估计到的小修项目,可集中组织一次计划性的小修作业,也可结合维护作业进行。

4. 零件修理

零件在使用中发生损伤、变形、磨蚀,需要修复、校正。零件修理是以恢复零件使用功能为前题的。

零件修理是修旧利废、降低成本、增产节约的一项重要措施。发动机修理时,换下的零件,具有修理价值的均应修复使用。修理工艺比较复杂,数量较大的零件,应集中修理。

5. 发动机维修的基本方法

发动机维修方法分为:就车修理和更换总成修理。

(1)就机修理法,就是在修理过程中将零件从发动机上依次拆下,经过清洗、检测、分类和修复或更换，最后再重新装配，以达到恢复性能的修理方法。主要是在修理不同厂牌、不同机型的发动机时，因各发动机的总成及组合件不能互换所采用的方法。就车修理法占用的停机修理时间较长。

(2)更换总成修理法，就是在修理过程中将发动机上某损坏总成(或组合件)拆下，换上已预先准备(或修理)好的总成或配件，而后装配成整机的修理方法。此法可大大减少停机的修理时间，有利于提高修理工效、降低成本和保证维修质量。发动机可迅速投入运行，目前被广泛采用。

第四节　发动机的解体与零件的清洗

将发动机按规定的工艺程序和技术要求由整体先拆成总成、组合件，最后拆成零件的工艺过程，称为发动机的解体。发动机的拆卸和总成的解体往往由于重视不够，会造成零件的变形和耗损，甚至无法修复。发动机的解体质量，将直接影响到发动机和总成的修理质量，因应高度重视发动机的拆卸，在拆卸工作中还应注意到修理和装配的工艺要求。

一、发动机的解体工艺

1. 零件的拆卸原则

(1)拆卸前必须熟悉发动机构造特点及工作原理。必要时可以查阅有关资料，按拆卸工艺程序进行，防止损伤零件。

(2)掌握合适的拆卸程度，遵守按需拆卸的原则，检查各零件是否可以再用，防止盲目的大拆大卸，该拆的要拆，可不拆的、能继续使用的尽量不拆。

(3)核对和做好装配记号。对于有特殊要求的拆卸对象，如飞轮、曲轴主轴承盖、连杆与下盖等，拆卸时应先检查有无装配记号或平衡标记。对于没有记号的应先做好记号，以避免因装配方向、装配位置的变动而影响原有的配合和平衡。

拆卸带有调整垫片的零部件时，也应注意作好记号并按部位将其拴在一起，以减少装配和调整的困难。

(4)遵循先外后内、先附件后主体、先总成后零件的原则，按顺序拆卸。

(5)正确使用拆卸工具是保证拆卸质量的重要手段之一。拆卸时所选用的工具要与被拆卸的零件相适应。对于静配合零件，如衬套、齿轮、皮带轮、轴承等应采用专用工具。

(6)根据零件大小和精度分类存放。零件应按系统、大小、加工精度和不同的清洗方法分类存放，以便于分类清洗、施工，防止零件的丢失。钢铁件、铝质件、橡胶件和皮质件等零件，应按材质的不同，分别置放于不同的容器中或支架上。

2. 从工程机械上拆下发动机的拆卸方法与步骤

发动机的拆卸顺序

发动机的拆卸一般是先拆卸发动机外部机件，再拆卸内部机件，这样发动机质量会减轻，又便于吊出。水冷式发动机可按下列程序进行拆卸：

从工程机械上拆下发动机→拆装发动机外部各装置、机件→从发动机上拆卸配气机构→

从发动机上拆卸活塞连杆组→从发动机上拆卸曲轴飞轮→拆卸气缸套→拆卸冷却系、润滑系、燃料供给系统各机件。

3. 零件的拆卸方法

1)螺纹连接件的拆卸

(1)锈死螺纹的拆卸

①向拧紧方向拧1/4转,再反向回拧,使锈层与金属分离,便可逐步将螺母或螺栓退出。

②用手锤轻敲螺母或螺栓头及四周,以振松锈层,便于松退。

③用煤油浸泡锈蚀螺纹,经过片刻,然后拧动。

④除易燃件外,加热螺母或连接件,利用其热胀特性使锈层松脱,然后趁热拧松。

(2)断头螺钉的拆卸

①断头高于机件表面,将伸出的端头锉成方形或焊接一个螺母拧出断头。

②断头与机体齐平或低于其表面时,可在断头端面中心钻出适当孔,在孔内攻反扣螺纹。

用反扣螺钉拧出断头。断头在机件内连接不太紧时,可将淬火的棱锥头钢棒敲入断头端面的预制孔内,拧动钢棒可以拧出断头螺钉。

③断头为非淬火钢,且螺孔允许扩大时,可用大于螺孔的钻头将断头钻掉,重新攻丝。然后配制加大螺钉或镶配螺纹套,以恢复螺孔与螺钉的配合关系。

(3)螺钉组连接件的拆卸

①首先将各螺钉按先四周后中间的原则拧松(拧动1/2~1转),然后按顺序分次拆卸,以免造成最后一个螺钉受力过大而使零件变形或造成拆卸困难。

②先拧松或拆下难拆卸部位的螺钉。

③拆卸悬臂部件时,最上部的螺钉应最后取出,以免造成不安全事故或损坏零件。

④分离连接件时要仔细检查有无隐蔽螺钉,不要强行顶、拉、撬、砸,以免损坏零件。

2)静配合件的拆卸

拆卸静配合件时要避免碰伤其工作表面,破坏它们的配合性质,所以应使用拉器或压力机等专用工具和设备。静配合件的拆卸方法与配合的过盈量大小有关。当过盈量较小时,如曲轴正时齿轮,应尽量采用拉器进行拆卸。无拉器时也可用铜锤轻轻敲击将其拆下。当过盈量很大时,要用加热包容件法拆卸。即将包容件加热到一定温度时,迅速用压力机压出。除此之外还应注意以下几个问题:

(1)被拆零件受力应均匀,作用力的合力应位于零件的轴心线上。

(2)受力部位应正确。如拆卸滚动轴承时应使拉器拉爪钩住轴承内圈,以免损坏轴承。

二、零件的清洗

清洗时的注意事项:要清除密封垫残留物,对不同材质的零部件应选用适当的溶剂,清洗结束后要用压缩空气吹干,并要作防锈、防尘保护。

1. 油污的清洗

清洗油污的方法很多,可分为碱溶液清洗、有机溶剂清洗和化学合成水基清洗剂清洗等。

1）碱溶液清洗

碱水除油：机械用润滑油主要是矿物油，它在碱溶液中不易溶解，形成乳浊液。乳浊液是由几种互不溶解的液体混合而成的，其中的一种液体是以微小的气泡状悬浮于另一种液体中。由于碱离子活性很强，能时而形成泡沫液，时而破裂，对零件表面的油污起着机械冲刷的作用，降低了油层的表面张力，但是，油在金属表面的附着性较好，为达到能迅速除油的目的，往往还采用一些其他的相应措施：如加入乳化剂；提高碱溶液的温度和加强溶液的流动等。碱溶液的温度较高时，油膜的黏度下降，形成许多小油滴，高温还可以加速溶液的流动，从而加速除油过程。

2）有机溶剂清洗

有机溶剂除油：有机溶剂能很好地溶解零件表面上的各种油污，从而达到清洗的目的。常用的有机溶剂有汽油、煤油和柴油等。用有机溶剂除油工艺简便，不需加热，对金属无损伤。但清洗成本高、易燃，只适用于中小型维修企业及临时修理。大中型维修企业可采用合成金属清洗剂。有些企业采用三氯乙稀除油污，实践证明效果较好，但对环境有一定的污染，对操作人员的健康有一定影响。

3）化学合成水基金属清洗剂清洗

化学合成水基金属除油剂是以表面活性剂为主的合成洗涤剂，有时可加入碱性电解液，以提高表面活性剂的活性。同时，还加入磷酸盐和硅酸盐等缓蚀剂。

水基金属除油剂清除油污主要是靠润湿、乳化、分散和增溶等各种复杂过程的综合作用。在多数情况下，污物由液相的油及树脂和固相的尘埃、沥青质与沥青烯等构成。可用液相乳化形成乳化液和固相分散形成分散体两种方法清除油污。污物固相分散是因污物微粒表面的活性物质的吸附引起的。由于清洗液表面张力小，因而能渗透到污物微粒的微小裂纹中，并使表面活性剂吸附在这些微粒表面上，表面活性剂的吸附分子对微粒产生楔入压力，将其破碎。

合成水基清洗剂溶液清洗油污时，要根据油污的种类、污垢的厚薄和密实程度、金属性质、清洗温度和经济性等因素综合进行考虑，正确地选择不同的水基金属除油剂。

据资料介绍，合成洗涤剂的最佳清洗温度应在80%左右。

2. 积炭的清除

积炭对发动机的工作影响极大，维修时必须除去。清除积炭通常用机械法和化学法。

1）机械法

清除时利用电动钢丝轮或刮刀等工具刮除积炭。这种方法简单，但清除不够彻底，还容易在零件表面上留下刮痕，破坏零件表面的粗糙度。

2）化学法

化学法清除积炭是利用化学溶剂对积炭浸泡2～3h，靠物理或化学作用使积炭软化，然后用刷洗或擦洗法去除。所用化学溶剂可分为有机溶剂和无机溶剂两类。无机溶剂的毒性小、成本低，但退炭效果较差，而且使用时需要加热至80～95℃，使用不当还会对某些有色金属造成腐蚀。常用的无机溶剂配方见表2-2。有机溶剂具有退炭能力强，常温下使用对有色金属无腐蚀等优点；但成本高、毒性大，在使用中应加强防护。常见的有机溶剂配方见表 2-3。

清除积炭无机溶剂配方表 表 2-2

成　　分	钢铁零件（kg）	铝合金零件（kg）	成　　分	钢铁零件（kg）	铝合金零件（kg）
氢氧化钠	2.5	—	肥皂	0.88	
碳酸钠	3.3	1.85	水	100	100
水玻璃	0.15	0.85			

清除积炭有机溶剂配方 表 2-3

配方一（%）		配方二（%）		配方一（%）		配方二（%）	
氨水	30	汽油	8	乙醇	22	氨水	15
醋酸乙酯	4.5	煤油	22	苯	40.8	苯酚	30
丙酮	1.5	松节油	17	石蜡	1.2	油酸	8

3）水垢的清除

发动机冷却系中如果长期加注硬水，将使发动机水套和散热器壁上积有水垢，造成散热不良，影响发动机的正常工作。水垢的主要成分是碳酸钙（$CaCO_3$）、硫酸钙（$CaSO_4$）、二氧化硅（SiO_2）等。酸或碱都有去除水垢的作用。用盐酸和烧碱处理水垢的反应如下：

$CaCO_3 + 2HCl \rightarrow CaCl_2 + H_2 + CO_2 \uparrow$

$CaCO_3 + 2NaOH \rightarrow Ca(OH)_2 + Na_2CO_3$（溶于水）

化学除水垢的实质是通过酸或碱的作用，使水垢由不溶于水的物质转化为溶于水的盐类。清洗硫酸盐水垢时，先用碳酸钠溶液处理，使其先转变成碳酸盐沉淀，然后再用盐酸溶液处理。清洗硅酸盐水垢时，必须在盐酸溶液中加入适当的氟化钠或氟化铵，使硅酸盐在盐酸及氟化铵的作用下生成能溶解于盐酸的硅酸。但硅酸易附着在水垢表面，必须采用循环清洗法才能除去水垢。盐酸对金属的腐蚀很强，所以必须加缓和剂，以减轻酸对金属的腐蚀作用，同时又不减弱酸对水垢的清洗作用。清除水垢所用盐酸浓度以 8% ~10% 为宜，盐酸缓蚀剂优洛托平加入量为 6 ~8g/kg。溶液加热到 50 ~60℃，清洗持续时间为 50 ~70min。用盐酸溶液处理之后，应该用加有重铬酸钾的清水冲洗。

清除铝合金零件的水垢时建议使用磷酸（H_3PO_4）100g，铬酐（CrO_3）50g，水 1L 的溶液。配制时先在水中注入磷酸，然后加入酪酐，并仔细搅拌，加热到 30℃，将零件浸泡 30 ~60min，取出零件后用清水冲洗。最后用温度为 80 ~100℃，含量为 3% 的重铬酸钾溶液冲洗后并吹干。

第五节　发动机零件的检验分类

发动机零件的检验分类是发动机维修工艺过程的一项重要工序，它直接影响到发动机的维修质量和维修成本。按规定的技术要求确定发动机、总成、零部件技术状况所实施的检查，称为技术检验。根据修理技术条件，按零件技术状况将零件分类为可用、可修和不可修的检验，称为零件检验分类。可用件是指尺寸和形位公差符合修理技术标准，不经修理可直接使用的零件。可修件是指尺寸和形位公差不符合修理技术标准，但能够修复或值得修复的零件。不可修件是指尺寸和形位公差不符合修理技术标准，难以修复或不值得修复的零件。

零件检验分类的主要内容是:

(1)零件的尺寸、材料、热处理和硬度等。

(2)零件产生的缺陷和缺陷特征及其检验方法。

(3)零件的允许磨损尺寸、极限磨损尺寸和形位公差极限变动的数值。

(4)零件的检验分类及其修复方法。

在使用过程中零件工作表面的耗损,改变了零件的配合间隙,当其超过一定数值时,将影响配合副零件的正常工作。在上述技术条件中,零件允许磨损尺寸和极限磨损尺寸,是决定零件是否可以继续使用的前提。前者是大修时可否继续使用的前提,后者是使用的极限也是确定发动机修理周期的主要依据。

允许磨损是指零件小于极限磨损,尚能保持技术文件规定的工作能力,并受经济因素制约的零件磨损量。即零件的磨损小于允许磨损尺寸之前无需修理,至少还可以再正常使用一个大修周期。

极限磨损是指零件的磨损导致配合副进入极限状况,又不能保持技术文件规定的工作能力的零件磨损量。即零件磨损达到极限磨损时,必须修理。

一、零件变形的检验

零件的磨损和变形使零件的形状和位置发生变化,零件磨损和变形的检验实质上是零件形状和位置误差的检验。

我国现行的发动机修理技术标准中的形位公差已与国际标准接轨,是从公差带的概念出发并拟定,其公差值用公差带的全值标注。圆度、圆柱度、直线度、平面度、平行度、垂直度和同轴度等已成为发动机零件修复中形位公差检验的主要内容。

1. 直线度的检验

轴线的直线度是指轴线中心要素的形状误差。从理论上讲,直线度误差只与轴线本身的形状有关,而与测量时的支承位置无关。但在实际检验中,轴线的直线度误差常用简单的径向圆跳动来代替,如图2-5所示。这样获得的检测结果已能满足一般生产中的技术要求。

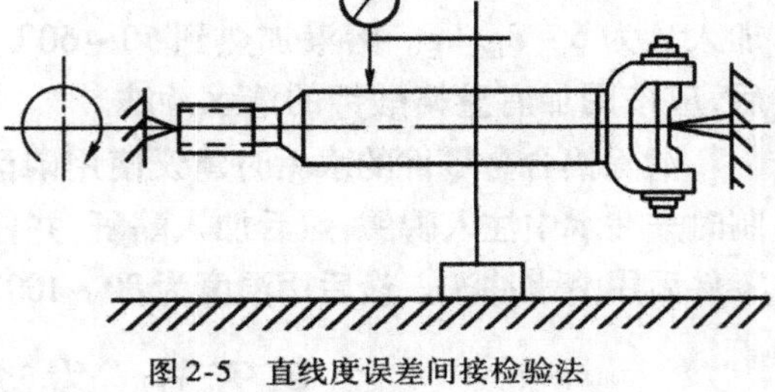

图2-5 直线度误差间接检验法

轴颈表面的径向圆跳动是指在轴的同一横截面上被测表面到基准轴线的半径变化量。它是相对关联要素而言,其径向圆跳动量的大小与基准的选取有关,随轴的支承方式和位置的不同而变化。

2. 同轴度及圆跳动的检验

同轴度是指被测轴线对基准轴线的位置误差,是指被测轴线位于以公差值为直径的圆柱面的区域内。同轴度包括被测轴线的形状误差,也包括两者的位置误差。

同轴度的检验,常用径向圆跳动法代替。在基准和被测轴线的圆度较小时,径向圆跳动接近同轴度，故可把最大径向圆跳动当成同轴度。

如图 2-6 所示，气缸体各主轴承承孔轴线的同轴度检验仪，由定位机构、传递机构和测量机构等组成。定心轴支承在两端主轴承座的定心轴套内，其上安装有本体及等臂杠杆和百分表。测量时转动定心轴，等臂杠杆的球形触头沿被测承孔转动，其径向移动量经杠杆传给百分表，即为主轴承承孔轴线的同轴度误差。

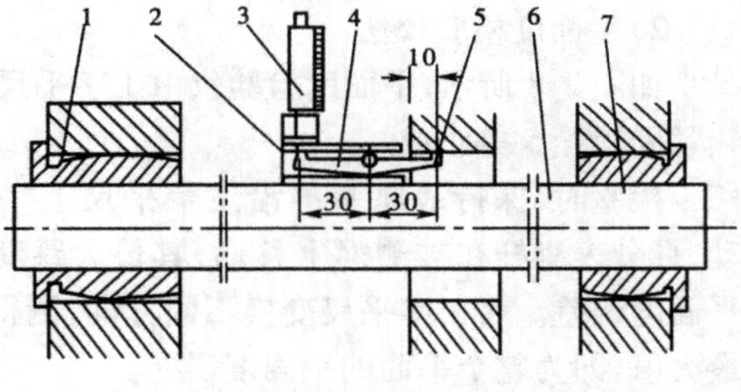

图 2-6　气缸体主轴承承孔同轴度检验仪

1、7-定心轴套；2-本体；3-百分表；4-等臂杠杆；5-球形触头；6-定心轴

圆跳动也是位置误差。它包括径向跳动和端面跳动。

轴类零件的径向跳动一般使用 V 形支承，置于平板上进行测量。用这种方法检验的结果，除要受到 v 形架角度和基准的实际要素形状误差的影响外，另外在检验径向跳动时，基准轴线自身还有同轴度误差的影响，因而径向跳动是这些形状和位置误差的综合反映的结果。

在发动机修理技术标准中规定：气缸体主轴承承孔的同轴度和凸轮轴承承孔的同轴度公差应符合原设计规定。凡能用减磨合金补偿同轴度的，主轴承孔和凸轮轴承孔的同轴度公差均为 0.15mm，相邻两座孔的同轴度公差为 0.10mm。

3. 平面度的检验

平面度表示一个平面不平的程度，是零件表面的形状误差。平面度是指被测平面在其垂直的任意方向的形状误差，是指被测平面必须位于距离为公差值符合最小条件的两个平行平面的区域内。平面度将影响配合零件的位置精度和密封效果。

1）刀形直尺法

用厚薄规和刀形样板尺测量气缸体和气缸盖平面度的误差。如图 2-7a）所示，利用等于或略大于被测平面全长的刀形样板尺，沿测量直线 AA、A_1A_1、BB、B_1B_1、CC、C_1C_1 与被测平面靠合，用厚薄规在每间隔 50mm 处测出气缸盖平面与样板尺的间隙，所有方向间隙的最大值为平面全长上的平面度，各方向上相邻两点间隙差的最大值为平面 50mm×50mm 范围内的平面度误差。两气缸之间的过梁平面的平面度误差符合要求，能有效地防止冲气缸垫。

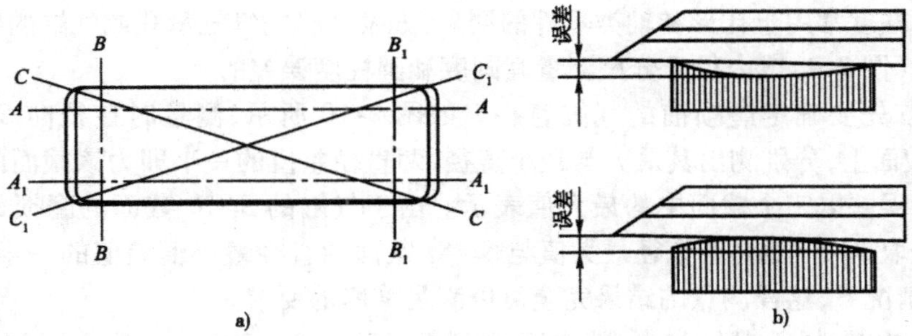

图 2-7　气缸盖平面的检验

2）平面度检验仪法

如图 2-8 所示，平面度检验仪由工字平尺 2、百分表 3、表座 4、紧固螺栓 5 等组成。

检验时，保持表座基准沿工字平尺上平面密切贴合并滑动，百分表测杆在被测面上移动，其最大跳动量为被测方向的平面度误差。将工字平尺变换不同方向，测得的平面度误差的最大值，即为整个平面的平面度误差。

缸体上平面与缸盖下平面的平面度公差见表 2-4。

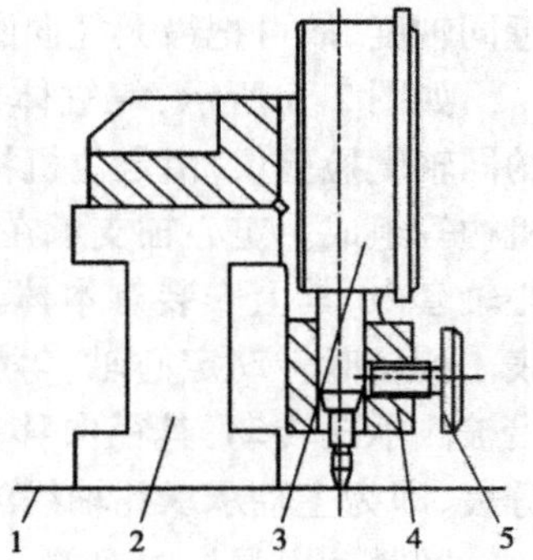

图 2-8　平面度检验仪

1-气缸体上平面；2-工字平尺；3-百分表；4-表座；5-紧固螺栓

4. 圆度与圆柱度的检验

圆度是指在轴线的任意横截面上，实际圆轮廓必须位于半径差为公差值符合最小条件的两同心圆的区域内，圆度误差是在同一垂直截面上实际圆所允许的最大变动量。圆度误差通常采用多点法进行测量。在发动机维修中常以同一横截面上的最大与最小直径差的一半，作为圆度误差值。

缸体上平面与缸盖下平面的平面度公差（mm）　　表 2-4

测量范围	缸体长度	铸　铁			铝 合 金		
		缸体上平面	缸盖下平面		缸体上平面	缸盖下平面	
			侧 置 式	顶 置 式		侧 置 式	顶 置 式
任 50×50		0.05	0.05	0.035	0.05	0.05	0.05
整个平面	≤600	0.15	0.25	0.150	0.35	0.35	0.15
	>600	0.25	0.35			0.50	

圆柱度是指实际圆柱面必须位于以半径差为公差值的符合最小条件的两同轴圆柱面的区域内，圆柱度误差是沿轴线长度上实际圆柱面对理想圆柱面所允许的最大变动量。圆柱度误差也用多点法测量，在发动机维修中常以沿轴线长度上任意方位和截面最大最小直径差的一半，作为圆柱度误差值。

圆度和圆柱度常用于孔形和轴类零件的测量，如发动机的气缸承孔或气缸的磨损，就是利用内径量缸表（图 2-9）或内径千分尺测量其圆度和圆柱度误差的。

测量前，首先要确定磨损前的气缸直径。如图 2-10 所示，测量时在径向 S_1-S_1、S_2-S_2、S_3-S_3 等三个截面上，分别测出其最大与最小直径，两直径差值的一半即为该截面的圆度误差，该气缸的圆度误差以三个截面中的最大值表示。由于气缸的 S_1-S_1 截面的磨损最大，气缸的圆柱度通常可取 S_1-S_1 截面的直径最大值与 S_3-S_3 截面的直径最小值差值的一半表示。实践证明，在通常情况下，这样测量的结果完全可以满足维修的要求。

当气缸体中最大磨损气缸的圆柱度达到 0.175～0.2501mm，或圆度达到 0.050～0.063mm时，应对气缸体修复，即发动机总成大修。

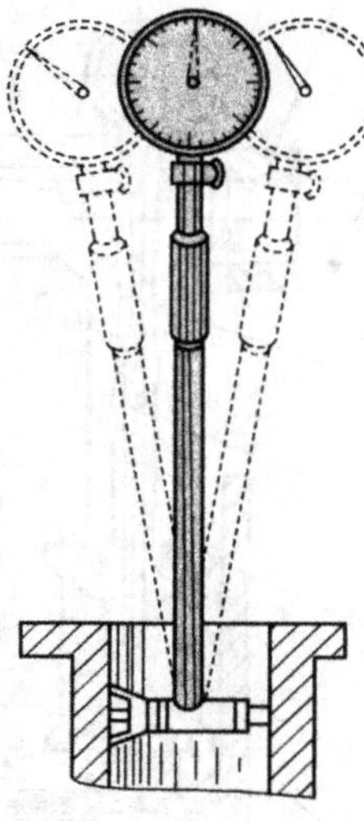

图 2-9　量缸表测量法

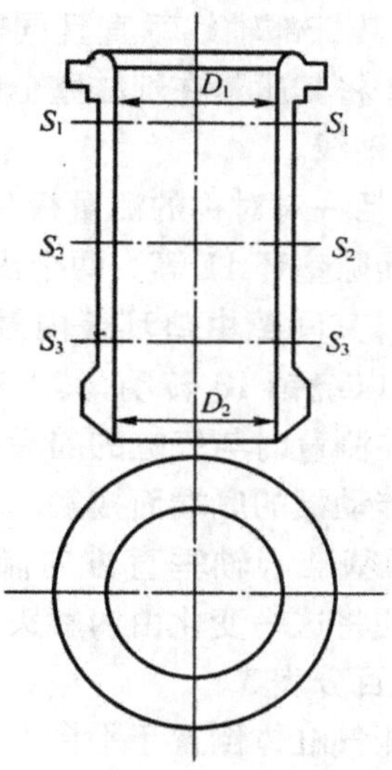

图 2-10　气缸磨损的测量部位

5. 平行度的检验

平行度是衡量被测要素(直线或平面)与基准平行的程度。平行度是指被测要素(直线或平面)必须位于距离为公差值且与基准(轴线或平面)平行并符合最小条件的两平行平面的区域内。平行度的检验是在基准要素和实际要素之间进行的,其误差是相对基准要素而言的,基准要素则是确定被测要素公差带方位的根据。在发动机维修测量平行度误差时,通常多用模拟法体现基准,如以检验平板平面模拟基准平面,用心轴轴线模拟基准轴线。

平行度可以分为平面对平面、轴线对平面、平面对轴线和轴线对轴线的四种平行度。不同的平行度要求有不同的检验基准,基准不同其检验的方法也不同。因此,在平行度的检验中,确定基准的工作极为重要。作为基准的使用要素(平面或轴线)在检验前应消除其形状误差的影响,按最小条件确定测量基准。

6. 垂直度的检验

垂直度属位置公差中的定向公差,用来控制被测要素相对于基准要素在法向上的垂直度要求。其测量也是在被测零件的两个要素间进行的。垂直度是指被测要素(直线或平面)必须位于距离为公差值且与基准(轴线或平面)垂直的符合最小条件的两平行平面区域内。

垂直度常用的检验方法有垂直度检验仪法和测圆跳动误差检验法。

如图 2-11 所示,气缸轴线与主轴承承孔公共轴线的垂直度检验仪由基准定位部分、测量部分和测量仪表等组成。

基准部分包括基准心轴 5、基准套 1 和本体 4。本体上部的两端制有上导块 2 和侧导块 6,其平面与心轴贴合并可沿心轴滑动。

缸径定位部分的作用是为检验仪的下端提供一个气缸直径的固定位置,防止其横向摆动,保证测量板在垂直重复测量中测量部位不变。它主要包括滑柱 13 和弹簧顶销 12 等。滑柱一端凸缘的棱圆与其杆部轴线垂直且同轴，当滑柱在气缸内靠顶销12将其压紧在气缸壁上时，就可保证其轴线通过气缸轴线。

测量部分包括一对对称的测量板9、传动板17、挺杆18和四个间隙垫环11等。两个测量板对称地装在盖板7之间，其间隙由垫环板内触点的厚度来保证。测量时可以绕销10转动，其上有三个触点。两个外触点15在测量时与气缸的前后壁接触，另一个内触点16与传动板的底端面接触。这样，当气缸的前后壁相对于基准心轴垂直方向倾斜某一角度时，通过测量板便将这一变化由内触头传给传动板，再经挺杆传递给百分表3。

检验时，被测气缸体倒置于平台上，心轴置入主轴承承孔内。将检验仪的缸径定位装置压缩后装入被测气缸内，使本体上的导块平面与心轴靠合并沿心轴滑动检验仪，当测量板两外触点分别与气缸前、后壁接触时，分别记下百分表的读数，百分表两次读数差值的一半，即气缸轴线在 r（内触点到销轴线的距离）长度上对主轴承孔的垂直度公差，因本体测量仪，为25mm 故将两次百分表的读数差乘以 $L/2\times25$ 即为气缸全长 L 上的垂直度公差。

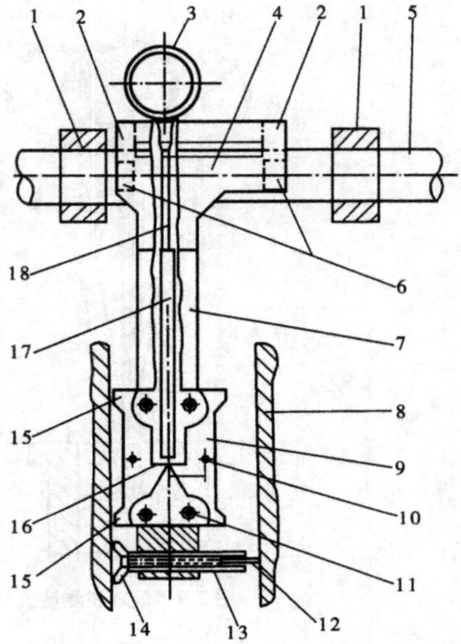

图2-11 气缸轴线与主轴承承孔公共轴线垂直度检验仪
1-基准套；2-上导块；3-百分表；4-本体；5-基准心轴；6-侧导块；7-盖板；8-缸体；9-测量板；10-销；11-间隙垫环；12-靠顶销；13-滑柱；14-滑柱凸缘；15-测量板外触点；16-测量板内触点；17-传动板；18-挺杆

在发动机修理技术标准中规定：气缸轴线对主轴承承孔公共轴线的垂直度公差为100:0.03，全长上为0.05。

二、零件的隐伤检验

发动机零件的隐蔽损伤，若不能及时发现，有可能引起零件断裂，造成严重的事故。零件的隐伤可通过磁力探伤、荧光探伤和水压试验等方法来发现。

1. 磁力探伤

磁力探伤适用于铁磁材料隐伤的检验，具有检验准确、迅速，设备简单等优点。其原理是：当磁力线通过被检验的零件时，零件被磁化。如果零件表面裂纹处的局部磁场有裂纹，裂纹部分的磁力线就会因裂纹的磁阻增大而折绕，使磁力线偏散而形成磁极。此时，在零件表面撒以磁性铁粉，铁粉便被磁化并吸附在裂纹处，从而呈现出裂纹的位置、形状和大小，如图2-12中 a 所示。

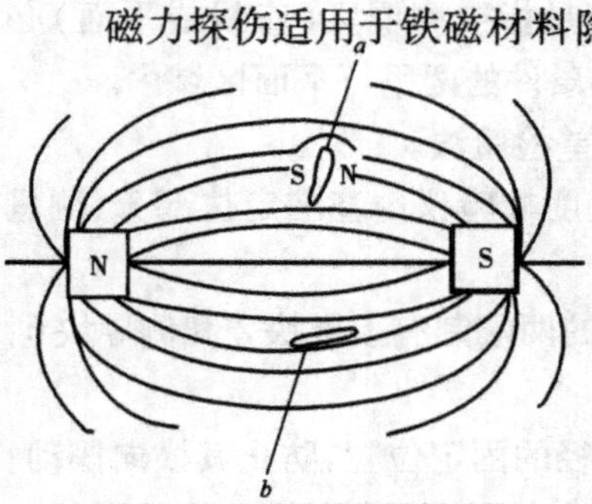

图2-12 裂纹处的局部磁化

利用磁力探伤时，必须使磁力线垂直通过裂纹，使其最大限度地切割磁力线。否则，裂纹不易被发现，如图2-12中 b 所示。因为裂纹平行于磁场时，磁力线偏散很小，所以在检验时，要预先估计裂纹的所在位置和方向，而采用不同的磁化方式即横向裂纹要使零件纵向磁化；纵向裂纹要使零件横向磁化（亦称环形磁化）。

如图 2-13a）所示，纵向磁化是将被检验零件置于马蹄形电磁铁的两极之间，当线圈通电（交流或直流）时，电磁铁产生磁通，经过零件形成封闭的磁路，在零件内产生平行于零件轴线的纵向磁场，从而检验横向裂纹。

图 2-13b）所示的横向磁化是利用电流（交流或直流）直接通过零件形成磁场的原理进行的。当电流通过零件，在零件周围产生环形横向磁场。若零件表面有平行轴线的纵向裂纹，便会形成磁极，吸附铁粉而被发现。

对于与零件轴线成一定角度的任意方向的裂纹，可采用联合磁化法，如图 2-13c）所示。即将纵向磁化（直流电）和横向磁化（交流电）同时作用于被检验的零件上。

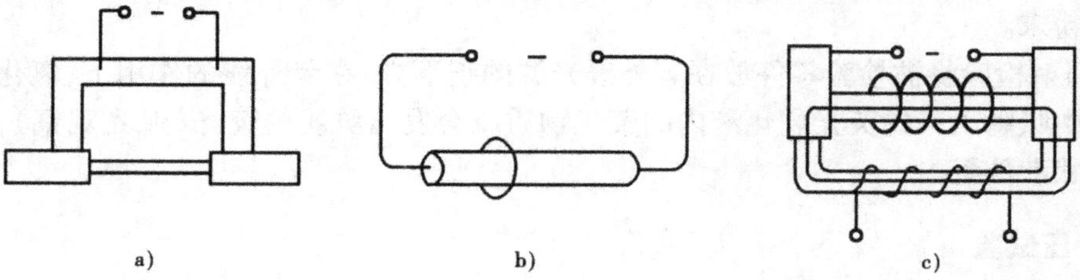

图 2-13　磁化原理简图

a）纵向磁化；b）横向磁化；c）联合磁化

磁化电流可采用直流或交流，主要采用低压高强度电流，这样可以获得强力磁场。交流磁力探伤因其设备简单（只需降压变压器），而被广泛应用。但由于交流电的集肤效应，只能检验接近零件表面的裂纹，适用于疲劳裂纹的检验。在联合磁化时，横向磁化采用交流，纵向磁化采用直流，这样通过零件的是大小和方向不断改变的交变磁场，有利于发现任意方向的裂纹。

零件的外形对磁力线分布的均匀性影响很大。对直径均匀的长轴作纵向磁化时，轴的两端电磁感应比中部大得多，中部隐伤不易发现，应逐段作磁化检验。对不规则零件，磁化时的磁力线分布极不均匀，应逐段进行纵向磁化，并用强大电流（约 4 000A）作环形磁化。

零件经磁力探伤后，或多或少会存在部分剩磁，使零件在使用中因吸附磨屑而加速磨损。因此，经磁力探伤后，零件必须退磁，不同电流的磁力探伤要用不同的退磁方法。用交流磁场探伤的退磁方法是：将零件从交变磁场中慢慢退出，或者零件在磁场中保持不动而将磁场电流逐渐降到零。直流退磁的方法是：将零件在直流电源磁场中，不断改变电磁线圈的极性，同时将电流逐渐降低到零。

2. 荧光探伤

荧光探伤是利用紫外线的照射使荧光物质发光的原理来显现零件表面缺陷的一种探伤方法，其探伤原理如图2-14所示。检验零件表面缺陷时，在零件表面涂一层渗透性好的荧光乳化液，它能渗透到最细微的裂纹中去，然后将零件表面的荧光物

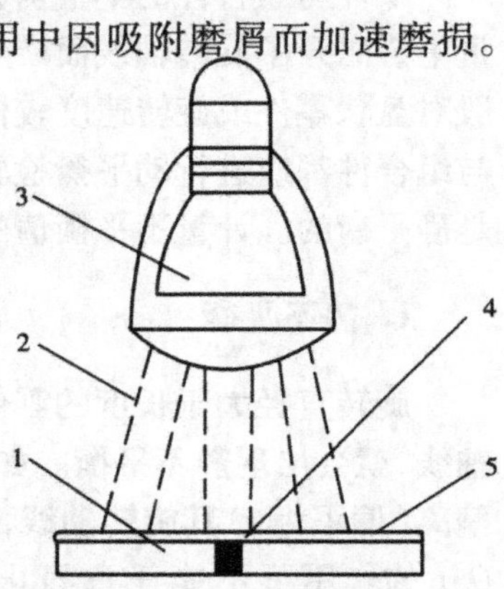

图 2-14　荧光探伤示意图

1-被检验零件；2-紫外线光；3-紫外线光源；4-充满荧光剂的缺陷；5-显像剂

质迅速洗去,缺陷内仍保留有荧光液,然后利用氧化镁干粉吸附荧光乳化液,在紫外线的照射下而发光,从而显示出缺陷的位置、形状和大小。

荧光探伤程序如下:

(1)探伤前零件的表面处理。首先清除零件表面的油污,锈斑和腐蚀物质等。然后,用丙酮或清水清洗后烘干,以便于渗透过程的进行。

(2)渗透过程。用毛刷将荧光乳化液涂于零件预检验部位,小件用浸液法,时间一般为10~20min。然后将零件放在空架上,使表面的乳化液流尽。

(3)水洗过程用293~313K的水,以150kPa的压力与经渗透处理的零件表面成45°方向冲洗,然后在358K温度下快速烘干1~2min。

(4)显像过程被检验零件快速烘干后,立即覆盖氧化镁干粉,10~15min后,用压缩空气吹掉多余的粉末。

(5)照射检验将被检验零件放在紫外线光源的正下方,在紫外线的作用下,氧化镁干粉从零件缺陷中吸附出来的荧光乳化液内的荧光物质就会发出鲜明的荧光(遮光观察),从而确定缺陷的形状和位置。

3. 水压试验

气缸体、气缸盖和进、排气歧管等零件裂纹的检查通常采用水压试验见第四章。

三、零件与组合件平衡的检验

发动机高速旋转的零件和组合件,如曲轴、飞轮等,由于其质量中心偏离旋转轴线或质量沿轴线上分布不均匀,在工作过程中零件本身产生离心力或旋转力偶,使支承产生附加载荷,相关零件发生振动,从而造成零件加速磨损和损伤的现象,称为零件的不平衡。零件和组合体的平衡,是提高维修质量和延长发动机寿命的重要措施。

造成零件和组合件产生不平衡的原因有:零件的材料质量不均匀;零件的磨损或加工使同轴度增大;装配误差造成零部件轴线产生偏移;使用不当导致零件的弯曲、凹陷或破裂等。

零件与组合件的不平衡状态有两种,即静不平衡与动不平衡。静不平衡是由于零件的质量中心离开了旋转轴线而产生的;动不平衡是长形零件质量沿长度分布不恰当而引起的。一般对盘状零件或旋转速度较低的组合件只需进行静平衡检验,而轴类零件及高速旋转的零件与组合件都应进行动平衡检验。静平衡的零部件不一定是动平衡的,而动平衡的零部件一定是静平衡的。计量不平衡值的单位是g·cm。

1. 静不平衡

旋转直径大于长度的零件,如飞轮等,如果其质量中心偏离旋转轴线,就会出现静不平衡。如图2-15所示,圆盘形零件的质量中心 Q 偏离(偏距为 r)其旋转轴线,将其支承在水平的棱形导轨上,在力矩 $Q\cdot r$ 的作用下不能任意静止,静止后质量中心 Q 始终位于轴线的下方。

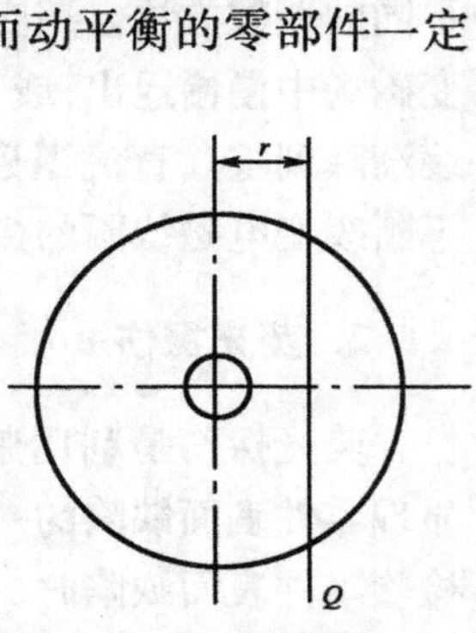

图2-15 圆盘的静不平衡

静不平衡零件旋转时,由于质量中心偏离旋转轴线,因而产生离

心力 F，即：

$$F = m \cdot r \cdot \omega^2 = m \cdot r \cdot (2\pi n)^2$$

式中：m——零件的质量；

r——零件质量中心至旋转轴线的距离；

ω——零件旋转角速度，$\omega = 2\pi n$。

从上式可以看出离心力 F（附加载荷）的大小与转速 n^2 成正比。由此看出，零件在高速旋转时，离心力带来的危害是很大的。

零件的静不平衡检验应在专门台架上进行，如图 2-16 所示。

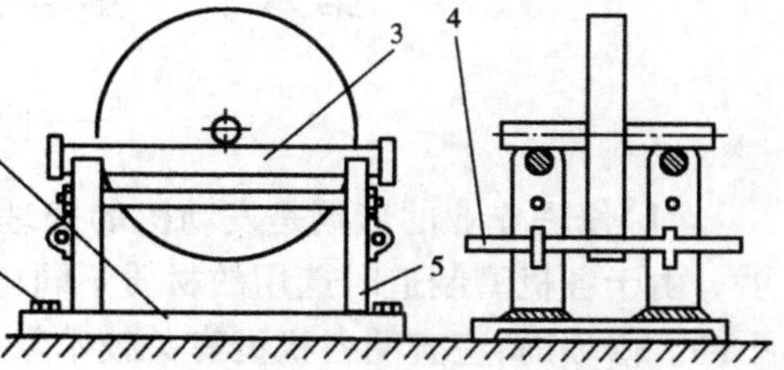

图 2-16　平行式静不平衡检验台架

1-调整螺钉；2-支座；3-棱形导轨；4-牵制杆；5-支架

消除不平衡质量的方法有：在不平衡质量相对称的另一边附加一质量或在不平衡质量的一方去掉等量的金属。

2. 动不平衡

直径小于长度的轴件，如曲轴、曲轴飞轮组等，在高速旋转时会出现动不平衡，其不平衡的原因有两种：一是轴的质量中心与旋转轴线不重合；二是旋转轴线两侧的力偶不平衡。

质量中心与旋转轴线不重合的现象经常在组合件中出现。如曲轴与飞轮的装配不当或在使用中因碰撞使轴弯曲、凹陷等，造成轴线的偏移。

旋转轴线两侧力偶不平衡的现象经常发生在带曲拐的轴类零件中。如图 2-17 所示，两曲拐在轴线平面内的曲轴，两曲拐的质量中心分别为 S_1 和 S_2，其与主轴轴线的距离为 r_1 和 r_2，且两者相等，曲轴的质量中心在其旋转轴线上，该轴一定是静平衡的，但是在曲轴旋转时，由于离心力 F_1 和 F_2 组成力偶，其力偶臂为 L，这个力偶使曲轴轴承增加附加载荷。在曲轴设计时，采用增加配重和曲拐的适当排列等方法消减力偶的作用，使其获得动平衡。然而在实际使用中，白于曲轴的磨损和变形等，破坏了原有的平衡状态。所以，在曲轴修理竣工前还应进行平衡检验和处理。

零件的动平衡检验在动平衡机上进行，图 2-18 为一曲轴动平衡机。根据不平衡力的方位和数值，在相应的曲轴曲柄上钻去适当的质量而得到动平衡。

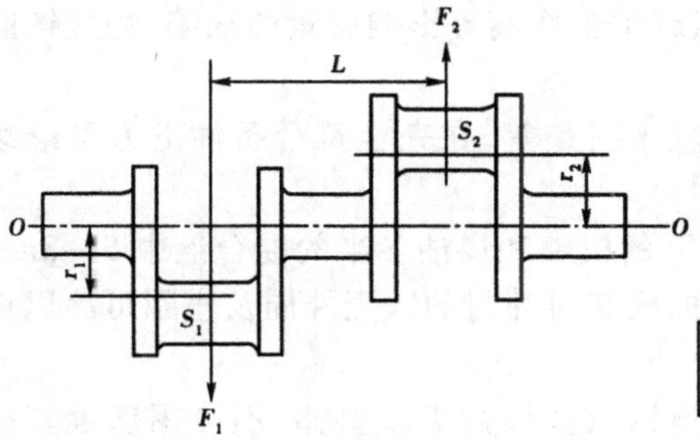

图 2-17　曲轴的动不平衡

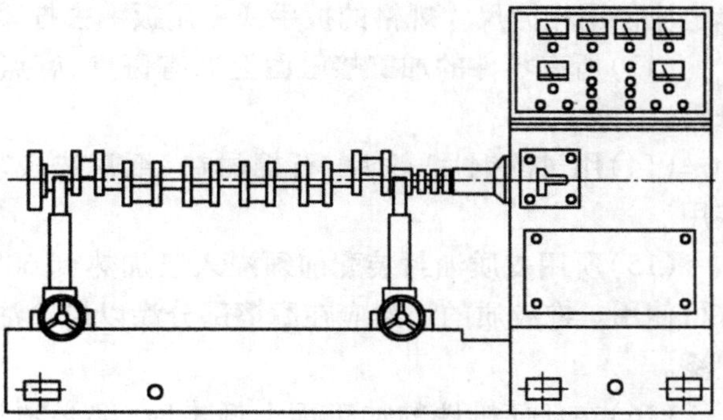

图 2-18　S_3-S_3 曲轴动平衡机

第六节　修理作业的要求和安全规则

一、修理作业的要求

(1)修理作业的依据是发动机的修理规范和修理技术数据。没有可靠的依据,便无从下手。由于各机型制造时选用的材质不同,其修理技术数据(如零件尺寸及配合关系等)就有所不同。修理前,应查明各机型有关技术数据作为修理的依据。

(2)为了提高修理效率,保证质量,任何机型的修理均应安排一个合理的作业顺序。作业顺序将随着机型的结构、修理设备、机具条件、人员技术水平、作业组织和方法等变化。

(3)做好修理作业,第一要保证质量,在保证质量的前提下,做到节约工时,缩短作业时间。因此,修理人员应具有高度负责的精神和认真的服务态度。

(4)修理作业开始以前,应将所需工具、夹具和设备按一定次序放置在钳台或各需修件的旁边,以节约时间,提高效率。

(5)每件工具只应按其直接的用途来使用。例如,旋紧螺母时,应当使用具有适当尺寸的扳手,以免损伤扳手或螺母。

(6)拆卸发动机、总成、组合件时,应按顺序保存妥各零件,以便重新组装。

(7)气缸盖、进气排气歧管、化油器、水泵及气缸水道侧盖等处的螺钉和双头螺柱,安装前螺纹上可涂以红丹油。

(8)发动机用螺钉如有变形即不可再用,如螺纹断扣、滑牙,在有效范围内超过两扣以上而无法修复的亦不可再使用。

(9)主要螺柱的螺纹紧固时均应伸出螺母 1 ~ 3 扣,一般螺柱允许螺纹不低于螺母上平面,在不妨碍使用的情况下,也可高出螺母。

(10)凡是螺柱、螺母所使用的平垫圈、弹簧垫圈、锁止垫圈、开口销、垫片及其他金属锁线等,按照规定均须装配齐全,不可缺少。

(11)所有零件在装配前,都要彻底清洗并用压缩空气吹干净后,再进行一次检验,确认合格后方可装配。

(12)凡规定有紧度的螺柱和螺母,均须按照规定力矩使用扭力扳手拧紧。其他螺柱及螺母也应使用相同尺寸规格的扳手或专用扳手去拧紧。

(13)所有零件的加工接触面上如有斑点、麻点或锤击伤痕等影响质量的缺陷,均应锉磨修整。

(14)用过的铜片、铁片、石棉衬垫、纸衬垫及软木衬垫等,在完全符合条件下方可继续装用。

(15)所用皮质油封装配前须浸入已加热到 60℃ 的机油和煤油各半的混合液中 5 ~ 8min 方可使用。橡胶质的油封应在摩擦部分涂以齿轮油,安装时油封的铁壳外周及座圈可涂以锌白漆。

(16)在任何机件的加工面上锤击时,都必须垫以软金属衬板或垫棒,不可用铁锤直接敲打。

(17)全部油嘴、油杯均应装配齐全。所有润滑部位的润滑油应按季节、种类及规定容量分别加足。

(18)工作完毕后,应当仔细清除切屑、锉屑、尘埃。检查工具、夹具,并应保持在良好状况,擦拭干净。

(19)所有使用的工具、量具及检验仪表,必须经常检查,保持其准确性、完好性及灵敏度。

(20)发动机修理中常用的量具有量缸表(内径量表)、百分表、千分尺、游标卡尺、厚薄规、卡钳、测齿卡尺、专用样板等。常用的检验仪器有连杆校正器、弹簧检验器、活塞环检验器等。仪表有真空表、点火正时灯、气缸压力表等。

用量具和仪器、仪表检验零件和测试发动机,一般能获得较精确的数据。但在使用时,必须认真检查量具本身的精确度,注意测量部位的选择和读数的准确等。

二、修理作业的安全规则

1. 发动机运转时的安全作业

(1)发动机起动前,应首先检查机油量和冷却水量。装车后,还应检查变速杆位置是否在空挡,并拉紧手制动器。

(2)每一台被调整和被试验的发动机,应具有完好的起动机。如用手摇柄起动发动机,应自下向上摇动,注意防止反击伤人。

(3)在车间内起动发动机,应打开门窗,使空气流通,必要时排气管可接到室外。

(4)在发动机运转中进行检修、调整作业时,应注意安全,防止风扇叶片伤人。

(5)发动机起动后,应立即检视各仪表的工作及指示情况是否正常。

(6)装配时,不得违章操作,如用手试探螺孔、锁孔等,以免轧伤手指。

(7)发动机装车后,在车底下作业时,应挂一表示“正在修理”的标志牌。

2. 使用汽油时的安全须知

(1)修理车间和保养场内,必须充分通风,使汽油气体与废气气体排出。在有可燃物质的场所不准吸烟,以防引起火灾。

(2)在修理和接触燃料系零件时,应该注意它含有有毒的铅质沉淀物,如气缸、气缸盖、活塞顶、活塞环、气门顶、进排气歧管、化油器、汽油泵、汽油滤清器、汽油管、汽油箱等。在疏通量孔、油道、油阀时,不可用嘴去吹通,可用压缩空气或打气筒吹通。

(3)不要用汽油洗手,以免皮肤受伤。

复习思考题

1. 解释下列名词:干摩擦、液体摩擦、边界摩擦、边界油膜、混合摩擦、磨损、磨料磨损、黏着磨损、变形、热应力、相变应力、内应力松弛、疲劳、腐蚀、化学腐蚀、电化学腐蚀、穴蚀、老化、修理尺子法、镶套修理法、换位修理法、局部更换修理法。

2. 磨损可分为哪几类?磨料磨损分为哪几种形式?有什么特点?

3. 疲劳磨损是怎样产生的？哪些零件容易产生疲劳磨损？为什么？

4. 疲劳裂纹是如何产生的？它取决于哪些因素？

5. 零件的腐蚀破坏有哪几种？它们是怎样发生的？如何减轻其危害？

6. 穴蚀是怎样产生的？其影响因素有哪些？

7. 修理尺寸法的实质是什么？修理等级如何确定？修理尺寸怎样计算？

8. 镶套修复零件时应注意哪些问题？怎样镶套？

9. 焊修有什么特点？它可以修复零件的哪些损伤？

第三章

曲柄连杆机构

第一节　概　　述

一、曲柄连杆机构的功用与组成

1. 曲柄连杆机构的功用

曲柄连杆机构是往复活塞式发动机将热能转变为机械能的主要机构,其功用是将燃气作用在活塞顶上的压力转变为曲轴的旋转力矩,对外输出动力。

2. 曲柄连杆机构的组成

曲柄连杆机构主要由机体组、活塞连杆组和曲轴飞轮组组成。

1)机体组

主要由气缸体、曲轴箱、气缸盖、气缸套和缸垫等不动件组成。

2)活塞连杆组

主要由活塞、活塞环、活塞销和连杆等运动件组成。

3)曲轴飞轮组

主要由曲轴和飞轮等机件组成。

对于不同的发动机,因气缸布置形式、冷却方式、燃烧室结构等不同,曲柄连杆机构的组成件及其结构也有一定的不同。

二、曲柄连杆机构的受力分析

曲柄连杆机构是在高温、高压、高速和有化学腐蚀的条件下工作的。发动机工作时,运动件在高压下做变速运动,受力情况很复杂。其中主要有气体压力、往复运动件的惯性力、旋转运动件的离心力以及运动件接触面所产生的摩擦力等。

1. 气体压力

在每个工作循环的四个行程中,气体压力始终存在。但由于进、排两个行程气体压力较小,对机件影响不大,而压缩、做功两个行程中气体压力不仅数值较大,而且变化也较大。所以，这里主要分析做功行程和压缩行程气体压力的作用。

1）做功行程

在做功行程中，气体压力推动活塞向下运动[图3-1a)]，设活塞所受的总压力为 F_p，其传到活塞销上可分解为 F_{p1} 和 F_{p2}，分力 F_{p1} 通过活塞销传给连杆，并沿连杆方向作用在连杆轴颈上。F_{p1} 还可以分解为两个分力 F_R 和 F_S。分力 F_R 沿曲柄方向使曲轴主轴颈与主轴承间产生压紧力；分力 F_S 垂直于曲柄，其除了使主轴颈和主轴承之间产生压紧力外，还对曲轴产生转距 T，驱动曲轴旋转。F_{p2} 把活塞压向气缸壁，形成活塞与缸壁间的侧压力，有使机体翻倒的趋势，故机体下部的两侧应支撑在车架上。

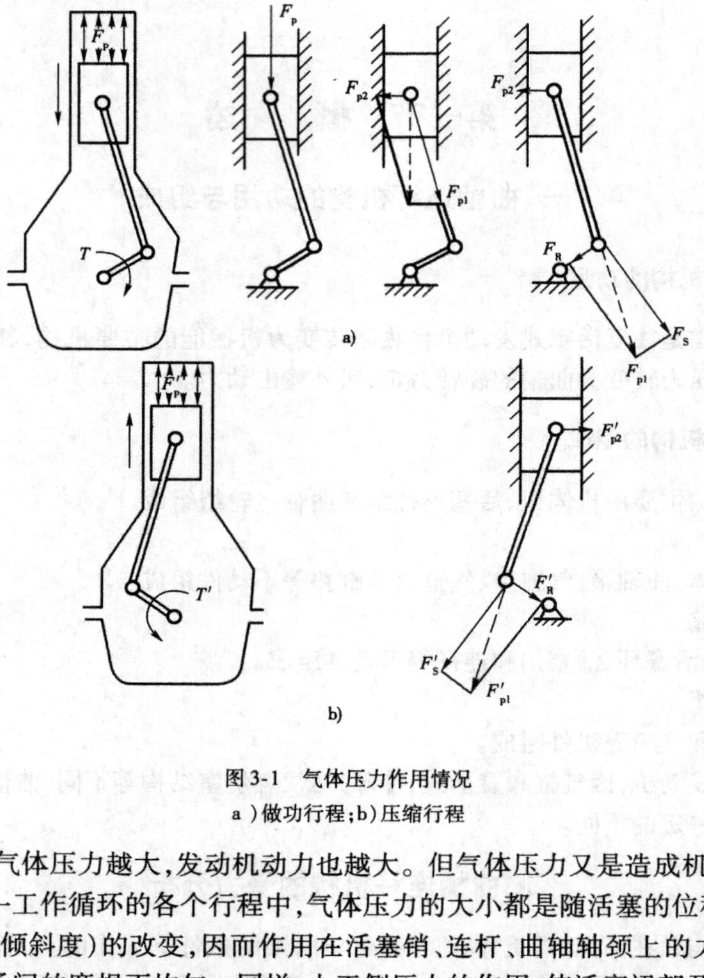

图3-1　气体压力作用情况

a）做功行程；b）压缩行程

做功行程中气体压力越大，发动机动力也越大。但气体压力又是造成机件损坏的主要因素。在内燃机每一工作循环的各个行程中，气体压力的大小都是随活塞的位移而变化的，加上连杆位置（即连杆倾斜度）的改变，因而作用在活塞销、连杆、曲轴轴颈上的力是变化的，这将造成各轴颈与轴承间的磨损不均匀。同样，由于侧压力的作用，使活塞裙部及气缸壁的两侧磨损较大。由于内燃机连续运转，上述各力将呈现周期性的变化，因此活塞、气缸、曲轴、轴承等零件的磨损是有规律性的。

2）压缩行程

在压缩行程中，气体压力是阻碍活塞向上运动的阻力。这时作用在活塞顶上的气体总压力也可分解为 F'_{p1} 和 F'_{p2}[图3-1b)]，F'_{p1} 又可分解为 F'_R 和 F'_s。分力 F'_s 对曲轴形成一个旋转阻

力矩 T',企图阻止曲轴旋转;而 F'_{p2} 则将活塞压向气缸的另一侧壁。

从发动机前方看,曲轴是顺时针旋转的,在发动机工作过程中,由于燃气的爆发压力大于压缩终了的压力(通常为两倍以上),所以,气缸左侧的侧压力也就大于右侧的侧压力。

2. 往复惯性力与离心力

往复运动的物体,当运动速度变化时,将产生往复惯性力。物体绕某一中心作旋转运动时,就会产生离心力。这两种力在曲柄连杆机构的运动中都存在。

1)往复惯性力

当活塞从上止点向下止点运动时,其速度变化规律是:从零开始,逐渐增大,临近中间达最大值,这一段活塞作加速运动;然后又逐渐减小至零,这一段活塞作减速运动。

从物理学的知识知道,物体作直线加速运动时,惯性力的方向与运动方向相反;作直线减速运动时,惯性力的方向与运动方向相同。

为了便于理解和记忆,我们将活塞运动行程分为上半行程(靠近上止点)和下半行程(靠近下止点)。当活塞从上止点向下止点运动时,上半程是加速运动,惯性力向上[图3-2a)];下半程是减速运动,惯性力向下[图3-2b)]。同理,当活塞从下止点向上止点运动时,下半程是加速运动,惯性力向下,上半程为减速运动,惯性力向上。所以,不论活塞是作向下还是作向上的运动,当活塞在上半行程时,惯性力方向向上;当活塞在下半行程时,惯性力的方向向下。

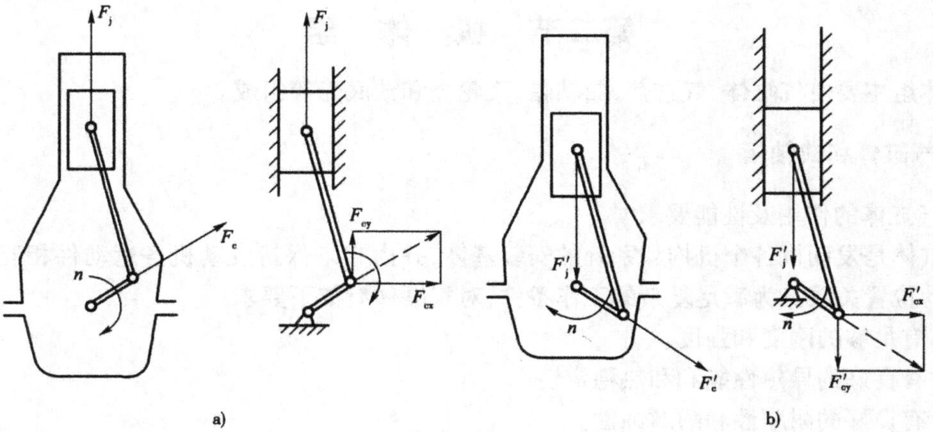

图3-2 往复惯性力和离心力作用情况

a)活塞在上半行程的惯性力;b)活塞在下半行程的惯性力

由于往复惯性力和气体压力都可以认为作用于气缸中心,只是上下方向有时不同,因此,惯性力分解后引起各传动机件的受力情况和气体压力相同。但惯性力不作用于气缸盖,它在单缸发动机内部是不平衡的,会引起发动机上下振动,多缸发动机的惯性力可能在各缸之间相互平衡,引起振动的倾向大为减小。

2)离心力

偏离曲轴轴线的曲柄、连杆轴颈和连杆大头在绕曲轴轴线旋转时,将产生离心力 F_c[图3-2)],其方向沿曲柄向外。F_c 在垂直方向上的分力 F_{cy} 与往复惯性力 F_j 的方向总是一致的,因而加剧了发动机的上下振动。而水平方向的分力 F_{cx} 则使发动机产生水平方向的振动。另外，离心力使连杆大头的轴承和轴颈、曲轴主轴承和轴颈受到又一附加载荷，增加了它们的变形和磨损。

3. 工作阻力矩

内燃机产生的扭矩，是用来克服作用在曲轴上的工作阻力矩的，使内燃机连续运转。由于扭矩在曲轴上纵向作用位置的交替变化，扭矩与工作阻力矩均非恒定，并且也不相互平衡，因此造成了曲柄连杆机构，特别是曲轴承受交变应力作用，并产生扭转变形及振动，以至引起曲轴疲劳损坏。内燃机在使用中，若条件许可，应减少其转速与负荷的波动。

4. 摩擦力

曲柄连杆机构中互相接触的表面作相对运动时都存在有摩擦力，其大小与正压力和摩擦系数成正比，其方向总是与运动方向相反。

气体压力、惯性力、工作阻力矩作用在曲柄连杆机构的零件上，使它们受到拉伸、压缩、弯曲和扭转等不同形式的载荷摩擦力，不仅阻碍零件的运动、增加了内燃机的功率消耗，而且是造成配合表面磨损的主要原因。为了保证工作可靠，减少磨损，减轻振动，曲柄连杆机构中相对运动的零件，不仅要求有一定的机械性能，加工精度和装配精度，而且在结构上还采取了相应的有效措施。

第二节　机　体　组

机体组主要由气缸体、气缸盖、曲轴箱、飞轮壳和油底壳等组成。

1. 气缸体和曲轴箱

1）气缸体的作用及性能要求

气缸体是发动机各个机构和系统的安装基体，并由它来保持发动机各运动件相互之间具有准确的位置关系。为满足复杂的工作条件，对气缸体有如下要求：

（1）有足够的刚度和强度。

（2）有良好的导热性能和和热稳定性。

（3）有良好的耐磨性和耐腐蚀性。

（4）有良好的吸振性能。

（5）体积小、质量轻。

缸体一般采用铸铁材料铸造而成，也有采用铝合金材料的。

2）气缸体的基本结构

气缸体中加工出圆柱形空腔，称为气缸。多个气缸组成一体即为气缸体。为了便于气缸散热，在气缸的外面制有水套（水冷式）或散热片（风冷式）。曲轴箱有前后壁和中间隔板，其上制有主轴承孔，大多数柴油机还制有凸轮轴轴承座孔。为了这些轴承的润滑，在侧壁上设有主油道，前后壁和中间隔板上设有分油道。

水冷式发动机多采用整体气缸体，如图 3-3 所示。整体式气缸有上下两个平面，用以安装气缸盖和油底壳。这两个平面也是气缸修理的加工基准，因此在拆装时应注意保护。

风冷式发动机则多采用分体式气缸体，如图 3-4 所示。分体式的气缸下部有一凸缘和止口，曲轴箱有支撑气缸体的平面和止口，用它来保证二者之间的正确定位，在支撑面之间用金属垫片来调整活塞顶和气缸盖间的间隙。

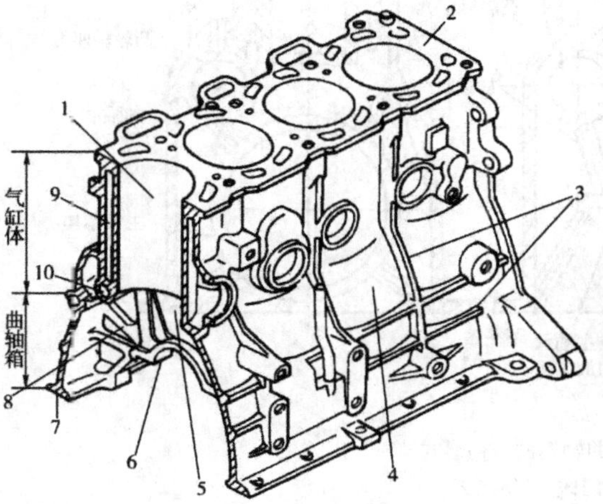

图 3-3 水冷式发动机的机体

1-气缸；2-上平面（机体顶面）；3-侧壁上的加强肋；4-机体侧壁；5-缸间横隔板；6-主轴承座孔；7-下平面（机体底面）；8-横隔板上的加强肋；9-水套；10-主油道

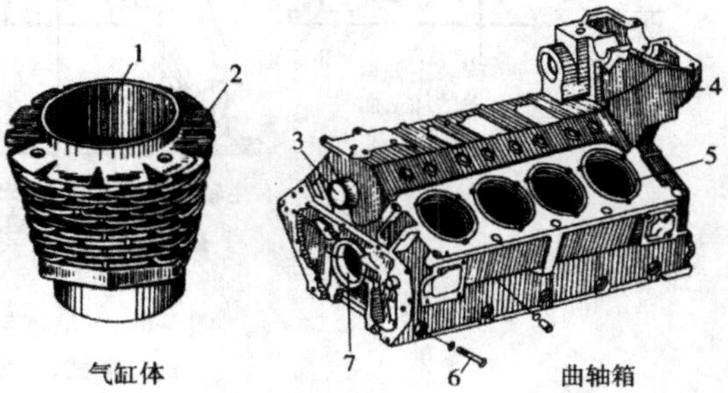

图 3-4 风冷式发动机气缸体与曲轴箱

1-气缸；2-散热片；3-凸轮轴孔；4-定时传动室；5-气缸体安装孔；6-主轴水盖横向紧固螺栓；7-主轴承孔

3）气缸的排列形式

根据气缸的排列方式，可分为直列式、“V”形和水平对置三种形式，如图 3-5 所示。“V”形气缸体两列之间的夹角一般为 60°、90°或 120°。

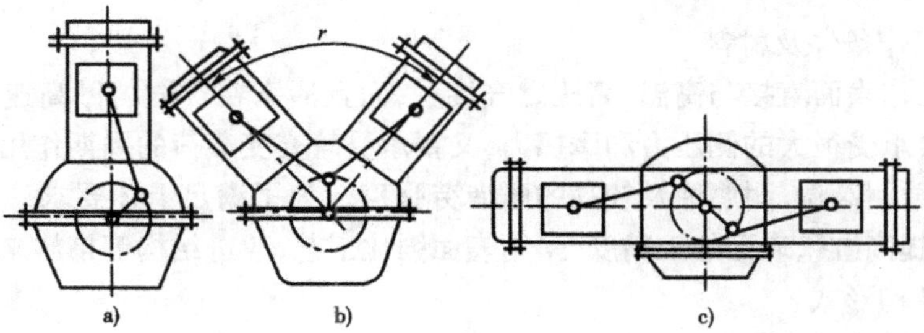

图 3-5 气缸体的排列形式

a）直列式；b）“V”形；c）对置式

4）气缸体与曲轴箱的结构形式

水冷式发动机的曲轴箱和气缸体做成一体，有三种基本结构形式，如图 3-6 所示。

（1）一般式

曲轴轴线与气缸体下平面在同一平面上为一般式。这种结构便于加工，但刚度小，且前后端呈半圆形，与油底壳接合面的密封较困难，多用于中小型发动机。

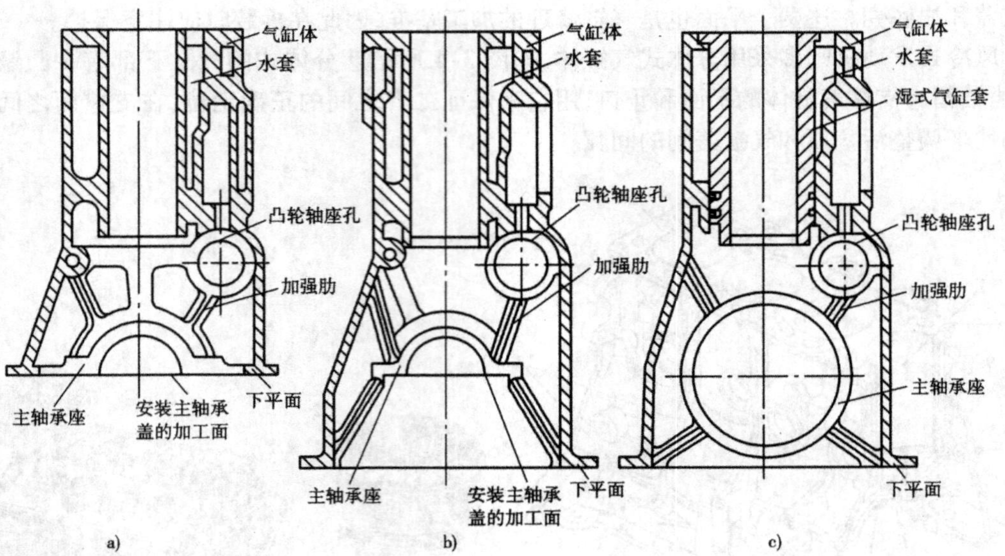

图 3-6　气缸体与曲轴箱的结构形式

a)一般式;b)龙门式;c)隧道式

(2)龙门式

曲轴轴线高于气缸体下平面的为龙门式。这种结构刚度较高,且下曲轴箱前后端为同一平面,其密封简单可靠,维修方便,但工艺性较差,大中型发动机广泛使用。

(3)隧道式

这种形式的上曲轴箱主轴承座孔不分开,其结构刚度最大,主轴承同轴度易保证,但拆装较困难。多用于机械负荷较大、主轴承采用滚动轴承的发动机。

2. 气缸与气缸套

1)气缸的工作条件及材料

由于气缸工作表面直接与高温、高压燃气接触,而且活塞在气缸内做高速往复运动时,缸壁工作表面既要承受很大的侧压力和摩擦力,又要承受着交变载荷的周期作用,因此要求气缸壁表面必须耐磨、耐高温、耐腐蚀及较高的耐疲劳强度。为了满足上述要求,一般采用优质材料制造气缸体,提高缸壁表面加工精度,采用表面强化工艺,改进结构等措施来实现。

2)气缸的结构形式

气缸的结构形式有两大类,即无气缸套式和有气缸套式。

有气缸套分为干式缸套和湿式气缸套两种。

无气缸套式机体即不镶气缸套的机体,在机体上直接加工出气缸。机体一般由耐磨合金铸铁制造。气缸内表面经珩磨加工成深度 4 ~ 6μm 的网纹,以改善气缸的润滑性和磨合性。这种结构多在轿车发动机上采用。

大多数发动机采用缸体内镶入气缸套的方法。气缸套采用耐磨性好的优质合金铸铁或优质灰铸铁来制造,而缸体则用价格较低的普通铸铁或比重较小的铝合金等材料来制造。既满足了气缸的工作要求,又节省了材料,降低了成本。

3）缸套的结构

（1）干式气缸套。干式缸套如图3-7a）所示。其外表面不直接与冷却水接触，加工和安装都比较方便，其壁厚一般为1～3mm。为了增加缸体和缸套的实际接触面积，保证缸套的散热和定位，缸套的外表面和其安装的缸体承孔的内表面采用过盈配合。

干式缸套的优点是不易漏水、漏气，缸体结构刚度大，整体结构紧凑。目前多数中小型汽车发动机采用干式缸套。

（2）湿式气缸套。湿式气缸套如图3-7b）、c）所示。

湿式缸套直接与冷却水接触，冷却效果较好，其壁厚一般为5～9mm。为了防止漏水，湿式缸套的定位、密封和安装均有严格要求。

缸套的定位包括径向定位和轴向定位两部分，如图3-7b）所示，依靠缸套外表面上的圆环带A和B来实现径向定位，B称之为上支承定位带，A称为下支承密封带。利用缸套上部凸缘的下平面C实现轴向定位。为了防止漏气、漏水，有的缸套凸缘平面处（C处）还加有紫铜垫片。

为了便于装配，缸套上支承定位带直径略大，与承孔配合较紧；而下支承密封带直径略小，与座孔配合较松。为了防止漏水，下支承部位（A处）必须加装1～3道橡胶密封圈来密封，其密封形式有涨封式和压封式两种，如图3-8所示。其中使用较广泛的为涨封式，少数柴油机气缸体在两道密封圈之间设有漏水孔，如图3-8a）所示，用以观察密封圈工作情况是否良好。

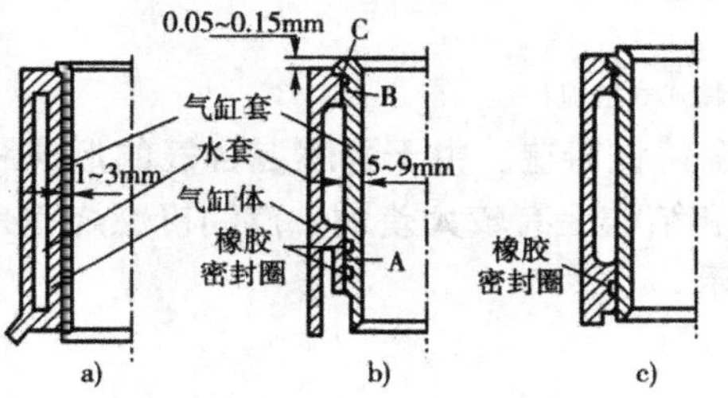

图3-7　气缸套

a）干式缸套；b）、c）湿式缸套

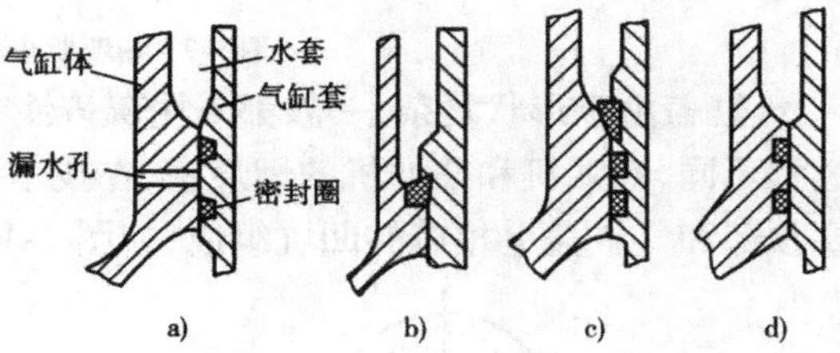

图3-8　缸套下端的密封形式

a）、b）、c）涨封式；d）压封式

随着柴油机强化程度的提高，湿式气缸套的穴蚀已成为一个突出问题，所以某些柴油机气缸套上有三道密封圈[图3-8c）]，最上一道的上半部分与冷却水接触，既能防止配合面生锈、便于拆装，又能借其吸振，减轻穴蚀。有的上、中二道采用乙丙合成橡胶密封圈，以密封冷却液，下面一道用硅酮材料制成以密封机油，二者不可错装。还有的把密封圈装在气缸体上，因为缸套上没有开槽，气缸套的刚度得以提高[图3-8d）]。

湿式缸套的优点是简化了缸体结构，散热效果好，维修中便于更换。缺点是降低了缸体的刚度，易出现漏水、漏气现象。

3. 气缸盖与气缸垫

1）气缸盖

气缸盖的主要作用是封闭气缸上部并与气缸和活塞顶部共同构成燃烧室。缸盖内有冷却水套，水套与缸体上的水套相通，以利用循环水来冷却燃烧室等高温部分。

汽油机缸盖上加工有火花塞安装座孔,柴油机缸盖上则加工有喷油器安装座孔。

在缸径较大、缸数较多的发动机上,为了便于制造、避免产生翘曲变形累积以及方便维修,多采用分段式气缸盖。而缸径较小、缸数少的发动机则采用整体式气缸盖,如图 3-9 所示。

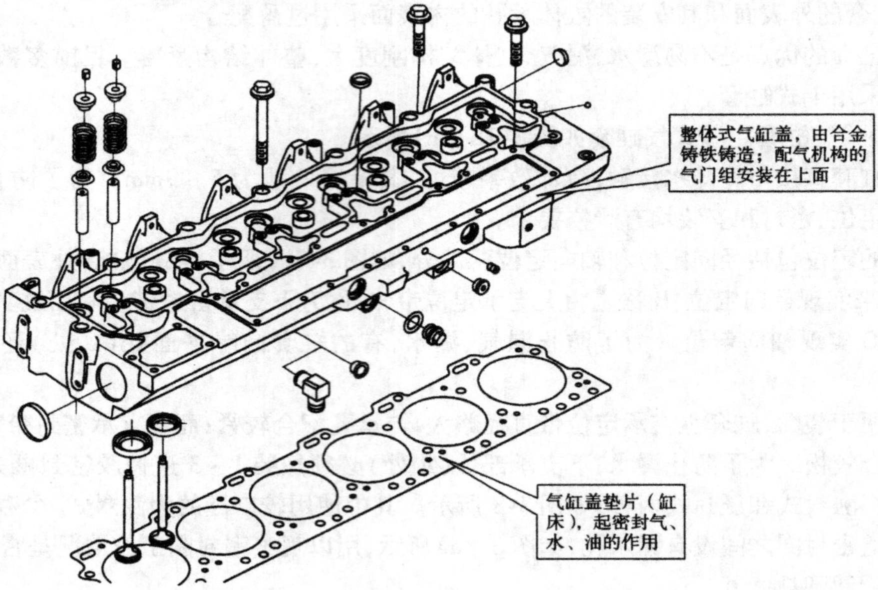

图 3-9　康明斯柴油机整体式气缸盖

气缸盖由于形状复杂,一般都采用灰铸铁或合金铸铁铸造。由于可燃混合气的形成和燃烧过程不同,汽油机和柴油机的燃烧室,在技术要求和结构上有较大差别。汽油机燃烧室是由活塞顶部和气缸盖上相应的凹坑组成,如图 3-10 所示。

a)　　b)　　c)

图 3-10　汽油机燃烧室

a)半球形燃烧室；b)楔形燃烧室;c)盆形燃烧室

气缸盖用螺钉紧固在气缸体上,为了保证气缸盖与气缸体各处都能紧密贴合、压紧均匀,在拧紧螺钉时,必须由中央对称地向四周扩展,分几次(一般多为 3 次)进行,最后一次的拧紧力应符合工厂规定的要求。有时为了保险起见,在全部拧紧后,再进行一次复查。

个别发动机有时还要求在发动机热态时拧紧，方法是：在完成发动机整机装配竣工后，发动机器，当发动机水温正常后停机，拆下配气机构的部分部件，趁热再进行一次拧紧，达规定力矩。

气缸盖螺钉拆卸顺序可与拧紧的顺序相反进行，最好也是分次拧松。拆下后的缸盖应以侧面立放，以防因放置不当引起变形。

2）气缸垫

（1）气缸垫的功用。气缸垫是用来保证气缸体与气缸盖间的密封，以防止漏水、漏气现象的发生。

（2）气缸垫的要求

气缸垫应满足如下的主要要求：在高温、高压燃气作用下有足够的强度，不易损坏；耐热和耐腐蚀，即在高温、高压燃气或有压力的机油和冷却水的作用下不烧损或变质；具有一定的弹性，能补偿接合面的不平度，以保证密封；拆装方便，能重复使用，且寿命长。

（3）气缸垫的结构。目前气缸垫的结构大致有以下几种：

①金属—石棉垫。如图3-11a）、b）所示，外包铜皮和钢皮且在缸口、水孔、油道口周围卷边加强，内填石棉垫，石棉中常掺入铜屑或铜丝，以加强导热，平衡气缸体与气缸盖的温度。这种衬垫压紧厚度为1.2～2mm，具有很好的弹性和耐热性，能重复使用，但厚度和质量的均一性较差。

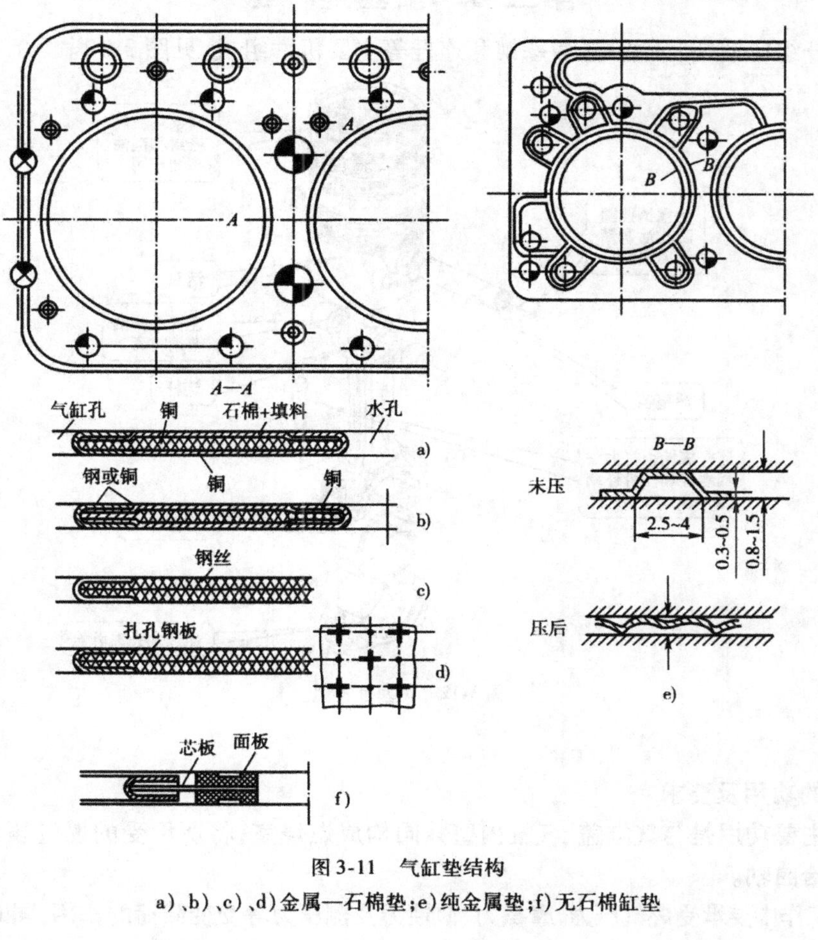

图3-11 气缸垫结构

a）、b）、c）、d）金属—石棉垫；e）纯金属垫；f）无石棉缸垫

另一种是金属骨架—石棉垫，用编织的钢丝网（见图3-11c）或有孔钢板[冲有带毛刺小孔的钢板，见图3-11d）]为骨架，外覆石棉及橡胶黏结剂压成垫片，表面涂以石墨粉等润滑剂，只在气缸口、油道口及水孔处用金属片包边。这种气缸垫弹性更好，但易黏结，一般只能使用一次。还有的气缸垫既有金属骨架、石棉，又有金属包皮。

为了提高气缸口处的抗烧蚀能力，有的镶以抗高温氧化能力较强的镍边，有的气缸口部分没有石棉，只有几层薄钢片。

②纯金属垫。某些强化柴油机采用纯金属气缸垫，由单层或多层金属片（铜、铝或低碳钢）制成的，如图3-11e）所示。为了加强密封，在汽口、水孔、油道口处，冲有弹性凸筋。

国外一些柴油机开始使用耐热密封胶，以取代气缸垫。使用耐热密封胶和纯金属垫的柴油机，对气缸体和气缸盖结合面均要求有较高的加工精度。

(4)气缸垫的安装方向。金属-石棉垫（金属皮的），由于缸口卷边一面高出一层，对与它接触的平面会造成单面压痕变形，因此卷边应朝向易修整的接触面或硬平面，例如气缸盖和气缸体同为铸铁时，卷边应朝向缸盖（易修整面）；铝合金气缸盖、铸铁气缸体，卷边应朝向缸体（硬平面）；气缸体和气缸盖同为铝合金时，卷边应朝向气缸体，即朝向湿式气缸套的凸缘（硬平面）。

第三节　活塞连杆组

活塞连杆组由活塞、活塞环、活塞销和连杆等主要机件组成，见图3-12。

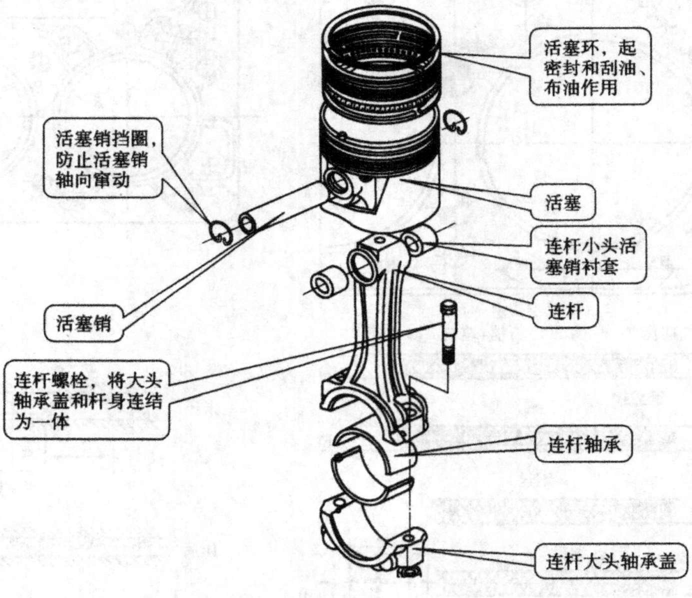

图3-12　活塞连杆组

1. 活塞

1)活塞的功用及要求

活塞的主要功用是与气缸盖、气缸内壁共同构成燃烧室，将所承受的燃气压力，通过活塞销和连杆传给曲轴。

活塞在工作中要承受燃气压力、摩擦力、惯性力及侧压力等交变载荷的作用，同时活塞在工作中接触高温燃气和润滑油。因此要求活塞要具有足够的强度和刚度、较轻的质量、小的热膨胀量、良好的导热性、耐磨、耐腐蚀等性能，并且要求在各种工况下都能与气缸壁之间有合适的间隙。

2）活塞的材料

为了满足上述要求，活塞的材料应具有以下特点：

①密度小；

②足够的机械强度和热强度；

③在高温下耐磨性好；

④热膨胀系数小；

⑤导热性好。目前，发动机活塞广泛采用铝合金材料。有的柴油机上也采用合金铸铁或耐热钢制造活塞。

3）活塞的结构

活塞的基本结构分为顶部、头部和裙部三个部分，活塞的典型结构及其各部分名称如图3-13所示。

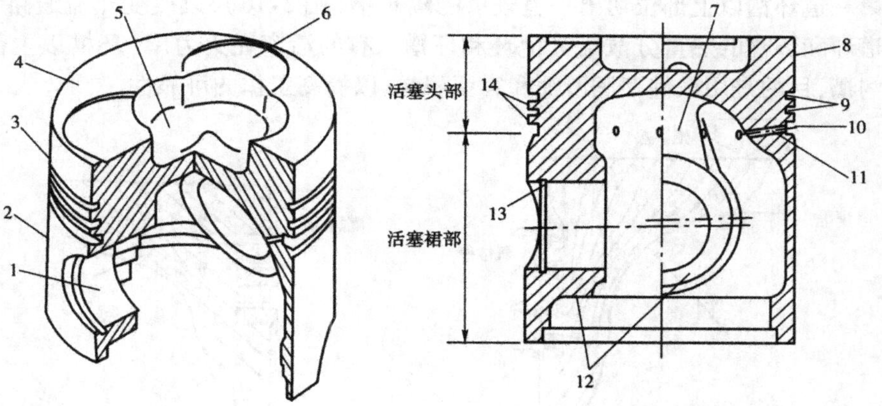

图3-13　活塞的典型结构

1-活塞销孔；2-活塞裙部；3-活塞头部；4-活塞顶部；5-燃烧室凹坑；6-气门凹坑；7-加强肋；8-火力岸；9-气环槽；10-油环槽；11-回油孔；12-活塞销座；13-挡圈槽；14-环岸

（1）活塞顶部。活塞顶部是燃烧室的组成部分，它的形状与选用的燃烧室形式有关，通常有平顶、凹顶、凸顶等形状，如图3-14所示。

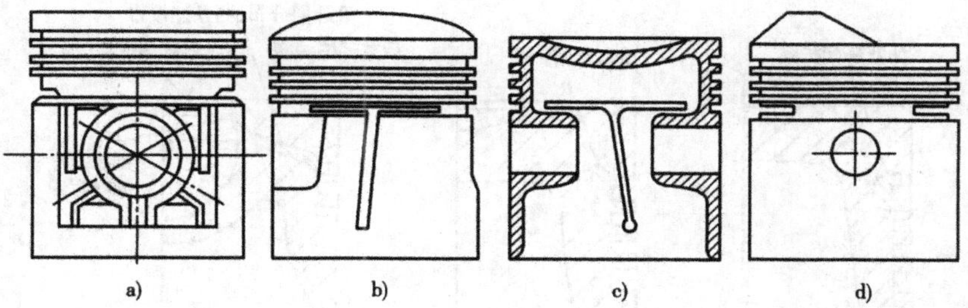

图3-14　活塞顶面的各种形状

a）平顶；b）、d）凸顶；c）凹顶

柴油机活塞的顶部多为凹坑,如图3-14c)所示。这个凹坑是柴油机燃烧室的重要组成部分,其形状是多种多样的,依据不同的燃烧室而不同。

有些活塞顶打有各种记号,用以显示活塞及活塞销的安装和选配要求,应严格按要求进行,详见后述内容。

(2)活塞头部。活塞头部是指活塞环槽及以上的部分(图3-14)。其主要作用是承受气体压力,并传给连杆;与活塞环一起实现对气缸的密封;将活塞顶所吸收的热量通过活塞环传给气缸壁。

活塞头部切有用以安装活塞环的环槽。现代柴油机一般使用两道气环(也有三道气环的)和一道油环,所以活塞头部的环带区,上面两道为气环槽,下面一道为油环槽。环槽形状与活塞环结构有关,多数是矩形截面的环槽,在油环槽底面上钻有许多径向的回油小孔,以使油环从气缸壁面上刮下的多余润滑油通过这些小孔流回油底壳。

由于活塞头部热负荷大,为保证活塞环(特别是第一道环)工作的可靠性,在活塞头部常采取一些结构上的特殊措施:有的活塞头部环区做得比较厚(图3-15),以便较多的热流通过;有的则在第一道环槽以上部位切出一道较窄的隔热槽(图3-16),以改变热流通路,将原来集中在第一道环和环槽的热量分散给其他环和环槽。有的活塞在火力岸(环槽以上部位)上还制有浅的沟槽,目的是用来储存润滑油和容留积炭,以提高工作的可靠性。

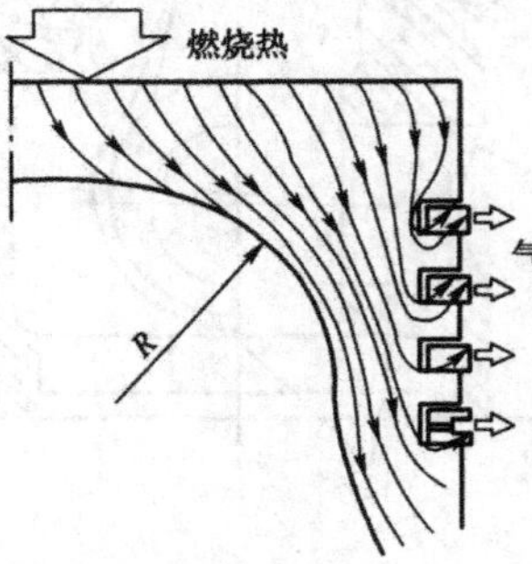

图3-15 由活塞顶到气缸壁的热流

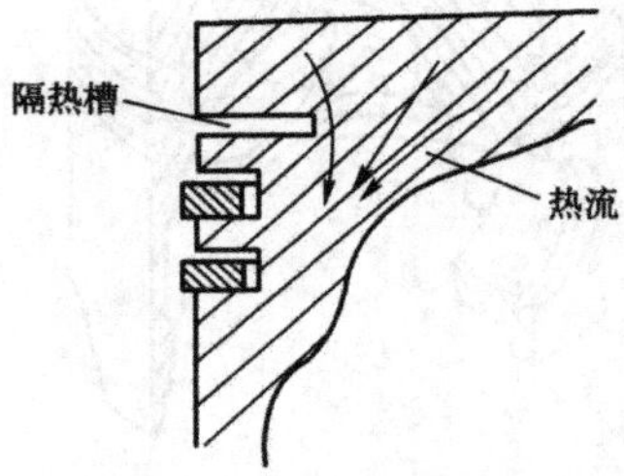

图3-16 活塞隔热槽

为了解决第一道环槽处铝合金材料的硬度因温度过高而下降,导致环槽磨损加剧的问题,近年来,不少柴油机活塞第一道或第一、二道环槽内镶嵌耐热护圈。耐热护圈的材料为与铝合金膨胀系数相近的铬镍奥氏体铸铁或高锰奥氏体铸铁,而喉口护圈则可保护喉口不致因为过热而开裂,如图3-17所示。

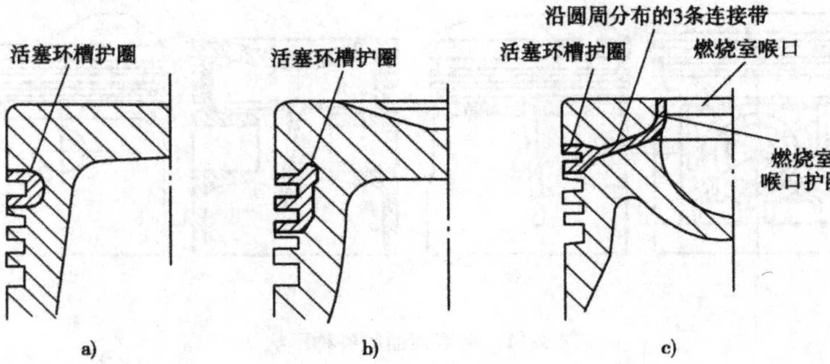

图3-17 活塞环槽护圈

另外，在铝合金活塞的头部铸入纤维增强合金环（图3-18），可以增强活塞的强度和提高第一道环槽的耐磨性。

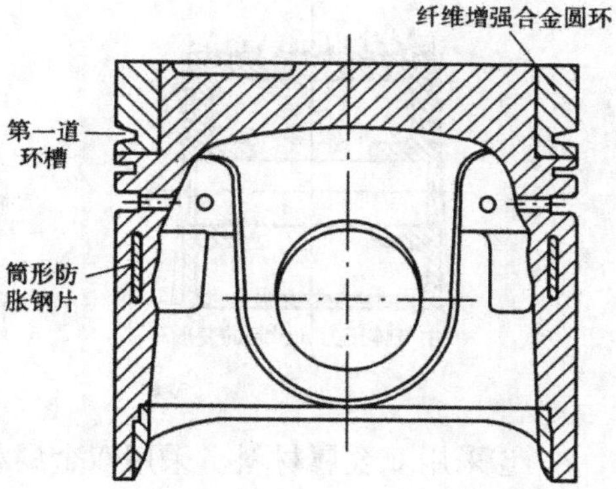

图3-18　镶纤维增强合金环的铝合金活塞

有些强化柴油机，为了减轻活塞顶部和头部的热负荷而采用油冷却活塞。方法之一是从连杆小头上的喷油孔或从安装在缸体上的喷油嘴向活塞内部喷射机油[图3-19a)、b)]；二是连杆小头上的喷油孔将机油喷入活塞内壁的环形油槽中，利用活塞运动使机油振荡而冷却活塞[图3-19c)]；三是在活塞的头部铸出冷却油道或铸入冷却油管，使机油在其中强制流动以冷却活塞[图3-19d)]。

（3）活塞裙部。活塞头部以下部分均为活塞裙部，它引导活塞在气缸内运动并承受侧压力。因此，既要保证裙部的形状，使活塞在气缸内得到良好的导向，并具有足够的承压面积，又要保证在任何情况下活塞与气缸壁之间具有最佳间隙。为了使活塞具有上述要求的最佳性能，在活塞上采取了许多措施：

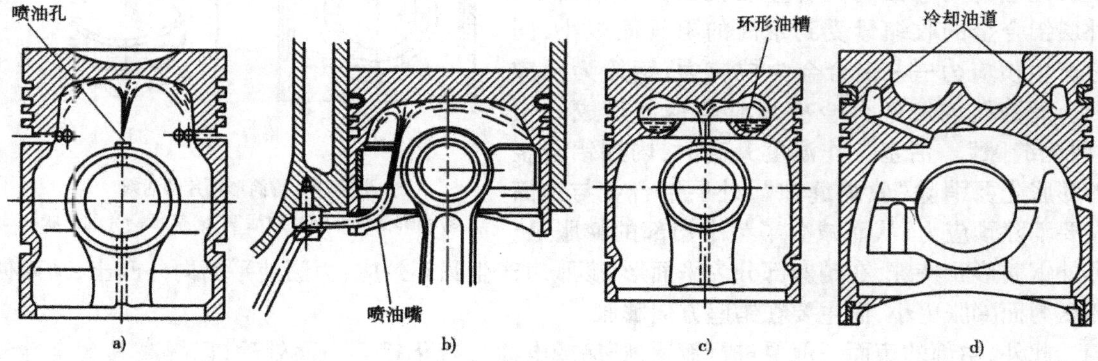

图3-19　油冷却活塞

①将活塞制成直径上小下大的锥形、阶梯形或桶形，如图3-20所示。

就整个活塞而言，在发动机工作时活塞的温度沿轴线方向自上而下降低，其顶部温度高，壁厚，热膨胀量大；裙部温度低，壁薄，热膨胀量小。因此，将活塞顶部的直径设计得小一些，而由顶部向下直径逐渐增加，以保证活塞在气缸中工作时热膨胀后上下配合间隙均匀一致。

②将活塞裙部径向制成椭圆形，如图3-21所示。

活塞裙部沿活塞销座方向壁厚较大，故热膨胀量较大。发动机工作时，活塞裙部在热载荷和侧压力的共同作用下变成椭圆柱形，沿活塞销轴方向略有伸长，垂直销轴方向略有缩短。因此，为了防止因椭圆变形而造成活塞卡死或缸壁拉伤，一般将活塞裙部预先加工成椭圆形，并使其长轴与活塞销轴方向垂直。同时，为了减少活塞销座附近的热变形量，还可将销座附近的裙部外表面铸成0.5～1mm的凹陷。

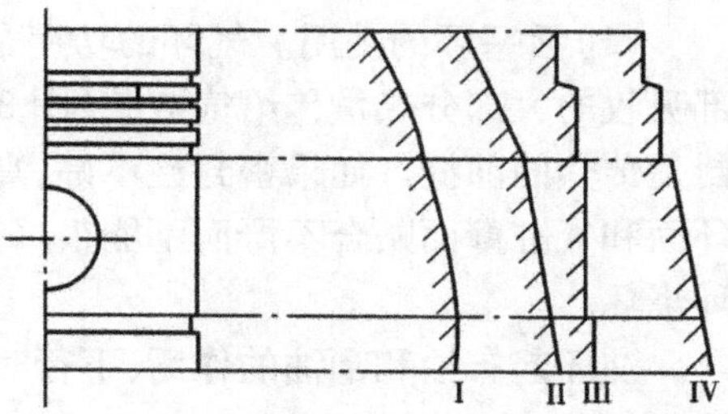

图3-20　活塞侧表面形状

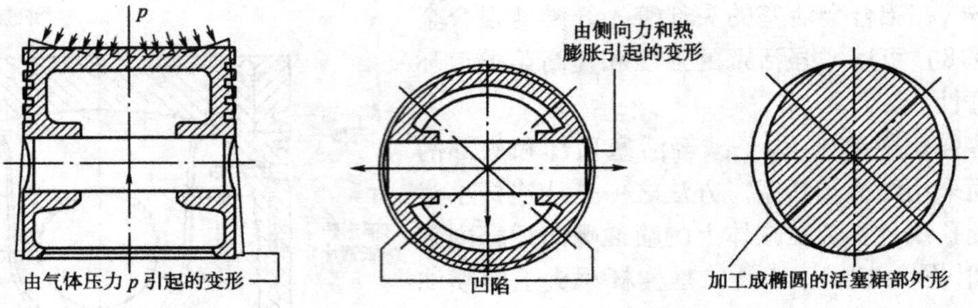

图 3-21　活塞裙部的椭圆变形

③采用双金属材料。采用双金属材料就是在铝合金活塞的裙部或销座内嵌铸入钢片，以减小活塞裙部的膨胀量，这是目前国内外广泛采用的一种措施。双金属活塞由于结构和作用原理不同，可分为恒范钢片式、自动调节式和筒形钢片式等，柴油机多采用其中的筒形钢片式双金属活塞，如3-22 所示。

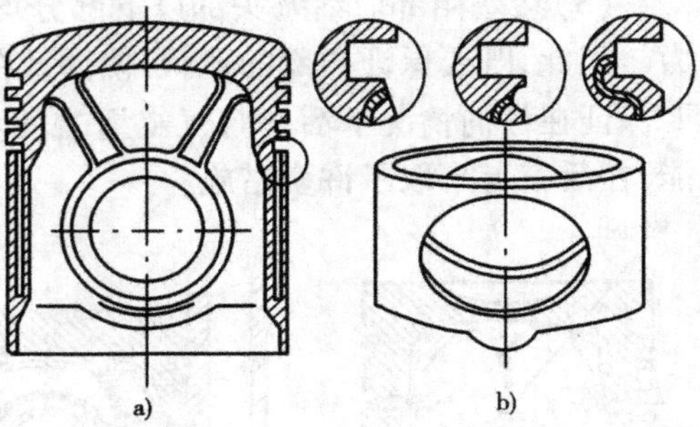

图 3-22　镶筒形钢片的活塞

a）裙部镶筒形钢片的活塞；b）筒形钢片的形状

图中的筒形钢片式活塞，在浇铸时将钢筒夹在铝合金中，由于铝合金的热膨胀系数大于钢，冷凝后位于钢筒外面的铝合金层就紧固在钢筒上，外层铝合金的收缩量受到钢筒的阻碍而减小，同时产生预应力——铝合金为拉应力，钢筒为压应力。而钢筒内侧铝合金冷却时与钢筒形成一道“收缩缝隙”。活塞工作温度升高时，内层铝合金的膨胀先要消除“收缩缝隙”，外层铝合金与钢筒先要消除预应力，从而减少了整个裙部的膨胀量。另外钢筒形状特殊，在销座部分为平面形，膨胀时产生圆环效应，力图使平面向外凸出，从而使侧压力面膨胀更小，而主要在销座方向膨胀。

此外，裙部的表面一般要进行镀锡、喷涂或电泳二硫化钼等表面处理，以提高其磨合性和减磨性。

2. 活塞环

活塞环是具有弹性的开口环，按其功用可分为气环和油环。活塞环的典型结构如图 3-23 所示。

1）活塞环的功用、工作条件及材料

（1）活塞环的功用。气环的功用是保证气缸与活塞间的密封，防止漏气，并且要把活塞顶部吸收的大部分热量传给气缸壁（图 3-15），由冷却水带走。其中密封作用是主要的，因为密封是传热的前提。如果密封性不好，高温燃气将直接从气缸表面流入曲轴箱。这样不但由于环面和气缸壁面贴合不严而不能很好散热，而且由于外圆表面吸收附加热量而导致活塞和气环烧坏。

油环起布油和刮油的作用，下行时刮除气缸壁上多余的机油，上行时在气缸壁上铺涂一层均匀的油膜。这样既可以防止机油窜入气缸燃烧掉，又可以减少活塞、活塞环与气缸壁的摩擦阻力，此外，油环还能起到封气的辅助作用。

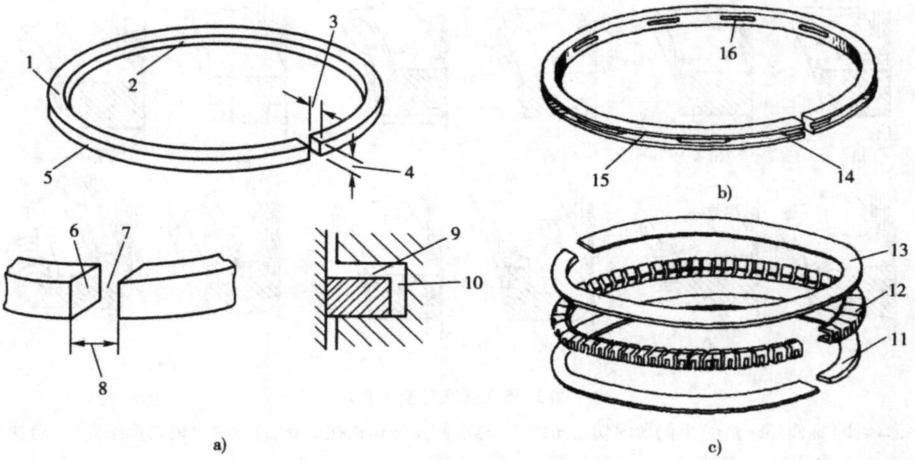

图 3-23 活塞环的典型结构

a)气环；b)槽孔式油环；c)钢带组合油环

1-侧面；2-内圆面；3-径向厚度；4-环高；5-外圆面；6-开口端面；7-开口；8-端隙；9-侧隙；10-背隙；11-下刮片；12-撑簧；13-上刮片；14-下刮油唇；15-上刮油唇；16-回油孔

(2)活塞环的工作条件。活塞环是在高温、高压、高速和润滑极其困难的条件下工作的，尤其是第一道环。因此，活塞环是发动机上使用寿命最短的零件之一。活塞环工作时受到气缸中高温、高压燃气的作用，温度很高(特别是第一道环温度可高达300℃)，活塞环在气缸内随活塞一起作高速运动，加上高温下机油可能变质，使环的润滑条件变坏，难以保证良好的润滑，因而磨损严重。另外，由于气缸壁的锥度和椭圆度，活塞环随活塞往复运动时，沿径向会产生伸缩运动，使环受到交变应力而容易折断。因此，要求活塞环弹性好，强度高、耐磨损。

(3)活塞环的材料。目前广泛采用的活塞环材料是合金铸铁、优质灰铸铁或球墨铸铁，组合式油环则用弹簧钢片制造。为了提高活塞环的性能，还需对其进行表面处理。例如：多孔性镀铬或喷钼可以提高环的耐磨性，并延长使用寿命；采用镀锡或磷化处理可以改善其磨合性能。

2)气环

(1)气环密封的原理。气环开有切口，具有弹性，在自由状态下外径大于气缸直径，它与活塞一起装入气缸后，外表面紧贴在气缸壁上，形成第一密封面，被封闭的气体不能通过环周与气缸之间，便进入了环与环槽的空隙，一方面把环下侧面压到环槽下侧面形成第二密封面，同时，作用在环背的气体压力又大大加强了第一密封面的密封作用，如图3-24所示。

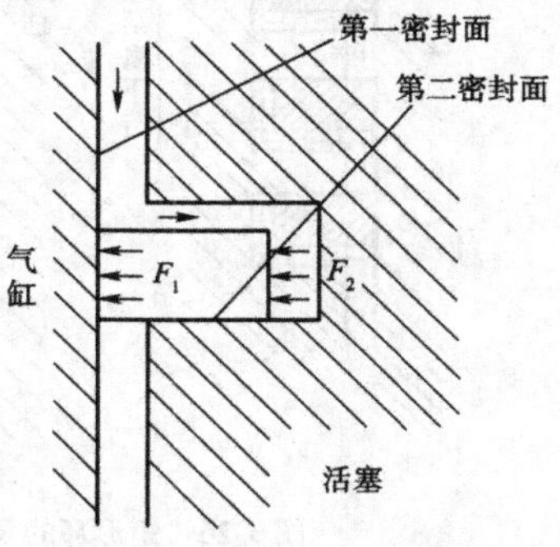

图 3-24 气环的密封原理

(2)气环的断面形状。气环的断面形状很多，根据发动机的结构特点和强化程度，选择不同断面形状的气环组合，可以得到最佳的密封效果和使用性能。最常见的气环断面形状如图3-25所示。

①矩形环。矩形环的断面为矩形，其结构简单，制造方便，易于生产，应用最广。但是矩形环随活塞往复运动时，会把气缸壁面上的机油不断送入气缸中。这种现象称为“泵油现象”如图3-26所示。

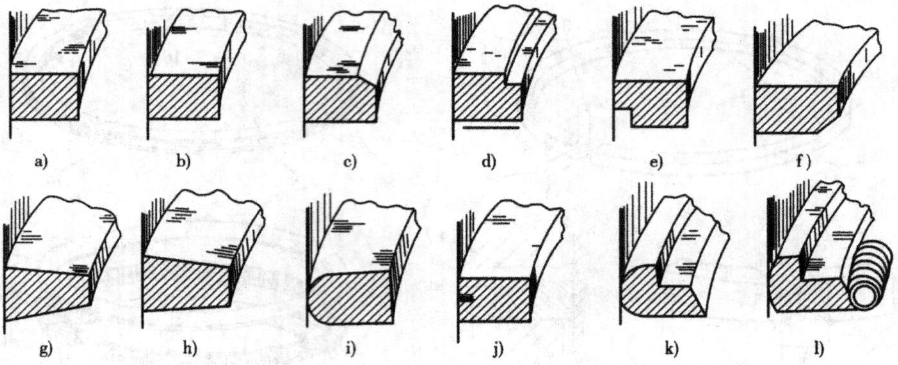

图 3-25 活塞环断面形状

a)矩形环;b)锥面环;c)、d)上侧面内切正扭曲环;e)下侧面外切正扭曲环;f)下侧面内切反扭曲环;g)梯形环;h)楔形环;i)桶面环;j)开槽环;k)、l)顶岸环

活塞下行时[图 3-26a)],由于环与气缸壁的摩擦阻力及环的惯性,环被压靠在环槽的上侧面上,气缸壁面上的油被刮入下侧隙和背隙;活塞上行时[图 3-26b)],环又被压靠在环槽的下侧面。结果第一道环背隙里的机油就进入燃烧室,窜入燃烧室的机油,会在燃烧室内形成积炭,并造成机油的消耗量增加。另外,上窜的机油也可能在环槽内形成积炭,使环在环槽内卡死而失去密封作用,划伤气缸壁,甚至使环折断。由此可见,泵油作用是很有害的。为了消除或减少泵油作用,除了在气环的下面装有油环外,广泛采用非矩形断面的扭曲环。

②锥面环。锥面环断面如图 3-25b)所示,外圆工作面上加工一个很小的锥面(0.5°~1.5°),减小了环与气缸壁的接触面,提高了表面接触压力,有利于磨合和密封。活塞下行时,便于刮油;活塞上行时,由于锥面的"油楔"作用,能在油膜上"飘浮"过去,减小磨损,安装时,不能装反,否则会引起机油上窜。

③扭曲环。扭曲环是在矩形环的内圆上边缘或外圆下边缘切去一部分,如图 3-25c)、d)、e)、f)所示,使断面呈不对称形状,在环的内圆部分切槽或倒角的称内切环,在环的外圆部分切槽或倒角的称外切环。装入气缸后,由于断面不对称,产生不平衡力的作用,使活塞环发生扭曲变形,如图 3-27 所示。

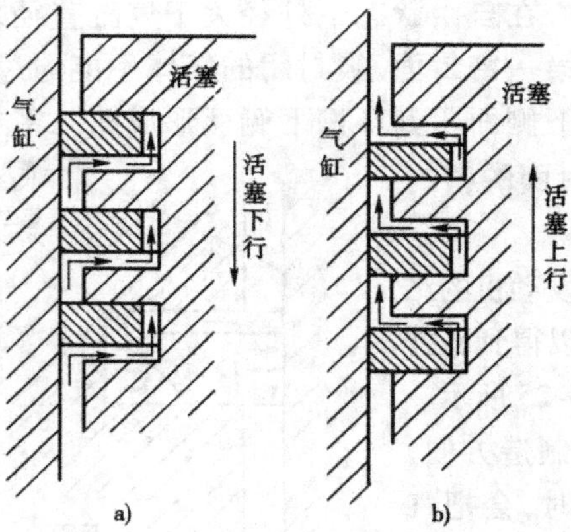

图 3-26 矩形环的泵油现象

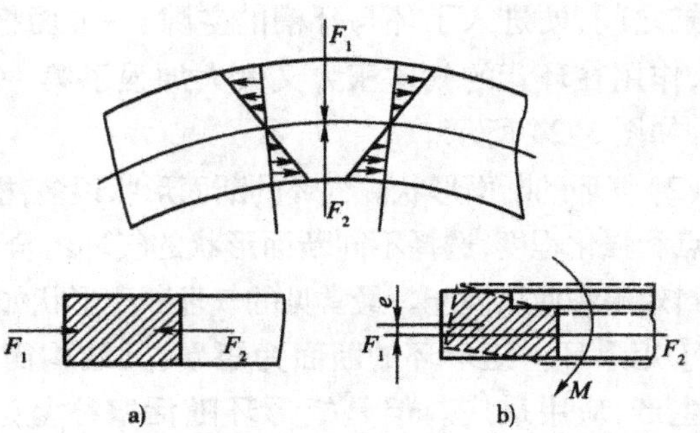

图 3-27 扭曲环断面扭转原理

a)矩形环断面;b)扭曲环变形

活塞上行时,扭曲环在残余油膜上浮动,可以减小摩擦,减少磨损。活塞下行时,则有刮油效果。同时,由于扭曲环在环槽中上、下跳动的行程缩短,减轻了环对环槽的冲击而引起的磨损,还可以减轻"泵油"的副作用。目前,扭曲环广泛应用于第2道活塞环槽上,安装时必须注意断面形状和方向,内切口朝上,外切口朝下,不能装反。

发动机工作时,在进气、压缩和排气行程中,扭曲环发生扭曲,环的上下侧面与环槽的上下侧面接触[图3-28a)],这时扭曲环的工作特点与锥面环相同。做功行程中,巨大的燃气压力作用于环的上面和内圆面,足以克服环的弹力使环不扭曲,整个外圆面与气缸壁接触[图3-28b)],这时扭曲环工作特点与矩形环相同。

④梯形环

梯形环断面呈梯形。工作时,梯形环在压缩行程和做功行程随着活塞受侧压力的方向不同而不断地改变位置,梯形环的侧隙和背隙都发生变化(图3-29),这样会把沉积在环槽中的积炭挤出去,避免了环被黏在环槽中而折断。可以延长环的使用寿命。但是主要缺点是加工困难,精度要求高。楔形环的工作情况与梯形环类似,而且由于断面的不对称性,装入后也会发生扭曲。

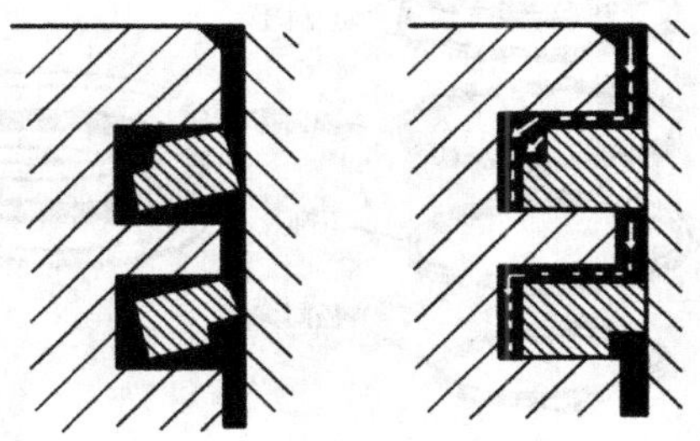

图3-28 扭曲环工作示意图

a)进气、压缩、排气行程;b)做功行程

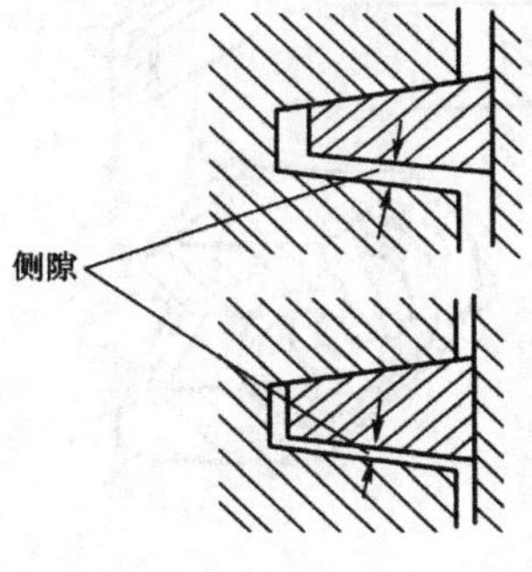

图3-29 梯形环间隙变化

⑤桶面环。桶面环的外圆为凸圆弧形,是近年来兴起的一种新型结构。当桶面环上下运动时。均能与气缸壁形成楔形空间,使机油容易进入摩擦面,减少磨损。由于它与气缸呈圆弧接触,故对气缸表面的适应性和对活塞偏摆的适应性均较好,有利于密封,但凸圆弧表面加工较困难。

⑥开槽环

开槽环在外圆面上加工出环形槽,在槽内填充能吸附机油的多孔性氧化铁,有利于润滑。

⑦顶岸环

顶岸环的断面为"L"形。因为顶岸环距活塞顶近,做功行程燃气压力能迅速作用于上侧面和内圆面,使环的下侧面与环槽的下侧面、环的外圆面与气缸壁面贴紧,有利于密封。

3)油环

油环有普通油环、撑簧式油环和组合油环三种。

(1)普通油环

普通油环[图3-30a)]又叫整体式油环。环的外圆柱面中间加工有凹槽,槽中钻有小孔或开切槽,当活塞向下运动时,将缸壁上多余的机油刮下,通过小孔或切槽流回曲轴箱;当活塞上行时,刮下的机油仍通过回油孔流回曲轴箱。有些普通环还在其外侧上边制有倒角,使环在随活塞上行时形成油楔,可起均布润滑油的作用,下行刮油能力强,减少了润滑油的上窜。普通油环的刮油能力主要依靠自身的弹力。其结构简单,加工容易,制造成本低。

(2)撑簧式油环

撑簧式油环[图3-30 b)、c)]即是在普通油环的内圆面上加装撑簧。油环撑簧主要有板形撑簧和螺旋撑簧两种。这种形式的油环增大了环与气缸壁的接触压力,使环与气缸壁能均匀、紧密贴合,并能补偿环磨损后的弹性,因而提高了环的刮油能力和使用寿命。

(3)组合式油环

组合式油环(图3-31)由上下刮片与中间的扩胀器(撑簧)组成,刮片用镀铬钢片制成。刮片有两片式、三片式、四片式。这种油环的接触压力高,对气缸壁面适应性好,而且回油通路大,重量小,刮油效果明显。近年来工程机械发动机上越来越多地采用了组合式油环。它的缺点主要是制造成本高。

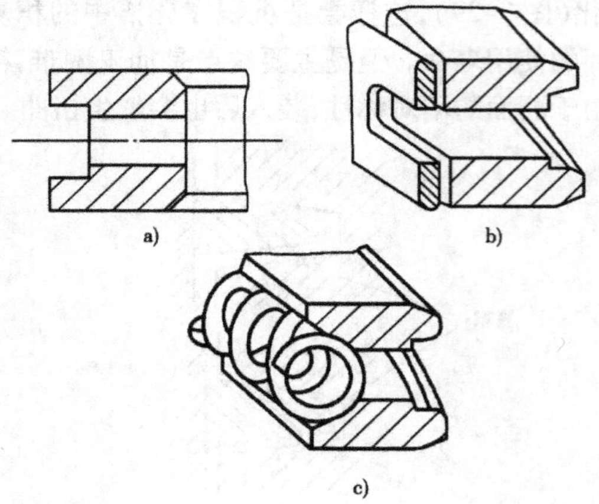

图3-30 油环

a)普通油环;b)板形撑簧式油环;c)螺旋撑簧式油环

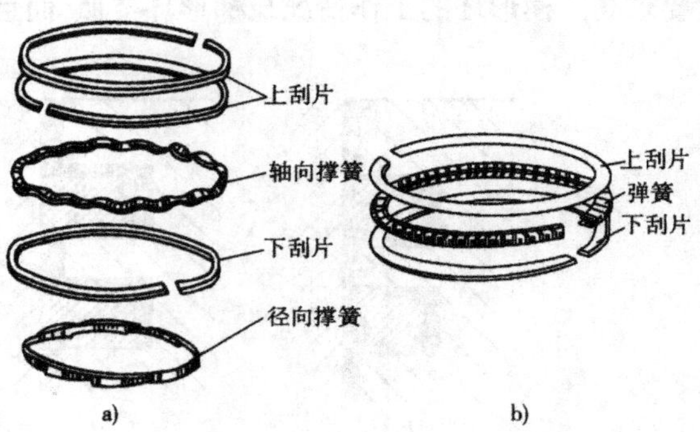

图3-31 组合油环

a)三片式组合油环;b)两片式组合油环

3. 活塞销

1)活塞销的功用

活塞销的功用是连接活塞和连杆小头,并把活塞承受的力传给连杆。

2)活塞销的工作条件及要求

活塞销在高温下承受很大的周期性冲击载荷,且由于其在工作中做低速摆转运动,油膜不易建立,从而使润滑条件较差,容易疲劳和磨损。因此,活塞销的材料应具有较高的强度、刚度、表面硬度和冲击韧性。

3)活塞销的材料

活塞销一般采用低碳钢或低碳合金钢(如20、15Cr、20Cr、20MnV等)制造,经表面渗碳淬火或氰化处理等热处理后,再经精磨、抛光等精加工而成。

4)活塞的结构

为了减轻质量,以致减小往复惯性力,活塞销通常做成中空的圆柱体,即活塞销的基本结构为一厚壁管状体[图3-32a)],还有的按照等强度要求做成变截面结构[图3-32b)、c)]。

5)活塞销的连接

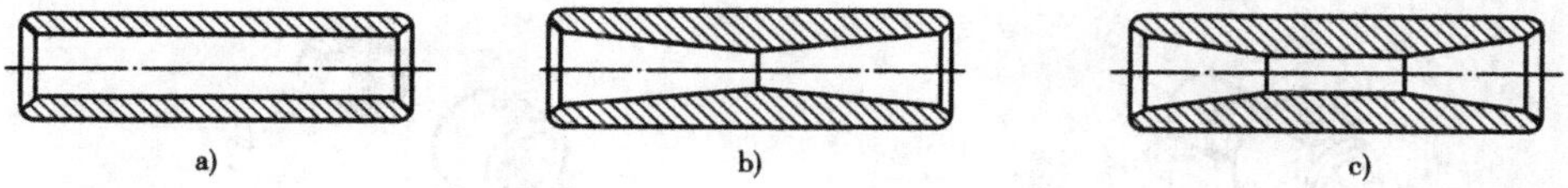

图 3-32　活塞销结构

a) 圆柱形内孔;b) 截锥形内孔;c) 组合形内孔

活塞销的连接方法如图 3-33 所示。活塞销与活塞销座孔及连杆小头之间通常采用“全浮式”连接,即在发动机工作时,活塞销能浮动于活塞销座孔及连杆小头孔之中。同时,在活塞销两端还装有弹性卡环或塞头,以防止其轴向窜动,刮伤气缸壁。全浮式连接使活塞销工作时可做缓慢的无规则转动,有利于将飞溅来的润滑油分布到摩擦表面上,减轻磨损。同时,这种连接方式使活塞销的磨损以及其所承受的载荷都较为均匀,从而提高了它的疲劳强度和使用寿命。

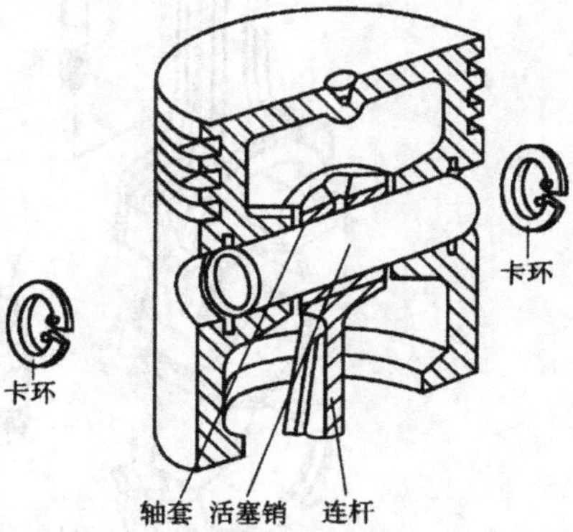

图 3-33　活塞销的连接方式

铝活塞销座的热膨胀量大于钢活塞销。为了保证高温工作时有正常的工作间隙(0.01 ~ 0.02mm),在冷态装配时活塞销与活塞销座孔为过渡配合。装配时,应先将铝活塞放在温度为 70 ~ 90℃ 的水或油中加热,然后将销装入。

4. 连杆

1) 连杆的功用

连杆的功能是将活塞承受的力传给曲轴,使活塞的往复运动转变为曲轴的旋转运动。

连杆承受活塞销传来的气体作用力及其本身摆动和活塞组往复运动时的惯性力。这些力的大小和方向都是周期性变化的。因此,连杆受到的是压缩、拉伸和弯曲等交变载荷。这就要求连杆在质量尽可能小的条件下有足够的刚度和强度。

为满足上述要求,连杆一般采用中碳钢或中碳合金钢经模锻或辊锻而成,也有一些采用球墨铸铁制造。为提高连杆的疲劳强度,通常还进行表面喷丸处理。

2) 连杆的结构

连杆的结构如图 3-34 所示。

(1) 连杆小头。连杆小头与活塞销相连,发动机工作时连杆小头和活塞销之间有相对运动,因此,小头孔中压入具有良好减磨性的锡青铜或铁基粉末冶金衬套。连杆小头衬套一般靠飞溅润滑,为此,在连杆小头上部和衬套上开有集油槽或集油孔(图 3-34a),用来收集飞溅的润滑油。

(2) 杆身。为了提高连杆的抗弯稳定性,连杆杆身断面做成“工”字型(图 3-35)。但是“工”字型断面结构抗扭能力较差,所以,在发动机大修时,不仅要检查连杆弯曲度,也要检查扭曲度。有些发动机的连杆杆身中间制有油道,用来将主轴承的润滑油引向连杆小头,润滑连杆小头的衬套,并通过喷油孔[图 3-34b)]向活塞底部喷油冷却活塞。

(3) 连杆大头

连杆大头与曲轴的连杆轴颈相连。连杆大头一般都制成分开式,被分开的部分称为连杆

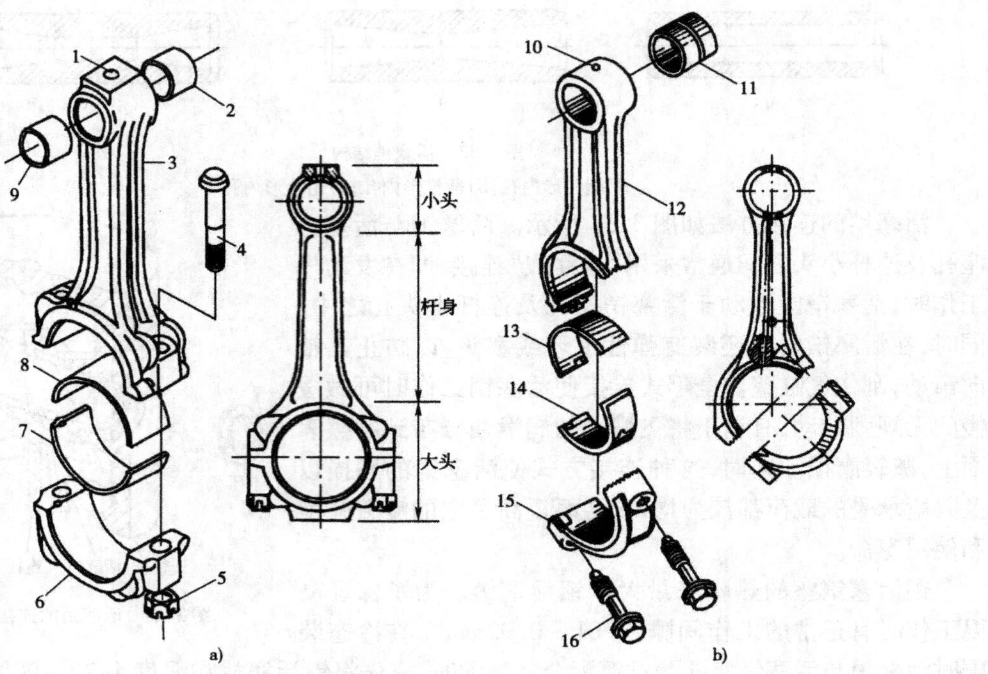

图 3-34 连杆典型结构

a)平切口连杆;b)斜切口连杆

1-集油孔;2-连杆衬套;3-杆身;4-连杆螺栓;5-螺母;6-连杆盖;7-连杆轴承下轴瓦;8-连杆轴承上轴瓦;9-连杆衬套;10-喷油孔;11-连杆衬套;12-杆身;13-连杆轴承上轴瓦;14-连杆轴承下轴瓦;15-连杆盖;16-连杆螺栓

盖,用特制的连杆螺栓紧固在连杆大头上。为防止装配错误,在同侧刻有记号。

连杆大头的切口形式分为平切口和斜切口[图 3-34b)]两种。平切口连杆切面垂直于连杆轴线,多用于汽油机。柴油机的负荷较大,连杆的受力也大,连杆大头的尺寸往往超过气缸直径。为使连杆大头能通过气缸,便于拆装,一般都采用斜切形式。斜切口还可以改善连杆螺栓的受力情况。

连杆盖装合到连杆上时,需要严格而有效的定位方式,以防止连杆盖移动,从而减轻连杆螺栓的受力。其中平切口连杆依靠高加工精密度的连杆螺栓与螺栓孔定位[图 3-36a)]。而斜切口连杆承受较大的剪切力容易产生疲劳破坏,故多采用能承受横向载荷的定位方式,如止口定位、锯齿定位、定位销定位等[图 3-36b)、c)、d)、e)]。

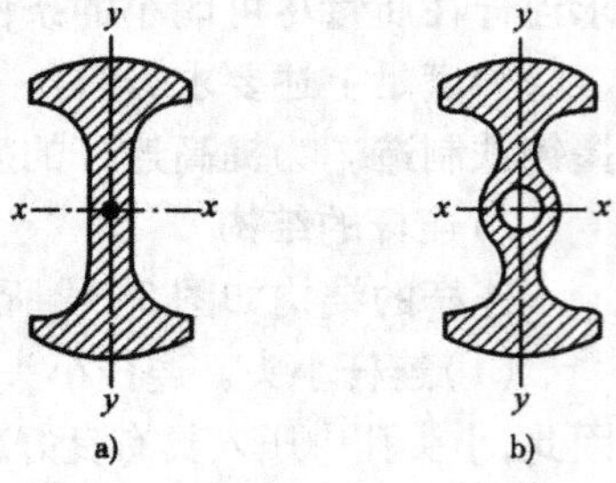

图 3-35 杆身的工字形断面

(4)连杆螺栓

连杆螺栓的功用是连接连杆大头和连杆盖,并保证两者之间在任何条件下均能配合紧密,安全可靠。连杆螺栓在工作时承受很大的交变应力和冲击性载荷,而斜切口连杆的连接螺栓还承受一定程度的剪切力。因此,连杆螺栓在结构设计、材料选择、加工工艺和热处理等方面都应充分重视。

图 3-37a)、b)所示为平切口连杆螺栓,图 3-37c)、d)所示为斜切口连杆螺栓。它们均用优质合金钢制造,经调质后滚压螺纹,并进行表面防锈处理。

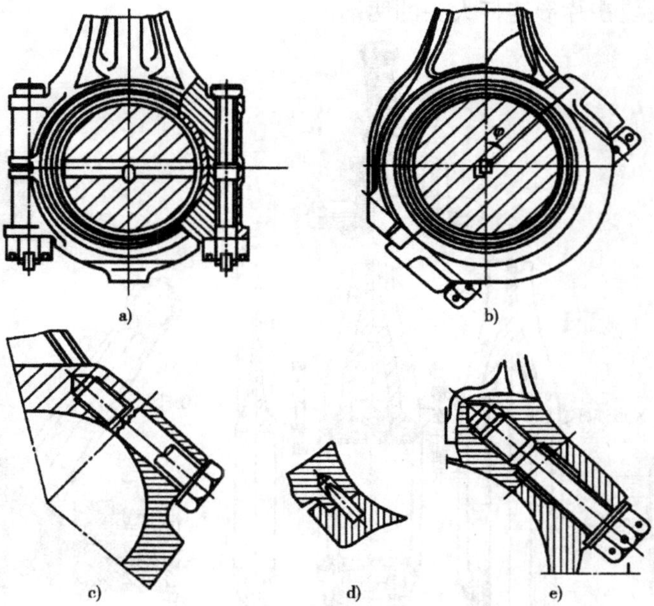

图 3-36　连杆盖的定位方式

a）栓孔定位；b）止口定位；c）锯齿定位；d）定位销定位；e）套筒定位

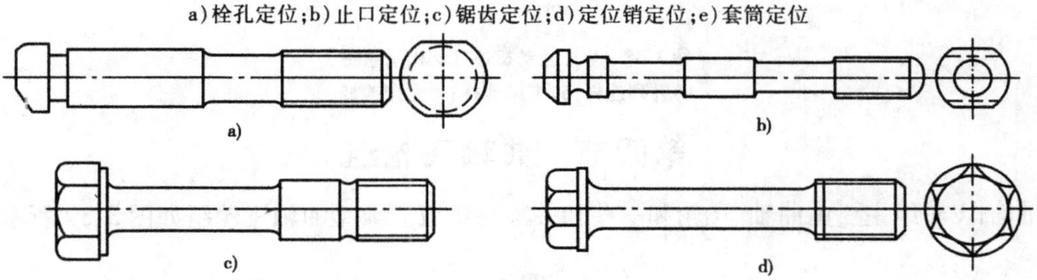

图 3-37　连杆螺栓

连杆螺栓的螺纹部分多采用标准细牙螺纹，一般要求一级或二级精度。螺纹部分的中心线与螺柱支撑面必须保持垂直，以防因贴合不良而使装配时产生附加应力，引起螺栓断裂。理论上，连杆螺栓只要加工精确，在屈服极限内工作一般不需锁紧装置，但有些发动机还是采用了锁紧装置或防松胶，以防止因螺栓松动而发生严重事故。

3）“V”形发动机连杆构造

“V“形发动机的气缸排成两列，两列中相应两缸的连杆装在同一个连杆轴颈上，其结构有三种形式（图 3-38）：

（1）并列连杆［图 3-38a）］。相对应两缸的连杆其结构与尺寸是完全一致的，且一前一后地装在同一个连杆轴颈上。这种形式的优点是连杆结构相同，互换性好。其缺点是曲轴较长，刚度较低，发动机纵向尺寸大。

（2）主副连杆式［图 3-38c）］。一列气缸的连杆为主连杆，其大头直接安装在曲轴的连杆轴颈上。另一列气缸的连杆为副连杆，其大头与对应的主连杆大头上的两个凸耳作铰链连接。这种形式结构紧凑，其不足之处是主副连杆结构不同，不能互换。

（3）叉形连杆［图 3-38b）］。左右两列对应的两个连杆，一个制成叉形，另一个制成薄片形，叉形连杆的大头装在片形连杆大头的两端。

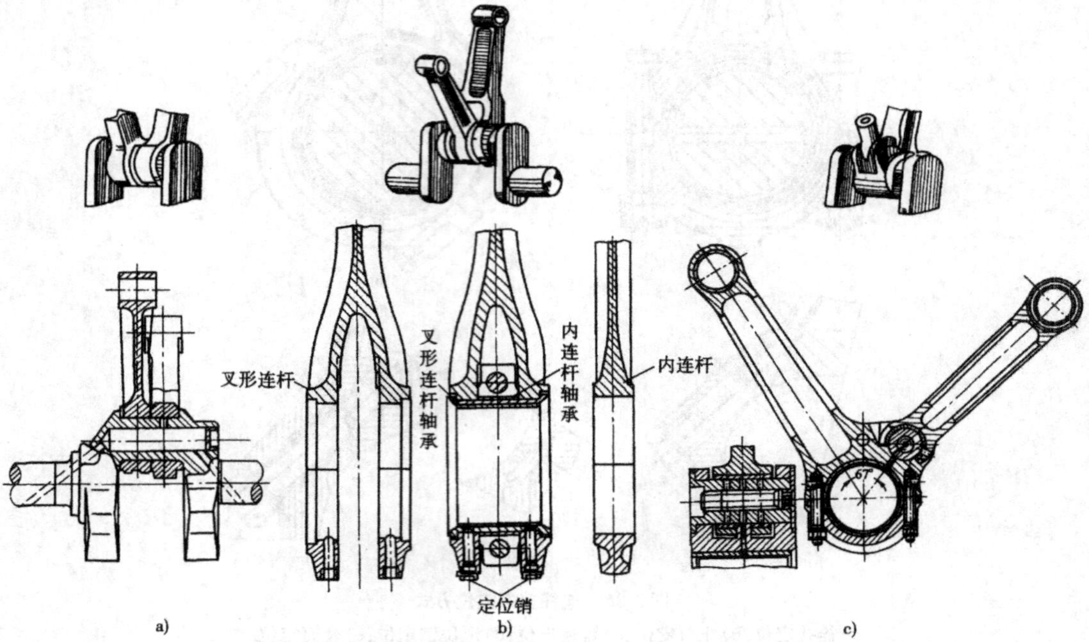

图 3-38　V 形发动机连杆结构示意图

a）并列连杆；b）叉型连杆；c）主副连杆

第四节　曲轴飞轮组

曲轴飞轮组主要由曲轴、飞轮和一些相关零件组成。典型曲轴飞轮组如图 3-39 所示。

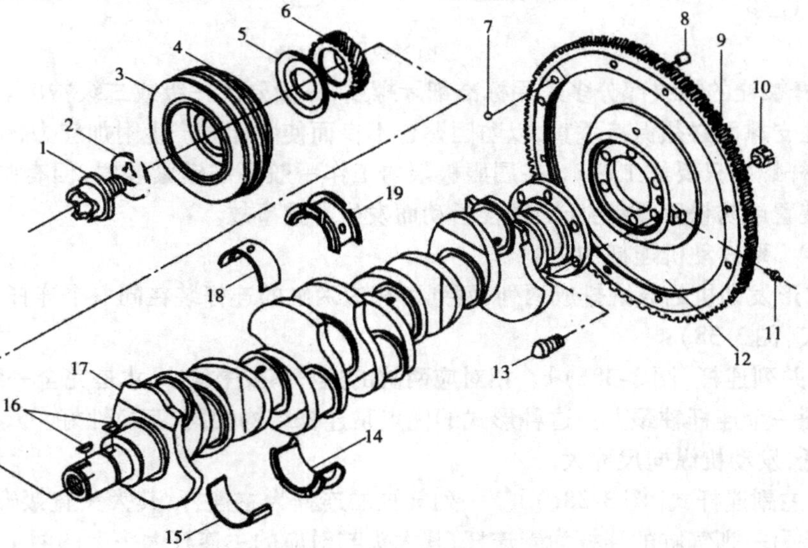

图 3-39　典型曲轴飞轮组分解图

1-起动爪；2-锁紧垫圈；3-带轮；4-扭转减振器；5-挡油片；6-正时齿轮；7-一、六缸上止点记号；8-圆柱销；9-齿圈；10-螺母；11-黄油嘴；12-飞轮；13-螺栓；14-中间主轴瓦；15-主轴承轴瓦；16-半圆键；17-曲轴；18-主轴承轴瓦；19-止推片

1. 曲轴

1)曲轴的功用与工作条件

曲轴是发动机最重要的机件之一。它与连杆配合将作用在活塞上的燃气压力,转变成扭矩,作为动力而输出做功,驱动机械的传动系统与工作装置,并带动发动机本身的其他机构和系统。

工作时,曲轴承受气体压力,惯性力及惯性力矩等的作用,受力大而且受力复杂。同时,曲轴又是高速旋转件,因此,要求曲轴具有足够的刚度和强度,具有良好的承受冲击载荷的能力,耐磨损且润滑良好。

2)曲轴的材料

曲轴一般选用优质中碳合金钢或高强度球墨铸铁制造,并对轴颈表面进行高频淬火或氮化处理。康明斯发动机曲轴由合金钢(40CrH)锻造,轴颈表面和圆角经过高频淬火。

3)曲轴的类型及特点

(1)按曲轴各个组成部分的接连情况不同,曲轴可分为整体式和组合式曲轴两类。

整体式曲轴的各个部分铸造或锻造在一根毛坯上,再经过机械加工而成。如图3-40所示。其特点结构简单、加工容易、质量小、成本低、工作可靠,目前应用最为广泛。

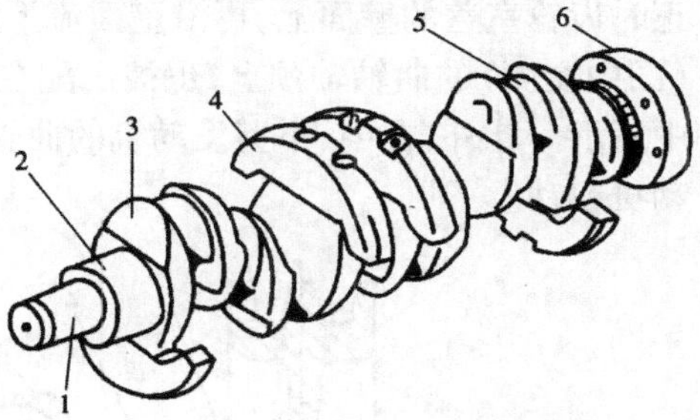

图3-40 整体式曲轴

1-曲轴前端;2-主轴颈;3-曲柄;4-平衡块;5-连杆轴颈;6-曲轴后端

组合式曲轴的各个组成部分单独制造,然后组装成整体,如图3-41所示。其特点是主轴承可以采用滚动轴承,摩擦阻力小,且某一部分损坏可进行单独更换,不致报废整根曲轴。但其结构复杂,拆装不便。我国的135系列柴油机曾使用过,但目前生产的135柴油机已改用整体式曲轴。

(2)按照曲轴的支撑情况不同,曲轴又可分为全支承曲轴和非全支承曲轴两种,如图3-42所示。全支承曲轴每个连杆轴颈两边各有一个主轴颈,故主轴颈数总是比连杆轴颈数多一个,其特点是刚性好,工作中不易变形,且有利于减轻主轴承的载荷。但曲轴长,重量大。非全支承曲轴主轴颈数等于或少于连杆轴颈数,它的特点是结构紧凑,长度较短。但其刚性差,适合

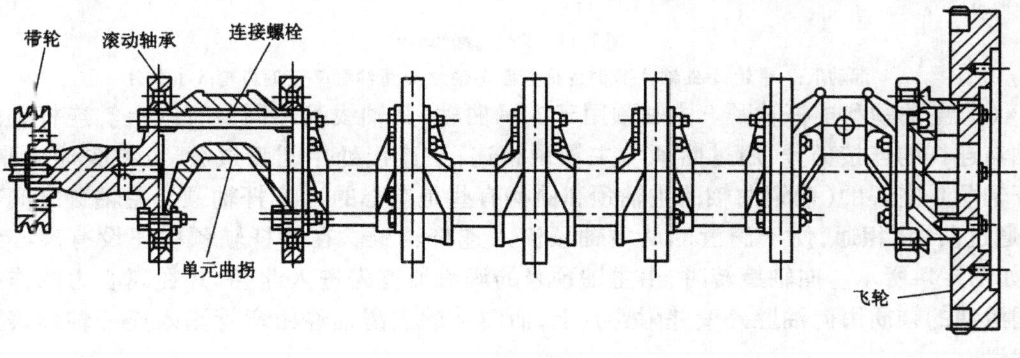

图3-41 组合式曲轴

于功率较小的发动机。

图3-42 曲轴的支承形式

a)全支承曲轴;b)非全支承曲轴

4)曲轴的结构

曲轴的基本组成包括前端轴、主轴颈、曲柄、连杆轴颈、平衡重、后端凸缘等。

(1)曲轴前端。曲轴前端(图3-43)装有驱动配气凸轮轴的正时齿轮,驱动风扇和水泵的带轮及防止机油泄漏的油封等。为了防止机油沿曲轴轴颈外漏,在曲轴前端上有一个甩油盘随着曲轴旋转,当被齿轮挤出和甩出来的机油落到甩油盘上时,由于离心力的作用,油被甩到正时齿轮室盖的壁面上,再沿壁面流下来回到油底壳中。即使还有少量机油落到甩油盘前面(图中左侧)的曲轴轴颈上,也被压配在正时齿轮室盖上的油封挡住。甩油盘的装配方向如图中所示。此外,在中、小型发动机的曲轴前端还装有起动爪,以便必要时用人力转动曲轴,使发动机起动。

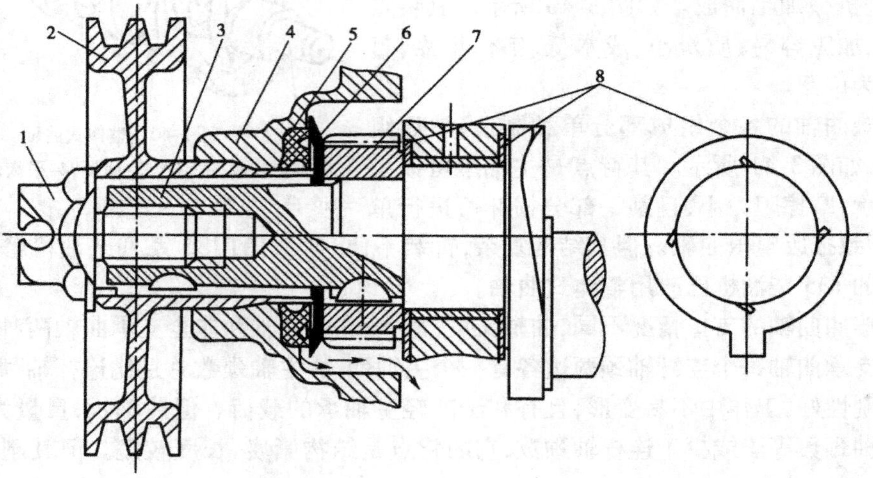

图3-43 曲轴前端的结构

1-起动爪;2-带轮;3-曲轴;4-正时齿轮室盖;5-油封;6-甩油盘;7-正时齿轮;8-止推片

(2)主轴颈和连杆轴颈。主轴颈用于支承曲轴,其轴线都在同一直线上。连杆轴颈是曲轴与连杆的连接部分,通过曲柄与主轴颈相连,在连接处用圆弧过渡,以减少应力集中。连杆轴颈是空心的(锻钢曲轴的主轴颈和曲柄有些是空心的),连杆轴颈与主轴颈之间有油道(通过曲柄)相通,便于润滑油从主轴颈流入连杆轴颈。在连杆轴颈中还设有离心沉淀室,如图3-44所示。曲轴旋转时,由主轴颈来的润滑油首先进入此腔,并在离心力的作用下将润滑油的杂质甩向油腔外壁并附着其上,而清洁的润滑油经由弯管流入连杆轴颈表面进行润滑。

(3)曲柄和平衡重。曲柄是用来连接主轴颈和连杆轴颈的。平衡重的作用是平衡连杆大头、连杆轴颈和曲柄等产生的离心惯性力及其力矩,也平衡活塞连杆组的往复惯性力及其力矩,以使柴油机运转平稳,减小曲轴轴承的负荷。四缸以上的直列式柴油机虽从整体来说,其惯性力及其力矩是平衡的,但曲轴局部却受弯矩作用,如图3-45a)所示。图中惯性力 F_1、F_4 与 F_2、F_3 互相平衡,力矩 M_{1-2} 与 M_{3-4} 互相平衡,但两个力矩给曲轴造成了弯曲负荷,会造成曲轴弯曲并加重轴承的负荷。为了减轻主轴承负荷,改善其工作条件,一般都在曲柄的相反方向上设置平衡重,使其产生的力矩与上述惯性力矩相平衡[见图3-45b)]。平衡重有的与曲轴制成一体,有的则单独制成零件,再用螺钉固定于曲柄上,形成装配式平衡重,如图3-39所示。无论有无平衡重,曲轴必须经过动平衡校验,对不平衡的曲轴常在其偏重的一侧钻去一部分质量,因此在平衡重外端或曲柄两端处往往可见到一些盲孔。

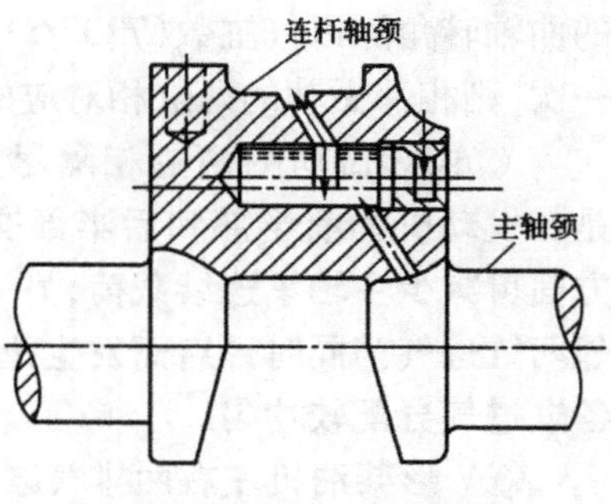

图3-44 空心连杆轴颈的离心沉淀室

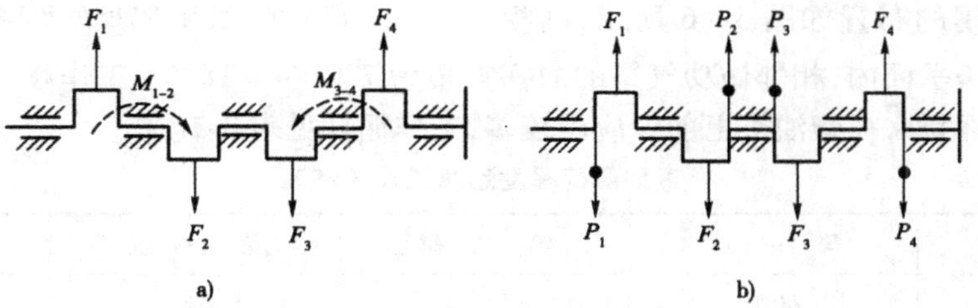

图3-45 曲轴的平衡

a)无平衡重;b)加平衡重

F_1、F_2、F_3、F_4-曲拐和活塞连杆组的惯性力;P_1、P_2、P_3、P_4-平衡重的离心力

(4)曲轴后端。曲轴的后端接飞轮,为了防止漏油,也采用了与前端相似的复合防漏结构,有甩油盘、油封,还有回油螺纹。回油螺纹的封油原理是利用曲轴的旋转,把润滑油向里(曲轴箱内)推,从而达到阻止润滑油外漏的目的。

(5)曲轴的轴向定位。曲轴作为运动件,必须和固定件之间有一定的轴向间隙,但间隙不能过大,以防曲轴发生轴向窜动而影响活塞连杆组的正常运动和其他机件的正常工作,因此曲轴必须有轴向定位装置。

曲轴的轴向定位一般采用止推片或止推片与曲轴主轴承做为一体的翻边组合轴承。安装位置可在前端第一道主轴承处(图3-43)或中部某轴承处。安装在曲轴前端第一道主轴承处的止推垫片一般为整体式,安装在中部或后端的止推垫片为分开式或做成翻边组合轴承。

5)曲拐的布置与发动机工作循环表

多缸发动机曲轴曲拐的布置位置与气缸数、气缸的排列形式(直列、V形)、发动机的平衡以及各缸工作顺序等有关,有其一定的规律。

(1)做功顺序的安排原则。

①各缸的做功间隔角要尽量均衡,以使发动机运转平稳。与此对应的,对于直列式发动机来说,连续工作的两气缸相对的曲拐夹角(即连杆轴颈的分配角)相等,并等于一个工作循环

的曲轴转角除以气缸数(720°/i)。如四冲程六缸柴油机,曲轴每转两圈(720°)各缸都应做功一次,则相邻做功的两缸相对应的曲拐互成720°/6 = 120°夹角。

②连续做功的两缸相隔尽量远些,最好是在发动机的前半部和后半部交替进行。一方面可减少主轴承连续载荷,另一方面避免相邻两缸进气门同时开启而发生抢气现象,可使各缸进气分配较均匀。

③V形柴油机左右两排气缸应交替做功。

④曲拐布置尽可能对称、均匀,以使发动机运转平稳。

(2)曲拐布置主要形式。

随发动机的气缸数、冲程数、做功顺序不同,曲拐布置主要有如下几种形式。

①直列四行程四缸发动机。直列四行程四缸发动机曲拐的布置如图3-46所示,曲拐对称布置于同一平面内,相邻做功气缸的曲拐夹角为720°/4 = 180°,工作顺序有1—3—4—2和1—2—4—3两种,在柴油机上前者应用较多,工作循环见表3-1。

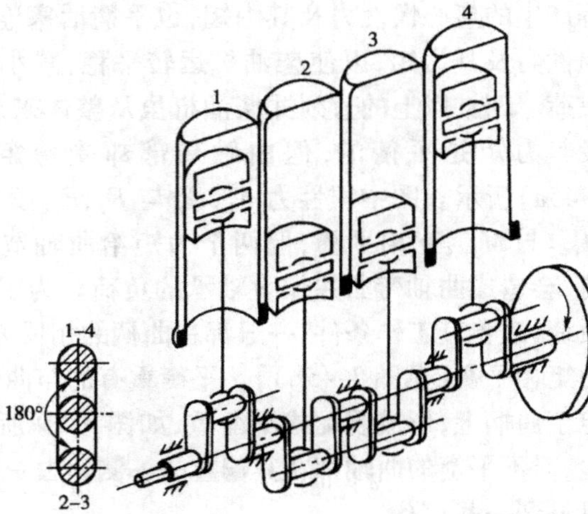

图3-46　直列四行程发动机曲拐布置

直列四行程发动机工作循环表　　表3-1

曲轴转角(°)	第一缸	第二缸	第三缸	第四缸
0~180	做功	排气	压缩	进气
180~360	排气	进气	做功	压缩
360~540	进气	压缩	排气	做功
540~720	压缩	做功	进气	排气

②直列四行程六缸发动机。直列四行程六缸发动机曲拐布置形式如图3-47所示。发动机着火间隔为120°。六个曲拐互成120°。工作顺序为1—5—3—6—2—4或者1—4—2—6—3—5,前者应用比较普遍,其工作循环见表3-2。

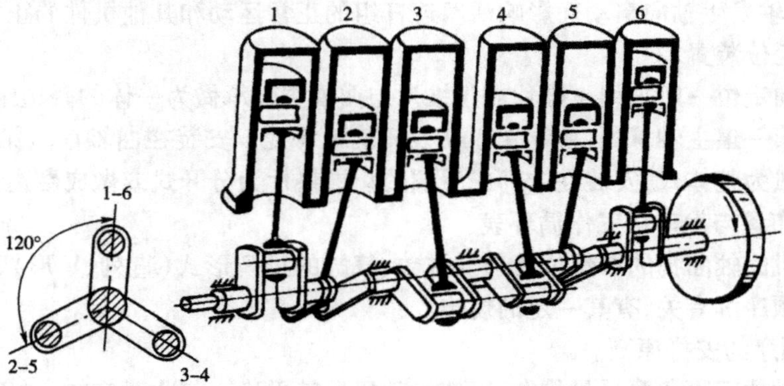

图3-47　直列四行程六缸发动机曲拐布置

四冲程直列六缸发动机工作循环表(工作顺序1—5—3—6—2—4)　　表3-2

曲轴转角(°)		第一缸	第二缸	第三缸	第四缸	第五缸	第六缸
0～180	0～60		排气			压缩	
	60～120	做功					进气
	120～180			压缩	排气		
180～360	180～240		进气			做功	
	240～300	排气					压缩
	300～360			做功	进气		
360～540	360～420		压缩			排气	
	420～480	进气					做功
	480～540			排气	压缩		
540～720	540～600		做功			进气	
	600～660	压缩		进气	做功		排气
	660～720						

③V形四行程八缸发动机。V形四行程八缸发动机曲拐布置如图3-48所示。着火间隔应为90°,V形发动机左右两列中相对应的一对连杆共用一个曲拐。所以V形八缸发动机只有四只曲拐。当它们之间的空间互成90°时,着火顺序一般为5—1—8—4—2—7—3—6,见表3-3。

如果空间夹角不为90°,则着火间隔角也不为90°.如捷克产太脱拉T-928柴油机,夹角为75°,所以它的作用间隔是75°和105°相间进行。

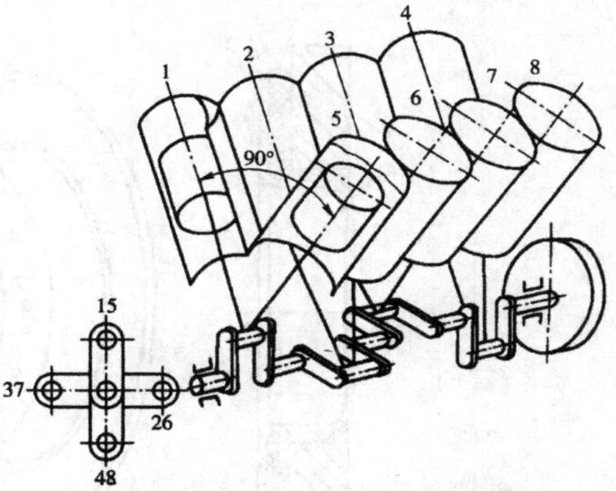

图3-48　V形八缸发动机的空间曲拐布置

四冲程V形八缸发动机工作循环表(发火顺序5—1—8—4—2—7—3—6)　　表3-3

曲轴转角(°)		1	2	3	4	5	6	7	8
0～180	0～90	压缩	进气	排气	进气	做功	做功	排气	压缩
	90～180	做功			压缩		排气	进气	
180～360	180～270		压缩	进气		排气			做功
	270～360	排气			做功		进气	压缩	
360～540	360～450		做功	压缩		进气			排气
	450～540	进气			排气		压缩	做功	
540～720	540～630		排气	做功		压缩			进气
	630～720	压缩			进气		做功	排气	

V形八缸发动机的工作顺序有多种,气缸的序号排列方式也因机而异,有的是从左边数起,有的是从右边数起,有的是交叉计数。现在比较多的一种方法是分成左右两列各自计数,

并不排到8。上述的工作顺序可排为 R1 - L1 - R4 - L4 - L2 - R3 - L3 - R2。

6)曲轴扭转减振器

发动机工作时,曲轴在周期变化的转矩作用下,各曲柄之间产生周期性相对扭转的现象称为扭转振动,简称扭振。曲轴是一个扭转弹性系统,它本身具有一定的自振频率。当发动机转矩变化频率与曲轴自振频率相等或成整数倍时,就会发生很大振幅的扭转共振。共振不但可以破坏正常的传动正时,还会加剧传动零件的磨损,并导致发动机功率下降,噪声增大,甚至曲轴断裂。因此,为了避免共振和消除曲轴扭振,大多数现代发动机在其曲轴前端设有扭转减振器。

扭转减振器的结构形式有很多,但主要有橡胶扭转减振器、硅油扭转减振器和硅油-橡胶扭转减振器三种。

(1)橡胶扭转减振器。橡胶扭转减振器如图3-49a)所示。当发动机工作时,减振器壳体与曲轴一起振动,由于扭转振动惯性质量块滞后于减振器壳体,故两者之间产生相对运动,使橡胶层变形。其中振动能量被橡胶的内摩擦阻尼吸收,从而使曲轴的扭振得以消减。但是,橡胶扭转减振器中橡胶所能承受的温度是有一定限制的,因而其工作能力要受橡胶由于内摩擦而发热的限制。正因为如此,这种减振器要求在良好空气冷却条件下工作。

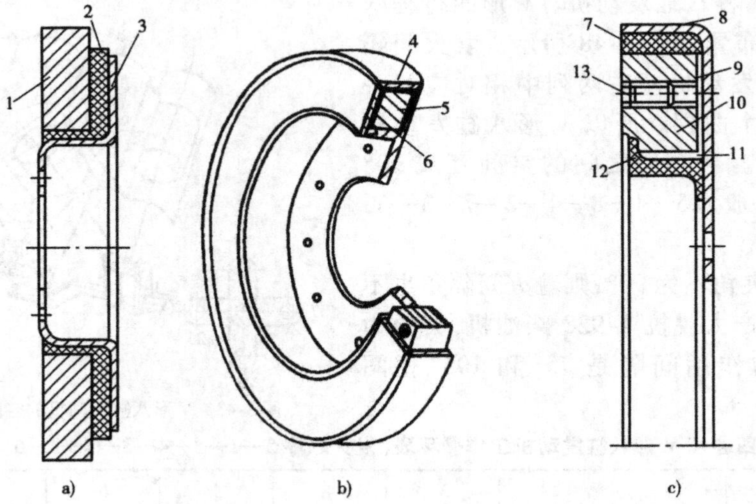

图3-49 扭转减振器

a)橡胶扭转减振器;b)硅油扭转减振器;c)硅油-橡胶扭转减振器

1-惯性质量块;2-硫化橡胶层;3、4-减振器壳体;5、10-惯性质量块;6-衬套;7-橡胶环;8-减振器壳体;9、11-硅油腔;12-橡胶环;13-注油螺塞

橡胶扭转减振器的优点是结构简单,制造容易,工作可靠。但是其阻尼系数小,吸收能量有限,减振作用不强,且橡胶层易老化,性能不够稳定,因而多用在小功率的发动机上。

(2)硅油扭转减振器。硅油扭转减振器如图3-49b)所示,其工作原理与橡胶减振器基本相同,只不过用硅油代替了橡胶。即当发动机工作时,减振器壳体与曲轴一起振动,而扭转振动惯性质量块被硅油的黏性摩擦力所带动,扭转振动惯性质量与减振器壳体间产生相对运动。其中曲轴的振动能量被硅油的内摩擦阻尼吸收,从而使扭振得以消减。

硅油扭转减振器的优点是吸收能量较多,减振效果好,性能稳定,工作可靠,加工和维修方便。但惯性盘的质量较大,导致减振器的质量和体积均较大。

硅油是一种黏度很大且洁白透明的物质,受热黏度性能稳定,不易变质,也不需维护。但其渗透性很强,容易产生渗漏现象,造成减振失效。

(3)硅油—橡胶扭转减振器。上述两种扭转减振器存在着质量大、减振性能差、硅油扭转减振器易渗漏、不易密封等缺点。为了克服这些缺点,目前开始采用一种接近于理想减振性能的硅油-橡胶扭转减振器,其结构如图 3-49c)所示。

这种扭转减振器利用橡胶环作为主要弹性体,用来密封和支撑扭转振动惯性质量块。而在减振器壳体与扭转振动惯性质量块间的密封腔内充满高黏度的硅油。当发动机工作时,硅油和橡胶共同产生内摩擦,使扭振得以消减。

硅油-橡胶扭转减振器集中了橡胶扭转减振器和硅油扭转减振器的优点,从而拥有质量小、减振性能稳定等优良特性。

2. 飞轮

四行程发动机每四个行程只做功一次,排气、进气和压缩三个行程都要消耗功。因此,曲轴对外输出的转矩呈周期性变化,曲轴转速也不稳定。为了改善这种状况,在曲轴后端装置飞轮。

飞轮是转动惯量很大的盘形零件,其作用如同一个能量存储器。在做功行程中发动机传输给曲轴的能量,除对外输出外,还有部分能量被飞轮吸收,从而使曲轴的转速不会升高很多。在排气、进气和压缩三个行程中,飞轮将其储存的能量放出来补偿这三个行程所消耗的功,从而使曲轴转速不致降低太多。

除此之外,飞轮还有下列功用:飞轮是摩擦式离合器的主动件;在飞轮轮缘上镶嵌有供起动发动机用的飞轮齿圈;在飞轮上还刻有上止点记号,用来校准点火正时或喷油正时以及调整气门间隙。

飞轮结构形状的特征是其大部分质量集中在轮缘上,所以轮缘做得又宽又厚,以便在较小的飞轮质量下获得较大的转动惯量。

飞轮应与曲轴一起进行动平衡试验。为保持动平衡后曲轴与飞轮的相对位置,通常采用定位销或不等距螺栓将飞轮紧固在曲轴后端。

3. 发动机滑动轴承

发动机滑动轴承有连杆衬套、连杆轴承、主轴承和曲轴止推轴承等。

1)连杆轴承和主轴承

连杆轴承和主轴承均承受交变载荷和高速摩擦,因此轴承材料必须具有足够的抗疲劳强度,而且要摩擦小、耐磨损和耐腐蚀。连杆轴承和主轴承均由上、下两片轴瓦对合而成。一种轴瓦是由钢背和减磨合金层构成,称为二层结构。现在采用的轴瓦则多由钢背、减磨合金层和软镀层构成,称三层结构轴瓦,如图 3-50 所示。

2)曲轴止推轴承

机械车辆行驶时,由于踩踏离合器而对曲轴施加轴向推力,使曲轴发生轴向窜动。过大的

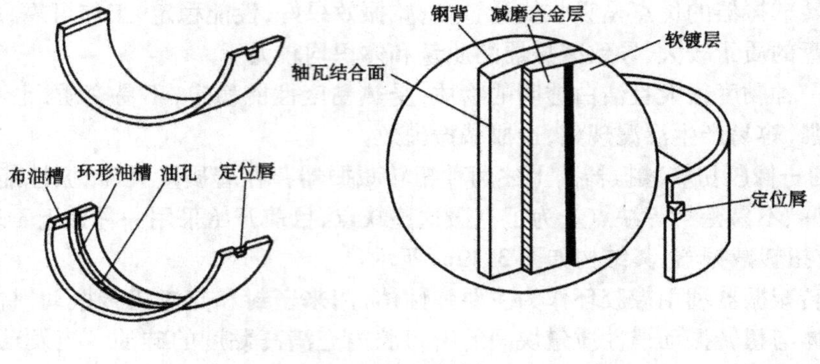

图 3-50 轴瓦结构

轴向窜动将影响活塞连杆组的正常工作和破坏正确的配气正时和喷油正时。为了保证曲轴轴向的正确定位，需装设止推轴承，而且只能在一处设置止推轴承，以保证曲轴受热膨胀时能自由伸长。

曲轴止推轴承有翻边轴瓦、半圆环止推片和止推轴承环三种形式。

翻边轴瓦（图 3-51）是将轴瓦两侧翻边作为止推面，在止推面上浇铸减磨合金。轴瓦的止推面与曲轴止推面之间留有 0.06 ~ 0.25mm 的间隙，从而限制了曲轴轴向窜动量。

半圆环止推片（图 3-52）一般为四片，上、下各两片，分别安装在机体和主轴承盖上的浅槽中，用定位舌或定位销定位，防止其转动。装配时，需将有减磨合金层的止推面朝向曲轴的止推面，不能装反。

止推轴承环为两片止推圆环，分别安装在第一主轴承盖的两侧，如图 3-53 所示。

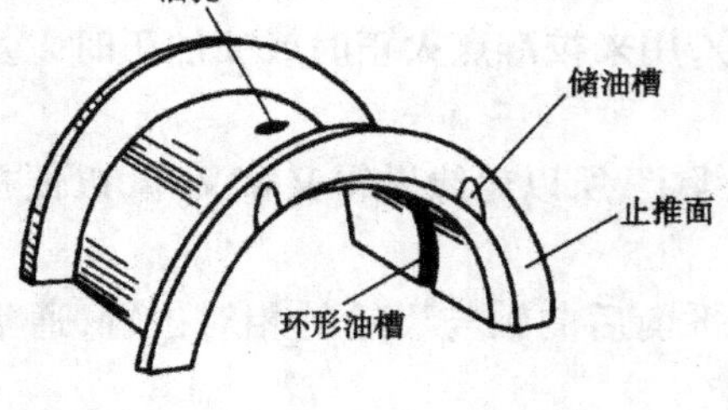

图 3-51 翻边轴瓦

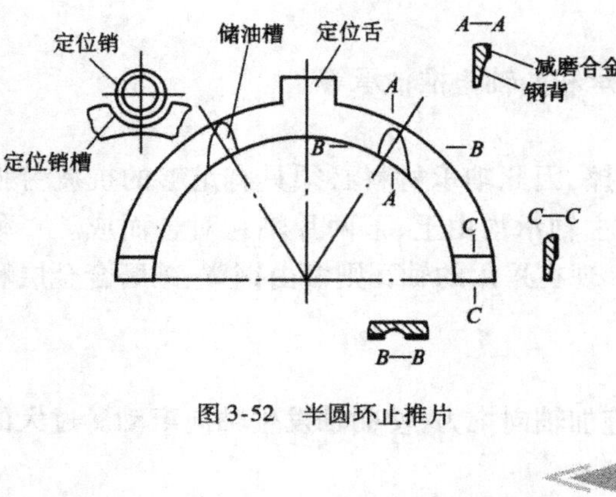

图 3-52 半圆环止推片

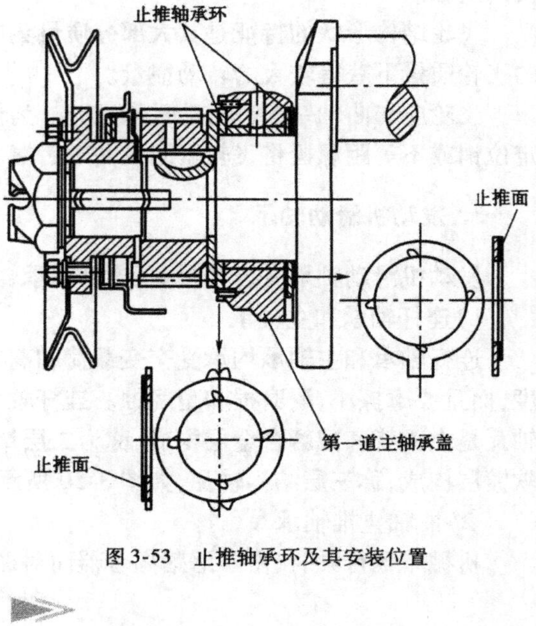

图 3-53 止推轴承环及其安装位置

第五节　机体组的检修

一、气缸体与气缸盖的常见损伤

气缸体与气缸盖的常见损伤主要有裂纹、磨损和变形等。

1. 裂纹

1)气缸体裂纹

气缸体产生裂纹的原因主要有:曲轴高速转动时的振动载荷,使气缸体的薄弱部位产生裂纹;发动机高温时突然加入大量冷水,致使冷热不均而产生应力,或因水垢积聚过多而散热不良,使水道壁产生裂纹;在低温环境下未加注防冻液,下班后未能放出冷却水,致使发动机水道冻裂;镶换气缸套时过盈量选择过大或压装工艺不当造成气缸局部裂纹;安装螺栓时拧紧力矩过大,或镶套修复损坏的螺纹孔时过盈量选择过大等,使螺孔裂损。

2)气盖裂纹

气缸盖的裂纹多发生在进排气门座之间,这一般是由于气门座或气门导管配合过盈量过大与镶换工艺不当所引起。

2. 变形

1)气缸体变形

气缸体在使用过程中发生变形是较为多见的。由于拆装螺栓时力矩过大或不均,或不按顺序拧紧以及在高温下拆卸气缸盖等原因,引起气缸体与气缸盖的结合平面翘曲变形。

气缸体上下平面在螺纹孔口周围凸起,通常是由于装配时螺栓拧紧力过大,或装配时螺纹孔中未清理干净引起的。

2)气缸盖变形

气缸盖变形是指与气缸体的结合面翘曲变形,是一种常见的损伤形式。这种损伤通常是由于拆装气缸盖时操作不当,以及未按气缸盖螺栓规定的顺序和力矩拧紧所致。

二、气缸体与气缸盖的检修

1. 气缸体与气缸盖变形的检修

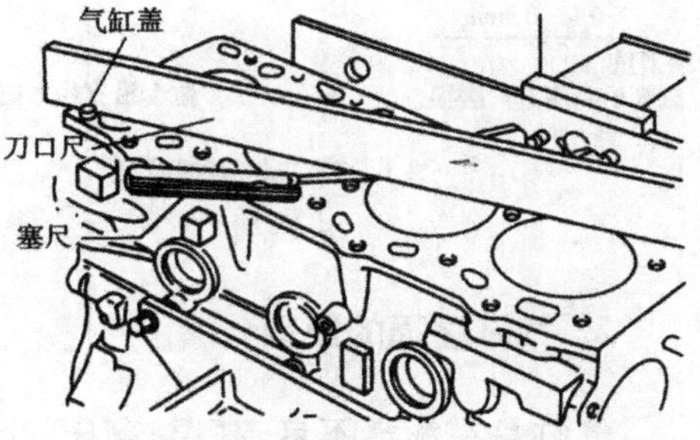

图 3-54　缸体与缸盖平面度的检查

气缸体与气缸盖平面发生变形可用直尺放在平面上,然后用厚薄规测量直尺与平面间的间隙,即平面度误差,如图 3-54 所示。全长≤600mm 的气缸体,平面度误差≯0.15mm;全长 > 600mm 的铸钢气缸体,平面度误差≯0.25mm;全长 >600mm 的铝合金气缸体,其平面度误差≯0.35mm。用高度规检查气缸两端的高度，以确定气缸体上、下平面的平行度。在镗缸时，这些平面是主要的定位基准，直接影响到气缸中心线与主轴承孔中心线的垂直度。

气缸体平面局部不平，可用铲削的方法修平。平面变形较大时，可采用平面磨床进行磨销加工修理，但总切销量不宜过大，约 0.24～0.50mm，否则，将影响气缸的压缩比。

气缸盖可根据情况采用磨削等方法予以修平。气缸盖平面度要求：在 100mm 长度上应不大于 0.03mm，全长上应不大于 0.10mm。

2. 气缸体与气缸盖裂纹的检修

气缸体裂纹的检查一般采用水压试验法，如图 3-55 所示。试验时，应用专用的盖板封住气缸体水道口，用水压机将水压入缸体水道中，要求在 0.3～0.4MPa 的压力下，保持约 5min，应没有任何渗漏现象。

当需要镶换气缸套（干式）时，应在镶好气缸套后再进行一次水压试验。气缸在焊接修理后，也应进行水压试验。

气缸裂纹的修理方法有黏结法、焊接法等几种。在修理中，应根据裂纹的大小、部位、损伤的程度，以及技术能力、设备条件等情况，灵活而适当地选择。

气缸盖出现裂纹一般应予以更换。

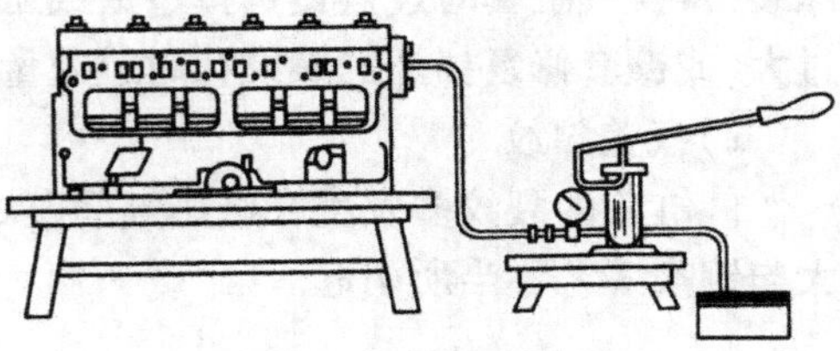

图 3-55　气缸体水压试验

三、气缸的磨损与检修

气缸的磨损程度是衡量发动机是否需要大修的重要依据之一。

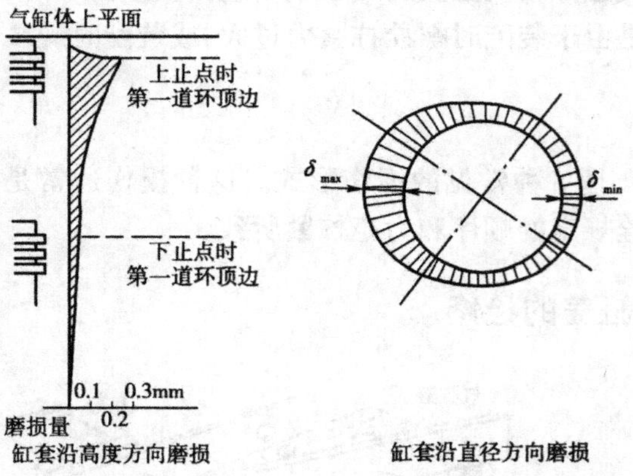

图 3-56　气缸磨损特征

1. 气缸磨损的特点

在正常磨损的情况下，气缸磨损是不均匀的。气缸沿工作表面在活塞环运动区域内呈上大下小的圆锥形。磨损的最大部位是活塞在上止点位置时第一道活塞环相对应的气缸壁，而活塞环接触不到的上口几乎没有磨损而形成了明显的“台肩”。气缸沿圆周方向的磨损形成不规则的椭圆形。其最大磨损部位往往随气缸结构、使用条件不同而异，一般是前后或左右方向磨损最大。常见的气缸磨损特征如图 3-56 所示。

2. 气缸磨损的原因

气缸是在润滑不良、高温、高压、交变负荷和腐蚀性物质作用的恶劣环境下工作的，同时由于活塞、活塞环在气缸内高速往复运动，使气缸工作表面发生磨损。

3. 气缸磨损的测量

测量气缸的磨损程度是确定发动机技术状况的重要手段。通过测量,可确定气缸磨损后的圆度、圆柱度及气缸的磨损程度,从而确定发动机是否需要进行大修,以及确定修理尺寸。

气缸间隙的测量应在活塞裙部垂直于活塞销座的方向进行。

气缸的测量通常用量缸表进行。测量前应清洁气缸壁上的油污和积炭。

气缸测量方法如下:

1)组装量缸表

将百分表头装接到杆上,表的读数平面与测量头平行,百分表稍向下压,使大指针转半圈(压缩0.5mm),固定表杆上的紧固螺母。转动表外圈,使大指针指零位。

根据缸径尺寸选择合适的接杆,装入量缸表的下端,使整个测杆的长度与被测气缸的尺寸相适应。

2)校量缸表尺寸

将外径千分尺校准到被测气缸的标准尺寸,再将量缸表校准到外径千分尺的尺寸,并使伸缩杆有1mm的压缩行程,紧固接杆上的锁紧螺母,旋转表盘使表针对准零位。此时,处于压缩状态的量杆的长度与气缸标准尺寸相等,而自由状态量杆的长度则为标准尺寸加1mm。

对准尺度后的百分表在使用过程中,应注意不得碰动刻度盘、锁紧螺母及扭动百分表体,否则应重新校对。

3)气缸测量

测量时,应将量杆倾斜,使活动量头先放入缸套,轻轻移到测量位置,然后将表杆竖直在缸套内测量。为了得到准确的读数,应稍微左右摆动表杆,如图3-57b)所示。百表分指针最小读

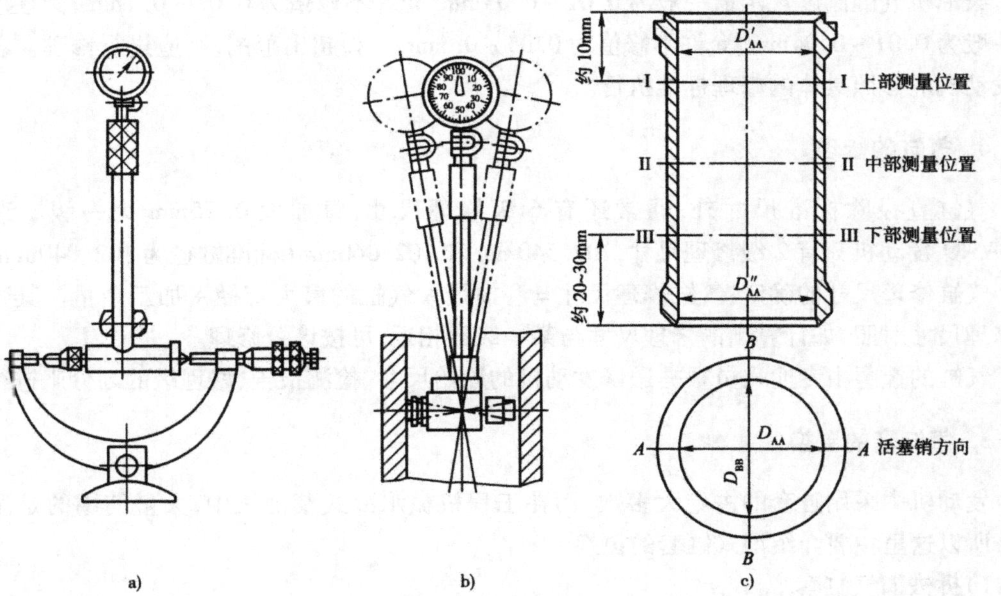

图3-57 测量气缸磨损
a)内径百分表对尺;b)测量示意图;c)测量位置

数即为所测得的实际偏差。测量位置如图 3-57c) 所示。测量数据记入表 3-4 中，并计算出圆度、圆柱度和最大磨损量。

气缸测量检测报告表 表 3-4

测量部位 \ 测量值 \ 缸数		一	二	三	四	五	六
Ⅰ—Ⅰ	A—A						
	B—B						
Ⅱ—Ⅱ	A—A						
	B—B						
Ⅲ—Ⅲ	A—A						
	B—B						
D_{min}							
D_{max}							
圆度							
圆柱度							

在进行直径测量时，有时根据需要，还可在除了图中所示位置以外测量，找出最大的磨损部位，给气缸的修理提供依据。

最大磨损量 = 第Ⅰ位置测得最大直径 - 缸未磨损时的直径（原始直径）；

圆度 = 垂直于活塞销方向的直径 - 平行于活塞销方向直径（同一位置上）；

圆柱度 = 第Ⅰ位置上测得的直径 - 第 III 位置上测得的直径（同一方向上）。

柴油机气缸圆度规定值一般为 0.01 ~ 0.03mm，允许不修值为 0.01 ~ 0.1mm；圆柱度规定值一般为 0.01 ~ 0.04mm，允许不修值为 0.05 ~ 0.1mm。如超出范围，则应进行修理。各种不同发动机应参照具体的修理标准执行。

4. 气缸的修理

气缸直径除标准尺寸外，通常还有 6 级修理尺寸，每加大 0.25mm 为一级。康明斯 6BTA5.9 发动机只有 2 级修理尺寸，102.540mm 和 102.040mm（标准缸径为 102.040mm）。

气缸修理尺寸的确定：气缸修理尺寸 = 磨损最大气缸的最大直径 + 加工余量。其数值再与修理尺寸对照，如计算出的修理尺寸与某一级数相近，可按该级修理。

气缸的镗磨由专业人员根据送修发动机的原始尺寸、检测报告、修理级的划分来进行。

5. 气缸套的更换

发动机中采用缸套的占绝大多数，而在工程机械水冷式柴油机中，大量使用的是湿式缸套。所以这里主要介绍湿式缸套的更换。

1) 拆去旧气缸套

湿式缸套与机体采用间隙配合，拆卸时只需用软金属棒或硬木棒敲击缸套的下端即可将其拆下，但有时缸套比较紧，可以自制拉器将其拉出。

拆下旧缸套后，清除气缸体承孔结合面上的铁锈、污物，并用砂布擦至露出金属光泽，特别是与密封圈接触的部位必须光滑平整，以防漏水。

2）试验新气缸套

将未装密封圈的气缸套装入气缸内，压紧后检查气缸套端面高出气缸体平面的距离。如不符合尺寸要求，可在气缸套台肩下选装适当厚度的铜垫片调整，相邻气缸凸出量误差不得大于0.04mm。

3）阻水圈安装

阻水密封圈在安装前应修平两边残余棱角及毛边，装入槽后松紧度应适当，并检查高出槽外的高度，如图3-58所示。如不合适，应修理阻水圈（用砂布或锉刀）或更换合适的阻水圈。

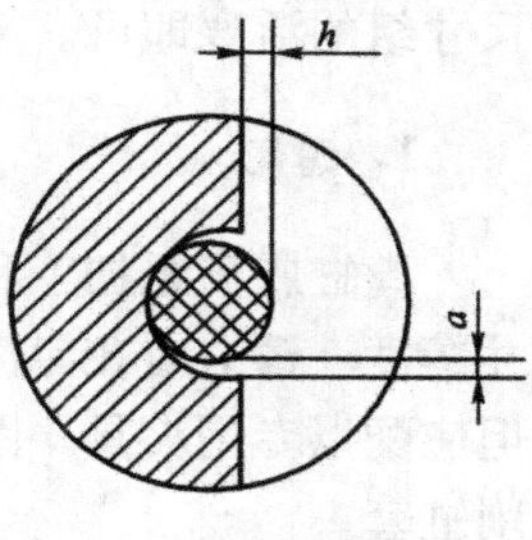

图3-58 阻水圈的高出量及预留量

h-高出量；a-预留间隙

装好水封的缸套，在装入缸体之前，可在阻水圈处涂以机油或肥皂水垂直装入。由于缸体的上凸肩处比下凸肩处的孔径大，所以阻水圈通过上凸肩较易。当阻水圈到下凸肩处时应四周放平，以手稍加压力即可装入。如果装不进去，应取出查明原因，不得强制压入。

一般难装的原因都是阻水圈外缘凸出槽外过高所致。若阻水圈过高，应取出修整。高度 h 一般为0.80～1.50mm，a 值则为0.5～1.00mm，以能用双手压入为合格。

4）缸套安装后的检查

缸套安装后应用量缸表在两个垂直方向再次进行检查，以检验缸套有无因安装而引起变形，检查部位是缸套上凸缘及下阻水圈处的缸径。当检查结果证明缸套已变形，应取出缸套重新安装。一般缸套上凸肩处变形多是紫铜垫挤入缸套与缸套安装孔间所致，下阻水圈处变形多是阻水圈扭曲并跑出槽外或有脏物。

缸套安装后应进行水压试验（见图3-55），检查阻水圈的密封性。

四、清除积炭

未完全燃烧的燃料及润滑油在高温氧化作用下生成焦油，焦油在高温氧化作用下变成一种黏稠的胶状液体——羟基酸，羟基酸进一步氧化就变成一种半流体树脂状的胶质物而牢固地黏附在发动机零件上。随后在高温作用下，胶质又聚合成更复杂的聚合物，形成硬质胶结炭，俗称积炭。

积炭对发动机的工作影响极大，维修时必须除去。清除积炭通常用机械法清除和化学法清除。（清除方法见第二章第四节）

五、缸套的镗磨

磨损超过允许值但还未达到极限尺寸的缸套，在大修时（如无其它缺陷）都应按修理尺寸进行搪孔和研磨，以恢复其尺寸精度，几何形状精度和光洁度。其修理间隔尺寸，汽油机一般为0.25mm或0.50mm，柴油机一般为0.50mm、0.75mm或1mm，需根据鉴定的结果而定。

目前对柴油机缸套的镗磨，一般是依据缸套鉴定的结果，确定应镗大的尺寸，然后根据此尺寸领用新活塞，镗磨时再依据每个活塞的实际尺寸进行配对镗磨，以保证活塞与缸套有准确的配合间隙。如此配合的缸套活塞副，在装配时是不能互换的。

随着配件制造的标准化及加工精度的提高，柴油机用的湿式缸套可不按上述方法配对镗磨。因为这种方法不仅影响修理进度，造成配件的积压，而且给镗磨作业也带来一定的困难。所以镗缸时应根据鉴定规定的可镗尺，进行镗磨，不需与活塞配对镗磨，装配时只是选用相应尺寸组的活塞即可。

1. 镗缸

镗缸属于粗加工和半精加工，其目的是为了消除磨损造成的几何形状误差和得到基本尺寸精度。镗缸应在专门的镗缸机上进行。在没有专用设备的情况下也可在普通车床上进行，但应配以专用夹具。图 3-59 所示为在车床上镗削缸套。

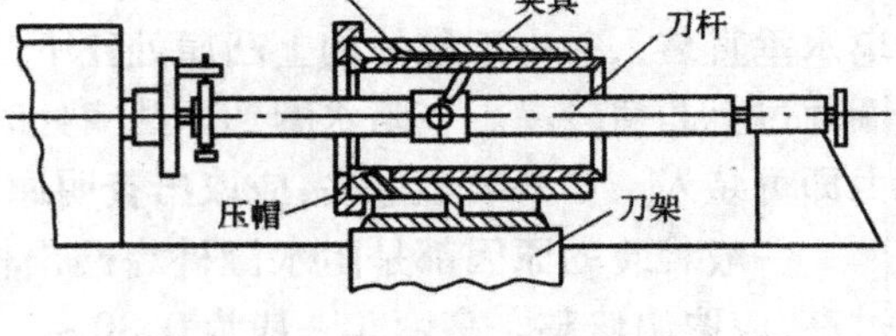

图 3-59　在车床上镗削缸套

1）基准的确定

根据缸套偏磨情况，可采用两种定心方法：一种是同心镗削，是在缸套偏磨不严重时采用，保证缸套内圆柱面中心线不变。镗削定位时以缸套两端未磨损表面为基准予以对中，如图3-60所示 d_0。此法的优点是保持缸套内圆中心不变。另一种方法是偏移中心镗削，即以缸套磨损的最大部位定心，如图 3-60 所示 d_n，中心线有微小的偏移（偏移量一般为 0.10～0.20mm），但缸套中心线经几次偏移后，其总偏量不应大于 0.80mm，否则将影响发动机的工作性能。此法优点是可以减少镗削量，延长缸套的使用寿命。

2）缸套的装卡

整体式缸套或不拆缸套的缸孔镗削时，可将整个缸体放在机床的工作台上，并用装入工作台“T”形槽中的螺栓及压板压牢。对于单个缸套的镗削则应在专门的夹具上进行，夹具同样固定于工作台上，如图 3-61 所示。这种夹具是以缸套的上端平面及外圆为定位面的。

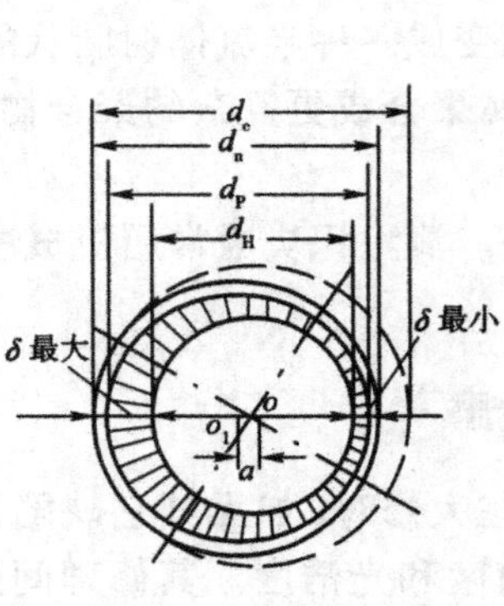

图 3-60　缸套的两种镗削方法

d_u-缸套厚直径；d_0-同心镗削直径；d_H-缸套磨损后直径；d_n-偏心镗削缸套直径；δ-缸套磨损量；a-缸套中心线平行移动量

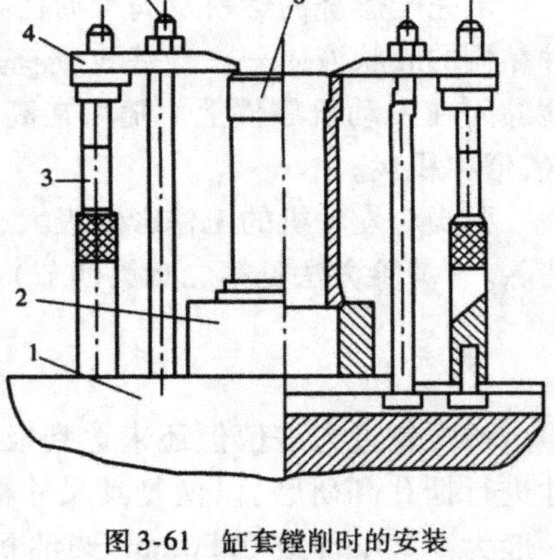

图 3-61　缸套镗削时的安装

1-镗床工作台；2-定位盘；3-可调节支柱；4-压板；5-压紧螺栓；6-缸套

为了保证加工后缸套不偏斜，定位盘2的定位孔最好在镗床上直接镗出。为了使缸套不因装卡变形而影响加工质量，缸套在压紧时应使压板4平正，支柱3垂直于台面，如图3-62所示。修理时不同型号的发动机缸套应换用不同尺寸的定位盘。

在修理中有以缸套上端安装外圆及上台肩的下平面作定位面的，也有利用废缸体作定位工具的。

3）缸孔的找正

移动式镗缸机是利用三爪自动找正，即将镗缸机放在缸体上后，将镗杆下端伸入缸孔上缘，然后扭动镗杆最上端的手轮，将三个紧靠在锥形头上的定位爪同时向外挤出，使其靠在缸壁上；即可使镗杆与缸孔同心。用镗床镗孔时，镗杆与缸孔的对正方法与移动式镗缸机不同，它不是利用伸缩的三爪进行找正，而是用装在镗杆最下端的"找正指"（对中心轴）进行找正，如图3-63所示。在"找正指"前端有一个钢球，可以灵活转动。找正时先将镗杆与缸孔大致对正，再将"找正指"装入镗杆并使其外径小于缸孔直径，然后将镗杆下移，使镗杆头伸入缸孔内较小距离，调整"找正指"后面的螺栓，使"找正指"向外伸出触及缸壁上面未磨损的部位。接着用手转动镗杆，看"找正指"前端的钢球是否与缸孔四周均匀接触，如果不均匀，则说明未对正，可通过移动工作台面和缸体（或夹具）的方法使其对正。当"找正指"对缸壁四周接触均匀时，即已找正，可将缸体（或夹具）及工作台固定好，取出"找正指"，装上镗刀，即可镗孔。另外，也有用百分表进行找正的，即将百分表装夹在镗杆下端，转动镗杆看表脚触及缸壁一周时表针摆动大小，当摆动很小时即基本找正。

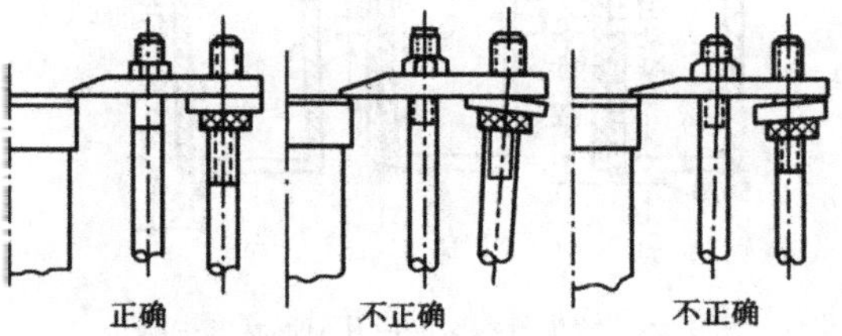

图3-62　缸套的正确压紧

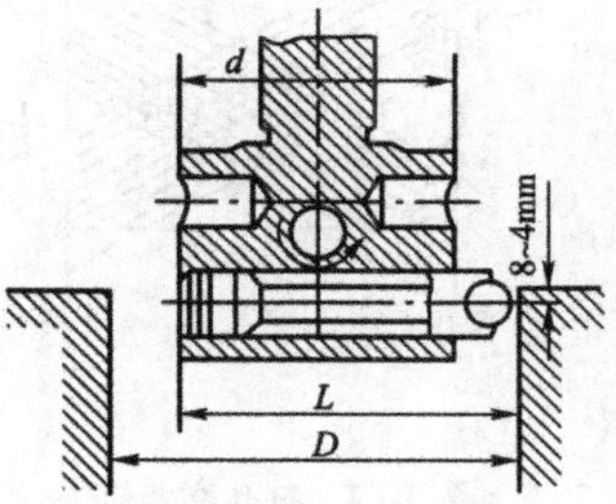

图3-63　在主轴上安装对中心轴

4）镗削规范

镗削规范是根据缸套的硬度，刀具材料及镗床的刚度，来选择主轴转速；走刀量和进刀量表面硬的缸套应采用钨钴硬质合金刀头，用较低的转速和小的切削量。

镗削非淬火缸套，因硬度较低，则可用高硬度的刀头，加工后可以得到较好的表面光洁度，切削规范如下：主轴转速为375～475r/min，走刀量粗精镗均为0.05～0.08mm/r，进刀量粗镗为0.15～0.20mm，精镗为0.08～0.10mm。

镗削时走刀应一次到底，中途不可停车，因停车后再次走刀，接头必易产生凸台。

镗削后应留出0.02～0.04mm的研磨量。

缸口应用专门镗刀按规定倒角，以保证在安装活塞组时，活塞环不致受伤或折断。

2. 研磨

镗削后的缸套应进行研磨，以提高其表面的光洁度及精度。研磨是利用装有专门砂条的磨头,用活动球节挠性连接在研磨机上进行的。若无专用的研磨机,也可将研磨头装在钻床或用弹簧吊挂的电钻上,使磨头在缸内旋转并作往复运动。研磨工艺应注意以下几点:

1)磨头

磨头的转速与缸径的大小必须相配;一般按圆周速度 60~75m/min,上下往复速度 6~10m/min 进行。往复速度与旋转速度应有一定的比例,即应使两运转的合成作用在缸壁上往复留下的螺旋线痕迹约为30°左右(有的推荐采用15°~60°),如图3-64 所示,磨条从图中 I 出发,经过一次往复行程后回到最上边位置 III 时,应与开始的位置 I 错开约 2 毫米。

2)磨条的硬度及粒度选择

砂条一般采用碳化硅粗砂条(粒度为 140~200,硬度为中软),粗磨到预留余量的 1/2 以后,再换中细砂条(粒度为 300~500,硬度为软),精磨到最后尺寸。研磨时砂条必须均匀地紧贴在缸壁上(贴紧压力为 150kPa 以下),磨头在缸套中不得摆动,用手转动不觉费力为合适。如个别砂条接触不紧,可在该砂条的背面垫纸片或薄铜皮调整。

3)砂条伸出缸套上下的长度

根据试验,研磨时砂条伸出缸套上、下的长度应不大于砂条全长的 1/3,不小于砂条全长的 1/5。如伸出量过长,容易引起缸套磨成喇叭形,如图 3-65a)所示;伸出过短则易磨成腰鼓形[图 3-65b)]。

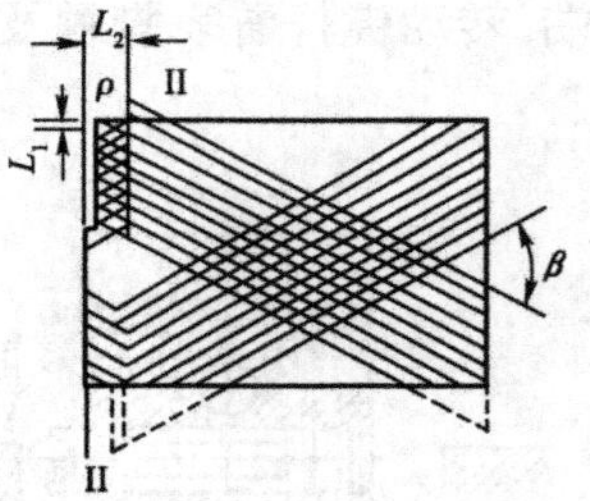

图 3-64　缸孔磨条轨迹

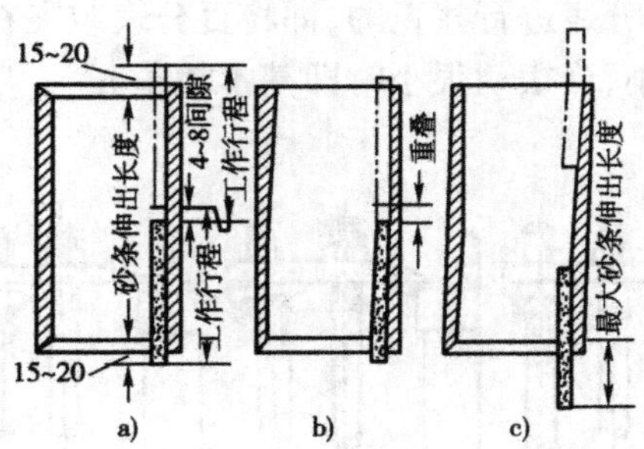

图 3-65　磨头行程对磨后几何形状的影响

4)形磨中的冷却

为使研磨不致烧伤缸壁,同时又能及时地将磨下来的铁屑和磨料排除,应用煤油与机油的混合液或废柴油(经沉淀后)进行冷却冲洗。

第六节　活塞连杆组的检修

一、活塞组各部件的损伤与选配

1. 活塞的损伤与选配

1)活塞的常见损伤

一般活塞的使用寿命应在 4 000h 以上,低速柴油机甚至可达 20 000h。但是,往往由于设计、制造上的问题和使用不当,常使活塞寿命降低和发生异常损坏。活塞在使用中经常发生的几种损坏情况如下:

(1)活塞裙部磨损。活塞裙部长期与气缸壁摩擦而产生磨损。活塞裙部磨损后,与气缸套配合间隙加大,工作时,由于气体压力的作用,使活塞对气缸套产生冲击作用,发出敲缸声。此响声仅在冷车(水温低于40℃)存在时仍可继续使用,如果热车运行时仍有敲缸声,必须及时检修,以免发生事故性损坏。

裙部磨损造成气缸密封不严,压缩压力降低,柴油机功率下降,起动困难,同时还会向气缸内窜机油,造成机油消耗增大,排气出现冒烟现象。

一般来说,因裙部与气缸的接触面大,单位面积压力小,同时润滑条件较好,所以裙部磨损较轻微。活塞的上部在工作时很少与气缸接触,通常不产生磨损。

(2)活塞销孔的磨损。由于活塞销在孔内冲击和摩擦产生磨损,使销孔变成椭圆,孔与销的配合间隙增大,严重时会产生敲击声。

(3)活塞环槽的磨损。由于活塞环的冲击,以及碳渣和漏窜气体的作用,使活塞环槽尺寸增大(环槽内面磨损小,外面磨损大,使环槽变成梯形)。

(4)其他损伤。活塞表面还发生划痕拉伤,以及产生活塞烧损与断裂等损坏。

2)活塞的选配

在发动机大修或更换气缸体(气缸套)时,应根据气缸的标准尺寸或修理尺寸更换活塞,并注意以下几点:

(1)同一台发动机上,应选用同一厂牌的活塞,以便保证活塞材料、性能、质量、尺寸一致。

(2)同一台发动机应选用同一修理尺寸和同一分组尺寸的活塞。活塞的修理级别尺寸一般刻印在活塞顶(详见本课题后续内容)。

(3)同一组活塞中,活塞直径差应不大于0.02~0.025mm;质量差一般应不超过3%~5%,高速强化柴油机最好不超过2%。若质量差不符合要求可在内壁同向上约20mm的部位车削部分铝合金。

(4)活塞裙部圆度和圆柱度应符合规定的要求。

新型发动机活塞与气缸的配合都采用选配法,在气缸的技术要求确定的前提下,重点是选配相应的活塞。我国活塞的修理尺寸的级差为0.25mm,共分六级,最大为1.50mm;国外有些车型只有1~4个级别。在每一个修理尺寸级别中又分为若干组,通常分为3~6组不等,相临两组的直径差为0.010~0.015mm。选配时,要注意活塞的分组标记和涂色标记。有的发动机为薄型气缸套,活塞不设置修理尺寸,只区分标准系列活塞,每一系列活塞中也有若干组供选配。

2. 活塞环的损伤与选配

1)活塞环的常见损伤

活塞环的常见损伤主要是环的磨损、弹力不足和折断等。活塞环磨损的原因主要是受高温、高压燃气的作用,活塞环往复运动的冲击和润滑不良所致。活塞环的磨损速度较快,随着环磨损的加剧,活塞环的弹力逐渐减弱,端隙、侧隙增大,气缸密封性变差,造成窜机油和漏气,导致发动机动力性和经济性下降。因此,在发动机两次大修间隔之间的某次二级维护时,如果气缸的圆柱度误差小于使用极限时,可采用更换同级尺寸活塞环的方法来改善发动机的性能。

2)活塞环的选配

活塞环设有与气缸和活塞相同级别的修理尺寸。在发动机大修时应更换活塞环,更换时应按照气缸的修理级别选用与气缸、活塞同一修理级别的活塞环。在维护或小修中,如需更换活塞环时,选用的活塞环修理尺寸级别应与被更换的活塞环相同。不允许使用加大级别的活塞环通过锉削开口端面的方法,来代替较小级别的活塞环使用。

为了保证活塞环与环槽及气缸的良好配合,在选配活塞环时,应进行装配前的检查。

3)活塞环装配前检查

活塞环装配前的检查有端隙检查;侧隙检查;背隙检查(气环背隙一般为0.15~0.35mm,油环背隙一般为0.15~0.35mm);漏光度检查;弹力检查,如图3-66所示。

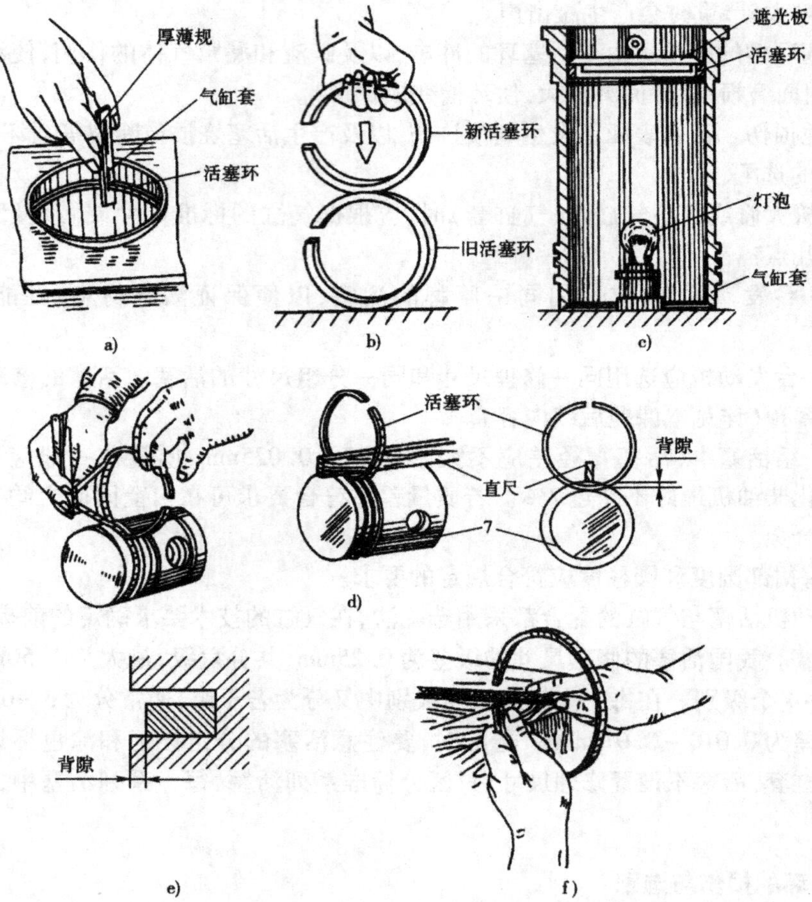

图3-66 活塞环装配前检查

a)检查开口间隙;b)对比弹性检查;c)漏光度检查;d)侧隙检查;e)背隙检查;f)开口间隙锉修

(1)活塞环弹力的检查。活塞环的弹力是保证气缸密封性的主要条件之一。

方法一:有条件的,最好在弹力检查仪上进行测定(图3-67)。检验时把活塞环放在弹力检验仪上,使环的开口处于水平位置,移动检验仪上的量块,把活塞的开口间隙压缩到标准值,观察秤杆上的质量,应符合技术要求。

方法二:用手试验其开口方向和扭转方向的弹性,开口方向试验是用适当的力压缩活塞环,使环的开口两端相碰(或把环的开口张开,扩大为原开口的一倍)然后放松,若弹性好不变形,说明该活塞环的弹力合格;若该环塑性变形量大于原来开口的15%,则说明该环为劣质产品,不能使用。扭转方向试验是用力将环的开口两端错开一段距离,放松后若能自动还原,则说明该活塞环的弹力良好,可以使用。注意检查时不要用力过猛,变形也不要过大,否则易使活塞环折断。

方法三:如图3-66b)所示,将被测的活塞环和新活塞环直立在一起,环口向侧面且处于水平位置,用手从上面往下压。若被测活塞环的环口端面已闭合接触,而新活塞环口端面还有一段距离(或一定间隙),则说明被测的活塞环弹力已经减弱。两者开口间隙差别越大,说明被测的活塞环的弹力越弱。

(2)活塞环漏光度的检查。如图3-66c)所示,将被测的活塞环平放在标准的气缸套内,在缸套孔内底部装上灯头,把遮光板盖在活塞环上,接通电路,观察环与缸壁之间漏光缝隙。一般柴油机活塞环漏光度的要求:整个圆周上的漏光处不得超过两处;距离环的开口两侧30°范围内不允许有漏光;漏光处的光隙宽度不超过0.03mm,光隙弧长所对的圆心角不得超过30°。

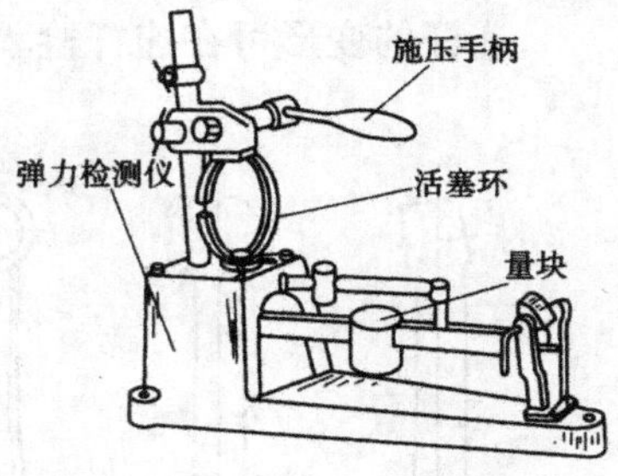

图3-67　活塞环弹力的仪器检验

(3)活塞环"三隙"的检查。

①开口间隙(端隙)的检验。将活塞环放入气缸中,用活塞顶将环推平。用厚薄规插入活塞环开口处进行测量,如图3-66a)所示。若端隙大于规定值,则应重新选配;若端隙小于规定值时,可用细平锉在开口处的一个端面上锉削,边锉边量,锉削后,端口应平整、无毛刺。见图3-66f)。

②侧隙的检查。如图3-66d)所示,将环放在环槽内,使活塞环围绕环槽转动一圈,环在环槽内应能自由转动,既不松动又无阻滞现象。用厚薄规测量间隙应符合要求。

③背隙的检查。如图3-66e)所示,环槽深度与环的宽度之差即为环的背隙。测量时,可将环落入环槽底,再用深度游标卡尺测出环外圆柱面沉入环岸的数值。

严格地讲,活塞环的背隙如图3-23所示,但这个间隙在实际工作中不容易测量,所以在实际修理工作中还是采用了上述的方法,也是以这个测量值作为修理参考数据。图3-66所示测量的背隙要比图3-23中的背隙数值小。

3. 活塞销的选配

发动机大修时,一般应选择标准尺寸的活塞销(有些车型设有修理尺寸),以便为小修留有余地。

选配活塞销的原则是:同一台发动机应选用同一厂牌、同一修理尺寸的成组活塞销;活塞销表面应无任何锈蚀和斑点;质量差在10g范围内。

全浮式活塞销与活塞销座的配合,在常温下应有微量的过盈(既活塞销不能在座孔内转动);当活塞处于75～80℃时,又有微量的间隙,使活塞销能在座孔内转动,但无间隙感觉。其接触面积应在75%以上。

二、连杆组各部件的修配

1. 连杆杆身的检修

连杆的变形主要有弯曲和扭曲，双重弯曲也有，但发生的情况较少。引起变形的主要原因是：连杆在工作中承受的气体压力、离心力和惯性力；发动机工作不正常（如爆燃、超负荷等）；零件修理、安装方法不当等。连杆变形将会导致活塞偏缸、偏磨，引起敲缸、拉缸等故障。常见的变形如图 3-68 所示。

1）连杆变形的检验

连杆的变形可在连杆检验仪（图 3-69）上进行检查。

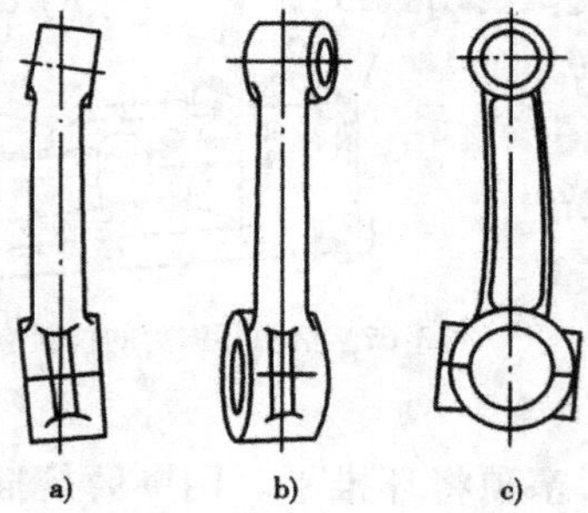

图 3-68　连杆常见变形

a）侧向弯曲；b）扭曲；c）平面方向弯曲

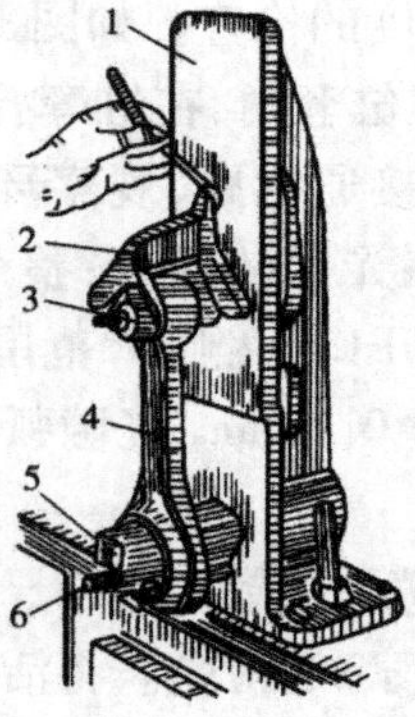

图 3-69　连杆检验仪

1-检验平板；2-量规；3-活塞销；4-连杆；5-可胀心轴；6-调整螺钉

检验时，将连杆大端轴承取下，将承孔清洁干净，然后将轴承盖装在连杆体上，按标准力矩拧紧连杆螺栓，将连杆大端安装在检验仪可胀心轴上，拧动调整螺钉使心轴扩张，将连杆固定在检验仪上。检验工具是带有"V"形槽的三点规。三点规上的三个测点在同一平面上，并与"V"形槽相垂直，三个点构成一个等边三角形，边长 100mm，上面的一个测点处在下面两测点的垂直等分线上。检测时，将三点规放在连杆小端的心轴或活塞销上，使三点规的三个测点与检验仪的平板相接触。根据三测点与平板的接触情况，即可判断连杆有无变形。

（1）当三点规的三个测点都与检测平板相接触，说明连杆无弯曲和扭形。

（2）若三点规仅上测点（或两下测点）与平板接触，且两下测点与平板距离相等，说明连杆有弯曲变形。这时用厚薄规测量测点与平板的间隙，便是连杆在 100mm 的弯曲值。如图 3-70 所示。

（3）检验时若只有一个下测点与检验平板相接触，且上测点与检验平板的间隙等于另一个测点与平板间隙的一半，则表明连杆发生了扭曲，其下测点与平板的间隙便是连杆在 100mm 长度的扭曲值，如图 3-71 所示。

（4）检验时若一个下测点与检验平板接触但上测点与检验平板的间隙不等于另一个下测点与平板间隙的一半，则表明连杆同时存在弯曲、扭曲变形。

（5）双重弯曲的校正 可先量出一面连杆小头侧面与平板的距离，然后再调转 180°，按同样的方法测量出距离，两值不等即说明连杆有双重弯曲。如图 3-72 所示。

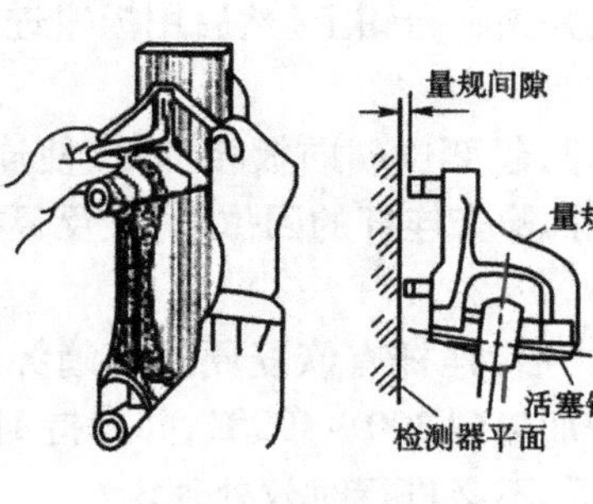

图 3-70　连杆弯曲检验

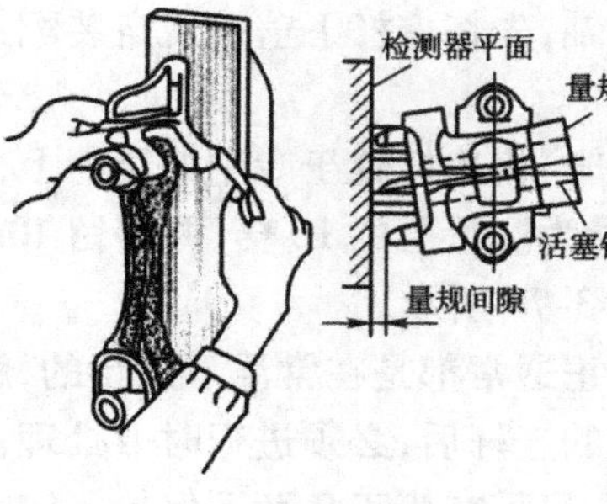

图 3-71　连杆扭曲检验

发动机修理技术标准规定：连杆在 100mm 长度上的弯曲度应不大于 0.03mm，扭曲度不应大于 0.06mm，超过允许极限时，应进行校正或更换。

（6）百分表检验方法　如图 3-73、图 3-74 所示，连杆弯曲、扭曲变形进行检验。连杆本体弯

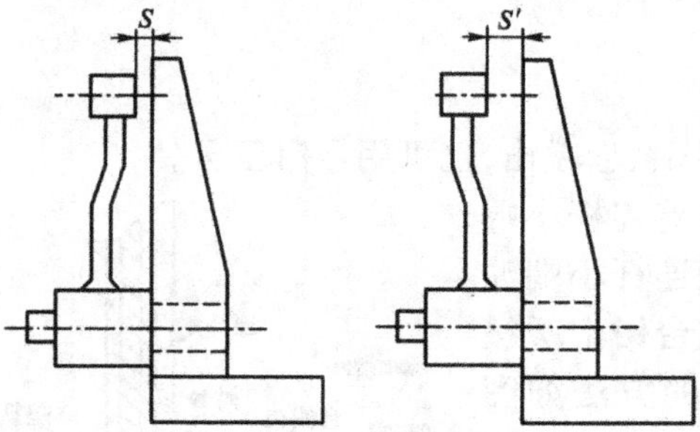

图 3-72　连杆双重弯曲的检验

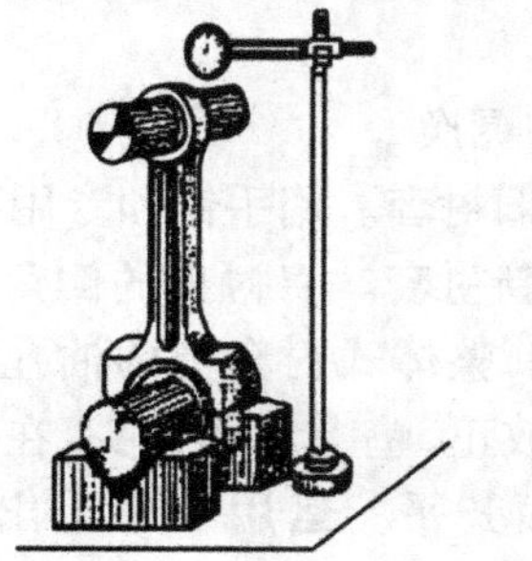

图 3-73　连杆弯曲变形检验方法

曲和扭曲的校直。出厂时，连杆大小孔中心线一般要求其平行度偏差不大于 0.04∶100（即弯曲度）；交叉度（即大小头孔中心线不在同一平面内）偏差不大于 0.06∶100（即扭曲度）。若弯曲和扭曲同时存在，一般先校扭曲，后校弯曲。

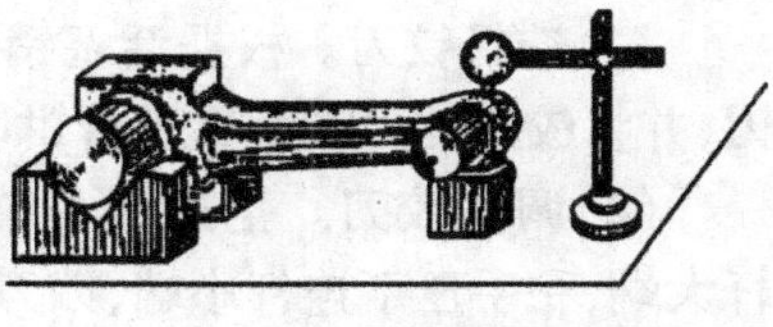

图 3-74　连杆扭曲变形检验方法

2）连杆变形的校正

连杆变形的校正一般是利用校正器的附设工具进行，如图 3-75、图 3-76 所示。当弯扭并存时，通常是先校正扭曲后校正弯曲。校正时，应记清弯曲与扭曲的方向和数值，避免反复的过校正。

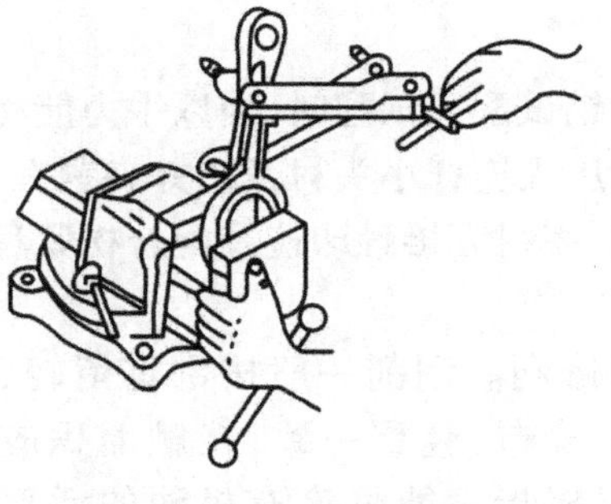

图 3-75　校正连杆扭曲

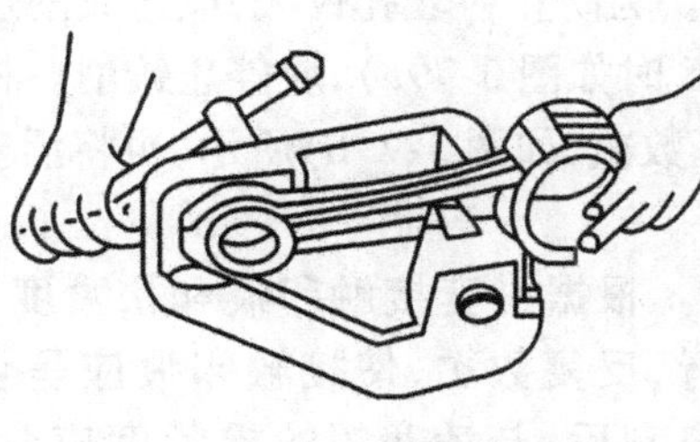

图 3-76　校正连杆弯曲

校正扭曲轴，先将连杆下盖按规定装配并拧紧，并夹在台钳上，然后用扳钳进行校正，如图3-75所示。

校正弯曲时，将连杆置于专用的压器上，弯曲的凸起部位朝向扳转丝杠，使连杆产生反方向变形，变形量为测量值的10倍，并停留10min左右，检查连杆的回位量，经反复校正，直到合格为止。如图3-76所示。

连杆的校正通常都是在常温下进行的，解除压力后，连杆有恢复原状的趋势。因此，在校正变形量较大的连杆后，必须进行时效处理：将连杆加热到300～400℃，并保持1h。校正变形量较小的连杆，只需在校正负荷下保持一定时间即可，不必进行时效处理。

2. 连杆衬套的修配

在更换活塞销的同时，必须更换并铰削连杆衬套内孔，以保证活塞销与衬套的配合。新衬套的外径应与连杆小端承孔有0.10～0.20mm的过盈量，以防止衬套在工作中发生转动。

1）衬套的更换

（1）压出旧衬套。用手锤和专用冲头将旧衬套敲出，也可用台钳压出。

（2）压入新衬套。将衬套的倒角一端对着连杆小端有倒角的一端，整体式衬套上的油孔应对正连杆小端油孔；再将衬套放正，垫上专用冲头，在压床或台钳上缓缓压入至与端面齐平。运用台钳压出、压入的方法如图3-77所示。

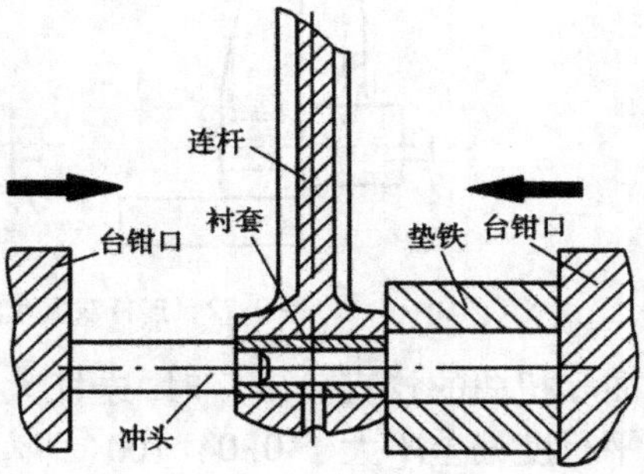

图3-77　用台钳压出和压入活塞销衬套

2）铰销衬套

（1）选择铰刀。根据活塞销直径选择手动可调节铰刀，并将铰刀的刀把垂直于台钳口并夹紧。

（2）调整铰刀。把连杆小端套入铰刀，一手托住连杆大端，一手压下连杆小端，以刀刃露出衬套上面3～5mm为第一刀的铰销量，以后各刀可将调整螺母旋转60°～90°作为吃刀量，最后一刀可小些。

（3）铰削。铰削时，应一手把持住连杆小端并向下略施压力，一手托住连杆下端并使其按顺时针方向均匀用力扳转进行铰削，如图3-78所示。铰削时，应使连杆杆身与铰刀轴线保持垂直，以防铰偏。保持铰刀不变，再将反方向重铰一次，以保证衬套内圆的圆柱度。

☆注意：铰刀不可反转。

（4）试配。为防止衬套孔铰大，应边铰削边用活塞销试配。试配时，当以手力能将活塞销推入1/3～2/5时如图3-79a），应停止铰削。将活塞销压入连杆小头衬套内并夹紧在台钳上，来回扳转连杆数次，如图3-79b）所示，再将活塞销敲出，视衬套接触印迹及配合松紧程度进行刮削。

（5）修刮。根据衬套接触印痕和松紧度，用刮刀修刮。刮削一般按刮重留轻、刮大留小的原则进行，反复数次，使接触印痕应呈点状均匀分布，轻重一致，接触面积应不小于75%。衬套修刮后，与活塞销的松紧度应合适，即以拇指力能将涂有机油的活塞销推入衬套。

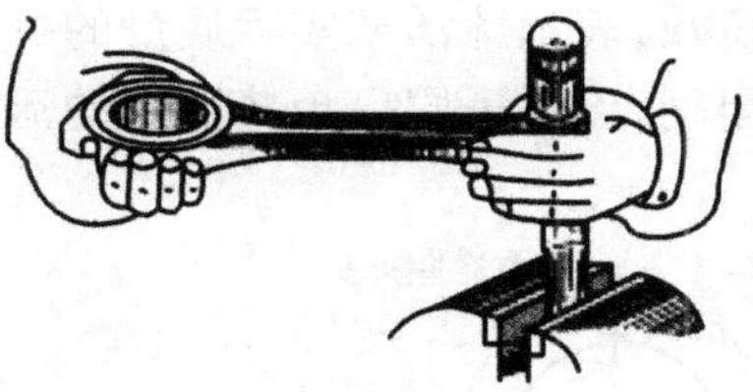

图 3-78　连杆衬套的铰削

a)　b)

图 3-79　连杆衬套配合检查

三、活塞连杆组的组装

1. 试配活塞销与活塞

组装要检查活塞销和活塞销座孔的配合紧度，以保证两者的装配有一定的过盈量。现在应用较普遍的活塞销的连接方式是全浮式，因此在常温下要求活塞销与活塞销座孔有合适的配合紧度，一般过盈量为 3 ~ 20μm。精确的检查方法是用内径百分表和外径千分尺分别测量活塞销座孔内径和活塞销外径，若缺乏量具可用经验法检查，即将活塞销往活塞座孔里拧，如能拧入销孔的 1/3，说明配合良好；如配合过紧，装配后易使活塞变形或涨裂；如配合过松，工作时则产生敲缸，降低使用寿命。当遇到配合过紧的情况，要用刃口较长的可调节直铰刀进行修整，以保证两活塞销座孔的同轴度和圆柱度。在铰削过程中要不断用活塞销试配，如图3-80所示。

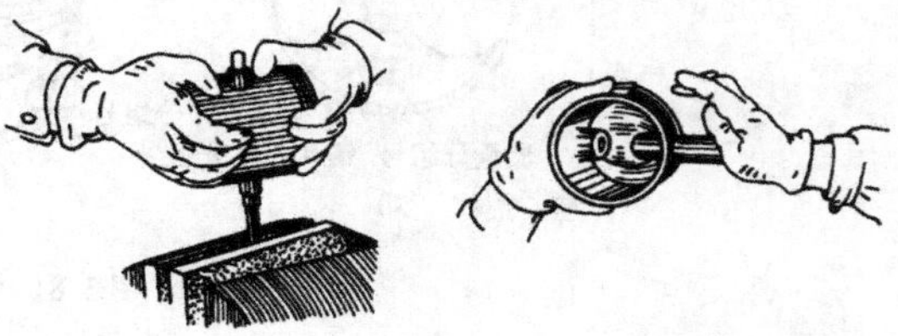

a)　b)

图 3-80　活塞与销的试配

a) 铰削活塞销孔；b) 试配

2. 识别活塞标记，确定活塞的正确安装方向

1) 活塞安装方向标记

常见的活塞安装方向标记有以下几种：

(1) 在活塞顶面做出箭头，安装时箭头应朝向立式柴油机的前端，如图 3-81a) 所示。

(2) 在活塞顶面边缘处做出一个小缺口，装配时活塞顶面的小缺口应与连杆体、连杆盖上的小凸点标记装于同一侧，朝向柴油机前方。

(3) 在活塞销座的侧面上铸出“向前”或“向后”字样，应按字样要求进行安装。

(4) 在活塞顶面做三角形标记。安装时，对于立式柴油机来说，三角标记应朝向柴油机的前端；对于卧式柴油机来说，三角形标记则应向上(朝向喷油器)，如图 3-81b) 所示。

(5) 当活塞顶为平面时(汽油机)，裙部有膨胀槽，其膨胀槽一边应朝向(从曲轴顺时针旋转看)在缸套中心线的右边。

2) 活塞分组标记

(1) 活塞质量分组记号。装配时，同一台柴油机活塞的质量分组记号应相同。以 4125G

系列柴油机为例,如图 3-81d)所示,在标准的活塞顶导流槽的对面打有:“22、23、24、25……”为活塞质量分组记号。活塞质量分组记号是一个两位数,表示该活塞实际质量的百位数和十位数,同一台柴油机的几只活塞,必须属于同一质量组别,以保证同一台柴油机的活塞质量差不大于规定值。

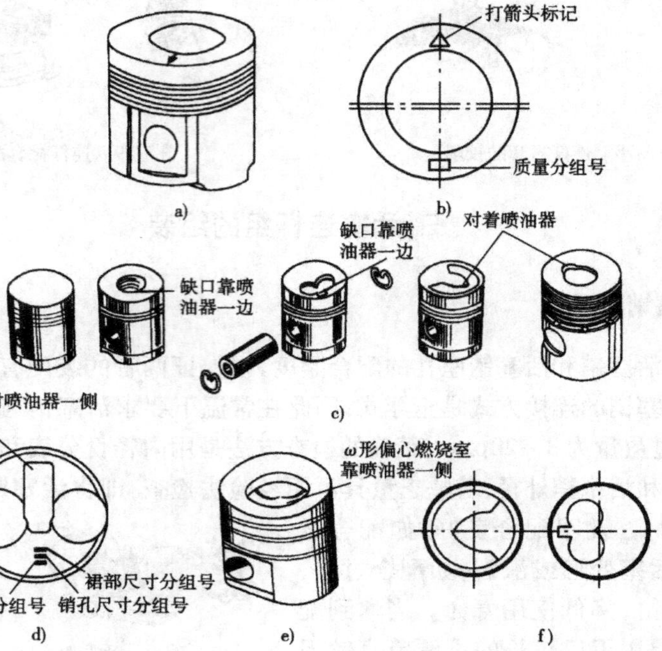

图 3-81　活塞顶上的标志

(2)活塞裙部尺寸分组记号。装配时,同一组活塞裙部尺寸分组记号应相同,并与其所配合的缸套分组记号对应一致。以 4125G 系列柴油机为例,在标准的活塞顶导流槽对面对着:“I、II、III、IV”为活塞裙部尺寸的分组记号。气缸套按标准尺寸也分为四组,其分组记号打在缸套顶部端面上,选配时,活塞裙部尺寸分组记号必须与缸套的尺寸分组记号相同,才能保证缸套与活塞有正常的配合间隙。

(3)活塞销座孔直径分组尺寸记号。装配时,应与同组活塞销相配。以 4125G 系列柴油机为例,在标准的活塞顶面打有“01、02、03”,为活塞销孔尺寸分组记号。活塞销按标准尺寸也分为三组,分别用“黄”、“绿”、“红”颜色表示,颜色涂在活塞销的端面上,选配活塞销时,必须与活塞顶部的销孔尺寸分组记号相互一一对应,才能保证活塞销与销座孔的配合要求。

除上前述的方法外,还可根据燃烧室的形状来确定活塞的安装方向。通过燃烧室判断活塞的安装方向还是比较容易的,对于直喷式燃烧室,其位置一般不是在正中位置,总是偏向喷油器一侧,有些直喷式燃烧室还有一个小口,这个小口对着喷油器;对于分隔式燃烧室,在活塞顶上有引导气流运动作用的凸起或凹坑,应对着喷油器的方向,如图 3-81 所示。

3. 识别连杆标志,确定连杆的安装方向

(1)连杆杆身的一面有厂标,或者杆身槽内有字、有凸点等记号。组装时,连杆杆身有厂标的一面(或有字、凸点)要朝向活塞上的箭头。当连杆随活塞装入气缸内时,要使这些有记号的一面朝向柴油机前方,如图3-82所示。

(2)在连杆杆身和连杆盖剖分面的同一侧做有配对记号。因连杆盖和杆身是配对加工,故装配时必须按配对记号装合。

(3)多缸柴油机,连杆大头上往往还打有缸序号标记,拆装时应按“对号入座”的规则,不能搞错。

(4)多缸柴油机,连杆有质量分组标记,用数字表示连杆质量,一般是做在连杆大端的一侧。装配时应选择具有同一种质量分组标志的连杆。

(5)连杆是斜剖分的,连杆螺栓应朝向曲轴箱上开窗口的一侧,如图3-82。

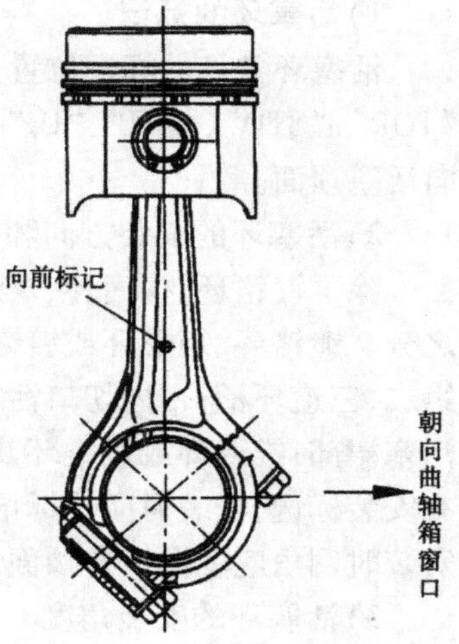

图3-82　连杆杆身记号

4. 组装活塞与连杆

(1)先把活塞与活塞销、活塞销与连杆按配合尺寸分组,待活塞和缸套的配合间隙准确后,再按气缸顺序排好。

(2)仔细检查活塞与连杆的装配方向。

(3)准备好润滑油、手锤、引导销等修理用品。将活塞在机油或水中加热到90~100℃,使销孔膨胀,然后将涂上机油的活塞销迅速准确地推入活塞销座孔和连杆铜套孔中。查看活塞销应在座孔中间位置,即活塞销座孔两端露出锁环环槽。为了防止活塞变形,最好将活塞连杆组反向插入气缸内,使其自然冷却。

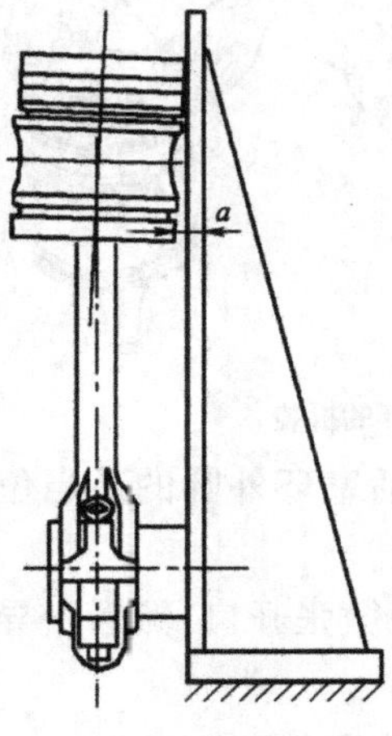

图3-83　活塞连杆垂直度检查

(4)装上活塞销锁环,用螺丝刀拨转锁环在槽内转动1圈,以确认锁环装入环槽,然后用塞尺测量锁环和活塞销端面间隙,其值为0.10~0.25mm。最后检查连杆小端,确保其沿着活塞销轴向有一定的移动量。

不少维修人员存在将活塞倒放,用布料沾湿柴油放入活塞内腔里燃烧,对活塞进行加热的错误做法。要切忌使用上述做法,因为当新的活塞销与销孔的配合紧度过大时,用提高加热温度(超过100℃)的方法把活塞销装上极易造成变形或活塞胀裂。

(5)检查活塞连杆组的偏斜情况。活塞连杆组装后,最好将其放在连杆校正器上,检查它的垂直度,如图3-83所示。当裙部上、下端的某一端贴紧检验器平板时,另一端与平板间的间隙值一般不应超出0.07~0.09mm。如超过此值,应将组合件拆卸,并分别对零件进行检查和校正。

5. 识别活塞环上的标志,正确安装活塞环

活塞环安装时要注意方向、位置和开口角度,如装反装错,会引起气缸密封不严、漏气、大量机油窜烧等故障。

1)活塞环的标记

活塞环常见的标记位置是打在靠近环的开口端面上,标记有以下几种:“上”、下”、“O”、“TOP”、“STD”、“NH”、“UP”等。把活塞环套入活塞环槽时,环口有标记的一面应朝上,即朝向活塞顶面。

2)活塞环的安装方向和位置

除了镀铬环、桶面环、矩形环及普通油环之外,其余的活塞环安装时均有方向性,有正反面之分。镀铬环、矩形环或镀铬桶面环、桶形环装在第一道环槽;扭曲环、锥面环、梯形环等装在第二、三道环槽;带内切口活塞环内切口应朝向活塞顶面,而带外切口的活塞环外切口应朝向活塞裙部;锥形环或微锥环其锥面(小头)和倒角环其倒角面应朝向活塞顶燃烧室。凡气环上有安装标记,安装时应使标记朝向活塞顶面。普通油环没有正反面,而倒角油环外圆有倒角,安装时倒角应朝向活塞顶面。

3)活塞环的安装角度

把活塞环随活塞连杆组装入气缸时,相邻两气环的开口不得重合,应相互错开90°~120°(或180°),并要求活塞环的开口不能正对活塞销方向和侧压力大的方向。油环的开口一般没有严格的位置要求,但其开口不能与气环重合,也最好不要与活塞销平行或垂直。组合式油环的钢片的开口也应错开。

4)活塞环的安装方法

活塞环装入活塞环槽时,开口不应张开太大,以免变形或折断。其安装方法有以下几种:

方法一:把活塞环套入活塞环槽时,使用专用工具——活塞环钳,如图3-84a)所示。活塞环钳能容易地将活塞环环口张开套入活塞环槽。这种安装方法很保险,不会出现有活塞环折断现象。

方法二:在没有专用工具的情况下,用两块长方形布条各自对叠起来,将对叠处套在活塞环开口两端。用两手分别捏住套在活塞环开口两端的布条,然后轻轻外拉,活塞环开口即慢慢张开,将活塞环套入活塞环槽。这种方法可方便地安装活塞环,并能防止断环现象。

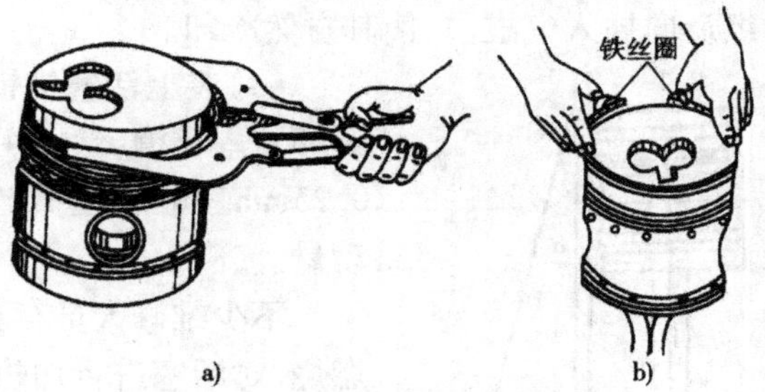

图3-84 活塞环的拆装

方法三:取两段长约15cm的包皮导线,系成两圆环,分别套在两拇指上,再挂在活塞环的开口端面处,两中指抵在活塞环外圆的适当位置,拇指均匀用力外拉,便可将环套上活塞并装入环槽。如图3-84b)所示。

方法四:用三片钢片(宽约8mm)插入活塞环与活塞之间,将活塞环微微张开口,然后引导环进入环槽。

特别指出的是:用上述几种方法同样能够把装在活塞环槽上的活塞环拆卸下来。

6. 活塞连杆组装入气缸

(1)准备好活塞环箍(铁皮夹圈)、手锤、扭力扳手和润滑油等。

(2)清洁活塞连杆组,擦净曲轴连杆轴颈和气缸套,并在活塞环、气缸套、连杆轴颈、轴瓦处均匀涂抹上一层润滑油。

(3)将曲轴连杆轴颈转至上止点。

(4)拨转活塞环开口。

(5)将活塞连杆组件放进气缸套,注意活塞连杆组的方向。

(6)用活塞环箍压紧活塞环后(图3-85a),用手锤上的木柄轻敲活塞顶部,将活塞推入气缸,使连杆大端抱住连杆轴颈,并听到接触的撞击声。然后一边转动曲轴一边推活塞,直至其位于下止点位置。安装时注意连杆瓦不要脱落,若掉进油底壳要取出重新插入连杆大端,使轴瓦定位凸键位置正确,瓦背与连杆要贴合。

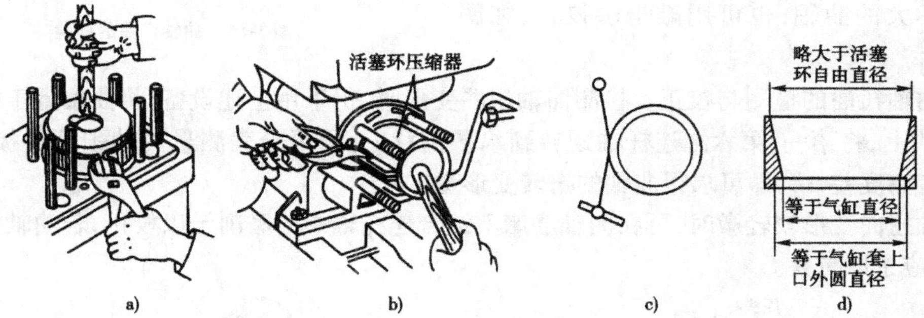

图3-85 活塞连杆组向气缸中安装

a)、b)用卡箍收紧活塞环向气缸中安装;c)用铁丝收紧活塞环;d)用专用工具

卡箍是用1mm左右铁皮,根据活塞直径的大小制成,是采用较多的一种方法;在没有铁皮的情况也可用细铁丝收紧活塞环,这个方法需要一道环一道地收紧,一道一道地进入气缸,比较费时,如图3-85c)所示。如果修理的同缸径发动机的数量较大,可以加工一个如图3-85d)所示的套,安装较为省力、省时。

(7)安装连杆盖,注意连杆盖的记号要与连杆大端记号同侧,按规定力矩拧紧连杆螺栓。最后摇转曲轴2~3周,应使其转动灵活自如。按照上述步骤,安装其余各缸活塞连杆组。

最后进行连杆螺栓锁紧。

第七节 曲轴飞轮组的检修

1. 曲轴的损伤与检修

1)曲轴的损伤

在使用中,曲轴除了磨损外,还会出现轴颈表面划痕、拉伤、烧伤、裂纹、变形和断裂等故障。曲轴的其他部位如回油螺纹或轴肩出现磨损、前端键槽磨损、起动爪螺纹损伤或滑扣等。

2)曲轴的检修

(1)曲轴变形的检修。

①曲轴弯曲的检验与校正。将曲轴放在检验平板的V形块上,将百分表触头垂直地触及中间一道主轴径,如图3-86所示。转动曲轴,此时百分表指针所示的最大摆差即为曲轴主轴颈的同轴度偏差。

曲轴弯曲变形的校正,一般采用冷压校正法,在压床上进行,如图3-87所示。将曲轴两端主轴颈上用V形铁支撑(与轴颈接触处垫上铜皮),放在压床台面上;转动曲轴使弯曲部位向上并装好压头;在曲轴下面放置两个百分表,使表头指针与轴颈接触,调整表盘使表针指零;对曲轴加压,使曲轴产生反方向变形,压弯量视曲轴材料而定,一般压弯量为曲轴弯曲量的10~15倍(球墨铸铁曲轴不大于10倍),并保持压力2min。冷压校后的曲轴应进行人工时效处理,以消除冷压产生的内应力。对于弯曲变形量不大的曲轴,也可用敲击法校正,如图3-88所示。

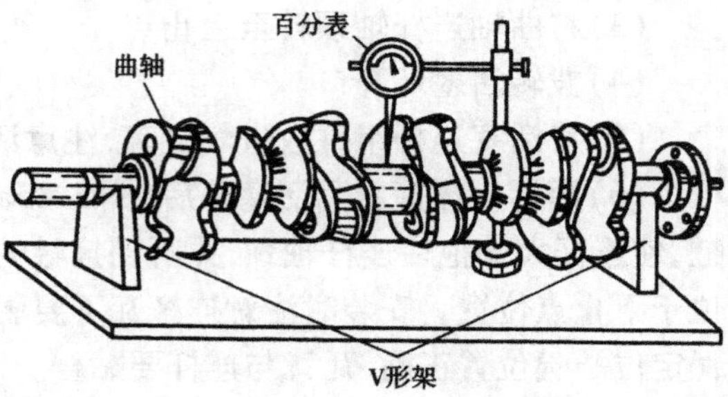

图3-86 曲轴弯曲的检验

②曲轴扭曲的检测与校正。检测曲轴扭曲变形时,仍采用上述设备,将曲轴置于检验平板的V形块上,将第一、第六缸连杆轴颈转到水平位置上,用百分表测量两轴颈至平板的距离,求得两者高度差ΔA,即可求得曲轴的扭转变形量。

曲轴扭曲变形较轻微时,可在曲轴磨床上结合连杆轴颈的磨削予以校正,若曲轴扭转变形量较大,应予以更换。

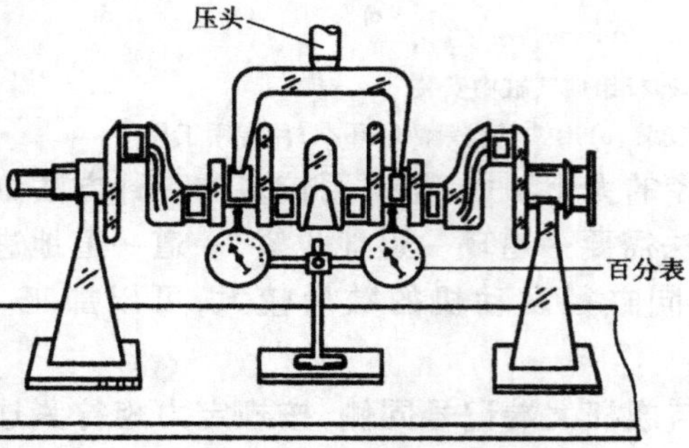

图3-87 冷压校正曲轴

图3-88 表面敲击校正曲轴

(2)曲轴裂纹的检修。曲轴取出经清洗后,首先检查主轴颈和连杆轴颈表面有无毛刺、疤痕和凹槽,然后检查有无裂纹。

曲轴裂纹可用渗油敲击法检查。具体做法是:将清洗干净的曲轴放在煤油中浸泡,再把曲轴取出擦净表面,并在表面撒上白粉,然后用手锤沿轴向敲击曲轴非工作面,白粉中如有明显裂纹状油迹出现,则该处有裂纹。曲轴裂纹检查的最好方法是磁力探伤法。

曲轴裂纹发生在非主要受力部位或裂纹不会延伸时,可予以焊修。曲轴裂纹发生在曲柄臂与轴颈等部位时,应更换新件。

(3)曲轴轴颈磨损的检修。曲轴轴颈在工作中的磨损是不均匀的,其磨损特征如图3-89a)所示。

曲轴轴颈的磨损通常都用外径千分尺来测量。每个轴颈测量两个截面,测量位置如图3-89b)所示。将每次测量的直径记录下来,最后计算出曲轴各轴颈的圆度误差和圆柱度误差,计算方法与测量气缸的相同。

曲轴轴颈的磨损超过规定值后,可采用缩小直径的方法来恢复轴颈的几何形状。如果曲轴轴颈存在擦伤或烧伤等损伤,也可采用上述方法予以修复。目前,国内外普遍采用磨削曲轴

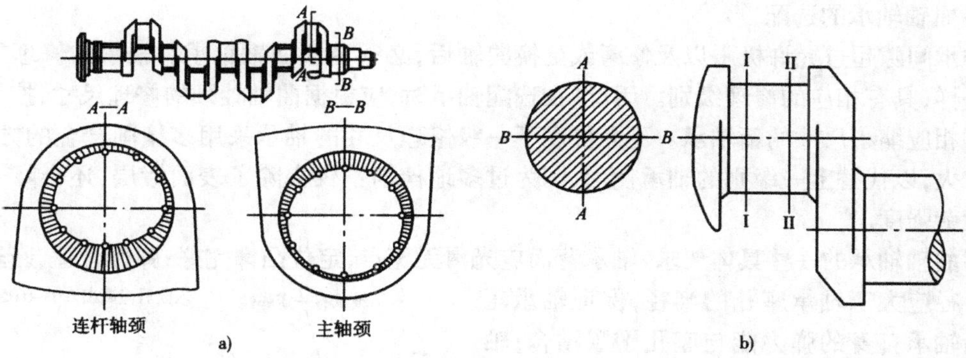

图 3-89 曲轴轴颈磨损特征和测量
a)磨损特征;b)测量位置

轴颈的方法来恢复它的几何形状。曲轴的磨削应在其他损伤修复后进行。

磨削曲轴前应先确定修理尺寸,轴颈修理尺寸是根据磨损后的直径来确定的。一般发动机曲轴的主轴颈和连杆轴颈均有标准尺寸和以 0.25mm 为一级差递减的 2~4 级修理尺寸,并配有相应尺寸的轴承。在保证磨削质量的前提下,尽可能选择最接近的修理级别,以延长曲轴的使用寿命。

曲轴的磨削应在专用曲轴磨床上由专业人员来进行。

2. 曲轴轴承的损伤与选配

1)曲轴轴承的常见损伤及原因

曲轴轴承的损伤主要有磨损、疲劳剥落、刮伤和烧熔等。

由于曲轴轴承与轴颈存在接触且相对运动,即使在可靠润滑的情况下,磨损也是不可避免的。在轴承使用寿命内的磨损是正常的,但有时轴承会出现早期的快速磨损,其主要原因是:轴承在工作中负荷大或承受冲击性载荷;润滑油污染严重;润滑不良;轴承本身质量不合要求等。

疲劳剥落是由于曲轴长期在交变冲击载荷作用下工作,轴承合金会产生疲劳裂纹,严重时会造成合金剥落。

刮伤则是由于发动机工作时,机件磨损形成的金属碎屑等杂质混在润滑油中,这些杂质进入轴承间隙中,对合金表面刮伤。

当轴承表面缺油时,摩擦产生高温,常会导致轴承合金熔化,引起抱轴故障。

2)曲轴轴承损伤的检验

检验前,将轴承清洗干净。观察主轴承内表面,若有明显的环状沟槽或麻点时,应予报废。当合金表面有少量很浅的环状沟痕,或少量麻点剥落,对轴承承载能力影响不大时,可用内径百分表进一步检查轴承的尺寸及几何形状。将轴承装入轴承座和轴承盖并按规定拧紧轴承盖螺栓,分别测量出轴承内孔的最大、最小直径(测量点应避开轴承剖分面和油槽)然后计算出轴承内孔的圆度、圆柱度及其与轴颈的配合间隙。康明斯 6BTA5.9 发动机曲轴主轴承与轴颈的配合间隙不大于 0.119mm,圆度误差不大于 0.050mm,圆柱度误差不大于 0.013mm。配合间隙接近或超过极限时,应予以更换。

3)曲轴轴承的选配

轴承间隙超过允许极限以及修磨或更换曲轴后,必须更换曲轴轴承。轴承的修理尺寸与轴颈一样,具有相应的修理级别。因此,在选配轴承时,应根据曲轴轴颈的修理尺寸,按修理级别选用相应缩小尺寸的新轴承。不允许用下一级修理尺寸的轴承采用多搪削合金的方法,将内孔扩大,以代替上一级别的轴承使用,因为过多地搪削不仅去除了表面镀层,还会降低合金层的疲劳强度。

对曲轴轴承的一些具体要求:轴承背面应光滑无斑点,定位凸榫完好;弹性合适,新轴承的曲率半径应大于轴承座孔的半径,保证轴承压入后借轴承自身的弹力能与座孔平顺贴合;轴承合金表面应无裂纹和沙眼;轴承的圆弧长度应符合要求;新轴承装入座孔后,上下两片的每端均应高出座平面 0.03 ~ 0.05mm,如图 3-90 所示。

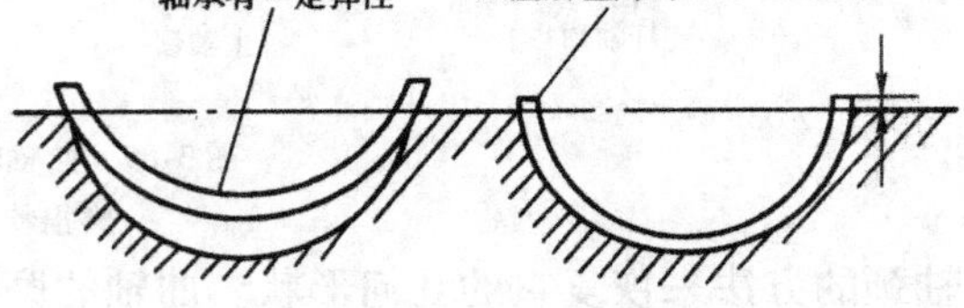

图 3-90　轴承装入座孔的要求

现代发动机的曲轴轴承多按直接选配的要求设计制造,不需要再进行刮削。但由于目前我国发动机配件市场尚不完善以及应急修理等情况,仍有一定数量的可刮削轴承供应。可刮削轴承的预留刮削量一般为 0.03 ~ 0.06mm。

刮削轴承时,刮刀要锋利,要放平,一次刮削面积与厚度要适当,掌握刮重留轻,刮大留小,边刮边试,反复进行的原则。接近刮好时,应将全部轴承盖按规定力矩拧紧,转动曲轴,再检查接触痕迹,进行选择性刮削,以保证接触面积不少于 75%,第一道和最后一道接触面积应不少于 85%。

3. 曲轴轴向及径向间隙的检查

1)曲轴轴向间隙的检查

检查曲轴轴向间隙时,可将百分表触针顶在飞轮或曲轴的端面上,用撬棒前后撬动曲轴,百分表的最大摆差即为曲轴的轴向间隙,如图3-90 所示。也可用厚薄规插入止推垫片与曲轴的承推面之间来检查曲轴的轴向间隙。曲轴轴向间隙一般为0.06 ~ 0.25mm,使用极限为 0.35mm。

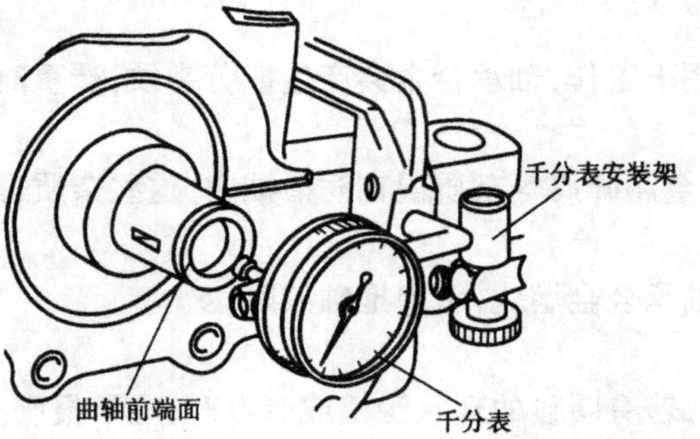

图 3-91　检查曲轴轴向间隙

2)曲轴径向间隙的检查

曲轴径向间隙多用专用的塑料线规进行检查。检查时,把线规纵向放入轴承中,按原厂规定的拧紧力矩紧固轴承盖(在紧固过程中防止曲轴转动)。然后拆下轴承盖,取出已压展的塑料线规,与标准线规比较或用游标卡尺直接测量,即可确定径向间隙的大小。

轴承间隙的检验也可用经验法,当单个主轴承的间隙符合要求时,曲轴的转动力矩不大于 10Nm。连杆轴承的配合间隙符合要求时,将连杆按规定装在轴颈上,然后用手甩动连杆小端,连杆应能够转动 1.25 ~ 1.75 圈。

4. 飞轮的损伤与检修

飞轮的损伤主要有齿圈损伤，飞轮接触盘使用中出现平面锈蚀磨损、变形、螺孔变形扩大等。

1)飞轮齿圈的检修

飞轮齿圈如是齿圈单面磨损，可在轮齿另一端头重新倒角，将轮齿翻边使用。若齿面严重磨损超过齿长的30%或有齿断裂，应予更换。新齿圈与飞轮外圆的配合过盈量一般为0.30~0.60mm。安装时，应将齿圈加热到350~400℃，趁热压至止口，冷却后即具有一定紧度。

2)飞轮工作面的检修

飞轮工作面磨损形成波浪形槽，应用油石磨平，深度超过0.5mm时或平面度误差大于0.15mm时，应车削或磨削加工。飞轮修磨后，工作表面应平整、无裂纹，其平面度误差小于0.10mm，其总厚度一般不得减少1.2mm。飞轮与曲轴装合后，飞轮平面对曲轴轴线的端面全跳动应小于0.20mm。还应在平衡机上进行平衡试验，允许的动不平衡量应符合原厂标准。康明斯发动机不平衡量应控制在30g·cm以内。

复习思考题

1. 简述曲柄连杆机构的作用。
2. 曲柄连杆机构在工作中承受哪些作用力？从受力分析考虑，什么力会引起发动机的振动、气缸与曲轴的偏磨？
3. 为什么在气缸中要镶气缸套？干式缸套与湿式缸套各有何特点？
4. 如何检验气缸的磨损和确定气缸的修理尺寸？
5. 气缸的磨损特征受哪些因素的影响？
6. 为什么气环多采用扭曲环？扭曲环装配时应注意些什么？
7. 怎样检验连杆弯曲、扭曲变形？
8. 简述活塞连杆组的组装工艺。
9. 飞轮的作用是什么？怎样检验飞轮工作面？
10. 怎样选配曲轴轴承？
11. 为什么柴油机普遍采用分段式缸盖和斜切口连杆？
12. 为什么活塞和连杆都有严格的装配方向要求？

第四章

配气机构

第一节　概　述

一、配气机构的功用与组成

1. 功用

按照发动机各气缸的发火顺序及工作过程的要求，定时开启和关闭进、排气门，向气缸供给新鲜的可燃混合气（汽油机）或空气（柴油机），并及时排出废气；当进、排气门均关闭时，保证气缸的密封性。

2. 要求

（1）按照确定的规律定时开闭气门。
（2）进气充分、排气干净，换气效果好。
（3）气门开启迅速，落座平稳，无反跳或抖动。
（4）工作可靠，振动噪声小。
（5）结构简单，维修方便。

3. 充气效率

新鲜的充量（可燃混合气或空气）被吸入气缸越多，可燃混合气燃烧时放出的热量就越大，则发动机可能发出的功率越大。衡量新鲜充量充满气缸的程度，可用充气效率 v 表示，v 越高，表明进入气缸的实际新鲜充量越多，则发动机可发出的功率就越大。因此要提高发动机动力性，配气机构应使进气尽量充分、排气尽量干净，即达到“进饱排净”的效果。影响充气效率的因素主要有进气的压力、温度，发动机的压缩比以及配气相位等。要提高充气效率，可采取相应措施尽量减小进气管道对气流的阻力，减少气流在进气门处的流动损失以及合理选择配气相位等。

4. 组成

现代发动机一般采用气门式配气机构，如图 4-1 所示，主要由气门组（进气门、排气门、气门座、气门导管、气门弹簧、锁片等）和气门传动组（凸轮轴、挺柱、推杆、摇臂、气门间隙调整螺钉等）组成。

5. 工作过程

（1）气门打开。需要气门打开换气时，由曲轴通过正时齿轮驱动凸轮轴旋转，使凸轮的凸起部分顶起挺柱、推杆、气门间隙调整螺钉，推动摇臂的短臂摆转，使摇臂的长臂一端推开气门，同时进一步压缩弹簧。

（2）气门关闭。当凸轮凸起部分的最高点转过挺柱接触面以后，推杆回落，摇臂的长臂一端向上摆转，气门受到弹簧的张力作用，开度逐渐减小，直至关闭落座。

对于四行程发动机，每完成一个工作循环，曲轴旋转两圈，各气缸进、排气一次，即凸轮轴旋转一圈，所以曲轴与凸轮轴的传动比为 2∶1。

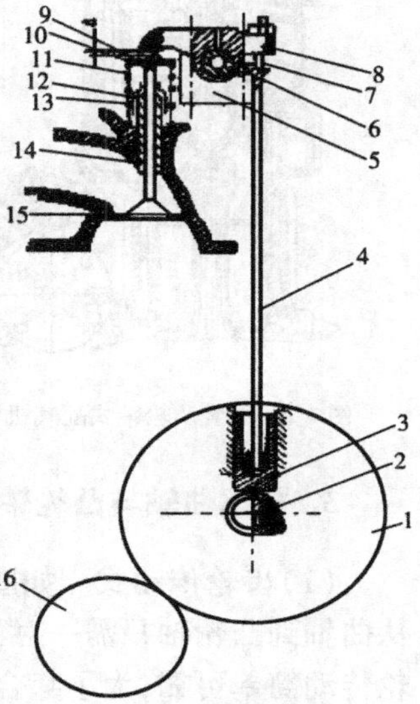

图 4-1 配气机构

1-凸轮轴正时齿轮；2-凸轮轴；3-挺柱；4-推杆；5-摇臂轴支座；6-摇臂轴；7-气门间隙调整螺钉；8-摇臂；9-锁片；10-气门弹簧座；11-气门；12-气门油封；13-气门弹簧；14-气门导管；15-气门座；16-曲轴正时齿轮

二、配气机构的分类

配气机构的形式比较多样，按照不同的标准，一般可以分为以下类型：

1. 根据气门的位置

（1）气门顶置式配气机构。气门顶置式配气机构的气门布置于气缸盖上。气门顶置式配气机构的特点是燃烧室结构紧凑，进气阻力小，可达到较高的压缩比，在现代发动机上应用广泛。

（2）气门侧置式配气机构。气门侧置式配气机构的气门布置于气缸体侧面。这种结构比较简单，可降低发动机高度，但其进、排气门在气缸的一侧，使压缩比受到限制，进排气阻力大，发动机的动力性和高速性较差，目前这种形式已逐渐淘汰。有些发动机采用进气门顶置，排气门侧置的形式，即进气门布置于缸盖上，排气门布置于缸体侧面。这种形式主要用于高速发动机。

2. 根据凸轮轴的位置

（1）凸轮轴下置式。如图 4-1 所示，凸轮轴位于气缸体中部。这样布置使凸轮轴与曲轴距离较近，传动方便。但与气门相距较远，传动零件多，使得结构复杂，噪声较大。

（2）凸轮轴中置式。如图 4-2 所示，凸轮轴位于气缸体的上部，气门传动零件相对较少。

（3）凸轮轴上置式。如图 4-3 所示，凸轮轴布置在气缸盖上。凸轮轴上置形式有两种构造，一种是凸轮轴直接通过摇臂驱动气门，省去挺柱及推杆，使惯性载荷的作用大大减小，因而广泛应用于高速发动机；另一种是由凸轮轴直接驱动气门，这种型式配气机构的惯性载荷作用更小，特别适用于高速发动机。

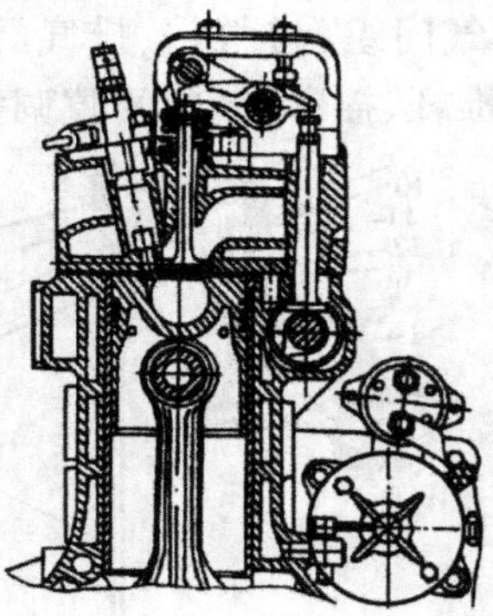

图 4-2　中置凸轮轴式配气机构

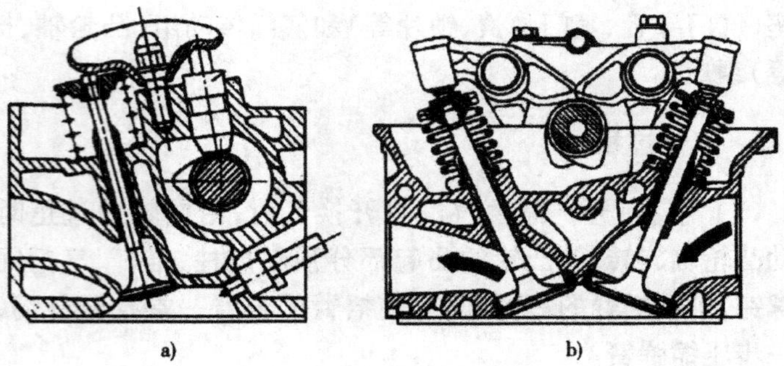

图 4-3　上置凸轮轴式配气机构

3. 根据曲轴与凸轮轴的传动方式

(1)齿轮传动式。如图 4-4 所示，这种形式的曲轴与凸轮轴之间采用圆柱齿轮传动，一般从曲轴到凸轮轴只需一对齿轮传动。如果齿轮直径过大，可增加一只中间齿轮，称为惰轮。齿轮传动简单可靠，为了啮合平稳，减小噪声，多采用不同材料制成的斜齿圆柱齿轮。齿轮上有正时记号，在装配时，必须将正时记号按要求对准，以保证机构的正确工作。凸轮轴下置、中置式配气机构多采用齿轮传动。

(2)链传动式。如图 4-5 所示，这种形式的曲轴与凸轮轴之间采用链条与链轮传动，其工作可靠性与耐久性不如齿轮传动，适用于凸轮轴上置式配气机构。为防止链条在工作时抖振，一般装有导链板和张紧器等装置。张紧器有机械式和液压式，液压式利用液压腔内的机油压力，推动内部活塞向外移动，使张紧链轮压紧链条。

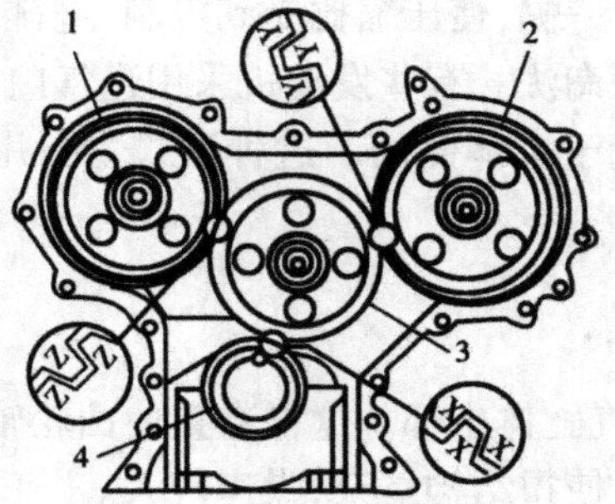

图 4-4　齿轮传动式配气机构

1-凸轮轴正时齿轮；2-喷油泵齿轮；3-惰轮；4-曲轴正时齿轮

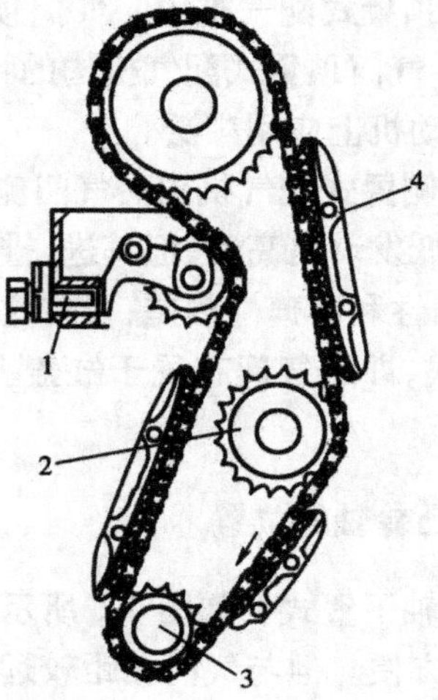

图 4-5　链传动式配气机构

1-液压张紧器；2-油泵驱动链轮；3-曲轴；4-导链板

(3)齿带传动式。如图4-6所示,这种形式的曲轴与凸轮轴之间采用齿轮与齿形皮带传动,噪声小、工作平稳可靠、拆装方便,且成本较低。由于齿带的张紧力小,张紧轮所受负荷小,使用中不易损坏,因而在现代高速发动机上广泛采用。

4. 根据每缸气门数目

(1)二气门式。二气门式发动机采用每缸两个气门,即一个进气门和一个排气门的结构。为改善换气,提高充气效率,应尽可能加大气门直径,特别是进气门的直径以增加换气面积,因此二气门式配气机构的进、排气门尺寸通常较大,且进气门面积大于排气门。

(2)多气门式。由于受到气缸尺寸的限制,二气门结构中气门直径最大一般不超过气缸直径的一半。当发动机速度较高时,每缸一进一排的二气门结构就不能保证良好的换气质量,因此现代发动机上多采用每缸四气门或五气门,即二至三个进气门与两个排气门的结构。采用多气门式构造,进气总面积较大,可有效提高充气系数,改善配气机构的动力性,同时气门尺寸相对较小,不易变形。四气门气缸的气门排列方式有两种,如图4-7所示,一种将同名气门(同为进气门或同为排气门)排成两列,由一根凸轮轴通过T形杆同时驱动,这种结构的缺点在于当同一气缸的两只同名气门在气道中的位置不同时,二者的工作效果会有差异;另一种排列方式是将同名气门排成一列,由两根凸轮轴分别驱动,这种结构的气门工作条件较好,但由于需要两根凸轮轴,结构比较复杂。

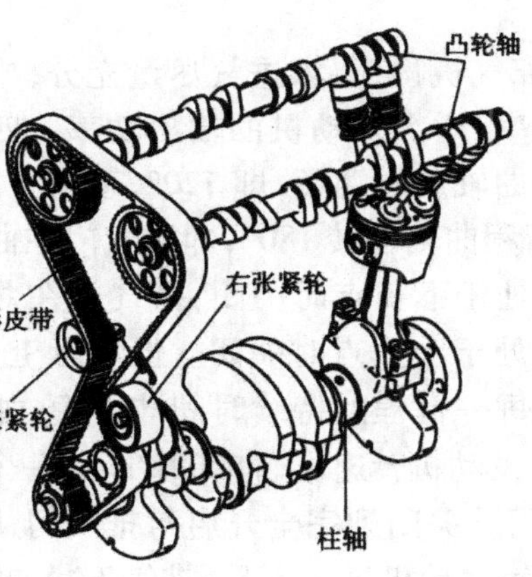

图4-6 齿带传动式配气机构

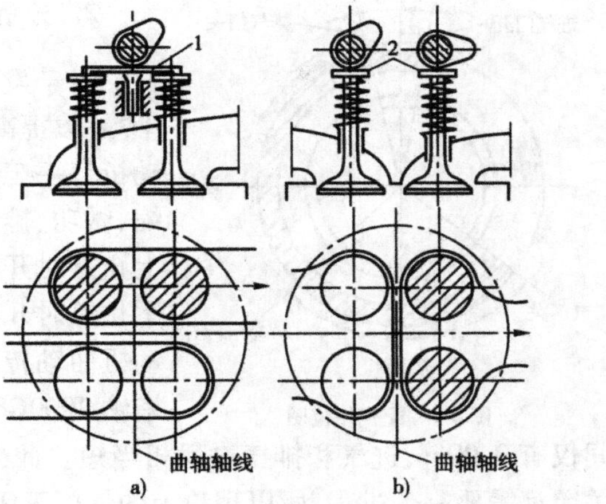

图4-7 四气门气缸的布置形式

a)同名气门排成两列;b)同名气门排成一列

1-T形杆;2-气门尾端从动盘

三、气门间隙

1. 定义

气门顶部是组成燃烧室的部分,当发动机工作时,气门会吸收热量而发生膨胀。如果在冷态时气门与传动件之间没有间隙或者间隙过小,则在热态时,气门与传动件的热膨胀会使气门在压缩和做功行程中关闭不严,使得气缸漏气,造成发动机功率下降。为避免这种情况,在发动机装配时,通常将气门完全关闭时的气门杆尾端与传动件(摇臂或挺柱)之间留有一定的间隙，以补偿气门与传动件的热膨胀量，这一间隙通常称为气门间隙，如图 4-8 所示。

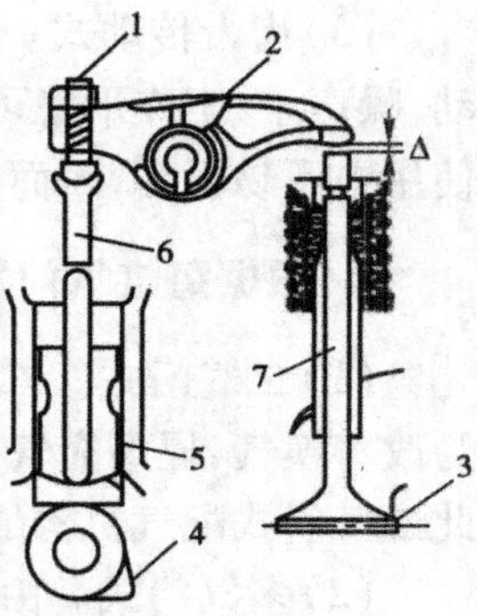

图 4-8　气门间隙

1-气门间隙调整螺钉；2-摇臂；3-气门座；4-凸轮；5-挺柱；6-推杆；7-气门杆；Δ-气门间隙

2. 气门间隙的大小

对于不同型号的发动机，气门间隙的大小有所不同，一般由制造厂根据实验确定。通常排气门的间隙大于进气门间隙，这是由于排气门受到高温废气的冲刷，温度高于进气门，所以排气门的热膨胀量相对较大。在冷态时，进气门间隙约为 0.25 ~ 0.3mm，排气门间隙约为 0.3 ~ 0.35mm。采用机械挺柱的配气机构需要设置气门间隙，如果配气机构采用液力挺柱，其挺柱长度能自动调节，则无需设置气门间隙。

四、配 气 相 位

1. 定义

配气相位是指用曲轴转角表示的进、排气门的实际开闭时刻和开启持续时间，通常用曲轴转角的环形图来表示，即配气相位图，如图 4-9 所示。

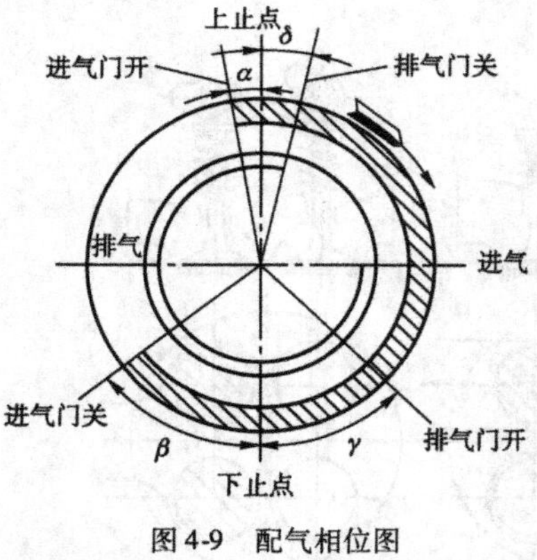

图 4-9　配气相位图

2. 分析

对于发动机的配气机构，要求进气尽量充分，排气尽量干净，以提高充气效率，增大发动机的输出功率。四行程发动机每一工作循环，曲轴旋转两圈，即 720°，理论上进气、压缩、做功、排气四个行程曲轴各转 180°，即进气门在曲拐处于上止点时开启、曲拐处于下止点时关闭，排气门在曲拐处于下止点时开启、曲拐处于上止点时关闭。但实际上，现代发动机曲轴转速很高，每一行程的持续时间非常短，如上海桑塔纳 2000GSi 型轿车发动机转速可达 6000r/min，一个行程时间仅有 0.005s，进气和排气过程相当短。此外，进气门从关闭到完全开启与排气门从开启到关闭都需要一个过程，所以理论上的气门开闭时刻会使发动机进气不足，排气不净，难以达到“进饱排净”的换气效果。

3. 气门的实际开闭时刻

为了满足现代发动机对于换气的要求，实际的气门开启和关闭时刻通常并不在曲拐的上下止点处，而是分别提前开启和延迟关闭一定的曲轴转角，适当延长进、排气时间，以改善进、排气过程，有效提高发动机动力性。实际的配气相位安排如图 4-9 所示。

(1)进气门提前开启。在上一循环排气接近终了，活塞到达上止点前，进气门便开始开启。从进气门开启的时刻至曲拐到达上止点位置曲轴转过的角度 α 称为进气提前角。进气门提前开启可以使活塞通过上止点向下移动吸气时获得较大的进气通道面积，同时减小进气阻力，增加进气量。α 角通常为 10° ~30°。

(2)进气门延迟关闭。在进气行程,活塞通过进气下止点后又重新上行一段时间进气门才关闭。从曲拐到达下止点位置至进气门完全关闭的时刻曲轴转过的角度β称为进气延迟角。这是由于活塞到达进气下止点时,在进气吸力的惯性作用下,气缸内气体压力仍然低于大气压,利用大气压的作用仍能进气,因此进气门延迟关闭可以有效增加进气量。β角通常为40°~80°。

(3)排气门提前开启。在做功行程接近终了,活塞到达做功下止点前,排气门便开始开启。从排气门开启的时刻至曲拐到达上止点位置曲轴转过的角度γ称为排气提前角。排气门提前开启可以利用做功终了的气体压力使大部分废气高速冲出气缸。由于排气门在做功行程便打开,会造成一定的功率损失,但此时气压仅有0.3~0.4MPa,因此对于活塞做功意义不大。当活塞到达下止点时,排气门开度进一步增大,减少了活塞上行的排气阻力,有利于排净废气。γ角通常为40°~80°。

(4)排气门延迟关闭。在排气行程,活塞通过排气上止点后又重新下行一段时间排气门才关闭。从曲拐到达上止点位置至排气门完全关闭的时刻曲轴转过的角度δ称为排气延迟角。这是由于活塞到达排气上止点时,气缸内的废气压力仍高于大气压力,加上排气气流的惯性力作用,适当将排气门迟关,可以使废气排放干净。δ角通常为10°~30°。

4. 进、排气的持续时间

从配气相位图4-10中可以看出,实际的进气行程持续时间相当于曲轴转角$180° + \alpha + \beta$,通常约230°~290°;排气行程的持续时间相当于曲轴转角为$180° + \gamma + \delta$,约230°~290°。进气时间与排气时间均得到了延长,以达到进气充足,排气干净的效果。实际的配气相位由制造厂根据发动机的型号,通过实验的方法确定。配气相位的准确性和可靠性对于发动机的经济性和动力性有很大影响。

5. 气门叠开

由于进气门早开,排气门晚闭,使得在活塞处于排气上止点附近进、排气门同时开启,这种现象称为“气门叠开”。在配气相位图上,把进、排气门同时开启时间所对应的曲轴转角称为气门重叠角,即$\alpha + \delta$,通常为20°~60°。气门叠开可能会带来废气窜入进气管和新鲜气体直接排出气缸的问题。但实际上,只要气门重叠角安排适当,由于进、排气流有各自的惯性维持流动方向,且重叠时间短,气门开度小,一般不会发生混乱的情况。

第二节　配气机构的构造

一、气　门　组

气门组主要包括气门、气门座、气门导管、气门弹簧、锁片等,如图4-10所示。

1. 气门

1)功用

控制进、排气管的开闭,并在压缩和做功行程中封闭气缸,组成燃烧室。

2)工作条件与材料

气门在工作时,头部直接接触高温燃气,温度很高(进气门可达600~700K,排气门可达900~1100K)且散热困难,同时受到高压气体的冲击及气门弹簧力和传动件惯性力的作用,因此制造气门的材料要求有足够的强度和刚度,耐磨、耐高温及耐腐蚀。通常进气门采用普通合金钢(如铬钢、镍铬等),排气门采用耐热合金钢(如硅铬钢)。为了降低成本,有些发动机的排气门头部采用耐热合金钢,杆身采用普通合金钢,再将二者焊接为一体。

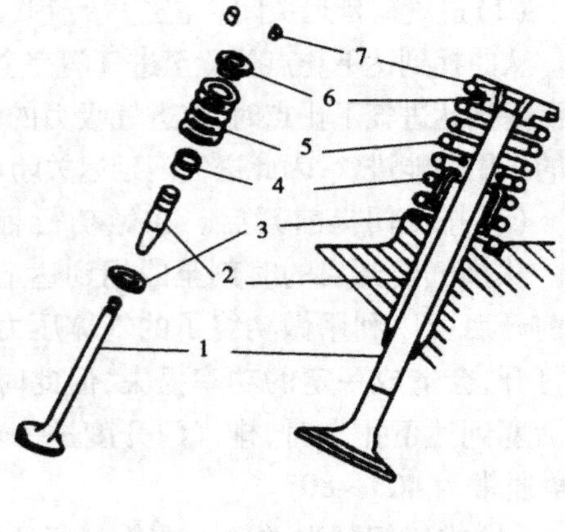

图4-10 气门组结构图

1-气门;2-气门导管;3-气门弹簧下座;4-气门油封;5-气门弹簧;6-气门弹簧上座;7-气门锁片

3)构造

一般将气门分为头部、杆身和尾部三部分,如图4-11所示。

(1)气门头部。气门头部是一个具有圆锥斜面的圆盘,其形状通常有平顶,球面顶和喇叭形顶等,如图4-12所示。

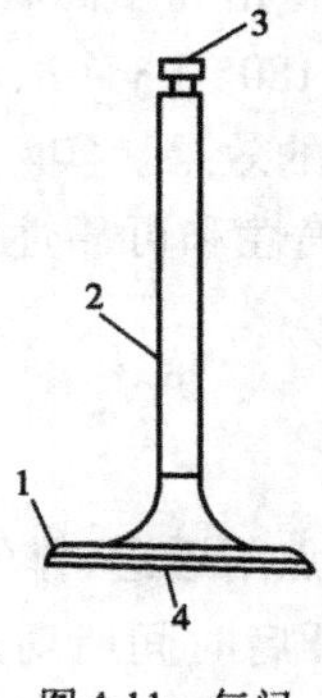

图4-11 气门

1-气门头部;2-气门杆身;3-气门尾部;4-气门顶面

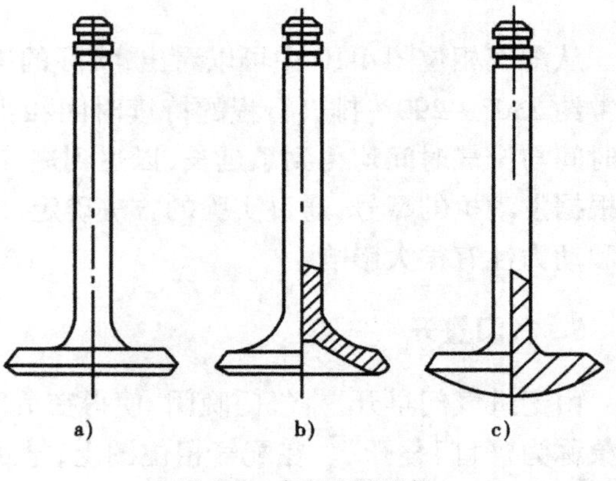

图4-12 气门顶部形状

a)平顶;b)喇叭形顶;c)球面顶

①平顶气门头受热面积小,结构简单,制造方便,进、排气门均可采用。

②喇叭形顶气门头进气阻力小,仅适用于进气门,质量小,但受热面积大。

③球面顶气门头强度高,适用于排气门,其流线外形对气体的导流作用可以减小排气阻力,清除废气的效果较好,但球面顶受热面积大,质量大,加工较为复杂。

有些发动机进气门头部的直径比排气门大,当两气门一样大时,通常在气门上作有记号。

(2)气门杆身。圆柱形的气门杆身与头部连成一体,装在气门导管内对气门的运动起导向作用。杆身与头部采用圆弧过渡连接以提高强度。气门头部的部分热量通过气门杆经气门导管传给气缸盖,因此气门杆身表面需经热处理和磨光,以保证与气门导管的配合。

(3)气门尾部。气门尾部主要用来安装气门弹簧座的锁紧件,其结构取决于气门弹簧座的固定方式。用锁片固定的通常制有凹槽(锥形槽或环形槽),有些发动机用锁销固定的方式,则尾部制有径向孔。

4)气门密封锥面

(1)定义。气门头部与气门座接触的圆锥面环带称为气门密封锥面,如图4-13所示。

(2)功用。气门密封锥面主要是保证气门关闭时的密封性和导热性,还可以使气门在回落过程中自动定位,并在气门落座时挤掉接触面上的沉积物,具有自洁功能。

(3)气门密封锥面尺寸。气门密封锥面与气门顶平面之间的夹角称为气门锥角 α。排气门锥角通常为45°,进气门锥角为45°或30°。

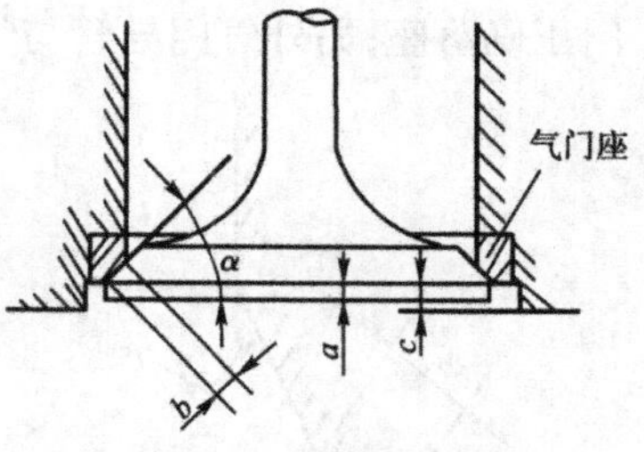

图4-13 气门密封锥面
α-气门锥角;a-气门头部边缘厚度;b-密封锥面环带宽度;c-气门顶面距离缸盖平面距离

气门头部边缘应保持一定厚度 a,一般为1~3mm,以提高气门刚度,防止在工作中受冲击损坏或被高温烧蚀。气门密封锥面环带的宽度 b 应符合规定的标准值,通常为1~3mm。

2. 气门座

1)功用

气门座与气门头部的密封锥面相互配合共同密封气缸,同时气门头部的部分热量通过气门座传给气缸盖。

2)工作要求及材料

气门座在高温环境下工作,并与气门头部相互摩擦,因此制造气门座的材料要求耐热、耐磨、在工作温度下塑性变形较小且硬度较高,通常气门座的硬度比气门工作面的硬度稍低。有些发动机的气门座直接在缸盖上镗出,散热效果好,但不方便修理;有些发动机的气门座则采用较好的合金材料(如合金铸铁、奥氏体钢等)单独制造后镶嵌到缸盖上。镶嵌式气门座可以节省优质材料,方便维修更换,但导热性较差,加工配合精度要求高,如果在工作中脱落,会造成重大事故。

3)气门座锥角

气门座的锥角与气门锥角相适应,以保证气缸的密封。

气门座锥角通常由三部分构成,如图4-14所示。

气门座的45°或30°锥面与气门锥面共同构成密封锥面。密封锥面环带应在气门锥面中部附近,其宽 b 通常为1~3mm。过宽时,接触面积增大,配合紧密程度降低,且容易产生沉积物;过窄时接触面积小,对于气门头部的散热能力降低。15°和75°锥角可用来修正密封锥面的宽度和位置,以达到规定的要求。

4)密封干涉角

有些发动机气门座的锥角比气门锥角大0.5°~1°,这个角度称为密封干涉角,如图4-15所示。设置密封干涉角是为适应初期的磨合,磨合期结束后,密封干涉角逐渐消失,形成密封锥面的应有宽度。

3. 气门导管

1)功用

气门导管是管状零件,如图4-16所示,对其中做直线往复运动的气门杆起导向作用,保证气门正确落座；另外气门导管与气门杆紧密配合，将气门头部传来的热量传给缸盖，起到散热作用。

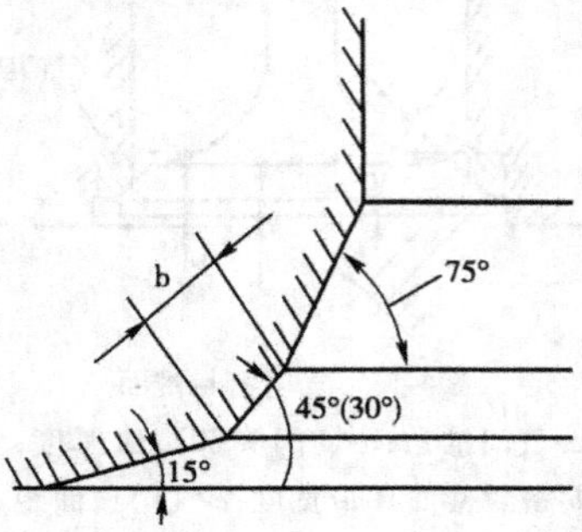

图 4-14 气门座密封锥角

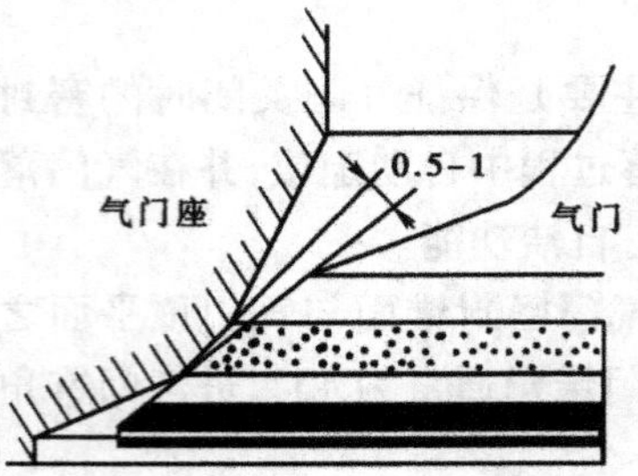

图 4-15 密封干涉角

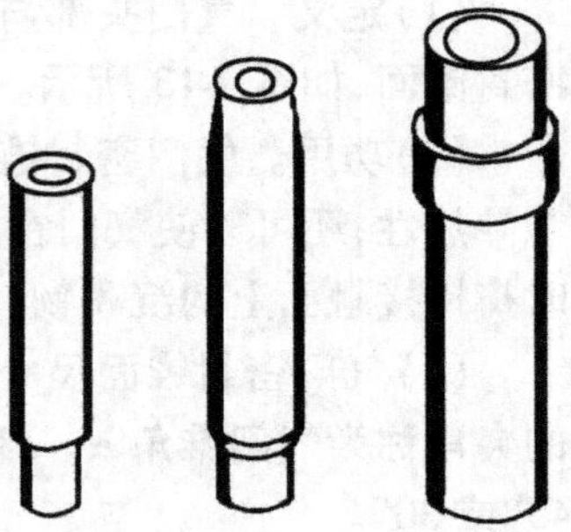

图 4-16 气门导管

2）工作要求及材料

为保证导向性，气门导管应具有一定的长度。工作过程中温度约 500K，气门导管内表面与气门杆外表面相互摩擦，仅靠飞溅的机油进行润滑，容易磨损。因此制造气门导管的材料要求耐热、耐磨，通常采用灰铸铁、球墨铸铁或铁基粉末冶金制造，以改善润滑性能。

3）安装

气门导管安装在缸盖上，其外表面与气门导管孔之间为过盈配合，以防止松脱，并保证良好散热。安装时将导管内、外圆表面加工后压入缸盖内，有些发动机还采用卡环对带凸台的导管进行固定，如图 4-17 所示。

导管内表面需精铰加工，加工后冷态下应与气门杆之间有 0.05 ~ 0.12mm 的间隙，使气门杆能在导管内自由往复运动。

气门导管伸入气道的深度应适当。伸入气道过深会增加进、排气阻力，过浅会影响气门头部的散热，容易烧蚀气门密封带。有的导管加大了压入深度，而将伸入端做成锥形以减小气流阻力。

4）气门油封

在正常情况下，少量机油从气门杆进入气门导管，在气门杆和气门导管之间形成油膜，保证正常润滑。现代发动机转速很高，工作过程中进气管产生的负压会使过量的机油通过气门杆与导管之间的间隙渗漏到燃烧室中，在气门与燃烧室内产生积炭，并增加机油消耗，因此，气门杆尾部设有油封以防止机油泄漏，如图 4-18 所示。

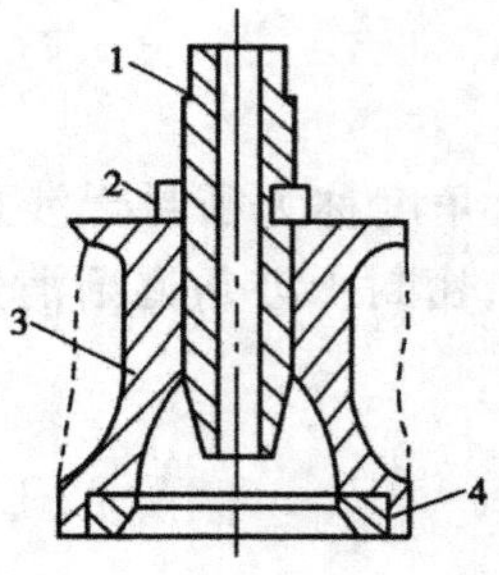

图 4-17 气门导管的安装

1-气门导管；2-卡环；3-气缸盖；4-气门座

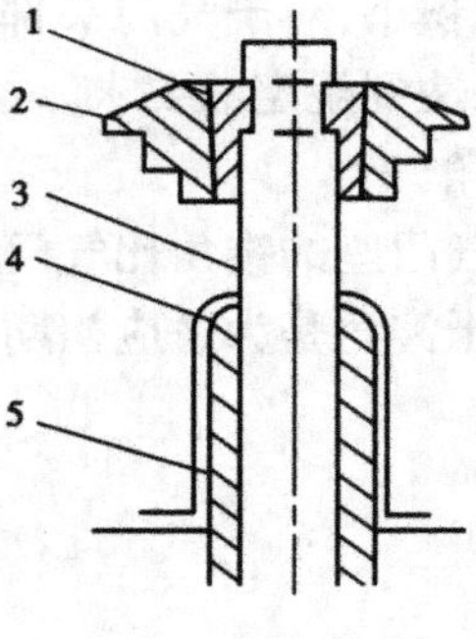

图 4-18 气门油封

1-锁片；2-弹簧座；3-气门杆；4-防油罩或密封圈；5-气门导管

气门油封在高温下与燃油、机油接触，通常用耐热、耐腐蚀、密封性能好的氟橡胶制成。

4. 气门弹簧

1）功用

气门弹簧的作用是气门回位，并在气门关闭时，保证气门与气门座的密封，在气门开启时，保证气门不会因运动时的惯性作用脱离气门传动件。

2）工作要求及材料

气门弹簧是刚度很大的圆柱形螺旋弹簧，通常采用优质合金钢丝（高碳锰钢，硅锰钢或镍铬钢丝）卷绕制成。

气门弹簧在工作中不断受到载荷的冲击，为提高抗疲劳强度，避免生锈，弹簧钢丝表面通常要经喷砂、喷丸、发蓝等表面处理。当气门弹簧的工作频率与其固有频率成倍数关系时，会发生共振现象，破坏机构的正常工作，严重时可能使弹簧折断。为避免共振的发生，通常采取以下措施：

（1）加大弹簧钢丝的直径，减小弹簧的圈径，以提高刚度，增大固有频率，减小发生共振的可能性。

（2）采用两端螺距较小的变螺距弹簧，使其在压缩时两端逐渐贴合，固有频率不断变化，防止共振，如图 4-19 所示。

（3）采用同心布置、绕向相反、不等直径的双弹簧结构，如图 4-20 所示。两弹簧的固有频率不同，当一只弹簧发生共振时，另一只弹簧可以起减振作用；若一只弹簧折断，另一只弹簧还能继续维持工作。

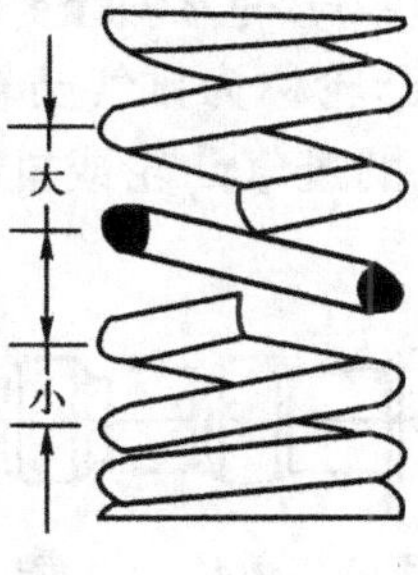

图 4-19　变螺距弹簧图

图 4-20　双气门弹簧

3）安装

气门弹簧一端支承在缸盖上，另一端压靠在气门杆尾部的弹簧座上，因此弹簧两端应磨平，以防止在工作中产生歪斜。安装气门弹簧时需靠气门弹簧座预紧压缩。气门弹簧座固定在气门杆的尾端，其固定方式有锁片式和锁销式。锁片式利用锁片在气门弹簧力的作用下将弹簧座与气门杆锁住；锁销式是将锁销插入气门杆尾部的径向孔内，使弹簧座压紧弹簧。

二、气门传动组

气门传动组的功用是传递凸轮轴至气门之间的运动，主要由凸轮轴、挺柱、推杆、摇臂、气门间隙调整螺钉等组成。

1. 凸轮轴

1）功用

按照工作顺序和配气相位的规律及时开闭气门。进、排气门的开闭时刻和开启高度均由凸轮轴的凸轮线型决定，气门的工作顺序由各凸轮的排列顺序控制。

2）工作要求及材料

在工作中，凸轮轴转速很高，同时受到周期性的冲击载荷作用，要求有足够的韧性和刚度。一般采用优质钢锻造，也有采用合金铸铁或球墨铸铁铸造。凸轮工作表面与传动件相互摩擦，要求光滑耐磨，以保证气门工作的正确性，一般经热处理后精磨。

3）结构

凸轮轴的结构如图4-21所示，主要有凸轮，支承轴颈，用于驱动汽油泵的偏心轮及驱动分电器等装置的齿轮。

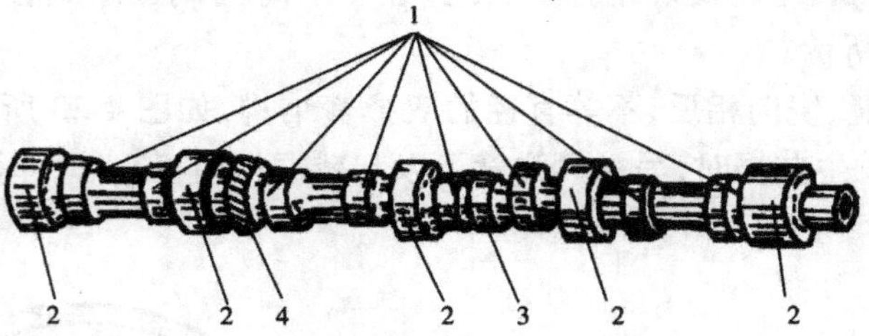

图4-21 四缸四行程汽油机凸轮轴

1-凸轮；2-支承轴颈；3-驱动汽油泵的偏心轮；4-驱动分电器等装置的齿轮

控制进气门的凸轮称为进气凸轮，控制排气门的凸轮称为排气凸轮，如图4-22所示为四缸四行程汽油机的一种凸轮排列方式。凸轮轴上各缸的进气凸轮或排气凸轮称为同名凸轮，同一气缸的进气凸轮和排气凸轮称为异名凸轮。

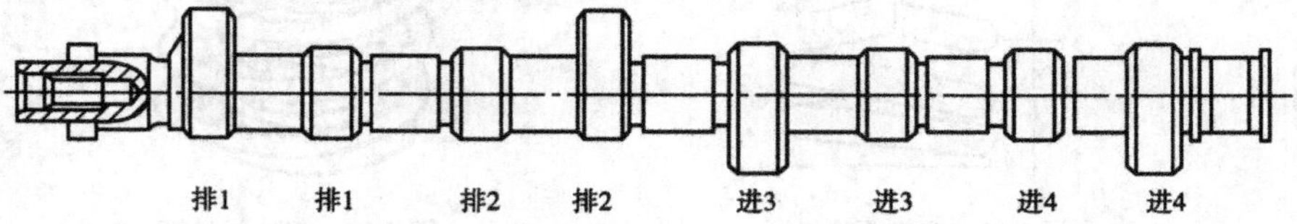

图4-22 四缸四行程汽油机的凸轮排列

凸轮轴轴颈用来支承凸轮轴。有的发动机各轴颈直径相等，也有的从前往后逐渐减小，以方便安装。

轴颈上有油槽和油孔可以输送机油进行润滑，如图4-23所示。有些发动机在凸轮轴颈上有两个不相通的圆弧形节油槽，机油经该槽间歇地通过缸体上的油道输送到摇臂轴。该槽对油量有节流作用，避免供油过多。凸轮轴前端安装有正时齿轮或正时带轮。正时齿轮、带轮及齿带上都有正时记号。齿形皮带的结构如图 4-24 所示，通常用氯丁橡胶制成，中间夹有玻璃纤维和尼龙织物，具有较强抗拉性和耐久性。

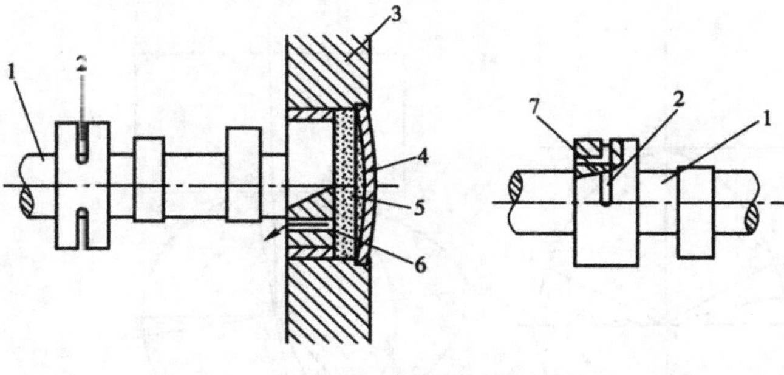

图 4-23　凸轮轴颈上的油槽与油孔

1-凸轮轴；2-节流槽；3-缸体；4-油堵；5-空腔；6-泄油孔；7-油孔

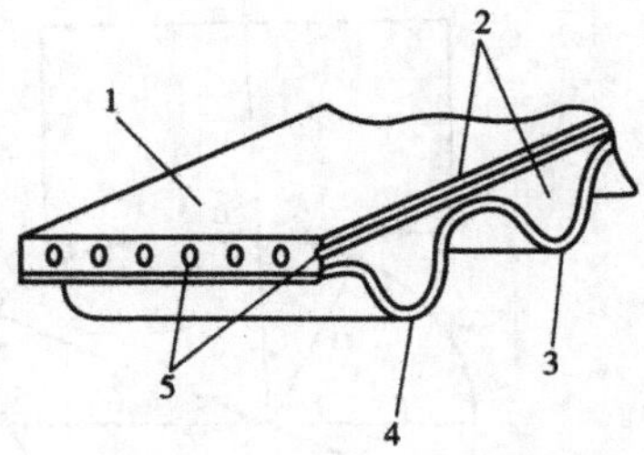

图 4-24　齿带结构

1-背面；2-橡胶层；3-防水层；4-帆布；5-心线

4）安装

凸轮轴通过轴颈安装到气缸盖的轴承座上。现代发动机多采用全支承方式，即每个气缸凸轮由两个轴颈支承。

凸轮轴通常由曲轴通过正时齿轮驱动，安装时应注意对齐齿轮上的正时记号，如图 4-25 所示。如果通过齿带与带轮传动，应对齐齿带与带轮上的正时记号。

5）凸轮

（1）凸轮的轮廓。凸轮的轮廓线型保证进、排气门的开闭规律符合配气相位的要求。如图 4-26 所示的凸轮轮廓中，O 为凸轮轴的轴心，弧 AE 为凸轮的基圆，弧 AB 和弧 DE 为缓冲段，凸轮的升程在此段变化速度较缓慢；弧 BCD 为工作段，凸轮的升程在此段变化较快；顶点 C 点的最大高度 A 决定了气门的最大开度。气门在 M 点打开，在 N 点关闭，因此气门的开启时间相当于凸轮轴转角 ϕ。

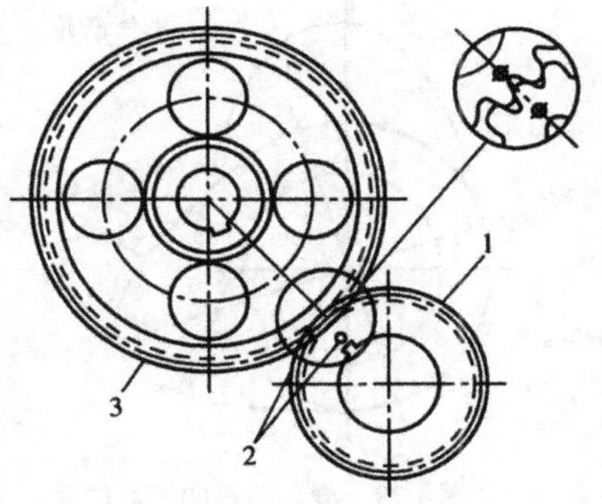

图 4-25　正时齿轮及正时记号

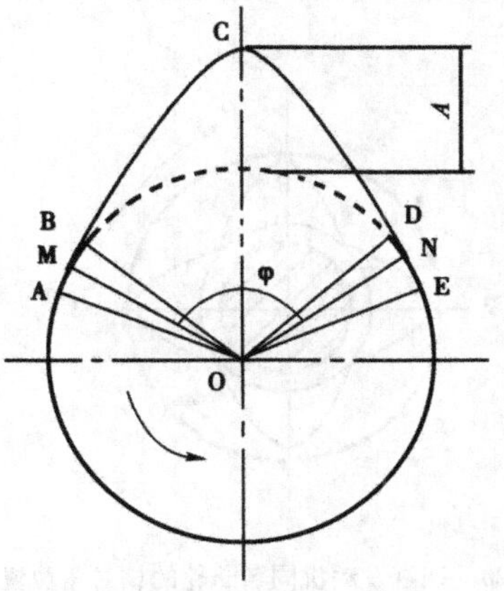

图 4-26　凸轮的轮廓线形

（2）凸轮的工作过程。如图 4-27 所示，凸轮按逆时针方向转动。当挺柱底面接触 AE 弧基圆部分时，挺柱没有上下位移，气门关闭；挺柱接触 AB 弧部分时，气门间隙逐渐消失，气门开始打开；接触 BC 弧部分时，气门升程变化速度加快；当挺柱底面接触凸轮的顶点 C 点时，气门升程最高，开度最大；挺柱越过C点后接触CD弧部分时，气门逐渐关闭；至DE弧部分，气门落座，气门间隙恢复。

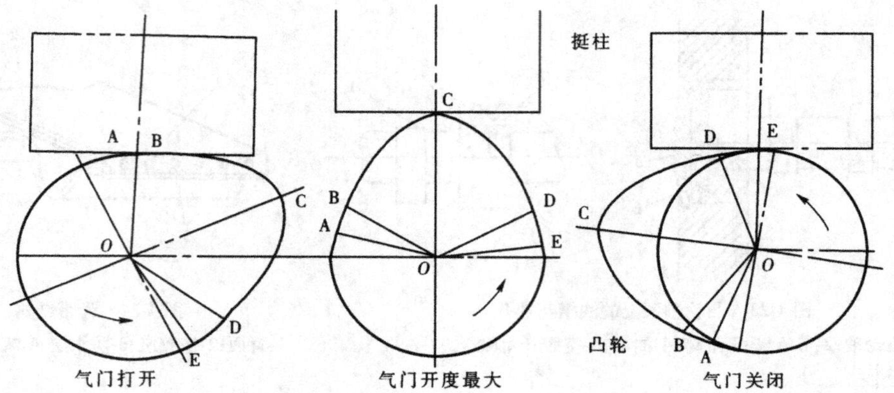

图4-27　凸轮工作过程

可见，气门打开和关闭的时刻都在凸轮缓冲段内，使气门杆尾部在消除气门间隙的瞬间和气门落座的瞬间所受冲击均较小，有利于减轻噪声，减小磨损。

（3）同名凸轮的相对角位置。凸轮轴上各缸同名凸轮的相对角位置的安排与凸轮轴的转动方向、发动机的工作顺序及做功间隔角有关。

由于凸轮轴转速为曲轴转速的1/2，所以同名凸轮的相对夹角为曲柄相对夹角的一半。例如图4-28所示四缸发动机的凸轮轴顺时针转动，其工作顺序为1-3-4-2，做功间隔角为720°/4 = 180°，所以同名凸轮间的夹角为180°/2 = 90°。此外如果知道凸轮轴旋转方向和同名凸轮的相对角位置，也可以判断发动机的工作顺序。

（4）异名凸轮的相对角位置

异名凸轮的相对角位置由发动机的配气相位和凸轮轴的转向所决定，如图4-29所示。

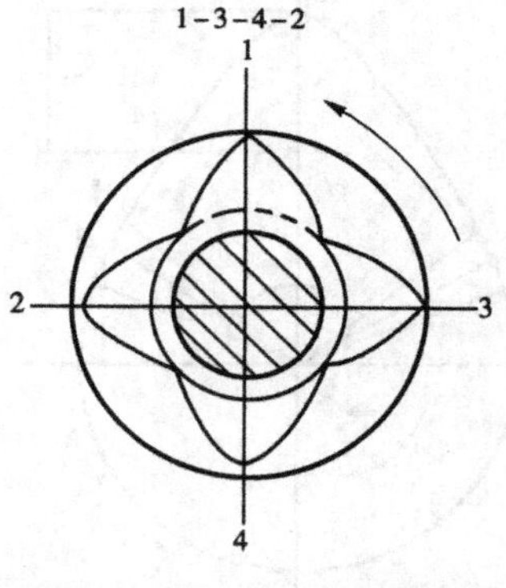

图4-28　四缸发动机同名凸轮的相对角位置

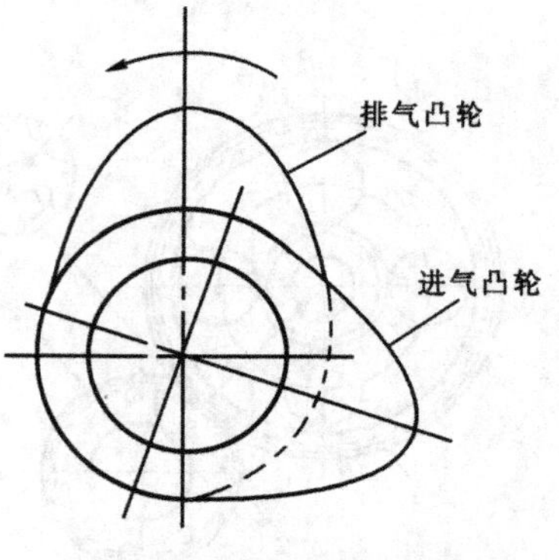

图4-29　异名凸轮的相对位置

6）凸轮轴的轴向定位

凸轮轴都具有轴向定位装置，以防止凸轮轴在工作中发生轴向窜动，减少磨损。常见的定位装置如图4-30所示，止推凸缘套在凸轮轴前轴颈与正时齿轮之间，凸缘用螺钉固定在气缸体上。正时齿轮与凸轮轴颈之间压装有调节环，调节环的厚度大于止推凸缘的厚度，使止推凸缘与正时齿轮有 0.08 ~0.20mm 的间隙,此间隙称为凸轮轴的轴向间隙。当凸轮轴发生轴向移动时,止推凸缘便与凸轮轴颈端面接触,从而防止轴向窜动。轴向间隙可以通过改变调节环的厚度进行调整。

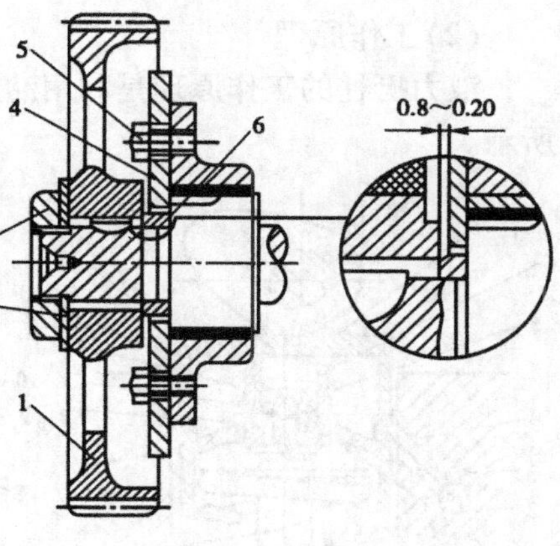

图 4-30 凸轮轴的轴向定位

1-正时齿轮;2-正时齿轮轮毂;3-锁紧螺母;4-止推板;5-止推板固定螺钉;6-调节隔圈

2. 挺柱

1)功用

挺柱的底部紧靠在凸轮表面,将凸轮的运动传递给推杆或气门。

2)结构及材料

挺柱的结构如图 4-31 所示,一般制成筒式,内部的凹球形窝座与推杆相配合。挺柱底面与凸轮表面接触,承受凸轮轴旋转时的侧向推力。为减小这种侧向力造成的磨损,有些大缸径的柴油机上采用滚轮式挺柱。

挺柱通常用镍铬合金铸铁或冷激合金铸铁制造,底部工作表面要求光滑耐磨,需经热处理后精磨。挺柱安装在发动机的挺柱导孔中。

3)挺柱的自转

由于凸轮轴总向同一方向旋转,产生的侧向推力容易引起挺柱与凸轮接触面的不均匀磨损,以及挺柱与导孔之间的单面磨损。为避免这种情况,有些挺柱底部制成凸球面,同时将凸轮表面制成锥形,如图 4-32 所示。在工作时,凸轮与挺柱的接触点偏离挺柱轴线,当挺柱被顶起时,接触点的摩擦力使得挺柱绕自身的轴线微微转动。这样不停旋转,可以使接触面的磨损较为均匀。

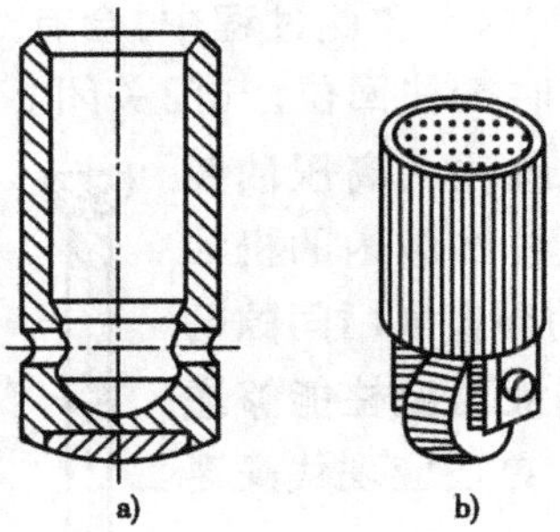

图 4-31 挺柱

a)筒式;b)滚轮式

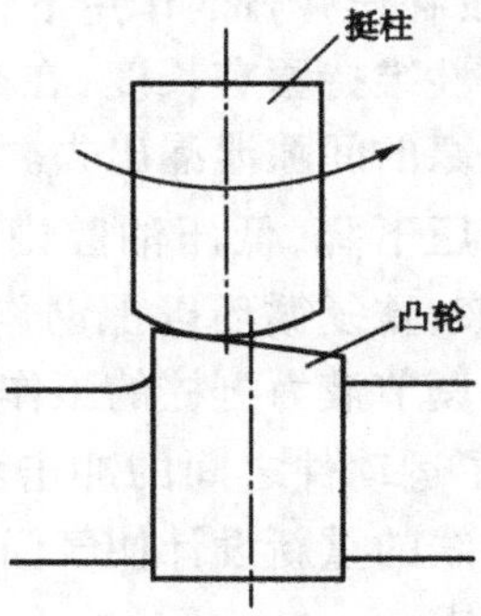

图 4-32 挺柱自转原理

4)液力挺柱

现代发动机上采用液力挺柱,可以自动调节挺柱长度,补偿传动件之间的间隙,减少零件的磨损和冲击。

(1)结构

液力挺柱有不同的结构形式,如图 4-33 所示为桑塔纳发动机的液力挺柱,主要由柱塞、球阀和补偿弹簧等组成。

(2)工作原理

液力挺柱的工作原理是利用油压调节挺柱的高度,精确传递运动。其工作过程如图4-34所示。

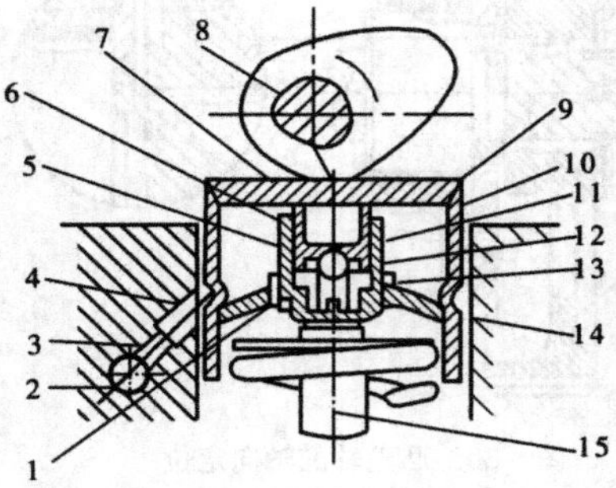

图4-33　桑塔纳发动机的液力挺柱

1-高压油腔;2-气缸盖油道;3-量油孔;4-斜油孔;5-球阀;6-低压油腔;7-键形槽;8-凸轮轴;9-挺柱体;10-挺柱焊缝;11-柱塞;12-油缸;13-补偿弹簧;14-气缸盖;15-气门杆

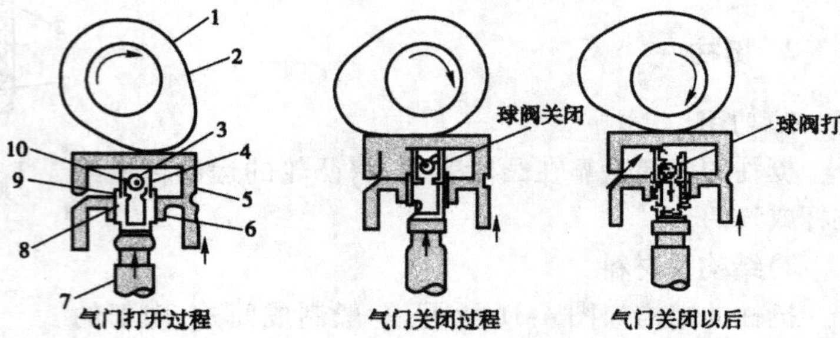

图4-34　液力挺柱的工作原理

1-凸轮轴;2-凸轮;3-低压油腔;4-柱塞;5-挺柱体;6-高压油腔;7-气门;8-补偿弹簧;9-油缸;10-球阀

液力挺柱的上端面与凸轮轴紧密接触。发动机刚开始工作时,高压油腔内无油压,此时挺柱柱塞处于最底部,挺柱与气门杆尾部之间存在较大间隙,气门会产生短时的异响。随着发动机的运转,机油经油道和油孔进入低压油腔,推开单向球阀逐渐充满高压油腔,随着油压上升,推动柱塞下行,挺柱有效工作长度增加,从而压紧气门杆。由于柱塞的上升力不足以克服气门弹簧的张力,此时仅仅消除了气门机构的间隙而不会打开气门。消除间隙后,在油压及补偿弹簧的作用下,高压油腔的止回球阀关闭,由于油液的不可压缩性使柱塞能够产生刚性维持原有长度,在凸轮的推动下打开气门。在此过程中,会有少许油液通过挺柱体与柱塞的间隙泄漏出去。当凸轮转过工作面时挺柱回位,气门关闭。气门落座后,油腔内的油压下降,低压油腔内的机油再次推开球阀注入高压油腔内,补充油液,重复循环以上动作。可见通过改变挺柱油腔内的机油压力就可以调节液力挺柱的工作长度,从而起到自动调整气门间隙的作用,减少了运动件之间的冲击和噪声。同时,采用液力挺柱能够通过凸轮轮廓线的重新设计使气门开闭动作更加迅速,更适应现代高速发动机的要求。

3. 推杆

1)功用

推杆是细长的杆件,其作用是将从凸轮轴经挺柱传来的推力传给摇臂。

2)工作条件及材料

推杆在工作中容易弯曲,要求有很高的刚度。如图4-35所示。

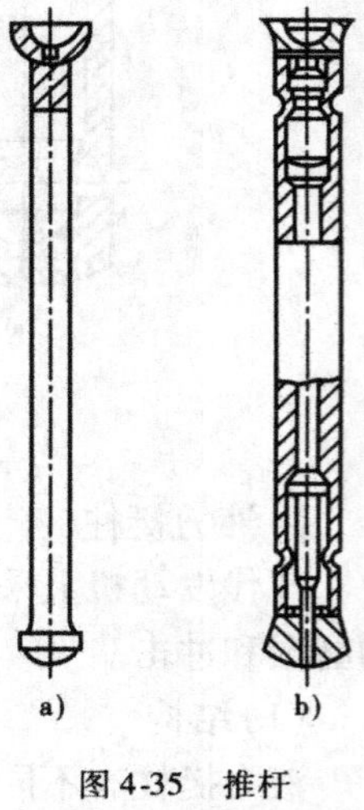

图4-35　推杆

a)实心推杆;b)空心推杆

推杆可以是实心或者空心的，杆身通常采用无缝钢管制成，上下两端焊接或压配有不同形状的端头。下端头与挺柱的凹球形窝座相适应，通常制成圆球形；上端头与摇臂气门间隙调整螺钉的球形头部相适应，通常制成凹球形。两端头需经热处理并磨光，以提高耐磨性。

4. 摇臂与摇臂组

1）功用

摇臂是一个双臂杠杆，其功用是将凸轮轴或者推杆传递的力改变方向，作用至气门杆尾部打开气门。

2）结构

摇臂及摇臂组的结构如图 4-36 所示。摇臂安装在摇臂轴上，摇臂轴通过摇臂轴支座支承在气缸盖上。摇臂的短臂一端接受推杆或挺柱传递的推力，长臂一端驱动气门。长、短臂长度的比值约为 1.2 ~ 1.8。摇臂的短臂一端的螺纹孔可以装入气门间隙调整螺钉及锁紧螺母，调整螺钉的球形端头与推杆顶端的凹球座相接触；长臂一端通常为圆弧工作面。摇臂一般用中碳钢冲压而成，也有用球墨铸铁或合金铸铁精铸而成。摇臂轴由钢管制成，内部钻有润滑油道和油孔，可以通过机油进行润滑。为防止摇臂轴发生轴向窜动，每两只摇臂之间都装有定位弹簧。

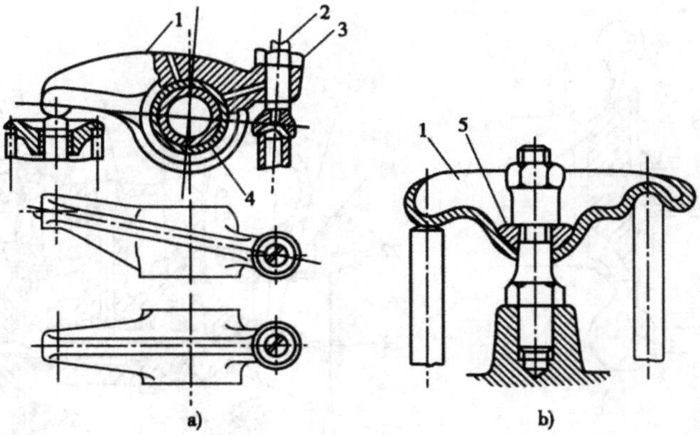

图 4-36　摇臂

a）摇臂；b）薄板冲压成的摇臂

1-摇臂；2-气门间隙调整螺钉；3-锁紧螺母；4-摇臂衬套；5-摇臂支点球座

第三节　废气涡轮增压

利用柴油机的废气通过涡轮驱动压气机，来提高进气压力增加充气量，称之为废气涡轮增压。柴油机采用废气涡轮增压后，能使功率明显提高，单位功率的质量减小，外形尺寸缩小，节约原材料，燃油耗率降低。例如 6135G 型柴油机采用 10ZJ-2 型径流式涡轮增压器后，功率从 88kW 提高到 137kW，耗油率下降了 6% 左右，单位功率质量下降 32%，尤其在高原地区，一般海拔每升高 1000m，功率约下降 8% ~10%，耗油率约增加 3.8% ~5.5%，装用废气涡轮增压器，可以恢复功率，减少油耗。

图 4-37 所示为废气涡轮增压器工作原理示意图，将柴油机的排气管连接在增压器涡轮壳 4 的入口处，具有 500 ~650℃ 高温和一定压力的废气，经涡轮壳入口进入喷嘴环 2。由于喷嘴

环的通道面积是由大逐渐变小,而使废气的压力和温度下降的同时,流速迅速提高。高速的废气流,按着一定的方向冲击着涡轮3,使涡轮高速旋转,并带动压气机叶轮8同步旋转,把经空气滤清器滤清的空气吸入压气机内。高速旋转的叶轮将空气甩向叶轮的外缘,使其速度和压力增加后进入扩压器7。扩压器的形状是进口小而出口大,这使气流的速度下降而压力升高。然后气流又经过断面由小到大的环形压气机壳9,使气流压力继续升高。最后,经过增压的空气经进气管10流入气缸。

图4-38所示为10ZJ-2型涡轮增压器,由图4-38可见,涡轮增压器主要由涡轮和压气机两个主要部分以及支承装置、密封装置、冷却系统、润滑系统等组成。涡轮部分包括涡轮叶轮13、喷嘴环14、涡轮壳10等。压气机部分包括单级离心式压气机叶轮21、无叶扩压器22、压气机壳23等。涡轮叶轮和压气机叶轮通过键固装在同一轴上,并用螺母压紧,组成涡轮增压器的转动部分,称为转子。涡轮壳、压气机壳和中间壳等组成涡轮增压器的固定部分,分别与柴油机的进、排气管连接。中间壳内有冷却水腔和润滑转子及轴承的油路,分别与柴油机的冷却系统和润滑系统的管路相连接。转子的支承装置采用浮动轴承结构,布置在中间壳的两端。在涡轮叶轮和压气机叶轮内侧设有弹力气封、油封装置,防止漏油、漏气。此外,从压气机中引出少量空气,经中间壳上的气道至涡轮端气封板,以对废气进一步气封。

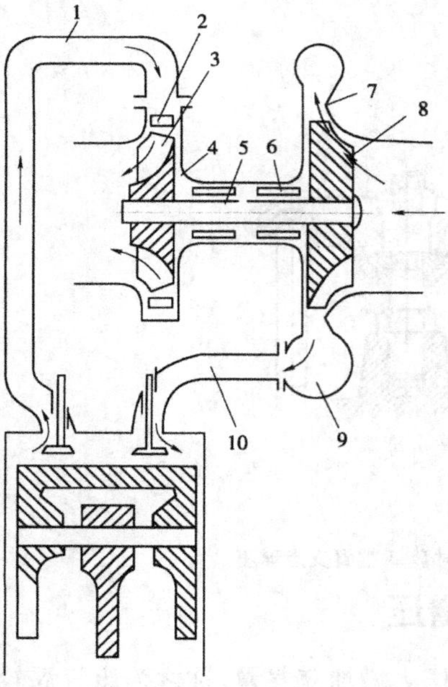

图4-37 废气涡轮增压器工作原理示意图

1-排气管;2-喷嘴环;3-涡轮;4-涡轮壳;5-转子轴;6-轴承;7-扩压器;8-压气机叶轮;9-压气机壳;10-进气管

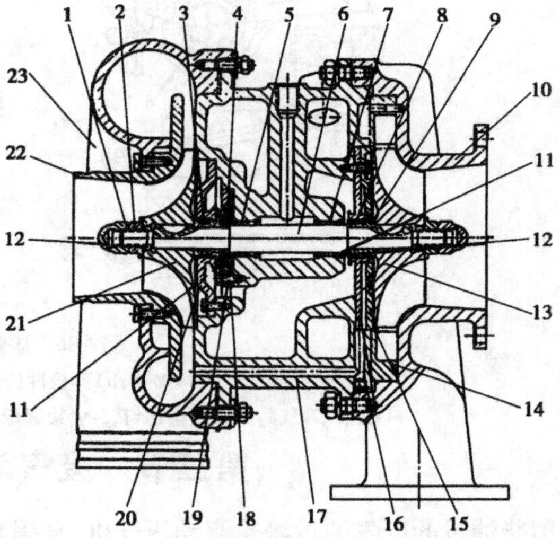

图4-38 10ZJ-2型涡轮增压器纵剖面图

1-螺母;2-平肩螺母;3-压气机端油封;4-推力盘;5-压气机;6-主轴;7-涡轮端浮环;8-油封环;9-涡轮端轴封;10-涡轮壳;11-游动片;12-卡环;13-涡轮叶轮;14-喷嘴环;15-涡轮端气封;16-涡轮端气封环;17-中间壳;18-止推片;19-止推轴;20-压气机端气封环;21-压气机叶轮;22-无叶扩压器;23-压气机壳

向心径流脉冲式涡轮,是指废气进入涡轮方向是径向向心的,径流式与轴流式相比较,具有结构简单、体积小、效率高等优点,故应用较广泛。所谓脉冲,系指涡轮利用的是柴油机排气管内的脉冲能量,这种增压器也称动压式。如果把各缸排气歧管接到一根排气总管内,废气以某一平均压力沿着单一进气管通向整个喷嘴环,这种增压器称恒压式或静压式增压器,它常用在大型高增压柴油机上。

图 4-39 为脉冲式涡轮增压器的进、排气图(P—V 图的低压部分)。在点 7 排气门开启,废气经喷嘴环流进涡轮,压力逐渐降低,直至点 12 涡轮废气出口的大气压力 p_1。图中阴影线面积 7-12-k-e-a-7 为柴油机每工作循环中涡轮工作所必须的能量。从图中还可以看出,排气压力 p_b 几乎下降到大气压,而进气过程则为增压供气,泵功 $e—p_2-1$ 为正,故柴油机功率增加。

对于多缸柴油机,为防止各缸排气脉冲相互干涉,使各缸的排气时间间隔错开,应将排气管制成能使各缸的排气间隔相应错开的结构。图 4-40 为六缸柴油机脉冲式涡轮增压器的排气系统结构示意图。柴油机的工作次序为 1-5-3-6-2-4,将 1、2、3 缸的排气道连接到一根排气歧管上,沿着涡轮壳上一条进气道通向半圈喷嘴环;而将 4、5、6 缸的排气道连接到另一根排气歧管上,沿涡轮壳上另一条进气管通向另半圈喷嘴环。这样,各缸排气互不干涉,可以充分利用废气的脉冲能量,并能利用压力高峰后的瞬时真空以利扫气,也可防止某缸排气压力波倒流到正在吸气的另一缸中去。因此,连在同一根排气歧管上的各缸着火间隔对应的曲轴转角,要求大于 180°。

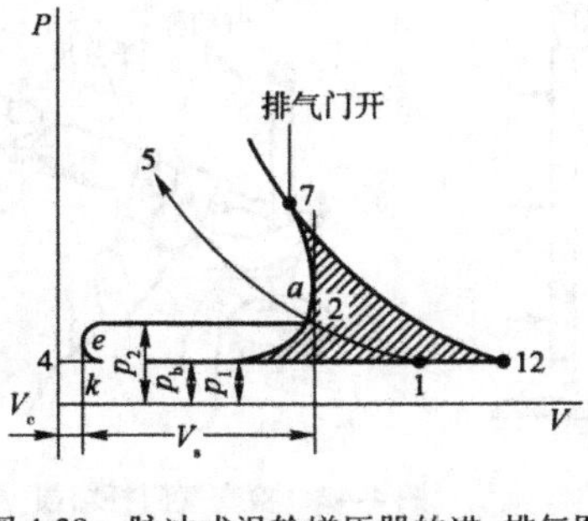

图 4-39　脉冲式涡轮增压器的进、排气图

p_1-涡轮出口大气压力;p_2-柴油机进气压力;p_b-柴油机排气压力

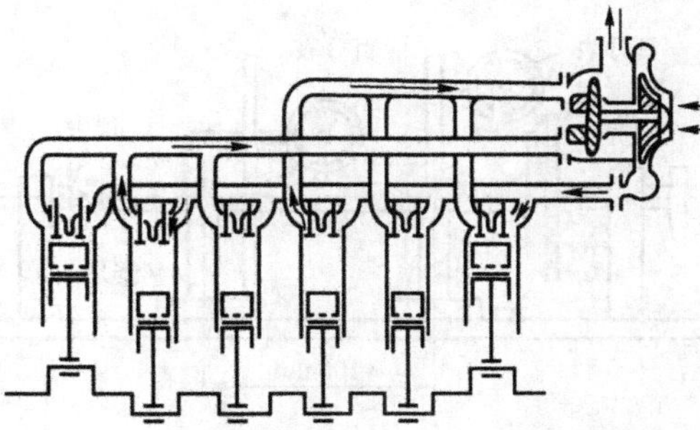

图 4-40　脉冲式涡轮增压器的排气系统结构示意图

增压比(又称压力升高比、压比)是废气涡轮增压器的一个主要性能指标,是压气机的出口压力与压气机进口压力之比值。比值小于 1.4 为低增压式,大于 2.0 为高增压式,介于二者之间为中增压式。

第四节　配气机构的检修

一、气门组零件的检修

1. 气门的检修

1)气门的检查

(1)检查气门外观。气门在工作中受到高温高压气体的冲击和腐蚀,其顶面会产生裂纹和烧蚀。气门锥形接触面与气门座相互撞击摩擦,且润滑困难,会造成斑痕,烧伤或偏磨引起的凹陷。当气门有明显裂纹、破损、熔蚀、烧蚀等损伤时,应更换气门。

(2)检查气门杆弯曲和气门头部歪斜。气门顶受到气体高压作用,尾部受到传动件的推力作用,容易造成气门杆的弯曲;此外,气门顶部与活塞发生碰撞、气门间隙过小、杆身与导管间隙过大等因素都会使气门杆发生弯曲。气门杆弯曲会造成气门顶部的歪斜,使气缸密封性下降。

气门杆的弯曲可用百分表进行测定。如图4-41所示,将清洗干净的气门支承在相距100mm的V形架上,用百分表触头抵住气门杆部,转动气门一圈,百分表的最大与最小读数之差即表示气门杆的弯曲程度。另用百分表触头抵住气门头部,转动气门头部一圈,最大读数与最小读数差值的1/2即为气门头部的倾斜度误差。若气门杆弯曲或气门头部歪斜超过规定限度,可用压力机进行校正或更换气门。

(3)测量气门尺寸。气门杆在气门导管内往复运动,其接触面相互摩擦,且润滑困难,易产生磨损,导致气门杆与导管孔的配合间隙增大,使气门歪斜,气缸漏气。高温气体窜入导管内,会使气门与导管过热,加速磨损,并可能将导管中的机油烧结,使气门卡死。气门杆的磨损程度可以用外径千分尺测量。如图4-42所示,在气门杆上、中、下三个部位的相互垂直位置分别进行测量,将测量尺寸与规定尺寸比较,若超过极限,即气门杆与气门导管的配合间隙过大时,应更换气门和气门导管。

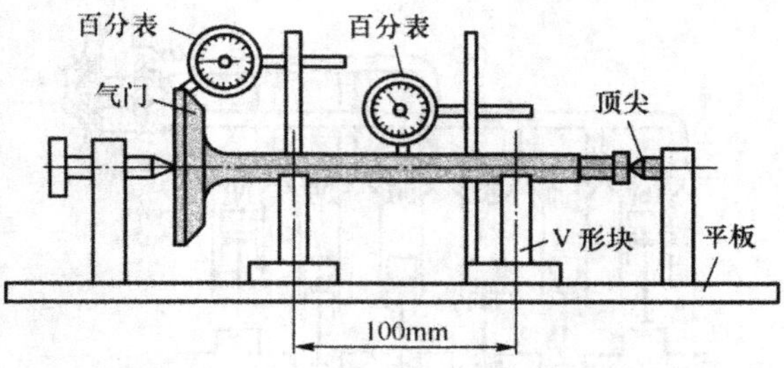

图4-41　气门杆弯曲与气门头部歪斜的检查

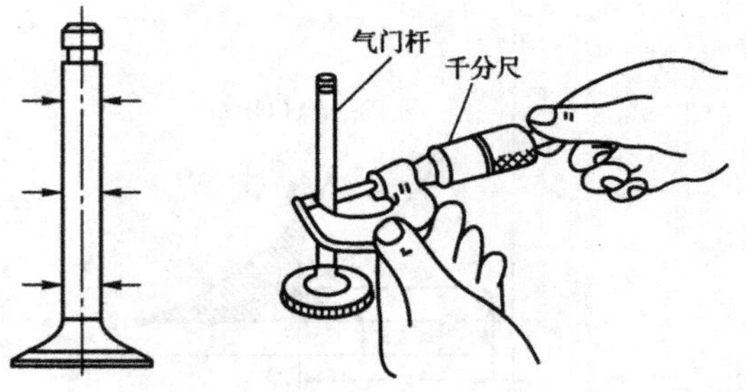

图4-42　检查气门杆磨损

气门杆尾部与传动件频繁撞击,会产生磨损或疤痕,使端面不平,导致挺柱或摇臂的推力产生侧向作用,使气门歪斜,关闭不严。气门杆尾部磨损,可用气门光磨机进行修正。如图4-43所示,将气门杆平放在V形座上,一手按住气门杆,一手转动气门头,使尾部轻轻抵在砂轮上修磨。若气门杆尾部磨损超过极限,应更换气门。

2)气门的光磨

检查气门头部工作锥面,若有磨损起槽、变宽或烧蚀出现斑点、凹陷时,可用如图4-44所示的气门光磨机进行修磨。

修磨方法如图4-45所示。修磨之前,应先校正气门杆,以保证气门头部与杆部同心。调整好磨削角度后先打开冷却液开关,再打开夹架电动机并观察气门是否动摇。光磨时,操纵横向进给手柄,使砂轮缓慢接触气门工作面,磨削至消除表面损伤。磨削量在能磨出完整的锥面的前提下应尽可能小,以延长气门使用寿命。最后精磨,在没有进刀量的情况下,进行2~4次空走刀,至没有大火花出现为止,以提高工作表面光洁度。

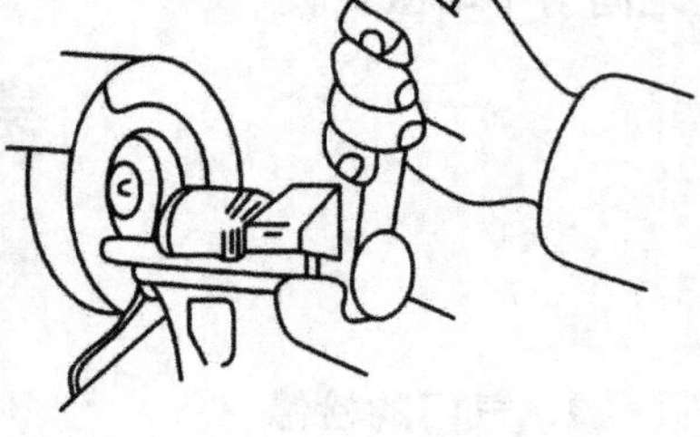

图4-43　气门杆尾部修复

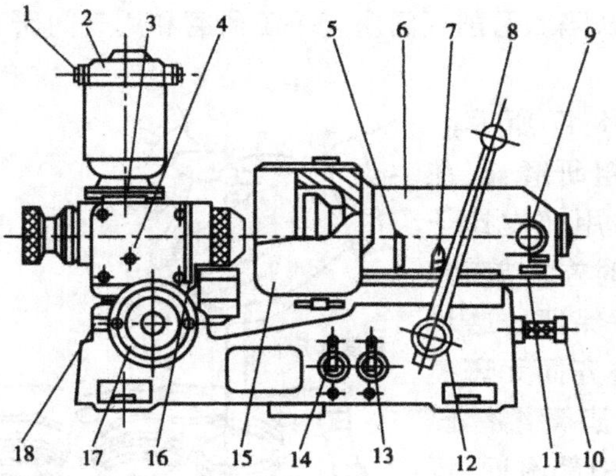

图 4-44　气门光磨机

1、9-电刷架；2-车头电动机；3-加油孔；4-油窗；5-出风口；6-磨头体；7-注油孔；8-扳杆；10-定位螺钉；11-纵导轨面；12-插销；13-磨头开关；14-车头开关；15-玻璃罩；16-车头；17-手轮；18-横向导轨

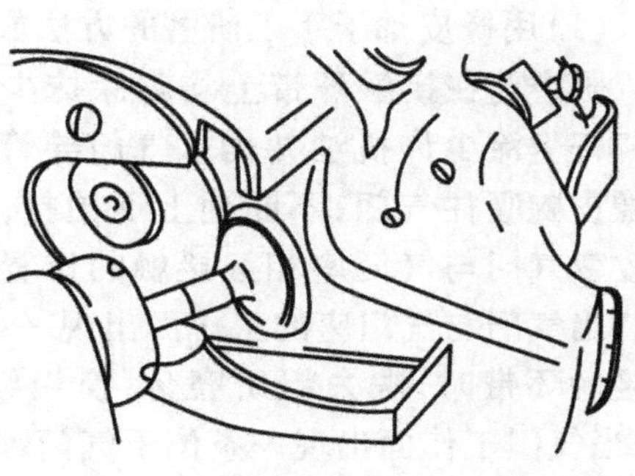

图 4-45　修磨气门工作面

光磨后的气门，其边缘厚度变薄，工作中容易变形、烧蚀。当气门头部最小边缘厚度小于规定限度时，应更换气门。

2. 气门座的检修

1）气门座的损伤

气门座在工作中受到高温高压气体作用，工作面会呈现斑点或凹陷，造成气门关闭不严，使气缸漏气；同时气门的冲击载荷会引起气门座的松动，工作表面变形，气门座密封带的耗损使气门座工作面宽度增大，密封性能降低。检查时擦净气门座并观察工作面，若气门座工作面磨损变宽超过 2mm，或工作面烧蚀出现斑点、凹陷时，可以采用铰削和磨削的方式进行修复。

2）气门座的铰削

气门座工作表面由三个锥面组成，分别与气缸盖平面成 15°、45°、75°，45°锥面是工作面，15°及 75°锥面用以调节 45°工作锥面的宽度及与气门工作面的接触位置。通常使用气门座铰刀进行铰削，方法如图 4-46 所示。为了保证气门座各锥面与气门导管的同轴度，铰削气门座时应用气门导管作定位基准。因此，铰削气门座之前必须先修理或更换气门导管。

铰削前，应根据气门尺寸选择合适的铰刀和刀杆。铰刀的角度是指刀刃的工作面与铰刀中轴线之间的夹角，各种尺寸的铰刀均有 15°、45°、75°三种角度，其中 45°铰刀又分精铰和粗铰两种。铰刀杆应与气门导管内孔相适应。

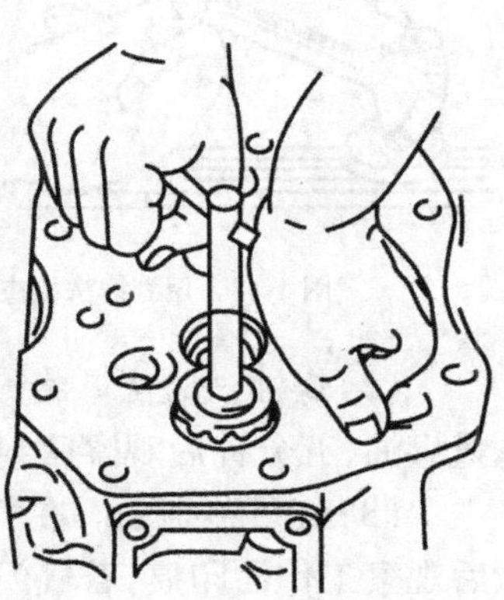

图 4-46　铰削气门座

3）气门座的磨削

当气门经光磨，气门座经铰削后，为提高配合精度，还应进行研磨。气门应与气门座配对

研磨，使密封锥面配合紧密，提高密封性能。另外，如果气门与气门座表面只有轻微斑点等损伤，无需进行光磨和铰削，可通过磨削消除缺陷。磨削气门座有手工研磨和用气门研磨机研磨两种方式。

（1）用橡皮捻子手工研磨的方法如图4-47所示。

研磨前在接触环带上均匀涂抹少许粗研磨膏，在气门杆上涂少许机油并插入气门导管中，用橡皮捻子的橡皮碗吸住气门，不断地上下拍打，同时左右旋转，并改变气门与气门座相互接触的位置，以保证研磨均匀。当气门与气门座的工作面出现一条整齐而无斑痕的接触环带时，洗去粗研磨膏，换用细研磨膏继续研磨，当气门工作面出现一条位于气门锥面中部附近，宽1～2mm，没有光泽的灰色环带时，洗去细研磨膏，涂上机油再研磨几分钟即可。最后彻底清除研磨膏和磨屑。

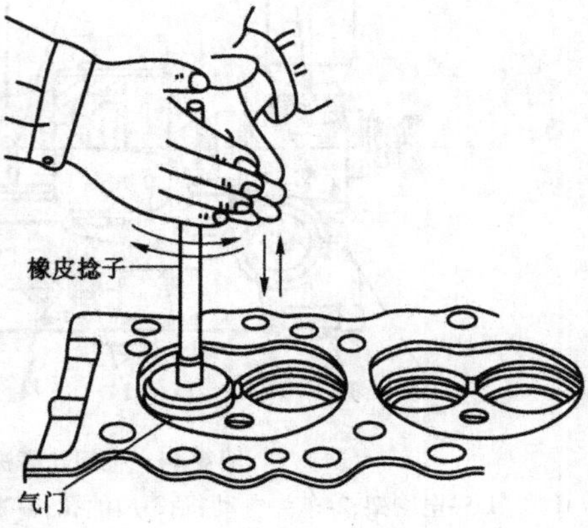

图4-47 手工研磨气门

操作时应注意不要过分用力，严禁将气门上下敲打，否则将出现凹痕，影响维修质量。研磨后的气门与气门座不能互换。

（2）气门座除进行手工研磨外，还可用气门研磨机进行修磨。气门研磨机修磨气门速度快、质量好，特别适合修磨硬度高的气门座，但砂轮消耗较大。磨削前应先将气门导管孔及气门座清理干净，以导管为定位基准，选择合适的定心杆插入导管孔，不得有偏摆现象，然后根据气门座尺寸和工作锥面度选择砂轮按要求进行修磨。

4）气门与气门座的密封性检查

研磨好的气门与气门座尺寸应符合规定，并进行密封性检查。常用检查方法有如下几种。

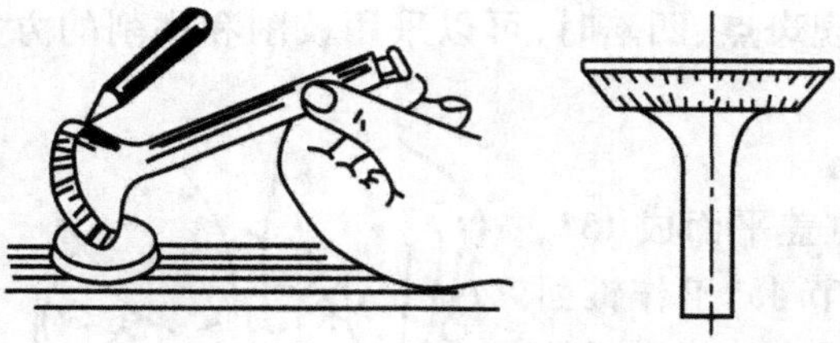
图4-48 用划线法检查气门密封性

（1）划线法。如图4-48所示，在研磨后的气门工作锥面上用6B软铅笔沿径向每隔4mm等分划线，然后将气门与气门座相互配合并施加压力，转动气门1/4圈后取出观察，如铅笔线痕迹中间全部切断为接触良好。如果有的线条未断，或切断位置不对，则说明密封不合要求，应重新研磨。

（2）煤油试验法。将气缸盖燃烧室朝上放置，把气门安装到气门座上，从气门头部倒入适量煤油，五分钟后观察密封面，若无煤油渗漏现象，说明密封性良好。

（3）红丹鉴别法。在气门工作表面上涂一薄层红丹油，将气门压在座圈上转1/4圈，取出后观察工作面印痕，若气门被刮去的红丹油布满座孔无间隙，说明气门密封性良好。

（4）仪器检验法。如图4-49所示，将气门装入气门座后，用带有气压表的气门密封检验器进行检查。将空气容筒紧压在气门头部位置，使其端面与气缸盖结合面保持良好密封，捏橡皮球向筒内充气使气压升至0.6～0.7MPa。观察气压表，如果半分钟内读数不下降，则表示气门密封性良好。

5)气门座的镶配

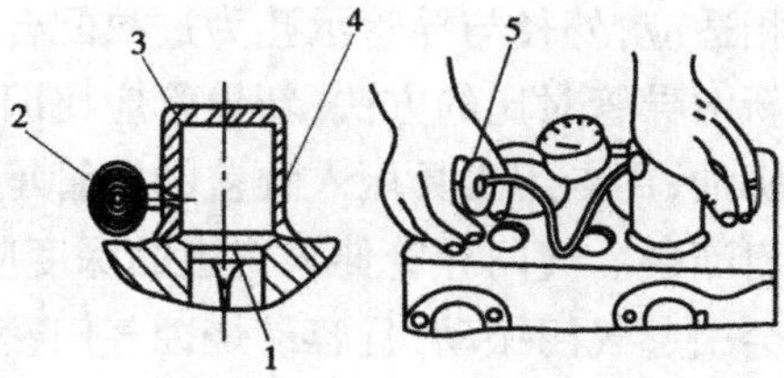

图4-49 用气门密封检验器检查气门密封性
1-气门;2-气压表;3-空气容筒;4-与橡皮球相连的气孔;5-橡皮球

当气门座发生松旷、裂纹、烧蚀或严重磨损时,都应更换;另外气门座圈经多次修理后,工作面逐渐下陷,会影响气门与气门座的正确配合,如果气门座工作面低于气门座圈原平面的值超过限度,也应更换气门座。更换气门座的步骤如下:

(1)拆下旧气门座。已松动或者断裂的气门座可以用扁铲凿断后用钳子夹出;对于镶嵌较牢固的气门座圈,也可用专用工具拉下,或者在气门座内侧点焊若干焊点,通过敲击焊点拆下。清理缸盖上气门座承孔表面,除去金属屑等异物,检查承孔形状是否规则,保证与气门座的配合表面完整、光滑。

(2)选配新气门座。测量座圈承孔直径,选择合适的新气门座。气门座与承孔应有0.075~0.125mm的过盈量,以防止在发动机工作中松脱造成重大事故。若过盈量太大,且两气门相距较近,会导致两气门座承孔之间部分强度较弱,在压镶气门座时,容易胀裂。

(3)镶装气门座。为保证过盈配合,通常采用热镶或冷镶的方法。

冷镶法是将气门座圈在液氮中冷冻处理后迅速压入气门座承孔。一般汽车制造厂家多采用这种装配方法。热镶法是用喷灯将缸盖上的气门座承孔加温至100℃,将气门座配合面涂抹密封剂,对准承孔后,垫以软金属,将气门座平稳压入。

(4)检查镶入的气门座圈,将高出承孔上口平面的部分修平。镶配好的气门座应配合紧密,牢固可靠。气门与气门座修竣后,发动机燃烧室的容积不得小于原厂规定的95%,各燃烧室容积差不得大于4mL。

3. 气门导管的检修

1)气门导管的损伤

气门导管与气门杆在工作中做相对运动,其接触面相互摩擦易产生磨损,使配合间隙增大,造成气门与气门座密封不严或者偏磨。

图4-50 检查气门导管与气门杆的配合间隙

2)检查气门导管

气门导管内径的磨损,可以通过测量气门导管与气门杆配合间隙的方法进行检查。如图4-50所示,将气门提起至气缸盖平面15~20mm的高度,使百分表触头抵住气门头部的边缘,将气门分别推向和推离百分表,百分表测得的摆差即表示气门在导管孔内的径向摆动量。摆差超过磨损极限时应更换气门导管。如果在修理过程中更换了气门,也应对新气门杆与气门导管的配合间隙进行测量。

3)更换气门导管

当气门导管内径磨损超限时应予以更换。用如图4-51所示的专用工具将气门导管从凸轮轴一侧压出,带有台肩的导管可从燃烧室压出。选择合适的新导管,要求内径与气门杆尺寸相适应，外径与导管承孔为过盈配合，通常取过盈量约为导管外径的2%。导管的过盈量可用新旧导管对比的方法，新导管应比旧导管大0.01～0.02mm为适当。将新导管外壁涂上一层机油，用专用工具压入缸盖的导管承孔内。压入带有台肩的导管时用力不能过大，否则会使台肩断裂。气门导管伸入气道的深度应符合标准，伸入气道长度过大会增加进、排气阻力，过小会引起气门振动，且容易烧蚀气门密封带。

4)检查导管配合间隙

气门杆与气门导管配合间隙是决定气门导管寿命的关键。导管间隙不能过小，否则气门杆工作受热后会卡在导管中。因此导管更换后，应检查气门杆与导管的配合间隙是否符合标准。将气门杆和导管孔的配合面擦净，在气门杆表面涂一层机油，放入导管内，上下拉动几次。若气门能在自身重力作用下缓慢落座，则认为配合适当。如果配合间隙过小，可用如图4-52所示的方法用铰刀进行铰削扩孔。铰削时，要用冷却液进行冷却，每次铰削量以0.02～0.04mm为宜，应边铰边试配，直至配合间隙符合标准。铰削好的气门导管内孔表面应光滑、无划痕。

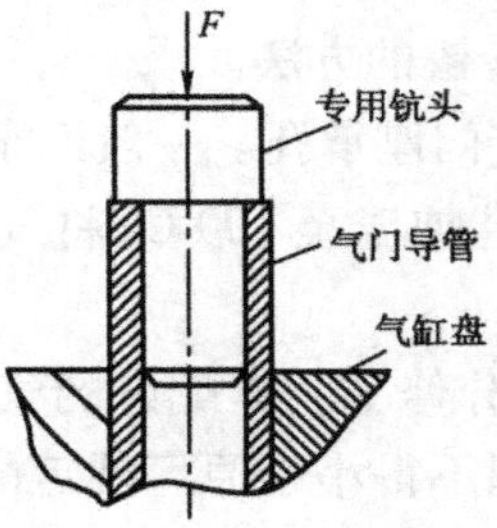

图4-51 气门导管的拆装

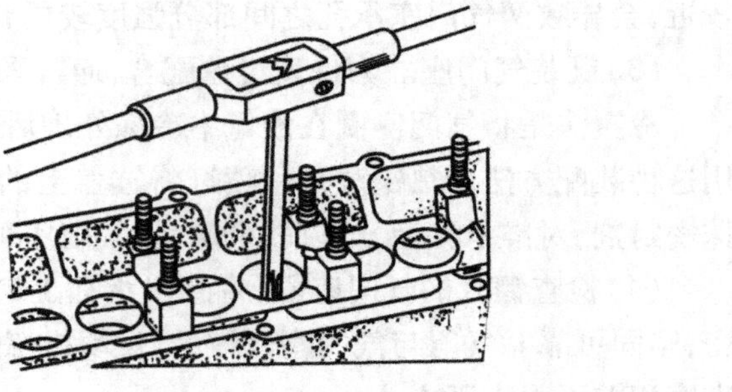

图4-52 铰削气门导管

4. 气门油封的检修

气门油封控制气门导管上部的机油经气门杆和气门导管的间隙流入进、排气管道内的机油量。合适的气门杆和气门导管的配合间隙以及可靠的气门油封，能保证配气机构的工作可靠性。气门油封接触高温气体，易被腐蚀，使窜入燃烧室的机油量增加，造成积炭。气门油封损坏或变硬老化后应更换。选择新的油封，外观应圆整光滑，内外圆同轴度高，弹力强，具有不易变形老化、经久耐用等良好性能。安装油封时必须小心谨慎，切勿划伤油封橡胶层。

5. 气门弹簧的检修

1)气门弹簧的损伤

气门弹簧在工作中反复受到交变载荷的作用，其常见的损伤有弯曲变形、弹力减弱、表面擦伤、端面不平、裂纹及折断等。

2)检查气门弹簧

(1)直观检查。观察气门弹簧有无折断，表面有无裂纹、擦痕、锈蚀。如有，应更换。观察气门弹簧座表面是否光洁,若有裂纹、凹陷、锈蚀应更换。

(2)检查弹簧自由高度。用游标卡尺检查气门自由长度,测量的结果应符合规定,否则必须更换。

(3)检查弹簧的弯曲变形。将气门弹簧放在平台上,用直角尺进行检查。若弯曲量超过限度,应校正或更换。校正后的弹簧应加热至270~290℃保温10min,以消除内应力。

(4)检查气门弹簧的弹力。将弹簧置于弹簧检验器台架上的支承座与压头之间,扳动手柄,使压头下移压缩弹簧。观察压力表及长度标尺的读数,与标准数据比较,如果未达到规定值,应更换弹簧。

二、气门传动组的检修

1. 凸轮轴的检修

1)凸轮轴的损伤

凸轮轴的主要损伤有凸轮轴弯曲变形,凸轮工作表面擦伤或异常磨损,轴颈、偏心轮、齿轮磨损,以及正时齿轮轴颈键槽的磨损等,这些损伤会影响配气机构工作的可靠性。

2)检查凸轮轴

(1)检查凸轮轴外观。将凸轮轴擦净,检查凸轮与轴颈表面有无裂痕,烧蚀和擦伤,键槽有无磨损或扭曲。如损伤在修理范围内,可对凸轮轴进行修整;若损伤严重,应更换凸轮轴。

(2)检查凸轮轴的弯曲变形。如图4-53所示,将凸轮轴的两端轴颈支承于平台的V形块上,使磁性表座上的百分表触头与中间轴颈表面接触,缓慢转动凸轮轴一周,百分表的最大摆差,即表示中间轴颈对两端轴颈的径向圆跳动误差。若弯曲度超出限度,可在压床上进行冷压校正,方法与曲轴弯曲的校正相同;弯曲严重时,应更换凸轮轴。

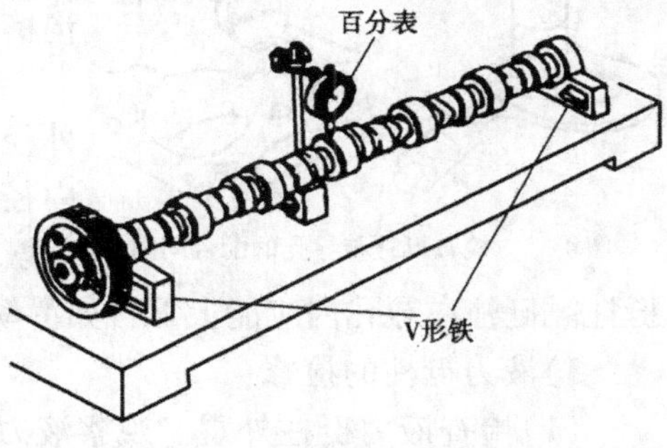

图4-53 检查凸轮轴的弯曲度

(3)检查凸轮的磨损。发动机长期工作后,凸轮会逐渐磨损,使凸轮外形改变,从而使气门的开闭规律发生变化,直接影响发动机性能;同时还会破坏各传动件的配合关系,造成异响。检查凸轮的升程,可以用外径千分尺测量凸轮全高 H 与凸轮基圆直径 D,其差值即为凸轮升程,通过与标准值的比较可以确定凸轮高度的磨损程度。如果磨损在修理范围内,可进行堆焊修复。

(4)检查凸轮轴轴颈的磨损。凸轮轴在工作中由于受到径向的周期性交变载荷的作用,轴颈和轴承座之间会产生磨损。另外,由于凸轮轴润滑条件差,若机油泵出现供油压力不足,或润滑油道堵塞使润滑油无法到达凸轮轴,也会加重凸轮轴颈的磨损。凸轮轴颈的磨损会导致凸轮轴与轴承座之间的间隙增大,使凸轮轴运动时发生跳动,产生异响,影响配气机构的正常工作。严重的润滑不良还可能导致凸轮轴断裂。用外径千分尺测量轴颈的圆度及圆柱度误差。若超过规定值,应按修理尺寸磨削轴颈,并选配相应修理尺寸级别的凸轮轴轴承,通过镗削或刮削达到配合间隙。磨损超限时,应更换凸轮轴。此外,其他驱动分电器及机油泵的传动齿轮或偏心轮表面磨损超过规定极限时，均应更换凸轮轴。

(5)检查凸轮轴的轴向间隙。凸轮轴轴向间隙过大，会使凸轮轴发生较大的轴向窜动，增大噪声，影响传动件的正确配合工作。测量凸轮轴轴向间隙的方法如图4-54所示，将磁性表座安装在适当的位置，使百分表的触头抵住凸轮轴端面，用撬棒沿轴线方向前后撬动凸轮轴，百分表指针的最大摆差即表示凸轮轴的轴向间隙。若此间隙超限，可以通过改变调节环的厚度进行调整。

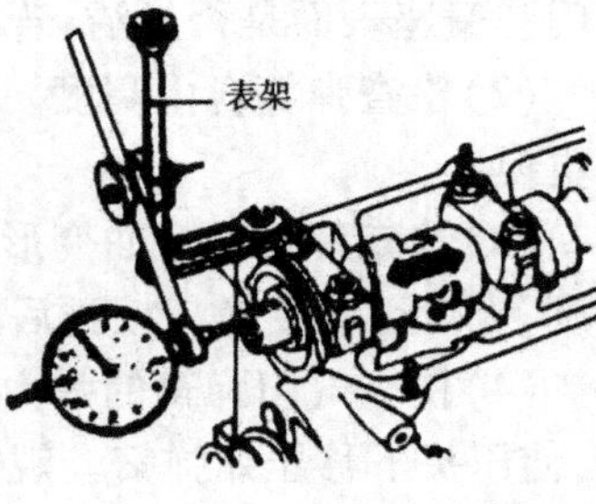

图4-54　测量凸轮轴轴向间隙

2. 挺柱的检修

1)挺柱的损伤

挺柱的工作表面与凸轮相互摩擦，会产生磨痕、凹坑、黑点等缺陷；挺柱与缸体上的导孔之间频繁相对运动，其外圆柱表面易产生磨损；挺柱的球面窝座与推杆下端的摩擦也会发生磨损。

2)机械式挺柱的检修

(1)检查挺柱工作表面。观察工作表面，若磨损严重、出现裂纹、疲劳剥落、擦伤划痕时应更换挺柱。观察挺柱圆柱表面，若圆柱面磨损严重或出现沟槽时，应更换新挺柱。

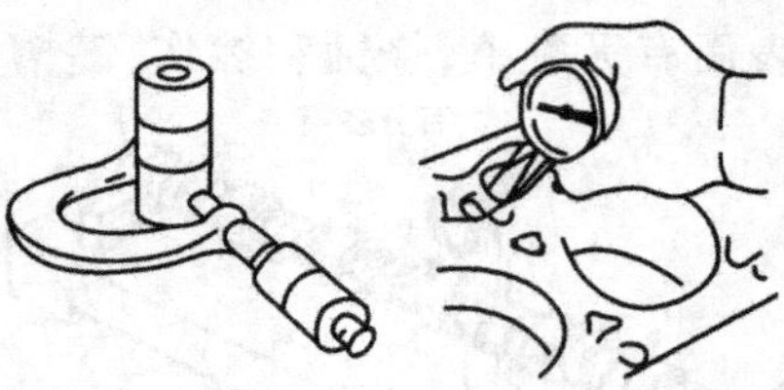
图4-55　检查挺柱与导孔的配合间隙

(2)检查挺柱与导孔的配合间隙。如图4-55所示，用外径千分尺测量挺柱外圆面直径，用内径千分尺测量导孔内径，两者之差即为配合间隙。配合间隙过大，会使挺柱发生摆动，影响传动的准确性。若间隙过大超过限度，应更换挺柱。挺柱在导孔内应能上下自如滑动，无卡滞现象。

3)液力挺柱的检修

(1)检查液力挺柱外观。观察液力挺柱与凸轮的接触面，如有轻微的凹坑、磨痕、麻点，可在磨床上进行磨修。若损伤较严重，应予以更换。

(2)检查液力挺柱的密封性。液力挺柱的柱塞和油缸是一对精密偶件，其配合间隙不得超过0.005mm。间隙过大，工作中液压油过度渗漏，会影响挺柱的正常工作长度。因此，应检查这对偶件的密封性。可用液力挺柱泄漏回降试验方法进行检查。排出液力挺柱腔内空气后，将挺柱安装在试验台上，向液力挺柱上方的球座施加规定的压力，测量液力挺柱的柱塞向下滑移规定距离所需的时间。若低于标准值，则表示挺柱内部有泄漏，应予以更换。

(3)更换液力挺柱。液力挺柱与承孔的配合间隙超过限度，或工作表面磨损严重时均应更换。液力挺柱装复前应排尽空气；在安装新的液力挺柱时，发动机在30min内不得运转，在起动发动机时产生响声是正常的。此外，发动机在使用中，应加注规定牌号的优质润滑油，保持正常的油压，使液力挺柱正常工作，减少磨损，延长使用寿命。

3. 推杆的检修

推杆在工作中容易发生弯曲，其检查方法如图4-56所示，将推杆靠在平板上，用厚薄规测

配气机构

量杆身与平板的间隙值即表示推杆的弯曲程度。推杆弯曲超过规定限度应校正或更换。推杆上端凹球面与下端凸球面半径应符合规定。

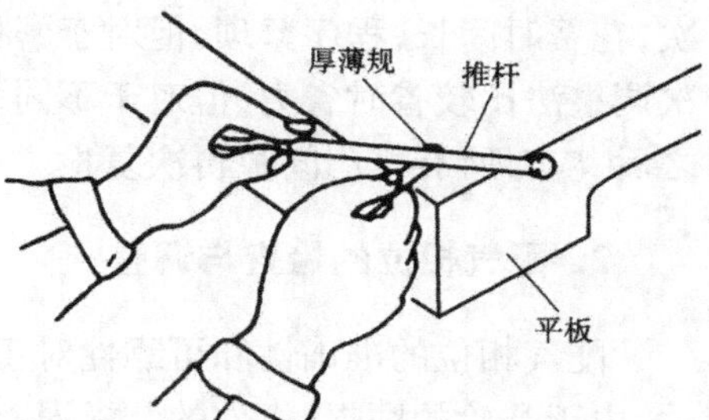

图 4-56　检查推杆的弯曲变形

三、配气机构的检查与调整

1. 气门间隙的检查与调整

机械挺柱式配气机构中都设有气门间隙,以补偿气门与传动件的热膨胀量。如果气门间隙过小,会使气门关闭不严,发动机在工作时可能发生漏气,导致功率下降,并使气门密封面严重积炭;如果气门间隙过大,则凸轮轴至气门的传动距离增大,进、排气门的开启时刻推后,气门开启高度降低,使得进、排气门的开闭规律改变,从而影响发动机的正常工作,出现噪声,导致零件磨损加剧。因此,适当的气门间隙,对于维护发动机的正常工作至关重要。配气机构在工作过程中,随着各零件的磨损,气门间隙将发生变化:凸轮、气门杆尾端及挺柱接触面磨损后间隙将变大;而气门与气门座工作面磨损后将使气门间隙变小。为保证配气机构的正确工作,气门间隙必须按规定标准进行检查与调整。

1)气门间隙的检查

转动曲轴至某缸活塞在压缩上止点位置,用厚薄规插入气门杆尾端与摇臂之间的间隙来回拉动,当感觉稍有阻力时,厚薄规的厚度即为该气门的间隙值。将测量值与标准值比较,偏大或偏小均应进行调整。

2)气门间隙的调整

调整气门间隙,常见的有逐缸调整法和两次调整法。通常气门间隙的调整过程应在发动机冷态下进行。

(1)逐缸调整法。逐缸调整法即根据气缸的发火顺序,转动曲轴至某缸活塞在压缩上止点位置后,对此缸进、排气门间隙进行调整;调整之后摇转曲轴,依次调整其他各缸的气门间隙,最后对所有气门间隙进行复检。调整时如图 4-57 所示,先旋松锁紧螺母,将标准厚度的厚薄规插入气门杆尾端与摇臂之间来回拉动,旋转调整螺钉,若感到有轻微阻力即为合适,旋紧螺母并锁紧后复查一遍。若间隙改变,应重新调整,直至符合技术标准。

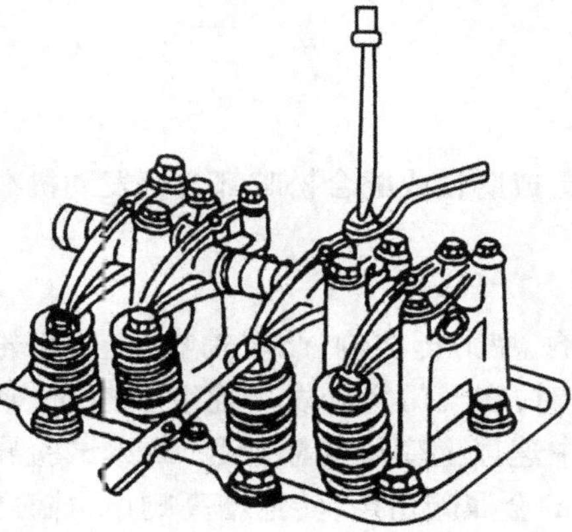

图 4-57　气门间隙的调整

(2)两次调整法。配气机构的进、排气门排列有一定的规律。两次调整法即按照发火顺序和进、排气门的排列规律,摇转曲轴使一缸位于压缩上止点位置时,可以检查调整一半气缸的气门间隙;再转动曲轴一周(360°),可调整剩余气缸的气门间隙。以发火顺序为 1-5-3-6-2-4 的六缸发动机为例,转动曲轴,使第一缸处于压缩上止点位置,可调整 1、2、4、5、8、9 气门间隙;再将曲轴转动一圈,使第六缸处于压缩上止点位置,可调整 3、6、7、10、11、12 气门间隙。逐缸调整法需摇转曲轴多次，花费时间长，程序繁琐，但对于磨损较严重的发动机，用逐缸法调整气门间隙比较精确。两次调整法比较省时省力，但对于不同型号发动机的可调气门不同，需要准确判断。全部调整好之后，应对所有气门间隙再次复检。

2. 配气相位的检查与调整

配气相位的准确性和可靠性对于发动机的动力性和经济性有很大影响。发动机长期工作后，由于凸轮的磨损、机件的装配误差，都会使各传动件的配合关系受到破坏，从而引起配气相位的改变，导致发动机功率下降，燃油消耗增加。因此要定期对发动机的配气相位进行检查和调整。

1）配气相位的检查

检查配气相位之前，应先调整好气门间隙，在活塞处于排气上止点附近位置时进行测量。如图4-58所示用气门升程法检查配气相位。安装好配气相位检测仪百分表以及上止点检测仪百分表，使配气相位检测仪百分表的触头垂直接触进气门弹簧座上平面，转动表盘使指针对“0”。缓缓转动曲轴，当上止点检测仪百分表指示活塞分别处于上止点前、后0.01mm位置的时刻，分别读取配气相位检测仪百分表读数，取平均值作为进气门的升程高度。根据进气门的升程高度确定活塞上止点，再将配气相位检测仪百分表的触头垂直接触排气门弹簧座上平面，缓缓转动曲轴至排气门完全关闭，读取排气门的升程高度。根据进排气门的升程高度，即可对照相关技术标准，判断配气相位的变化。

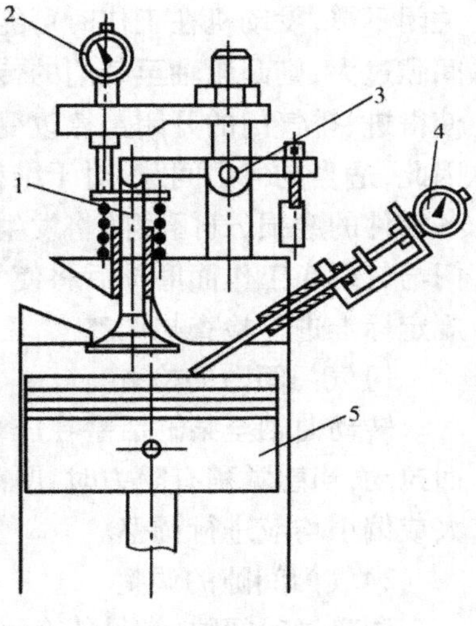

图4-58　检查配气相位

1-气门；2-配气相位检测仪百分表；3-摇臂；4-上止点检测仪百分表；5-活塞

2）配气相位的调整

配气相位不准确，应根据具体的变化情况进行调整。如果个别气门开启的时刻稍微偏晚，可将该气门的间隙适当调小；如果大多数气门的开启时刻一致偏晚，并且略小于或略大于凸轮轴齿轮一个轮齿转角的2倍，可将正时齿轮向转动方向转过一个轮齿；如果是由于凸轮磨损而影响配气相位，应更换凸轮轴等相关零件。换用新件后，应重新调整配气相位。

3. 配气机构异响故障的诊断

配气机构传动零件多，在工作过程中频繁撞击摩擦，造成磨损或配合松旷都会使发动机在运行中产生异响故障。

1）现象

主要的异响有气门尾部响（或称气门脚响）、气门座响、液力挺柱响、凸轮轴响、正时齿轮响等。各种异响有不同的特征，如气门脚响，一般是怠速时，在气门室处发出连续不断的“嗒嗒”声，响声清脆有节奏，转速增高响声增大，节奏加快，中速以上变得模糊杂乱，断火试验异响无变化；气门座响，怠速时在气门座出发出“啪、啪、啪”的金属敲击声，转速增高响声也随之增高；液力挺柱响，一般在怠速时发出有节奏的金属敲击声，转速增大，响声减弱或消失。

2)原因

(1)气门脚响的原因可能是润滑不良,调整螺钉磨损、凸轮磨损或调整不当造成气门间隙过大,气门杆尾部接触面不平,气门杆与气门导管配合间隙过大,摇臂与摇臂轴配合松旷。

(2)液力挺柱响的原因可能是挺柱的液压偶件磨损过大,液压油供油不足,挺柱与导孔配合面磨损严重。

(3)气门座响的原因可能是气门杆与导管配合间隙过大,气门座松旷,密封锥面磨损。

3)故障诊断与排除

发动机出现异响故障,首先应起动发动机,用听诊器或螺丝刀进行听诊,确定异响部位,再根据异响发出的位置和特征判断异响的类型。

初步听诊异响的步骤如下:

(1)用螺丝刀接触各缸燃烧室部位,如果有异响,则可能为活塞顶撞击缸盖或气门座响;

(2)用螺丝刀接触气门室对面,如果有异响,则可能为活塞敲缸的异响;在气门室一侧可听诊气门组件及挺柱的异响;

(3)用螺丝刀接触凸轮轴的前、后衬套部位或正时齿轮盖部位,如果有异响,则可能是凸轮轴正时齿轮破裂或螺母松动、凸轮轴衬套松旷引起的异响。

改变发动机的转速,听诊异响步骤如下:

(1)如果怠速或低速运转时,异响较为清晰明显,则可能是活塞敲缸响,活塞销响,气门脚响等。

(2)如果中速时异响较为明显,则可能是连杆轴承响,气门座响,凸轮轴响等。单缸断火。

听诊异响步骤如下:

(1)如果单缸断火时,响声减轻,则可能为连杆轴承响或活塞敲缸。

(2)如果单缸断火时,响声加重,则可能为活塞销响,连杆轴承盖螺栓松动响,活塞因裙部锥度过大造成敲缸响。

(3)如果单缸断火时,响声不变或变化不大,则可能为气门脚响。

若是气门脚响,可将气门室盖拆下,在怠速时将适当厚度的厚薄规插入气门间隙处,如果响声消失或减弱即可确诊为该气门间隙过大;如果响声不变,可用螺丝刀撬动气门杆,若响声消除,说明气门杆与导管磨损过甚。若是气门座响,可拆下缸盖检查气门和气门座,如果气门严重烧蚀应更换,气门座圈轻微烧蚀可间隙研磨,严重烧蚀时应予以更换。若是液力挺柱响,先检查机油压力,若压力正常,应更换液力挺柱。

第五节　配气机构异响诊断

一、气 门 脚 响

现象:

(1)发动机怠速时,发出有节奏的"嗒、嗒"声。

(2)转速增高,响声也随之增高。

(3)发动机温度变化或做断火试验、响声不变。

原因:机件磨损或调整不当,使其气门间隙过大导致气门杆端与调整螺钉头部撞击。

诊断:在气门室一侧听较清晰,为查明是哪一只气门脚响,可将气门室盖拆下,在怠速时用手提起挺柱或用适当厚度的厚薄规插入可疑的气门脚与调整螺钉间,响声消失即为该气门间隙大;若厚薄规插入后,气门没有间隙,响声减轻但没有消除,用起子撬气门杆,若响声消除,说明气门杆与导管磨损过甚;如气门咬住可以看出气门与挺柱总有一段距离。发生这种响声是允许的。若响声很明显,可结合汽车维护调整气门间隙或在大修时修复凸轮等。

二、气门挺柱响

现象:

(1)有节奏的轻脆的"嗒、嗒"声响。

(2)怠速时响声明显,中速以上减弱或消失。

(3)温度变化或做断火试验与响声无关。

原因:

(1)挺柱与导孔配合松旷,当凸轮顶动挺柱时,横向力使挺柱摆动,撞击导孔而产生响声。

(2)挺柱端头磨损有沟槽。

(3)挺柱不能自由转动。

(4)凸轮有线性磨损,顶动挺柱有跳动现象。

诊断:判断某一挺柱响,用铁丝径向钩住有异响的挺柱,若响声减弱或消失,即为该挺柱故障。发生这种响声,可以继续使用。

三、气 门 座 响

现象:

(1)与气门脚响相似,但比其响声大,且有忽大忽小的"嚓、嚓"声。

(2)中速时响声清晰,高速杂乱。

(3)单缸断火,响声不变,有时更明显。

(4)发动机低温且发动不久后响声即出现。

原因:

(1)选用材料不当,受热后产生变形而松旷。

(2)镶配时,选择过盈量不当造成松旷,在工作中冲击振动而松脱,导致与座孔碰撞。

诊断:拆下气门室盖,经检查不是气门脚和气门弹簧响,可以断定为气门座松脱响声。

四、气门弹簧响

现象:

(1)怠速时有明显的"嚓、嚓"声;各种转速均有清脆的响声,拆下气门室盖更为明显;

(2)缺缸时加速困难,机体振抖严重。

原因:气门弹簧过软或折断。

诊断:将气门室盖拆下来检查,找出某缸后,用螺丝刀撬住气门弹簧,若弹簧折断很明显就可以看出;若过软,响声就消失。

五、正时齿轮响

现象:这种响声比较复杂,有的有节奏,有的无节奏,有的间歇响,有的连续响。

(1)怠速或转速变化时,在正时齿轮盖处发出杂乱而轻微的噪声,转速提高噪声消失,急减速时,此噪声尾随出现。

(2)此响声不受温度和单缸断火试验的影响。

原因:

(1)正时齿轮啮合间隙过大或过小。

(2)曲轴和凸轮轴中心线不平行,造成齿轮啮合失常。

(3)更换曲轴和凸轮轴轴承后,改变了齿轮啮合位置。

(4)凸轮轴正时齿轮固定螺母松动。

(5)凸轮轴正时齿轮牙齿折损。

诊断:

(1)发动机在怠速时,发出有节奏的轻微的“嘎拉、嘎拉”响声,中速时显得突出,高速时声音变得杂乱,严重时正时齿轮盖有振动,此种情况为齿轮啮合间隙过大。

(2)新车大修或更换正时齿轮后,如果发动机发出一种连续不断的“嗷、嗷”声,发动机转速越高响声越大,此种情况为齿轮啮合间隙过小。

(3)齿轮啮合不良引起的响声,类似“呼啸”声,响声的大小随发动机转速变化而变化。

(4)发动机怠速运转时,发出有节奏的“哽、哽”响声,发动机转速提高,响声加大,此种响声为齿轮啮合不均的响声。

(5)随发动机运转而产生有节奏的清晰的撞击声,为正时齿轮个别齿损坏。

六、凸轮轴异响

现象:

(1)在缸体侧可听到有节奏而较钝的“嗒、嗒”声。

(2)中速声音明显,高速消失。

(3)单缸断火,声响依旧。

原因:

(1)凸轮轴及轴承间配合松旷。

(2)凸轮轴弯曲变形。

(3)凸轮轴轴向间隙过大。

诊断:一旦发现此类故障,确定后,应拆检,并相应更换故障件。

七、液力挺柱响

现象:

(1)发动机运转时,出现有节奏的“嗒、嗒”声。

(2)怠速时响声明显,中速以上减弱或消失。

原因：

(1)发动机机油油面过高或过低，致使有气泡的机油进到液力挺柱中，形成弹性体而产生噪声。

(2)机油压力低。

(3)由于机油泵、收集器损坏或破裂，使空气吸到机油中去。

(4)液力挺柱失效。

诊断与排除：

(1)检查机油油面，视情添加或排放，使油量正常。

(2)检查机油压力是否正常。

(3)检查液力挺柱是否失效，方法如下。

①起动发动机，并使之运转直到散热器风扇运转；

②将发动机转速提高到约2500r/min，并运转2min，若液力挺柱还有噪声，则拆检；

③拆下气缸罩盖；

④旋转曲轴，直到待查的挺柱凸轮向上；

⑤用楔形木棒或塑料棒向下压下挺柱，气门打开前，如果自由行程超过0.1mm，则应更换挺柱，换上新挺柱后，30min内不得起动。

配气机构异响表 表4-1

声响类型	听诊部位	主要特征及变化规律	辅助听诊措施	主要原因
气门脚响	气门室附近	怠速时发出有节奏的“嗲、嗲”声，转速升高声响也加大，单缸断火，声响不变	怠速时用手提起挺柱或插入厚薄规，若响声减弱或消失，即为该间隙过大	气门间隙过大；凸轮磨损，顶杆、挺柱跳动
气门挺柱响	气门室附近	有节奏的间响、清脆的“嗒嗒”声，怠速时明显，中速时减弱或消失，断火及温度变化与之无关	用铁丝勾住可疑挺柱，若声响消失或减弱，即为该挺柱故障	挺柱与孔配合松旷；挺柱端部磨损起沟槽；挺柱不能自由转动
气门座响	缸盖结合面处及气门室附近	与气门脚响类似，但比之响声大，声音忽大忽小，中速时响声清脆，高速时杂乱。断火试验及温度变化与响声无关	拆气门室盖，经查验不是气门脚响或弹簧响，即为气门座响	镶配时过盈量不当造成松旷；材料不当，受热后，产生变形
气门弹簧响	气门室盖处	怠速时明显“嚓嚓”声，各种转速均有清脆响声，拆下气门室盖更明显，个别缸不工作，或工作不良，发动机抖动	察看有无弹簧折断，用起子撬住弹簧一端，听响声是否减弱或消失	气门弹簧折断；气门弹簧弹力太弱
正时齿轮响	正时齿轮盖处	啮合间隙过大时，怠速时有节奏轻微的“嘎啦”声，高速时变杂乱；啮合间隙过小时，连续不断的“嗷嗷”声，转速越高，响声越大	声响严重时，正时齿轮盖上有振动	正时齿轮啮合间隙过大或过小，曲轴、凸轮轴不平行或齿轮损坏，造成啮合失常，更换曲轴主轴承或凸轮轴轴承，改变啮合位置

续上表

声响类型	听诊部位	主要特征及变化规律	辅助听诊措施	主要原因
凸轮轴异响	缸体侧	中速时,可听到有节奏而较钝的"嗒嗒"声,高速时消失,单缸断火,声响不变	拆检	凸轮轴及轴承间隙配合松旷;凸轮轴弯曲变形;凸轮轴轴向间隙过大
液力挺柱响	气门室附近	有节奏的"嗒嗒"声,怠速时明显,转速升高,声响减弱以致消失	拆检	发动机机油油面过高或过低;机油压力低;液力挺柱油道有空气;液力挺柱失效

复习思考题

1. 为什么进、排气门都要相对于上、下止点提前开启或延迟关闭?

2. 6120Q柴油机的进气提前角是14.5°曲轴转角,进气滞后角是41.5°曲轴转角,排气提前角是43.5°曲轴转角,排气滞后角是14.5°曲轴转角,试画出该柴油机的配气相位图。

3. 每缸四气门机构与二气门机构相比,有什么优点?

4. 为了减小进气系统的流动损失,常采用哪些技术措施?进气滞后角的大小如何影响充量系数φ_c?

5. 配气凸轮轴顶置有什么优缺点?

6. 气门弹簧有何功用?为什么高速内燃机有时采用一个气门两根弹簧的结构?

7. 为什么采用机械挺柱的配气机构要留有气门间隙?该间隙过大或过小对内燃机工作有什么影响?

8. 采用液力挺柱或气门间隙补偿器有什么好处?其工作原理是什么?

9. 气门响有何特征?是什么原因?气门密封不严对发动机工作有什么影响?怎样检验其密封性?

10. 何谓配气相位?配气相位不正确对发动机性能有何影响?为什么?配气相位怎样检查?有几种调整方法?如何调整?

11. 气门的常见损伤有哪些?如何检验?怎样修理?气门导管的质量如何检验?怎样修理?

12. 气门座圈如何镶配?怎样铰削?气门弹簧检验哪些项目?如何检验?怎样安装?

13. 凸轮轴的常见损伤有哪些?如何检验?怎样修理?凸轮轴衬套怎样修配?

14. 挺杆磨损后怎样检验?如何修复?摇臂及摇臂轴会有哪些损伤?怎样修理?

15. 气门组零件怎样安装?有什么要求?气门驱动机构的安装应遵循什么顺序?

16. 气门间隙怎样检查?如何调整?用两次检李调整法调整气门间隙时,如何确定每次可调气门?为什么?有什么规律?

第五章

柴油机供给系

第一节　概　　述

柴油机燃油供给系的任务，就是按照柴油机工作次序及不同工况的要求，在每一工作循环中，把干净的柴油按一定规律和要求供给气缸，使其与空气形成可燃混合气并自行着火燃烧，把燃油中含有的化学能释放出来，通过曲柄连杆机构转变为机械做功。

一、柴油机燃油供给系的功用、组成及要求

1. 柴油机燃料供给系的功用

(1)储存、滤清和输送柴油。

(2)按柴油机各种不同工况的要求，定时、定量、定压以一定的喷油质量喷入燃烧室，使其与空气迅速而良好地混合和燃烧。

(3)最后使燃烧使废气排入大气。

柴油机的燃油供给系是柴油机一个非常重要的系统，其工作的优劣，直接影响柴油机的动力性、经济性、使用可靠性、噪声及排放烟度等。

2. 柴油机供给系的组成

柴油机供给系由燃油供给、空气供给、混合气形成及废气排出四部分(装置)组成。图 5-1 所示是常见的一种工程机械柴油机供给系示意图。各部分的组成如下：

(1)燃油供给装置：燃油供给由低压油路和高压油路两部分组成。低压油路包括：油箱、输油泵、柴油滤清器、低压油管等；高压油路包括：喷油泵、喷油器、高压油管等。

(2)空气供给装置：由空气滤清器、进气管和气缸盖内的进气道等组成。

(3)混合气形成装置：燃烧室。

(4)废气排出装置：由气缸盖内的排气道、排气管及排气消声器等组成。

3. 工作过程

柴油机工作时，整个供油系的工作过程是：输油泵以低压(0.15 ~ 0.3MPa)将柴油从油箱上按不同工况所需的供油量经高压油管 7 送到喷油器 10 内，最后经喷孔呈雾状喷入燃烧室 8 内。

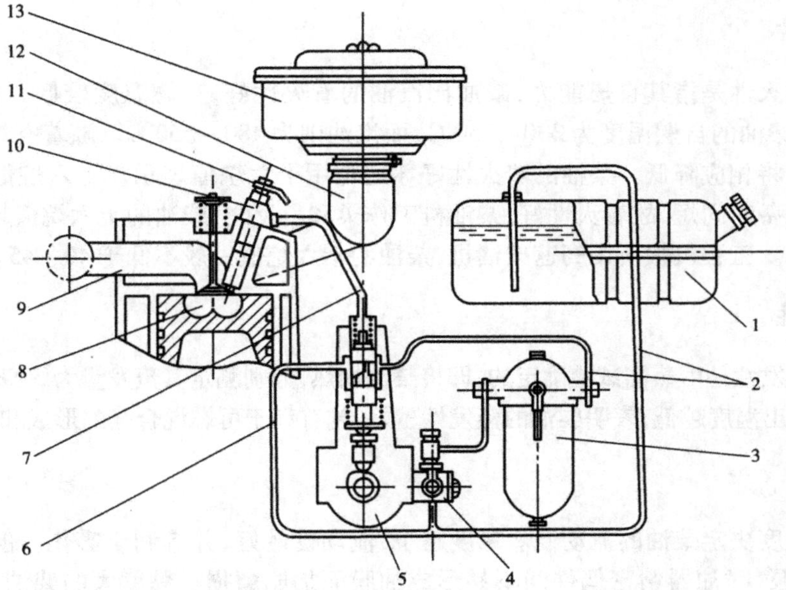

图 5-1　柴油机燃料供给系

1-柴油箱；2-低压油管；3-柴油滤清器；4-输油泵；5-喷油泵；6、11-回油管；7-高压油管；8-燃烧室；9-排气管；10-喷油器；12-进气管；13-空气滤清器

输油泵 4 供应的多余燃油以及喷油器顶部回油孔流出的少量燃油都经回油管 6、11 流回燃油箱。

4. 柴油机对燃料供给系的主要要求

(1)根据柴油机的不同转速和不同负荷，供给相应的燃油量。当工况不变时，每循环所供应的燃油量不变；当工况改变时，应能相应地改变供油量。多缸柴油机每一缸所获得的燃油量应相等，以免个别气缸负荷过大。

(2)燃油要在规定的时刻喷入缸内，即定时喷油。必要时加装附件，使该喷油定时随转速和负荷自动改变。喷油过早或过迟都将导致功率不足、排温增高、燃油消耗率增大的后果。

(3)喷入气缸(或燃烧室)的燃油应呈良好的雾状，并满足规定的喷雾形状和角度，以高压喷入。在喷油结束时，应断油干脆，不应产生“二次喷射”等现象。

(4)根据不同柴油机的需要，提供与之相应的供油规律和供油持续时间，即保证燃烧过程最经济、功率最大且运转平稳，同时对柴油机零部件寿命和运行安全有利。

(5)柴油机运转时，根据负荷变化能自动调节供油量，以保证柴油机在最低空车转速下不熄火，在允许最高空转下运转稳定不飞车。一般由正确选择和设计不同形式的调速器来实现。

二、柴　　油

柴油是在 533 ~ 623K 温度范围内由石油中提炼出的碳氢化合物，含碳 87%，氢6% ~ 12%和氧 0% ~ 4%。柴油的物理性能和化学性能，对发动机的起动性能和动力性能以及供给系的工作和寿命都有影响。

柴油的使用性能指标主要是着火性、蒸发性、黏度和凝点。

1. 着火性

柴油的着火性是指其自燃能力，柴油比汽油的着火性好，自燃温度较低。在通常大气压(101kPa)下，柴油的自燃温度为330～350℃，而汽油则为480～550℃。随着空气压力提高，柴油的自燃温度将相应降低。柴油的着火性好坏通常用十六烷值表示。十六烷值高的柴油，因燃烧需要的准备时间短，故着火性好，柴油机工作柔和。反之，柴油的十六烷值越低，柴油机的工作则越粗暴。工程机械所用高速柴油机，柴油的十六烷值一般不低于40～45。

2. 蒸发性

柴油的蒸发性是由蒸馏试验确定的，即将柴油加热，分别测定其蒸发量为50%、90%、95%的馏出温度。馏出温度越低，表明柴油的蒸发性越好，越有利于可燃混合气的形成和燃烧。

3. 黏度

柴油的黏度决定柴油的流动性。黏度越小，流动性越好，并有利于雾化。但是，黏度若过小，将使喷油泵、喷油器精密偶件间不易形成油膜而加剧磨损。黏度大的柴油不仅流动阻力大、滤清和沉淀困难，而且严重影响从喷油器喷出时雾化。

4. 凝点

柴油的凝点是指其冷却到开始失去流动性的温度。好的柴油应具有较低的凝点。凝点高的柴油不利于燃油供给系的工作，特别在低温条件下工作可能造成供给系的堵塞。国产轻柴油的牌号就是根据凝点划分的，如+10号、0号、10号、20号、35号轻柴油，它们的凝点分别为10℃、0℃、-10℃、-20℃、-35℃等。工程机械多采用高速柴油机，一般都使用这种轻柴油。

第二节　混合气的形成及燃烧室

一、混合气的形成特点

由于柴油机是利用柴油的着火性好而采用自燃的着火方式，故其混合气形成时间极短，混合气极不均匀。一般是在压缩行程上止点前10°～15°曲轴转角时将柴油喷入气缸，在上止点附近着火燃烧。若柴油机的转速为2000r/min，15°曲轴转角仅相当于1/800s。正因为形成混合气时间极短，致使混合气极不均匀。另外由于结构方面的原因，气缸内有的地方柴油过多而空气较少，甚至没有空气；相反，有的地方空气多而柴油少，甚至完全没有柴油；但也有某些地方柴油与空气的混合适中，成为首先着火燃烧的火源。

柴油机混合气形成的上述特点，显然不利于燃烧。为使喷入气缸中的柴油尽可能燃烧完全，以便提高柴油机的经济性，实际充入气缸中的空气量要比完全燃烧理论上需要的空气量多，即要有过量的空气。通常将两者的比值称为过量空气系数α，一般$\alpha=1.2\sim1.5$。柴油机在各种工况下工作时，实际充入气缸中的空气量基本不变，而是依据不同负荷相应改变喷油量，从而改变混合气浓度，即改变α值。α值越大，则混合气越稀，能提高柴油机的经济性而使动力性变差；反之，α值越小，则混合气越浓，能提高动力性而使经济性变差。

二、柴油机燃烧过程

柴油机可燃混合气的形成与燃烧的条件比汽油机要差得多，这是因为进气行程中进入柴油机气缸的是空气，在压缩行程接近结束时，柴油才被喷入气缸。为了保证发动机的动力性和经济性，燃烧过程必须在活塞上止点附近迅速完成，要求喷油持续时间极为短促，只有15°～30°曲轴转角，混合气形成时间只有汽油机的1/20～1/10，因此，柴油机形成可燃混合气装置的任务要比汽油机艰巨很多。

由于柴油机可燃混合气的形成过程是和燃烧过程紧密结合在一起的，所以在阐明柴油机可燃混合气形成时，必须把柴油机的燃烧过程作简单的介绍。

图5-2所示为柴油机压缩过程和做功过程中，气缸内压力 P 随曲轴转角 θ 变化的关系曲线。

通常将混合气形成与燃烧过程按曲轴转角划分为四个阶段。

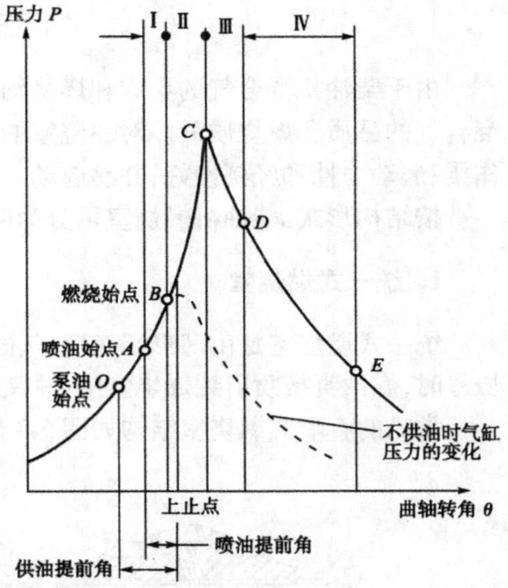

图5-2 柴油机气缸压力与曲轴转角的关系

Ⅰ-备燃期；Ⅱ-速燃期；Ⅲ-缓燃期；Ⅳ-后燃期

1. 备燃期

从喷油始点A到燃烧始点B之间的曲轴转角称为备燃期，也叫预燃期、滞燃期或着火落后期。在此期间，喷入气缸的雾状柴油并不能立即燃烧，而是从气缸内的高温空气中吸收热量，逐渐蒸发、扩散，与空气混合，进行燃烧前的化学准备，然后产生一火焰中心，历时时间为0.0003～0.0007s。时间虽很短，但却对整个燃烧过程影响很大。

2. 速燃期

速燃期是指从出现火焰中心到产生最大压力时为止，即B、C两点间的曲轴转角。在速燃期内，燃料迅速燃烧，气缸内压力和温度急剧上升，直到压力达到最大值（C点）为止。这一时期进行得好坏的标志是工作是否平稳、柔和，它取决于上一时期积油量的多少。积油量多，则燃烧后气缸压力急剧升高，会造成发动机工作粗暴。由此可见，控制备燃期的长短是控制速燃期工作好坏唯一的重要手段。

3. 缓燃期

缓燃期是从最高压力点到最高温度点D之间的曲轴转角。在此阶段，开始燃烧很快，但由于氧气减少，废气增加，燃烧条件不利，故燃烧越来越慢，但燃烧温度却能继续升高到1973～2273K。这一时期是边喷边燃阶段。在D点以前喷油结束。

4. 后燃期

从缓燃期终点D起到燃料基本上烧完时的E点止称为后燃期，也称补燃期。从缓燃期终点起,燃烧是在逐渐恶化的条件下于膨胀过程中缓慢进行的。在此期间,压力和温度均降低。后燃期内,由于活塞下行,燃料燃烧所放出的热量不能有效地利用,损失增加,排温也增高,使发动机过热,导致动力性、经济性降低。所以,应尽可能减少这种后期燃烧。其办法是提高喷雾品质,并选用合适的喷油规律,改善混合气的形成等。

工作粗暴、排气冒烟、噪声大,是柴油机的特点。从喷油开始到燃烧结束,仅占曲轴 50° ~ 60°。在这段时间里,改善燃料的雾化、加强气流的运动、提高燃料后期的燃烧条件是提高柴油机动力性和经济性的有效途径。因此,各种形式的燃烧室应运而生。

三、燃 烧 室

由于柴油机混合气的形成和燃烧均在燃烧室中进行,故燃烧室的结构形式直接影响形成混合气的品质和燃烧质量。对燃烧室的要求是,尽可能形成品质好的混合气,使燃烧完全、工作柔和、动力性和经济性好,并易起动。

按结构形式,柴油机燃烧室可分为两大类:统一式燃烧室和分隔式燃烧室。

1. 统一式燃烧室

统一式燃烧室是由凹形活塞顶、气缸垫间隙与气缸底面所包围的单一内腔。采用这种燃烧室时,燃油直接喷射到燃烧室中,故又称直接喷射式燃烧室。

常见的直喷式燃烧室结构如图 5-3 所示,主要形状有 W 形、球形和 U 形。

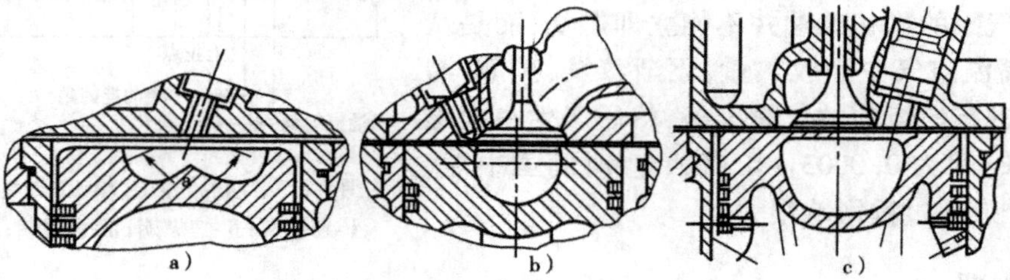

图 5-3 统一式燃烧室

a) W 形;b) 球形;c) U 形

1) W 形燃烧室

图 5-3a) 为 W 形燃烧室,主要在活塞顶部有较深的 W 形凹坑。凹坑口径比气缸直径小得多,活塞顶平面与气缸盖底平面间的间隙较小。

当活塞进行压缩时,活塞顶周围的空气不断被挤压流入凹坑而产生涡流。待活塞上行到上止点前约 8° ~ 10° 曲轴转角时,涡流速度最大,此时多孔喷油器以 19 ~ 6MPa 左右的压力将油喷入燃烧室空间。大部分燃油分布在燃烧室空间与空气形成可燃混合气,少部分燃油黏附在燃烧室壁上形成油膜。空间混合气首先完成物理、化学准备,开始着火燃烧,使凹坑中的温度和压力迅速升高,油膜也迅速蒸发参加燃烧。当活塞开始下行时,燃气从凹坑中冲出再一次产生涡流,使未被利用的空气进一步与燃油混合燃烧。

活塞挤气作用产生涡流的大小,一般是转速越高,燃烧室喉口直径越小,活塞与气缸盖间的间隙越小,挤气产生的涡流速度就越大。如这种燃烧室再配以螺旋进气道,就能进一步改善混合气的形成和燃烧。采用螺旋进气道能产生较大的涡流比,故可适当降低对喷油装置的要求，使柴油机工作良好。135 系列柴油机就是 W 形燃烧室，采用 4 孔喷油器，喷孔直径为 0～35mm，喷油压力为 17.1MPa。

W 形燃烧室具有结构紧凑，散热面积小，热效率高、雾化良好、易起动等优点，但由于大部分燃油在着火落后期间内形成混合气，导致柴油机工作粗暴。

2）球形燃烧室

图 4-3b）为球型燃烧室，主要在活塞顶部有 3/4 的球形凹坑。

球形燃烧室配以螺旋进气道，会产生强烈的进气涡流和挤压气流，将燃油顺着气流方向喷向燃烧室壁面，形成比较均匀的油膜。飞溅到空气中少量燃油首先与空气混合燃烧，起引燃作用。随着燃烧的进展，燃烧室内的温度和气流的速度越来越高，使油膜顺次迅速蒸发与空气均匀混合燃烧。

球形燃烧室的主要特点是：

（1）混合气开始形成很慢，在着火落后期内形成的混合气量少，故柴油机工作柔和；

（2）高速的空气涡流不仅能加速油膜的蒸发，而且还能促使空气与废气分离。因为在旋转的气流中，高温废气因比重小趋向涡流中，而比重较大的空气在离心力的作用下甩向涡流的四周，与壁面上蒸发的燃油及时混合燃烧，使燃烧进行得比较完善，故动力性与经济性都较好；

（3）对燃油供给装置的要求不高，不要求喷注雾化良好，反倒要求喷注具有一定的能量，故可用单孔、双孔喷油器；

（4）因工作相对缓和，对燃油要求不高，可使用不同牌号的燃油。120 系列柴油机采用球形燃烧室配用双孔喷油器，喷孔直径为 0～42mm，喷油压力为 171MPa。这种燃烧室的主要缺点是燃烧室成为一个高温的热球，活塞容易过热，起动性能差。

3）U 形燃烧室

图 5-3c）所示为 U 形燃烧室，亦称复合式燃烧室，主要在活塞顶部有 U 形凹坑。

U 形燃烧室混合气形成和燃烧过程与球形燃烧室相比，主要特点是：喷射燃油的方向基本与空气流动的方向垂直，只有很小的顺流趋势；燃油的一部分是靠旋转的气流甩洒在燃烧室壁面上形成均匀的油膜，然后蒸发形成混合气燃烧；燃油的另一部分分散在高温的空气中，首先形成混合气燃烧。形成油膜的燃油量的多少，与气流的旋转速度有关。柴油机在高速时，以油膜蒸发燃烧为主，类似于球形燃烧室，工作柔和平稳，而且高速旋转的气流亦有分离废气与新鲜空气的作用；当柴油机在低速或起动时，由于空间形成混合气的燃油量增多，类似于 U 形燃烧室，雾化良好、易起动。这种燃烧室对燃油喷射装置要求较低，可使用单孔轴针式喷油器，喷射压力为 11.76MPa 左右。105 系列柴油机采用 U 形燃烧室。

2. 分隔式燃烧室

分隔式燃烧室是把燃烧室的容积分隔成两个部分，两者中间由通道连接。根据通道结构的不同及形成涡流的差别，分隔式燃烧室又可分为涡流室式燃烧室及预燃式燃烧室两种，如图 5-4 所示。

1）涡流室式燃烧室

涡流室式燃烧室由两部分组成，即在气缸盖或气缸体上的球形或钟形的涡流室及在活塞顶的主燃烧室，如图 5-4a）所示。涡流室的容积为燃烧室总容积的 70%～80%，由一个或几个通道面积较大的与其相切的通道连通主燃烧室。

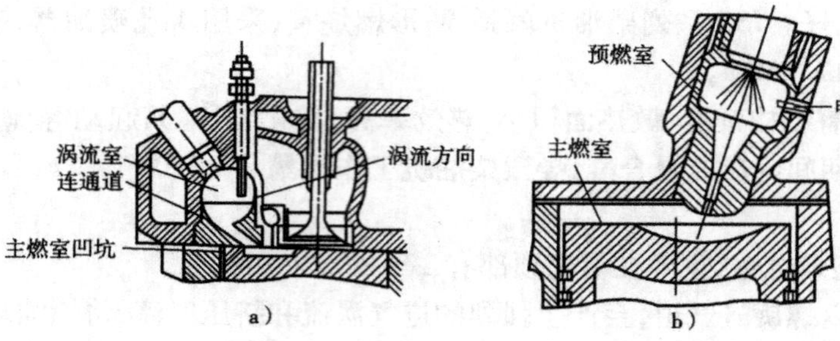

图 5-4　分隔式燃烧室

a）涡流式；b）预燃式

当活塞向上止点运动时，气缸内被压缩的空气沿着主燃烧室与涡流室连接通道的切线方向进入涡流室，形成强烈的、有规则的压缩涡流运动。喷入涡流室的燃油靠这种强烈的涡流与空气迅速地基本完成混合，部分燃油即在涡流室内燃烧，未燃部分在做功行程初期与高压燃气通过切向孔道喷入主燃烧室，进一步与空气混合而燃烧。在这种燃烧室内，压缩涡流强度与柴油机的转速成正比，转速越高，混合气形成越快，两者相互适应。这就是涡流式柴油机能适应高速运转（转速高达 5000r/min）的原因。4125 型柴油机即为涡流式燃烧室。

2）预燃室式燃烧室

这种燃烧室亦由两部分组成，即气缸盖上的预燃室与活塞顶部的主燃烧室，两者之间由一个或几个小孔通道（或称喷孔）相连，预燃室的容积约为总燃烧室的 30% ~40%，如图 5-4b）所示。在压缩过程中，气缸内一部分被压缩的空气从主燃烧室挤入预燃室，这时由于通道的节流作用而产生压差，预燃室内的压力要比主燃烧室内低 0.3 ~0.5MPa。由于连接通道不与预燃室相切，所以压缩行程期间，并不产生有序的涡流，只是空气流过通道时会产生强烈的紊流。接近压缩终了时，喷油器将燃油喷入预燃室内与高温空气相遇，很快着火燃烧。着火后预燃室中的压力和温度迅速升高，巨大的预燃能量形成的压力差将未燃烧的大部分燃油连同燃气高速喷入主燃烧室，在主燃烧室内形成强烈的燃烧紊流，促使大部分燃料在主燃烧室与大部分空气混合而燃烧。

与涡流室式燃烧室比，分隔式燃烧室具有以下特点：

（1）在压缩行程中产生无组织的紊流，或组织微弱的压缩涡流。

（2）预燃室及其通道面积较小，使预燃室和主燃烧室的压力差较大，可获得较高的流速，形成强烈的燃烧涡流。

（3）预燃室的通道孔多，有利于混合气在主燃烧室的均匀分布。

其缺点基本与涡流式燃烧室相近，这里不再赘述。

涡流室式和预燃室式燃烧室多用于小型高速柴油机上，缸径一般在 100mm 以下。

第三节　喷　油　器

喷油器是柴油机燃油供给系中实现燃油喷射的重要部件，其功用是根据柴油机混合气形成的特点，将燃油雾化成细微的油滴，并将其喷射到燃烧室特定的部位。喷油器应满足不同类型的燃烧室对喷雾特性的要求。

高速柴油机广泛采用闭式喷油器。这种喷油器主要由喷油器体、调压装置及喷油嘴等部分组成。闭式喷油器的喷油嘴是由针阀和针阀体组成的一对精密偶件，其配合间隙仅为

0.002 ~0.004mm。为此,在精加工之后,尚需配对研磨,故在使用中不能互换。一般针阀由热稳定性好的高速钢制造,而针阀体则采用耐冲击的优质合金钢。

根据喷油嘴结构形式的不同,闭式喷油器又可分为孔式喷油器和轴针式喷油器两种,分别用于不同类型的燃烧室。

一、孔式喷油器

1. 喷油器结构

孔式喷油器用于直喷式燃烧室柴油机上,其结构如图5-5所示。由针阀11和针阀体12构成的喷油嘴通过拧紧螺母10与喷油器体9紧固在一起。为了保证结合面的密封,针阀体的上端面与喷油器体的下端面都需经过精细的研磨。调压弹簧7的预紧力通过顶杆8作用在针阀上,将针阀压紧在针阀体内的密封锥面上,使喷油嘴关闭。调压弹簧的预紧力由调压螺钉5调节。孔式喷油器的喷油嘴有长形和短形两种结构形式,如图5-6所示。前者将喷油嘴加长,针阀的导向部分远离燃烧室,以减少针阀受热及变形,从而避免针阀卡死在针阀体内,所以长型喷油嘴多用于热负荷较高的柴油机上。针阀的上圆锥面称作承压锥面,用来承受油压产生的轴向推力,使针阀升起。针阀下端的圆锥面,称作密封锥面,与针阀体内的密封锥面配合,以实现喷油器内腔的密封。针阀的密封锥面与针阀体内的密封锥面都是在精加工之后再配对研磨,以保证其配合精度。孔式喷油器的喷油嘴头部加工有一个或多个喷孔,一般喷孔数目为1~7个,喷孔直径为0.2~0.5mm。孔径小可使雾化质量提高,但加工困难,并容易引起积炭堵塞。

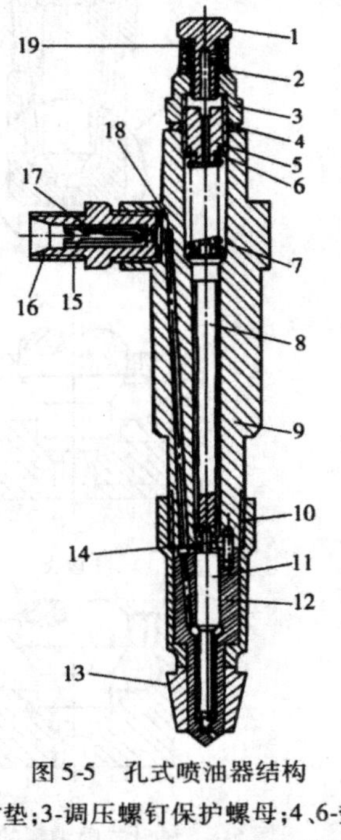

图5-5 孔式喷油器结构

1-回油管接头;2-衬垫;3-调压螺钉保护螺母;4、6-垫圈;5-调压螺钉;7-调压弹簧;8-顶杆;9-喷油器体;10-喷油嘴拧紧螺母 11-针阀;12-针阀体;13-垫块;14-定位销;15-进油管接头护帽;16-进油管接头;17-喷油器滤芯;18-进油管接头衬垫;19-保护套

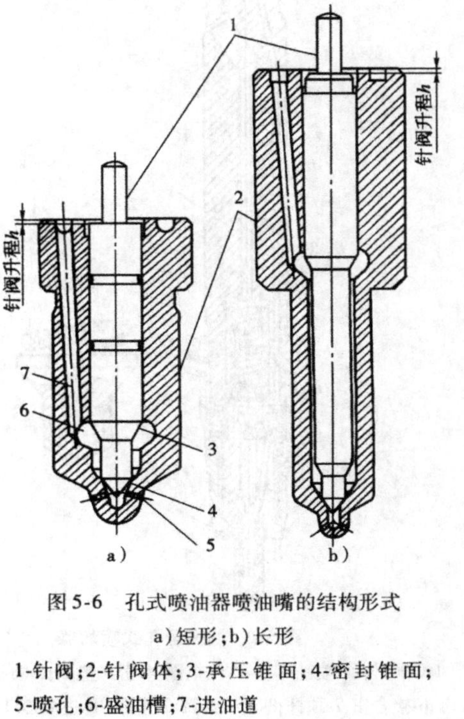

图5-6 孔式喷油器喷油嘴的结构形式

a)短形;b)长形

1-针阀;2-针阀体;3-承压锥面;4-密封锥面;5-喷孔;6-盛油槽;7-进油道

2. 喷油器工作原理

当柴油机工作时，来自喷油泵的高压柴油通过高压油管送到喷油器，经进油管接头16、喷油器滤芯17以及喷油器体9和针阀体12内的油道(见图5-5)进入喷油嘴内的盛油槽6(见图5-6)。油压作用在针阀的承压锥面上，产生向上的推力。当此推力超过调压弹簧的预紧力时，针阀升起并将喷孔打开，高压油经喷孔喷入燃烧室。针阀升起的最大高度即针阀升程，由喷油器体(或接合座)的下端面限制。当喷油泵停止供油时，喷油嘴盛油槽内的油压迅速下降，针阀在调压弹簧的作用下瞬间落座，将喷孔关闭，终止喷油。在喷油器工作期间，有少量柴油从针阀与针阀体配合表面之间的间隙中漏出，并沿顶杆周围的缝隙上升，最后通过回油管接头1(图5-5)进入回油管，流回燃油滤清器。这部分柴油在漏过针阀偶件时对偶件起润滑作用。

图5-7所示为低惯量孔式喷油器。其结构特点是，调压弹簧8下置，靠近喷油嘴，使顶杆7大为缩短，从而减小了运动件的质量和惯性力，有助于消减针阀跳动，适用于高速柴油机。该喷油器在喷油嘴与喷油器体之间设置接合座6，可以简化喷油器体的加工。

二、轴针式喷油器

轴针式喷油器(如图5-8所示)与孔式喷油器的工作原理相同，结构相似，只是喷油嘴头部(见图5-8)的结构不同而已。在轴针式喷油器中，针阀密封锥面以下有一段轴针，它穿过针阀体上的喷孔且稍突出于针阀体之外，使喷孔呈圆环形。因此，轴针式喷油器的喷注是空心的。

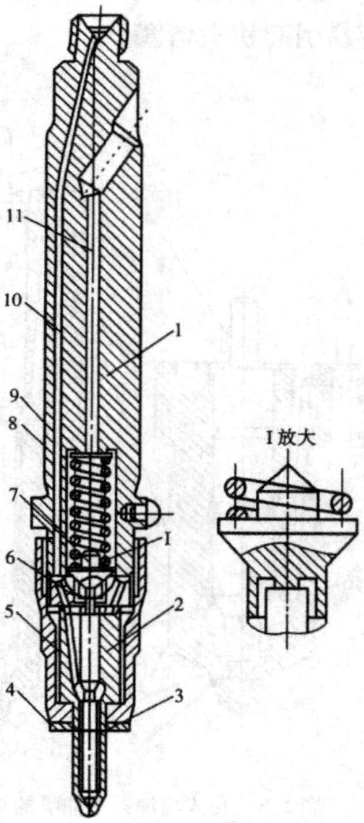

图5-7 低惯量孔式喷油器

1-喷油器体;2-喷油嘴;3-弹性垫圈;4-密封垫圈;5-喷油嘴拧紧螺母;6-接合座;7-顶杆;8-调压弹簧;9-垫圈;10-进油道;11-回油道

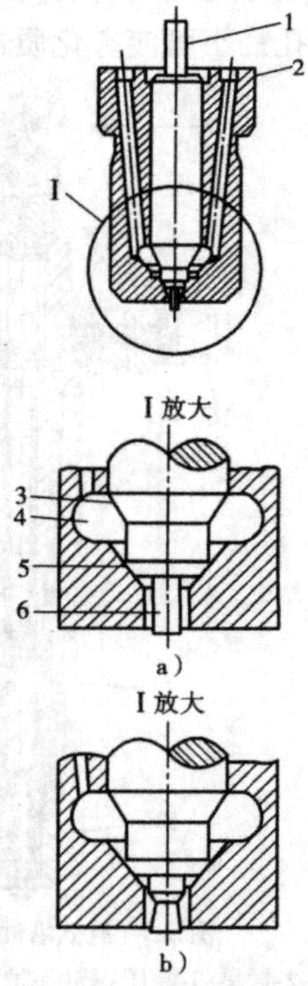

图5-8 轴针式喷油嘴的结构形式

a)圆柱形轴针;b)截锥形轴针

1-针阀;2-针阀体;3-承压锥面;4-盛油槽;5-密封锥面;6-轴针

轴针式喷油器的喷孔直径一般为0.8～1.5mm。由于轴针在喷孔内上下运动，可起到防止积炭堵塞的自洁作用。轴针可以制成圆柱形或截锥形。圆柱形轴针其喷注的喷雾锥角较小，而截锥形轴针其喷注的喷雾锥角较大。因此，轴针制成不同形状，可以得到不同形状的喷注，以适应不同形状燃烧室的需要。

轴针式喷油器有普通型、节流型和分流型之分。与普通型相比，节流型喷油嘴的轴针较长，圆环形喷孔的长度即节流升程较大。节流型喷油嘴在针阀升起的初期，喷孔通过面积较小，历时较长，尽管针阀升程已达0.48mm，但喷孔通过面积仍然很小。普通型喷油嘴则不同，在针阀升程超过0.1mm后，其喷孔通过面积就开始迅速增大。因此，节流型轴针式喷油器喷油初期的喷油速率较小，从而可以减缓燃烧过程初期气缸内的压力增长率，对降低柴油机燃烧噪声，防止柴油机工作粗暴有利。

第四节　柱塞式喷油泵

喷油泵与喷油器一样，都是柴油机燃油系统的重要部件，常被喻为发动机的“心脏”。它的功用是对柴油加压，并按柴油机的各种工况要求，定时、定量地将高压柴油送至喷油器。

对于多缸柴油机的喷油泵应满足如下要求：

(1)按柴油机工作顺序供油。

(2)各缸供油量应均匀，不均匀度不大于3%～4%。

(3)各缸供油提前角、延续角应一致，相差不应大于0.5°曲轴转角。

(4)停止供油迅速，防止喷油器滴油或异常喷射现象。

喷油泵的结构形式很多。柴油机的喷油泵按作用原理不同大体可分为三类：柱塞式喷油泵、喷油泵—喷油器和转子分配式喷油泵。柱塞式喷油泵发展和应用的历史较长，因性能良好、使用可靠，为目前大多柴油机所采用。喷油泵—喷油器的特点是将喷油泵和喷油器合成一体，省掉了高压油管，它多用在柱塞运动速度较高的二行程柴油机上。转子分配式喷油泵是20世纪50年代后期出现的一种新型喷油泵，它只用一对柱塞副产生高压，依靠转子或柱塞的旋转，实现燃油的分配。它多用于小、轻型高速柴油机上。

一、柱塞式喷油泵的组成

柱塞式喷油泵主要由泵体、分泵(泵油机构)、驱动机构、油量调节机构以及出油阀等部分组成如图5-9所示，输油泵安装在喷油泵泵体的下部外侧并由喷油泵凸轮轴驱动。

泵体一般用铝合金制成，安装于柴油机一侧

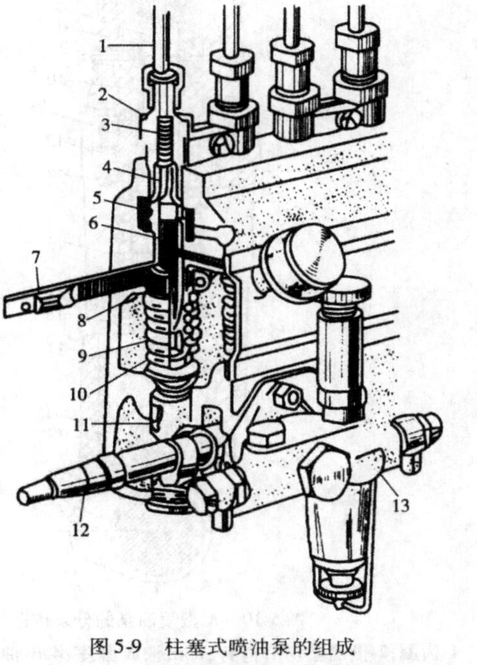

图5-9　柱塞式喷油泵的组成

1-高压油管；2-出油阀座；3-出油阀弹簧；4-出油阀；5-柱塞套；6-柱塞；7-油量调节齿杆；8-油量调节齿轮；9-油量调节套筒；10-柱塞弹簧；11-滚轮体部件；12-喷油泵凸轮轴；13-输油泵

的支架上。分泵是喷油泵的核心部分,每一个气缸都对应一个分泵,由位于泵下部的喷油泵凸轮轴通过滚轮体部件驱动其上(部)端的柱塞作往复运动,压缩并供出柴油。分泵的上部,也即喷油泵的出口处有出油阀。油量调节机构则用于调节供油量的大小,主要由油量调节齿条、油量调节齿杆和油量调节套筒等组成。

柱塞式喷油泵就其结构布置形式的不同,有单体泵和合成泵之分。单体泵用于单缸柴油机或多缸大中型柴油机上。在多缸高速柴油机上,通常是将各缸的泵油机构及调速器合为一体,构成合成泵(或称组合泵)。

二、柱塞式喷油泵的分泵构造与泵油原理

合成泵中每一缸的泵油机构称为分泵,如图 5-10 所示。分泵的主要零件是柱塞偶件,即柱塞 10 和柱塞套 7,如图 5-11 所示。柱塞为一光滑圆柱体(见图 5-11),在其上部铣有螺旋槽或直斜槽,螺旋槽或直斜槽与柱塞的轴向孔相通。在柱塞中部开有一环形槽,以储存少量柴油润滑工作表面。柱塞与柱塞套是燃油供给系中的又一副精密偶件,其配合间隙为 0.001 ~ 0.0025mm。

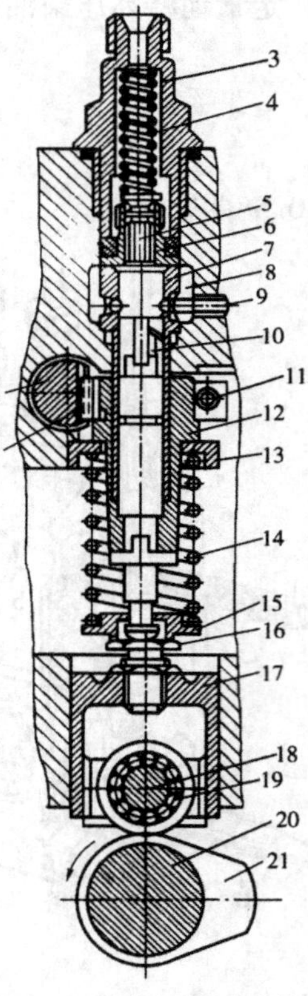

图 5-10　A 型喷油泵的分泵构造

1-齿圈;2-供油量调节齿杆;3-出油阀紧座;4-出油阀弹簧;5-出油阀;6-出油阀座;7-柱塞套;8-低压油道;9-定位螺钉;10-柱塞;11-齿圈夹紧螺钉;12-油量调节套筒;13、15-上、下柱塞弹簧座;14-柱塞弹簧;16-供油正时调整螺钉;17-滚轮体;18-滚轮轴;19-滚轮;20-喷油泵凸轮轴;21-凸轮

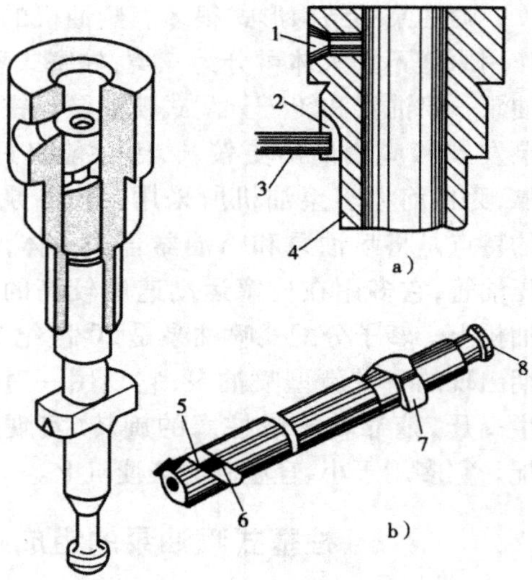

图 5-11　柱塞偶件

a)柱塞套;b)柱塞

1-油孔;2-定位螺钉槽;3-定位螺钉;4-柱塞套;5-斜槽;6-中心油孔;7-凸块;8-柱塞

经研磨和选配而成,不能互换。柱塞套上部开有两个径向油孔(进油孔和回油孔)与泵体上的低压油道8相通(图5-10)柱塞套装在喷油泵壳体内,并由定位螺钉9定位,以防止工作时转动。在柱塞套上方装有出油阀5和出油阀座6组成的出油阀偶件,出油阀3通过出油阀弹簧4将出油阀压紧在出油阀座上。柱塞下端与供油正时调整螺钉16相接触,调整螺钉拧在滚轮体17的螺孔中并用锁紧螺母紧固。滚轮19通过滚轮轴18与滚轮体相连,当喷油泵凸轮21转动时,即可通过滚轮、滚轮轴、滚轮体和调整螺钉将柱塞顶起。柱塞下落靠柱塞弹簧14的弹力来实现。在泵体低压油道内的清洁柴油通过柱塞套上的进、回油孔进入柱塞腔。

柱塞式喷油泵的泵油原理如图5-12所示。

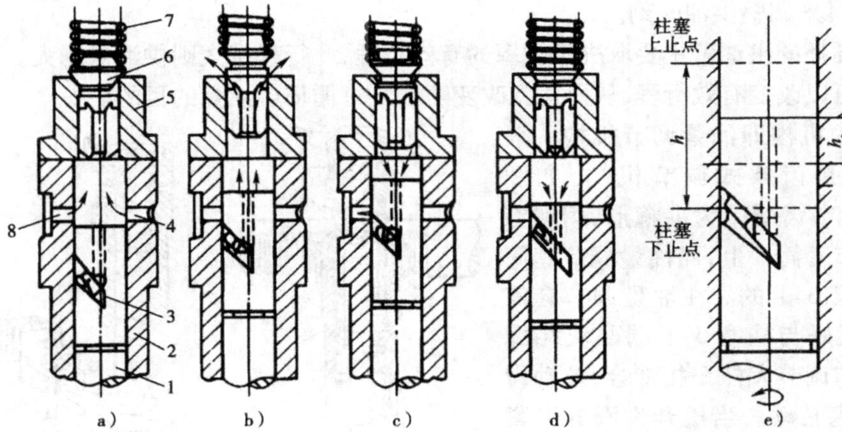

图5-12 柱塞式喷油泵的泵油原理

a)进油过程;b)压油过程;c)回油过程;d)不供油位置;e)柱塞供油行程

1-柱塞;2-柱塞套;3-斜槽;4、8-进回油孔;5-出油阀座;6-出油阀;7-出油阀弹簧

1)进油过程

凸轮转过最高位置,进入回程,在弹簧作用下,柱塞下行。当柱塞上端面与进油孔上边缘平齐时,柴油进入柱塞上方,直至柱塞到达下止点,完成进油过程,如图5-12a)所示。

2)压油过程

凸轮转过最低位置后,进入升程,推动柱塞压缩弹簧上行。当柱塞上端面封闭进油孔时,在柱塞上端形成密封腔,柴油受压,使压力剧增,当压力大于出油阀弹簧的弹力和高压油管内的剩余压力之和时,推开出油阀,开始供油。当油压达到喷油压力时,柴油经喷油器喷入燃烧室。随后,柱塞继续上行,压油过程继续,如图5-12b)所示。

3)回油过程

柱塞上行到斜槽与柱塞套的回油孔相通时,柱塞上方的高压腔与上体环形油槽的低压腔连通,柱塞上腔的高压油经柱塞轴向孔、径向孔及斜槽流回低压腔,油压骤然下降,出油阀在弹簧作用下迅速关闭,供油结束,如图5-12c)所示。

4)不供油位置

出油阀关闭之后,柱塞继续上行到上止点为止,但不能供油,如图5-12d)所示。

从以上泵油原理可以看出:柱塞运动的行程,即柱塞上下止点间的距离h是不变的。供油开始时刻由柱塞上端面遮住柱塞套上进回油孔的时间来控制,供油延续时间和供油量则由柱塞上端面遮住进回油孔至螺旋槽(或斜槽)与回油孔相通的时间来控制,即由柱塞的有效行程(供油行程)h_e 来控制。如图5-12e)所示。

柱塞由下止点开始升起到进、回油孔关闭(供油开始),这段行程称为柱塞的预行程。供油时刻取决于预行程的大小,即预行程大则供油时刻延迟;反之,供油时刻则提前。改变预行程可以通过调整滚轮体的高度来实现。在分泵上调整供油时刻的方法随分泵的构造不同而异。在图5-10所示的分泵上,可松开滚轮体17上的锁紧螺母,旋动调整螺钉16加以调整。螺钉旋出时,滚轮体的高度增大,预行程减小(柱塞相对凸轮向上升起),供油时刻提前;螺钉旋入时则供油时刻延迟。对于国产新系列喷油泵,可通过改变柱塞下面滚轮体中的调整垫块的厚度(图5-17)来调整供油时刻。

喷油泵每循环的供油量主要取决于柱塞的有效行程,此行程越大则供油量越大。因此,只要转动柱塞就可以改变有效行程,从而达到改变喷油泵每循环供油量的目的。

转动柱塞的机构即油量调节机构一般有两种。一种是齿条式调节机构,如图5-13a)所示。调节齿圈1为夹箍形,用螺钉锁紧在油量调节套筒7上,而油量调节套筒是松套在柱塞套3上的。在油量调节套筒下端有切口,正好与柱塞5下端凸块相配合。调节齿圈与调节齿杆6相啮合,拉动齿杆便可带动柱塞转动。当松开齿圈的夹紧螺钉将油量调节套筒及柱塞相对于柱塞套转动一角度时,即可调整各缸供油量的大小和均匀性。这种调节机构的优点是传动平稳、工作可靠,在柱塞式喷油泵中广泛应用。

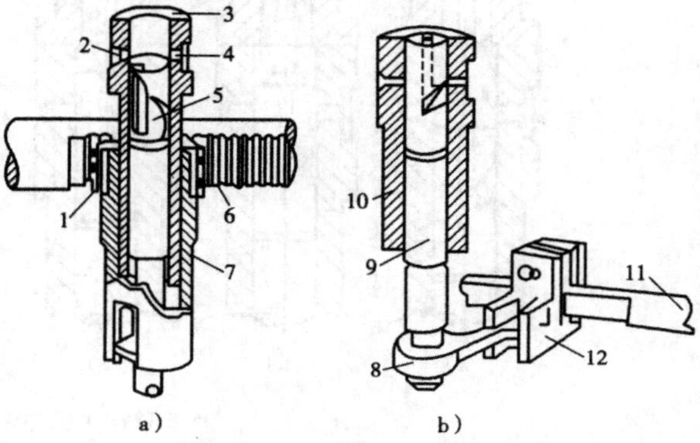

图5-13 油量调节机构
a)齿条式油量调节机构;b)拨叉式油量调节机构
1-调节齿圈;2-进油孔;3-柱塞套;4-回油孔;5-柱塞;6-调节齿杆;7-油量调节套筒;8-调节臂;9-柱塞;10-柱塞套;11-调节拉杆;12-调节叉

图5-13b)为另一种拨叉式调节机构。在柱塞2下端压有一个调节臂1,臂的球头插入调节叉5的槽内,而调节叉则用螺钉固定在调节拉杆4上,推动调节拉杆就可以使柱塞转动。即可调整各缸供油量的大小和均匀性。拨叉式调节机构的优点是结构简单、制造方便。国产新系列喷油泵均采用这种调节机构。

三、出油阀的构造和工作原理

出油阀和出油阀座是燃油系统中第三副精密偶件,其构造如图5-14所示。出油阀2上部有密封锥面5,出油阀弹簧将此锥面压紧在出油阀座1上,使柱塞上部油腔与高压油管隔开。密封锥面下部有一圆柱形的环带3称为减压环带。它与阀座的内孔精密配合,也具有密封作用。减压环带以下铣有四个直切槽4,使槽截面呈十字形,其外圆面起导向作用,而直切槽则成为高压柴油的通路。

当柱塞向上泵油并克服了出油阀弹簧的弹力以及高压油管的剩余压力时,出油阀开始升起,待减压环带离开出油阀座后,柴油即通过直切槽流入高压油管,如图5-15a)、图5-15b)所示。当柱塞螺旋槽(或斜槽)与回油孔一旦接通,高压柴油即倒流入低压油道,此时,出油阀在弹簧和高压柴油的共同作用下迅速下落。首先是减压环带的下端进入出油阀座内孔,而使柱塞上部油腔与高压油管隔开,如图5-15c)所示,随着出油阀继续下落至出油阀座上,如图5-15d),出油阀便让出了一部分高压容积,使高压油管中的油压迅速降低,喷油器立即停止喷油。如果没有减压环带的减压作用,则在出油阀落座后,高压油管中仍会存在着很高的剩余压力,容易使喷油器发生滴漏、二次喷射等不正常喷射现象。此外,出油阀还起着单向阀的作用,由于出油阀密封锥面与出油阀座的密封作用,在停止喷油的间隔时间内高压油管中仍保留有一定剩余压力的柴油,这就可使每次开始供油较为迅速。

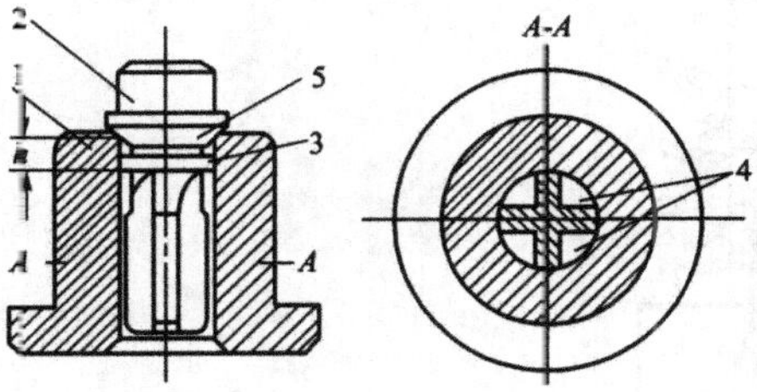

图5-14　出油阀

1-出油阀座;2-出油阀;3-减压环带;4-直切槽;5-密封锥面

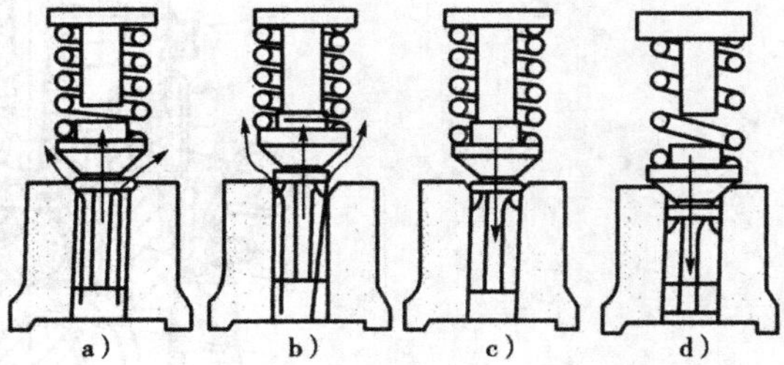

图5-15　出油阀的工作原理

a)供油开始;b)供油;c)供油结束;d)出油阀落座

四、国产系列喷油泵

我国中小功率高速柴油机的喷油泵已基本上形成了系列。国产喷油泵系列是根据不同柴油机单缸功率对循环供油量的要求不同,以几种柱塞行程为基础,把喷油泵分成几个系列。每个系列再配以不同直径的柱塞偶件,组成若干种最大循环供油量不等的喷油泵,以满足柴油机不同功率的要求。采用系列喷油泵后,如果柴油机单缸功率在一定范围内增加或减小,则只需更换不同直径的柱塞偶件,而不必改变其他机构,就可以达到增加或减少最大循环供油量的目的。这给喷油泵的生产和使用维修都带来了很多方便。

1. Ⅱ号泵

图5-16所示为Ⅱ号喷油泵结构。

1)泵体

泵体分上、下体两部分。下体26与上体27之间用四个螺栓相连,拆装维修较为方便。上体为铸铁件以保证足够的刚度和强度,下体用铝合金铸成以减轻重量。上体中有纵向的低压油道与各柱塞套的进、回油孔相通。油道一端为进油管接头20,另一端装有溢油阀28,其作用为保持低压油道具有一定的压力(约50kPa)。当输油泵供给的油量过多而使油压升高时,多余的柴油则顶开溢油阀流回输油泵进口(或柴油滤清器)。上体还设有两个放气螺钉17,起动时可拧开,以排除低压油道中的空气。

下体用水平隔板分成上下两个腔,隔板上开有垂直孔用以安装滚轮体部件3。上腔一侧开有检视窗,以便检查和调整供油量。下腔的两端有轴向孔,用以安置凸轮轴轴承。下腔中部侧面开有安装输油泵的连接口,此外还开有小孔用以安装检查润滑油油面高度的油尺。下腔后端通过小孔与调速器壳体内腔相通,润滑油由调速器上的呼吸器孔加入,经此小孔流入喷油泵下腔以润滑凸轮传动机构。

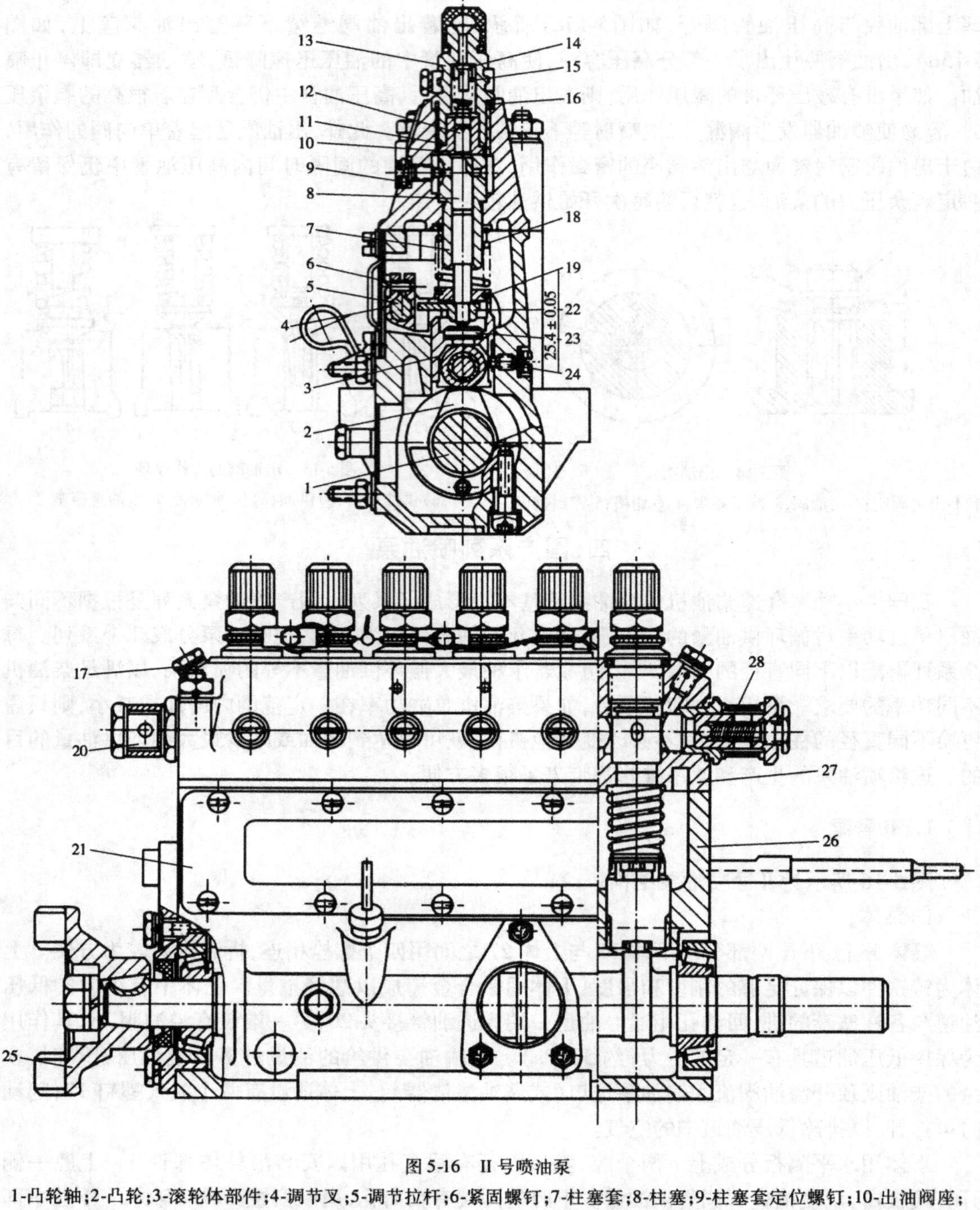

图 5-16 Ⅱ号喷油泵

1-凸轮轴;2-凸轮;3-滚轮体部件;4-调节叉;5-调节拉杆;6-紧固螺钉;7-柱塞套;8-柱塞;9-柱塞套定位螺钉;10-出油阀座;11-高压密封垫圈;12-出油阀;13-出油阀紧座;14-减容器;15-出油阀弹簧;16-低压密封垫圈;17-放气螺钉;18-柱塞弹簧;19-弹簧下座;20-进油管接头;21-轴承盖板;22-调节臂;23-调整垫块;24-定位螺钉;25-联轴节从动盘;26-喷油泵下体;27-喷油泵上体;28-溢流阀

2)分泵

分泵由柱塞偶件7和8、柱塞弹簧18、出油阀偶件10和12、出油阀弹簧15、减容器14以及出油阀紧座13等零件组成。

在柱塞上部圆柱形表面上铣有与轴线成50°的左向直斜槽,中心钻有垂直小孔与斜槽上的径向小孔相通。柱塞中部开有浅环槽,可储存少量柴油润滑柱塞偶件。柱塞下端与调节臂22压配,压配时应保证一定的相对位置,否则会影响正确的供油量。柱塞套上的进,回油孔在同一水平轴线上,其中与斜槽相对的孔是回油孔,另一个为进油孔,它们均与泵体中的低压油道相通。柱塞套装入上泵体时,为了保证这两个油孔的正确位置以及避免工作时柱塞套转动,用定位螺钉9加以定位。

出油阀紧座通过垫圈将出油阀座压紧在柱塞套上。出油阀紧座与上泵体之间的橡胶圈16用作低压封油,而出油阀座上部与出油阀紧座之间的铜垫圈11用作高压封油。此外,出油阀紧座中还装有减容器14,其功用是减小高压油腔的容积,以改善供油特性,提高经济性。同时也用来限制出油阀的最大升程。

3)油量调节机构

II号喷油泵和其他新系列泵均采用拨叉式油量调节机构,其构造如图5-13所示。

4)传动机构

II号喷油泵的传动机构主要由凸轮轴1、滚轮体部件3和联轴节从动盘25组成(图5-16)。凸轮轴的两端支承在圆锥滚柱轴承上,通过增减轴承盖与下泵体之间的垫片可以调整凸轮轴的轴向间隙。凸轮轴前端装有联轴节从动盘,后端与调速器的驱动盘相连。在凸轮轴上还有偏心轮用以驱动输油泵。滚轮体部件如图5-17所示。滚轮2内装有滚轮衬套3,它们之间可相对转动,滚轮衬套也可在滚轮轴4上转动,这样三个零件之间的磨损就比较均匀。

滚轮体一侧开有纵向长槽与定位螺钉相配合(图5-16),防止滚轮体部件上下运动时转动。在滚轮体内还装有调整垫片1,用以调整供油提前角。

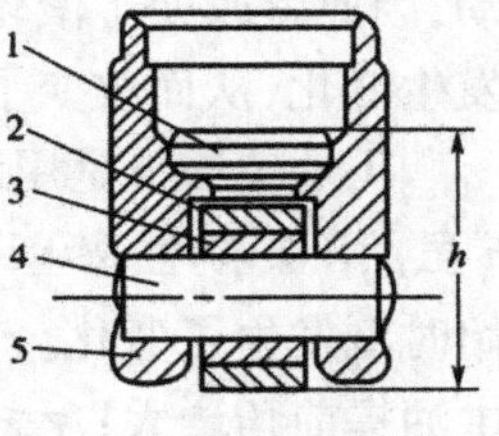

图5-17　滚轮体部件
1-调整垫片;2-滚轮;3-滚轮衬套;4-滚轮轴;5-滚轮体

喷油泵凸轮轴是曲轴通过正时齿轮驱动的。对于四行程柴油机,凸轮轴转速等于曲轴转速的1/2,对于二行程柴油机,其凸轮轴转速等于曲轴转速。

柴油机供油提前角及各缸供油间隔的均匀性对柴油机工作性能影响很大,其误差应小于0.5°~1°曲轴转角。供油提前角的调整方法通常有两种:一种方法是改变喷油泵凸轮轴与柴油机曲轴的相对角度位置,用于调整喷油泵的供油提前角;另一种方法是改变滚轮体部件的高度,用以调整单个分泵的供油提前角,同时也就使各分泵之间的供油间隔角发生了变化。

改变喷油泵凸轮轴和柴油机曲轴的相对角度位置,常用的方法是调整喷油泵联轴节或者旋转喷油泵体。

II号喷油泵联轴节的结构如图5-18所示。中间凸缘3用两个螺钉和驱动轴6上的传动凸缘盘4连接,该螺钉穿过传动凸缘盘上的弧形孔c。中间凸缘盘的两个凸块b和从动凸缘盘上的两个凸块口分别插入胶木垫盘7的四个切口中,传动凸缘盘用销钉楔紧在驱动轴上。当螺钉松开时,传动凸缘盘可以沿弧形孔相对于中间凸缘盘转过一定的角度,因而喷油泵凸轮

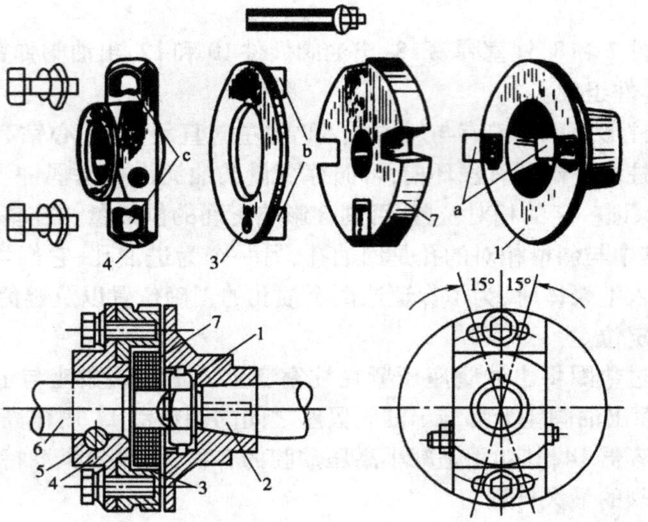

图 5-18　喷油泵联轴节
1-从动凸缘盘;2-凸轮轴;3-中间凸缘盘;4-传动凸缘盘;5-销钉;6-驱动轴;7-胶木垫盘

轴相对于曲轴也转过了相应的角度,即改变了喷油泵的供油提前角。

旋转喷油泵体法是将泵体相对于凸轮轴的旋转方向转动一个角度,由于凸轮轴的位置未动,因此就改变了滚轮体部件和凸轮轴的相对位置,使柱塞顶面遮住柱塞套进,回油孔的时刻发生变化,从而改变了供油提前角的大小。

II 号喷油泵是用调整垫块来调整滚轮体部件的高度 h(图 5-17)。改变滚轮体部件的高度 h 虽然不影响柱塞上下止点间的全行程和有效行程,但却改变了柱塞的预行程,从而使供油开始时刻发生了变化。当调整垫块厚度加大时,滚轮体部件高度增大,柱塞的预行程减小,于是供油提前角增大;反之,则供油提前角减小。调整垫块按照不同的厚度分成若干组,根据滚轮体部件规定的高度选用。这样,各分泵供油间隔的均匀性就用滚轮体部件和调整垫块的尺寸精度来保证,而无须在试验台上逐缸调整。调整垫块的硬度很高,不易磨损,磨损后可统一更换或翻面使用。

国产 I、II、III 号系列喷油泵的结构基本类似,其主要优点是:结构紧凑、体积小、重量轻、零件数量少;工艺性、通用性、互换性较好,使用维修也较方便。但是,新系列喷油泵也存在着一些缺点:如尺寸过于紧凑,从而使适应增大功率的潜力较小;泵体刚度差易于变形;调节机构不够灵活;少数零件磨损较严重等,使喷油泵的性能和耐久性受到影响。

2. A 型喷油泵

在国产 I、II、III 号新系列喷油泵广泛使用之前,我国中小功率柴油机基本上采用老系列喷油泵。老系列喷油泵由 A 型、B 型、Z 型三种系列喷油泵组成,其结构也基本上类似。目前国内新、旧系列喷油泵都在同时使用。

A 型喷油泵的结构如图 5-19 所示。其工作原理与 II 号喷油泵基本相同。与 II 号喷油泵相比,其结构上的主要区别为:

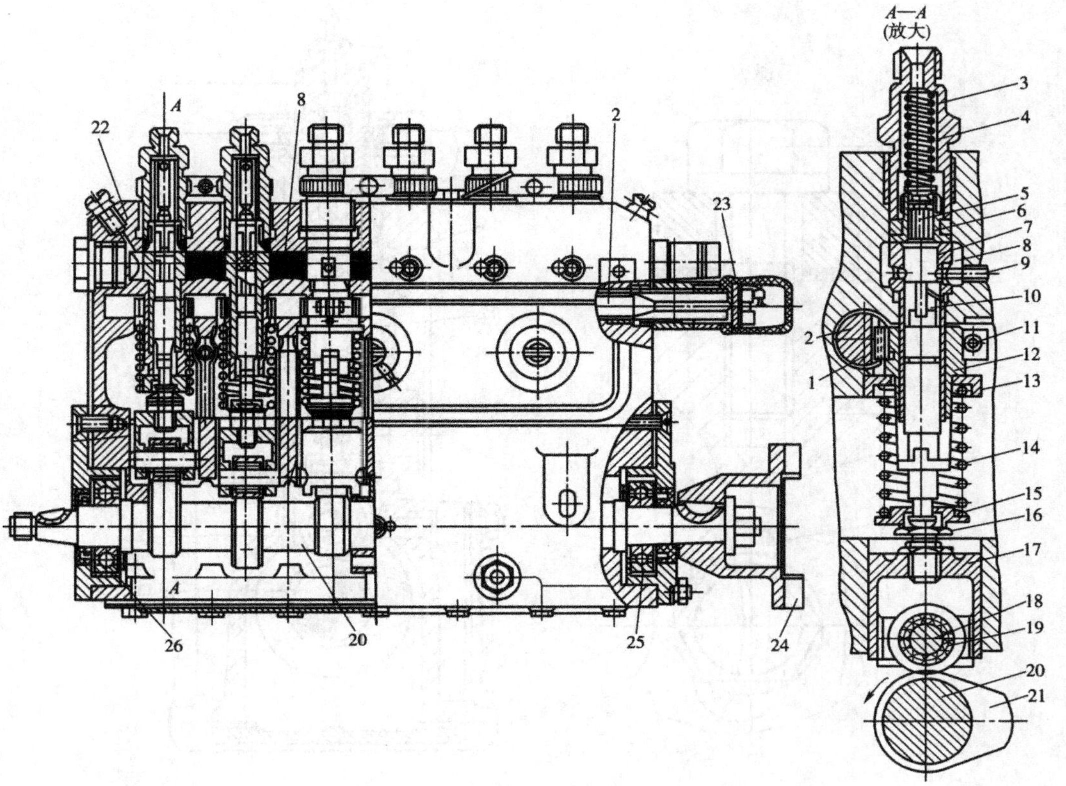

图 5-19 A 型喷油泵结构

1-齿圈;2-供油量调节齿杆;3-出油阀紧座;4-出油阀弹簧;5-出油阀;6-出油阀座;7-柱塞套;8-低压油腔;9-定位螺钉;10-柱塞;11-齿圈夹紧螺钉;12-油量调节套筒;13、15-上、下柱塞弹簧座;14-柱塞弹簧;16-供油正时调节螺钉;17-滚轮体;18-滚轮轴;19、20-喷油泵凸轮轴;21-凸轮;22-喷油泵体;23-供油量调节齿杆护帽;24-连轴节从动盘;25、26-轴承

(1)A 型喷油泵采用整体式泵体,其刚性较好。

(2)柱塞上部开有调节供油量的螺旋形斜槽和轴向直槽,可减小供油量随柱塞转动的变化率,但也增加了柱塞偶件的侧向磨损。

(3)油量调节机构为齿条式结构如图 5-13a)所示。

(4)传动机构中滚轮体部件的高度 h 用调整螺钉调节,如图 5-20 所示。松开锁紧螺母 4,旋出或旋进调整螺钉 5,即可改变滚轮体部件的高度 h,从而改变相应分泵的供油提前角。这种结构不用拆开喷油泵即可调整分泵的供油提前角,比较方便,但也增加了调整工作,而且调整螺钉头部硬度的提高受到工艺上的限制,使用中容易磨损。

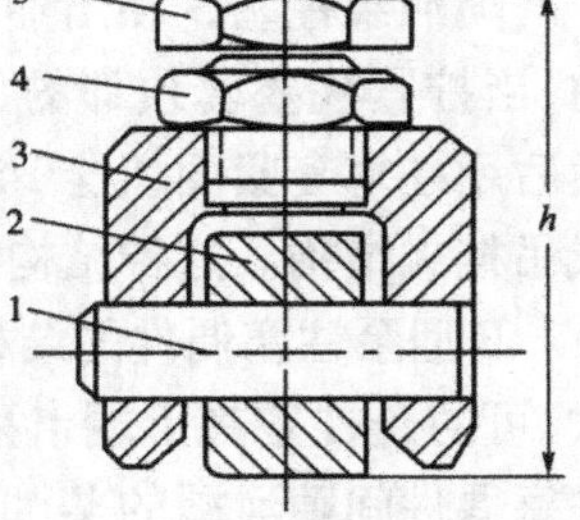

图 5-20 A 型喷油泵滚轮体部件

1-滚轮轴;2-滚轮;3-滚轮;4-锁紧螺母;5-调整螺钉

3. P 型喷油泵

P 型喷油泵的工作原理与 A 型喷油泵基本相同,但在结构上不同于柱塞式喷油泵的传统结构,具有一些明显的特点,如图 5-21 所示。

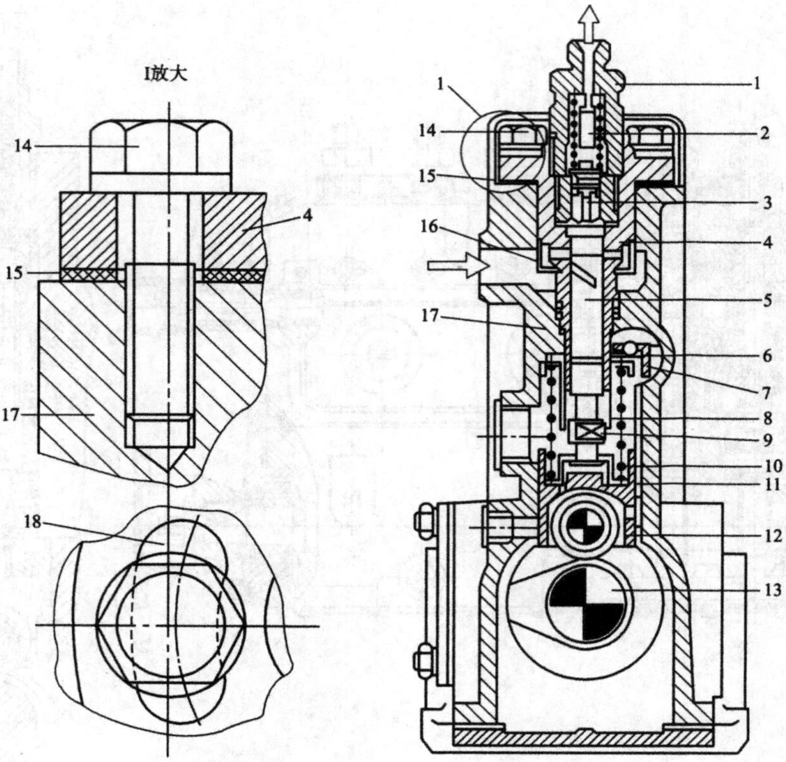

图 5-21　P 型喷油泵

1-出油阀紧座;2-减容器;3-出油阀偶件;4-柱塞套;5-柱塞;6-钢球;7-调节拉杆;8-控制套筒;9-柱塞榫舌;10-柱塞弹簧;11-弹簧座;12-挺柱;13-凸轮轴;14-柱塞套紧固螺栓;15-调节垫片;16-导流罩;17-喷油泵体;18-柱塞套凸缘上的螺栓孔

1)封闭箱式喷油泵体

P 型喷油泵采用不开侧窗口的箱形封闭式喷油泵体,大大提高了喷油泵体的刚度,可以承受较高的喷油压力而不发生变形,以适应柴油机不断向大功率、高转速强化的需要。

2)吊挂式柱塞套

喷油泵柱塞 5 和出油阀偶件 3 都装在有连接凸缘的柱塞套 4 体内,当拧紧柱塞套顶部的出油阀紧座 1 之后,构成一个独立的组件。然后用柱塞套紧固螺栓 14 将柱塞套凸缘紧固在泵体的上端面上,形成吊挂式结构。这种结构改善了柱塞套和喷油泵体的受力状态。

P 型泵柱塞偶件的结构如图 5-22 所示。柱塞套内孔上端孔径略大,可防止柱塞在上端卡死。柱塞套内孔的中部加工有集油槽 2,从柱塞偶件间隙泄漏的柴油集中于此槽内,经泄油孔 1 流回喷油泵的低压油腔。柱塞顶部还开有起动槽 3。当柱塞处于起动位置时,此槽与柱塞套回油孔相对,在柱塞上移到起动槽的下边缘封闭油孔时开始供油。由于起动槽的下边缘低于柱塞顶面,因此供油滞后,供油提前角减小。这时气缸温度较高,柴油喷入气缸容易着火燃烧,有利于柴油机低温起动。

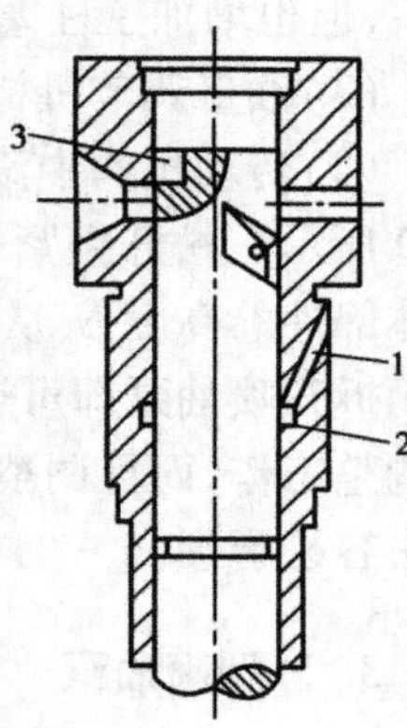

图 5-22　P 型泵柱塞偶件结构

1-泄油孔;2-集油槽;3-起动槽

在柱塞套进、回油孔的外面装有导流罩16(图5-21)。当柱塞供油结束时,高压柴油以很高的速度经柱塞套回油孔流回低压油腔,并强烈地冲击喷油泵体,使其发生穴蚀。导流罩可以防止喷油泵体穴蚀的发生。

3)钢球式油量调节机构

P型喷油泵的油量调节机构(见图5-21)包括调节拉杆7、控制套筒8和嵌入调节拉杆凹槽中的钢球6。柱塞上的榫舌9嵌入控制套筒的豁口中,移动调节拉杆,通过钢球带动控制套筒使柱塞转动,从而改变供油量。这种油量调节机构结构简单,工作可靠,配合间隙小。

4)采用压力润滑方式

利用柴油机润滑系统主油道内的机油对各润滑部位施行压力式润滑。

P型泵各缸供油提前角或供油间隔角是利用在柱塞套凸缘下面增减调节垫片15(见图5-21)的方法来进行调节的。调匀各缸供油量则通过转动柱塞套4来实现。柱塞套凸缘上的螺栓孔是长圆孔,拧松紧固螺栓14,柱塞套可绕其轴线转动10°左右。当转动柱塞套时,改变了柱塞套进、回油孔与柱塞的相对位置,从而改变了柱塞的有效行程,即改变了循环供油量。

第五节　调　速　器

一、柱塞式喷油泵的速度特性

由柱塞式喷油泵的工作原理可知,喷油泵的每循环供油量 g_b 可以通过转动柱塞来调节,即主要取决于油量调节齿杆(或拉杆)的位置。但是,实际的每循环供油量还受到柴油机转速的影响。从理论上讲,当柱塞上端面关闭柱塞套的进、回油孔时才开始泵油,而实际上当柱塞上端面还未完全关闭进、回油孔时,由于节流作用,柱塞腔内的柴油压力就开始升高,致使出油阀提早开启。同理,当供油终了而柱塞的斜槽边缘开启回油孔通道还不足够大时,由于节流作用,高压柴油不能立即流回到低压油道中去,仍维持较高的压力,致使出油阀迟闭。出油阀的早开和迟闭使柱塞的实际供油行程大于它的理论供油行程。并且随着转速的升高,这种节流作用越来越大,使柱塞的实际供油行程超出它的理论供油行程也越来越多。因此,尽管油量调节齿杆(或拉杆)的位置不变,但喷油泵的循环供油量则随着转速的升高而增加,这就是柱塞式喷油泵的速度特性,如图5-23所示。

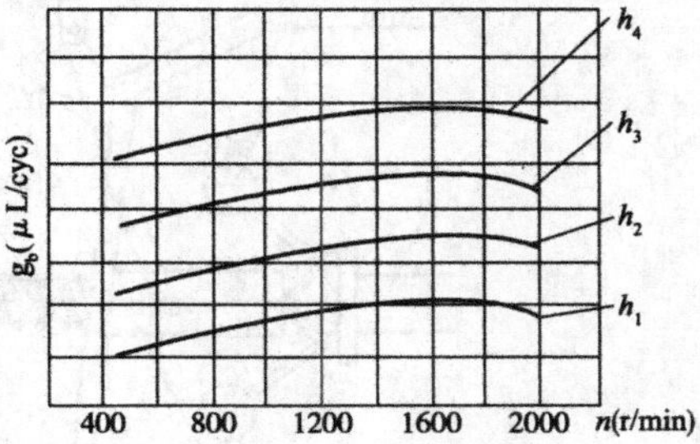

图5-23　柱塞式喷油泵的速度特性

h_1,h_2,h_3,h_4-喷油泵调节齿杆(或拉杆)的固定位置

二、调速器的作用及类型

1. 调速器的作用

当柴油机在怠速工况下运转时,喷入气缸的燃油量很少,输出的动力仅用于克服柴油机内部各机构运动阻力。当柴油机内部阻力由于某种原因略有增大时,会使车速下降,在喷油速度特性的影响下,喷油泵供油量自动减小,促使转速进一步下降。如此循环,最终将导致柴油机熄火。

为了保持柴油机转速的相对稳定(或波动很小),必须随着负荷的变化相应改变供油拉杆的位置。当负荷下降时,减少供油量;相反,当负荷增加时,必须相应增加循环供油量来保持转速的稳定。但是,工程机械的负荷变化量十分复杂的,完全依靠驾驶员改变供油拉杆的位置来稳定柴油机的转速,这是无法实现的。因此,必须在柴油机上安装一种专门装置——调速器。

调速器作用就是根据外界负荷的变化,能自动调节循环供油量,限制最高转速,稳定怠速,使柴油机能稳定运转。

2. 调速器的种类

调速器的种类和形式很多,总括起来可从以下两方面进行分类。

1)按工作原理分

(1)机械离心式调速器(见图5-24)。它主要是利用飞锤2(或飞块)随凸轮轴3旋转时所产生的离心力与调速弹簧5的预紧力相平衡的原理进行工作。飞球装在凸轮轴3上,随着转速的改变,产生不同的离心力,并与调速弹簧平衡在不同位置,通过滑套(调速套筒)4及杠杆机构6改变齿杆1的行程,实现自动调节。

(2)气动式调速器(见图5-25)。它是应用真空吸力与调速弹簧1的预紧力的平衡原理进行工作。它是通过柴油机转速的变化和节气门开度的大小,使与进气喉管相通的真空室内产生不同的吸力,膜片2平衡在不同的位置,并通过膜片直接调节齿杆3的行程。节气门开度一定时,柴油机转速越高,真空室内真空度越大,越容易把齿杆吸到相对较小油门位置。

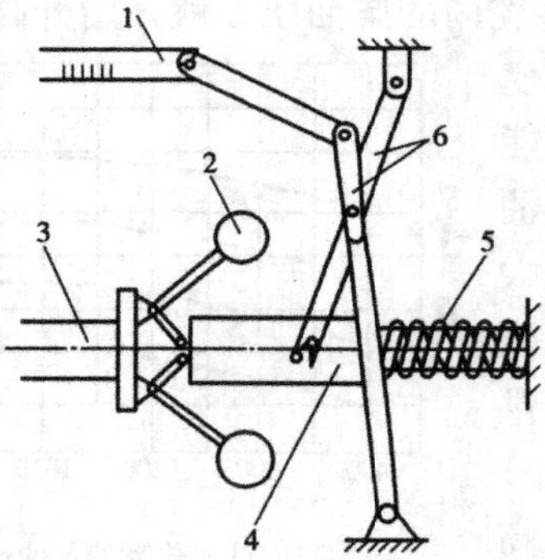

图5-24 机械式调速器

1-齿杆;2-飞锤;3-凸轮轴;4-调速套筒;5-调速弹簧;6-杠杆

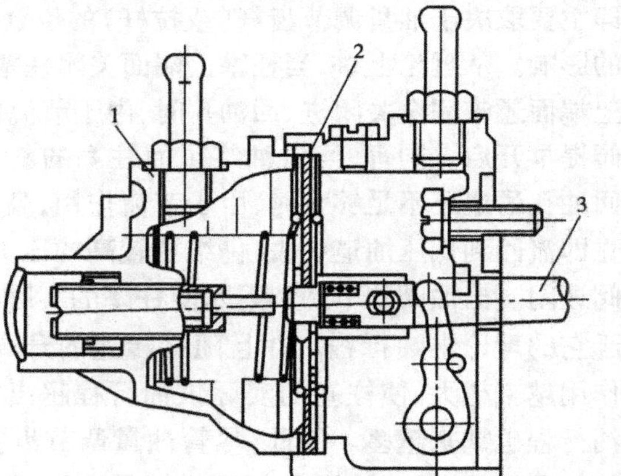

图5-25 气膜调速器

1-调速弹簧;2-膜片;3-齿杆

(3)复合式调速器。它是将机械和气动调速器组合在一起的调速器,利用两种调速器的各自长处,使柴油机在低速和高速工作时都更加稳定,从而改变调速器的调速性能。其中,气动部分起全速调速器的作用,即在由低速到高速的全范围内都起作用;而机械部分则只在高速时和气动部分共同调节。

(4)液压式调速器。它是利用流体压力随柴油机转速变化而变化的原理来调节喷油泵的供油量,它的特点是感应元件小,通用性强,且具有良好的稳定性和很高的调节精度。但结构复杂,制造工艺要求高,在中小功率柴油机中的应用不如机械调速器广泛。

(5)电子式调速器。它具有很高的响应速度和静态、动态调节精度,能够实现无差并联运行。

2)按功能分

(1)单速式调速器。单速调速器只控制高速,主要用于发电机组、空气压缩机和离心式水泵等恒定转速的柴油机上。

(2)两速式调速器。两速调速器只能自动稳定和限制柴油机最低和最高转速,而在所有中间转速范围内则由驾驶员直接操纵齿杆和拉杆来控制。它适用于一般条件下使用的车用柴油机。

(3)全速式调速器。它对柴油机由怠速到最高转速的任何转速下都能自动调节供油量的大小,在各种负荷下都能进行自动控制,各种工程机械柴油机广泛使用这种调速器。

(4)全速两速式调速器。这种调速器既具有全速的功能,又有两速的作用,适用于运行式起重机、搅拌器运输车等具有行驶和作业双重任务的工程机械上,行驶时用两速可省力,作业时用全速更可靠。

调速器要完成它的功能,必须有两个基本组成部分,即转速感应元件和调节供油拉杆位置的执行机构。而机械离心式调速器常采用具有一定质量的、与调速弹簧相平衡的钢球(飞锤或飞块等)作为感应元件。当转速发生变化时,利用感应元件旋转时离心力的变化来驱动执行机构以改变供油拉杆的位置,所以也称为机械离心式调速器。

机械离心式调速器,由于结构紧凑、工作可靠而获得广泛的应用。本节主要介绍工程机械及工程车辆柴油机最常用的机械离心式调速器。

三、机械离心式调速器的构造与工作原理

机械离心式调速器的基本结构如图5-26所示,包括离心感知元件和执行控制元件两大部分。离心力感知元件部分主要由飞球或飞块、支承盘(推力盘)、滑动盘(或传动盘)组成。一些机型还设有离心力放大(齿轮增速)机构。执行控制元件部分主要由调速杠杆、供油拉杆、操纵杆(臂)、调速弹簧等组成。

1. 两速式调速器工作原理

两速式调速器工作原理如图5-26所示。支承盘1由喷油泵的凸轮轴带动旋转,其轴向位置是固定的。飞球3铰接在支承盘上并随支撑盘一起旋转,飞球在旋转时受到离心力作用张开,飞球臂给滑动盘2一个向右的轴向力。滑动盘2可沿轴向滑动,其轴与杠杆4相连,轴的右与一球面顶块10接触。调速弹簧由两根组成,外弹簧为高速弹簧8,刚性较大;内弹簧低速弹簧7,刚性较小。未工作时,球面顶块与弹簧滑块之间有一定的间隙。供油拉杆11不仅由操纵杆6通过拉杆5来操纵,也受滑动盘2的轴向位置控制。

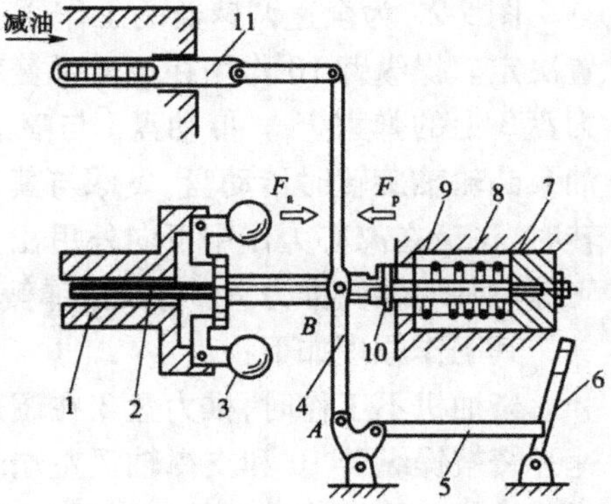

图5-26 两速调速器工作原理

1-支承盘;2-滑动盘;3-飞球;4-杠杆;5-拉杆;6-操纵杆;7-低速弹簧;8-高速弹簧;9-弹簧滑套;10-球面顶块;11-供油拉杆;A-自动调节支承点;B-人工调节支承点

调速器的感应元件为飞球,滑动盘等为执行机构。当柴油机负荷发生改变时,转速发生变化,飞球的离心

力即刻改变。飞球的离心力通过飞球管作用到滑动盘上，产生一轴向推力 F_a 该力迫使滑动盘向右移动。滑动盘右端又受到调速弹簧的作用力 F_p，因此滑盘的位置取决于两力是否平衡。

其工作过程如下：

人工操纵——当柴油机不工作时，滑动盘受低速弹簧7的作用靠向最左端，若操纵杆6处于自由状态，供油拉杆11就处在供油量较大位置。柴油机起动后，转速上升，飞球离心力的轴向推力 F_a 克服低速弹簧7的弹力 F_p 使滑动盘右移，带动供油拉杆11右移减油。当转速升到某一转速 n_d 时，滑动盘推动球面顶块10与弹簧滑套9接触，由于高速弹簧刚度大，预压力也大，因此即使转速继续上升，飞球的离心力也不足以推动高速弹簧座右移。在转速大于 n_d 后的一段范围内，滑动盘的位置将保持不变，这时供油拉杆就完全由人工操纵操纵杆6来控制，此时调节杠杆转动的支点为B。

稳定最低转速——当柴油机怠速运转时，若此时转速下降，飞球离心力下降，低速弹簧7的弹力 F_p 就会推动滑动盘左移，调节杠杆4绕支点逆时针转动，带动供油拉杆左移加油，发动机转速便回升，直至飞球离心力的轴向推力 F_a 与低弹簧弹力 F_p 平衡，滑动盘停止移动，供油拉杆也停止移动，维持供油量不变，达到稳定最低转速即怠速的目的。

限制最高转速——当柴油机转速上升到标定转速时，飞球离心力足够大，其轴向分力 F_a 与高低速弹簧的弹力相平衡，此时转速稍有上升，飞球离心力增大，轴向推力 F_a 增大，推动滑动盘右移，调节杠杆4绕支点顺时针方向转动，带动供油拉杆减油，使转速下降。飞球离心力也随转速减小，直至减小至与两弹簧弹力达到平衡为止，维持供油拉杆位置不变，转速又重新稳定在标定转速，达到限制最高转速的目的。

必须说明，人工调节和自动调节是互不干涉运动的代数和关系。如图4-50所示，人工调节支点为B，自动调节支点为A，供油拉杆的位移量，是驾驶员和调速器二者分别操纵或共同操纵所产生的位移代数和。所有调速器都有此结构措施。

2. 全速调速器工作原理

图5-27为全速调速器的工作原理简图。从图可见，供油拉杆12的位置由推力盘3的位置决定。操纵臂10作用在调速弹簧座6上，改变调速弹簧5的预压力可改变该弹簧作用到推力盘3上的弹力 F_p。传动盘1与喷油泵凸轮轮相连，在其上有凹槽，凹槽内装有飞球2，当喷油泵凸轮轴旋转时传动盘、飞球与其一起旋转。飞球的另一端压靠在推力盘的内锥面上，当旋转时，飞球在离心力作用下向外甩出，飞球同时给推力盘一个轴向推力 F_a。推力盘的位置由飞球对其的轴向推力 F_a，与调速弹簧的弹力 F_p 之大小确定。

其工作原理如下：

柴油机不工作时，推力盘3在调速弹簧5的弹力作用下位于最左端，此时供油量最大。调速弹簧被操纵臂10和支撑轴7左端凸缘压紧，具有一定的预压力，其大小由操纵臂10决定。当柴油机工作转速升到某一值时，飞球离心力轴向分力 F_a 与调速弹簧的预压力 F_p 相等（操纵臂保持不动），保持推力盘即供油拉杆位置不变。若负荷减小使柴油机转速升高时，飞球离心力增大，F_a 超过 F_p，推力盘就压缩调速弹簧向右移动，带动供油拉杆右移，减小供油量，使转速恢复原来状态。若转速降低，F_a 小于 F_p，推力盘就被弹簧推动左移，带动供油拉杆左移，增大供油量，恢复原转速。当操纵臂位置改变时，调速弹簧预压力也随之改变，用来与 F_a 平衡的飞

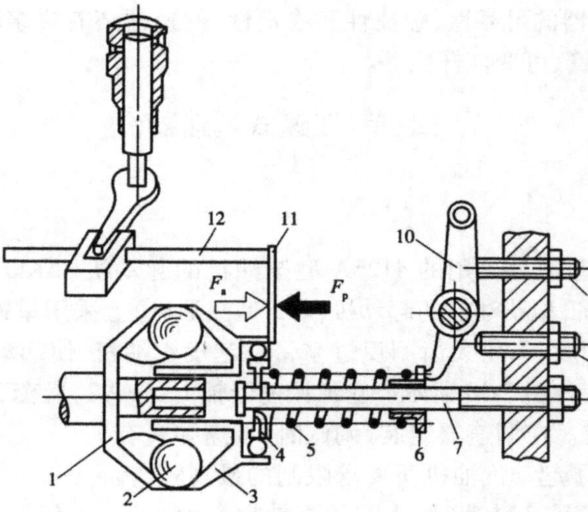

图 5-27 全速调速器工作原理

1-传动盘;2-飞球;3-推力盘;4-弹簧座;5-调速弹簧;6-调速弹簧座;7-支撑轴;8-怠速限位螺钉;9-最高转速限位螺钉;10-操纵臂;11-传动板;12-供油拉杆

球离心力也必须改变,才能使两者相平衡,即柴油机转速随操纵臂位置改变而改变。对应于操纵臂的各个位置,柴油机都有相应的稳定工作转速。

从图 5-27 可见,操纵臂压缩调速弹簧时,其最大压缩量受最高转速限位螺钉 9 的限制,改变最高转速限位螺钉 9 的位置,可改变调速弹簧的最大压缩量,即改变柴油机的最高转速。该螺钉称为最高转速限位螺钉。

同样,当操纵臂向放松调速弹簧方向转动时,其最大转动量受最高转速限位螺钉 8 的限制。当怠速限位螺钉 8 拧入时,操纵臂放松调速弹簧的程度小,对应预压力 F_p 大,柴油机转速高;反之,则柴油机转速低。改变怠速限位螺钉 8 的位置,可改变柴油机的最低转速。该螺钉称为怠速调整螺钉。

3. 对机械离心式调速器的几点结论

对机械离心式调速器总结出以下结论:

(1)机械离心式调速器,是靠离心力感知元件感知离心力产生的轴向推力 F_a 与调速弹簧张力 F_{τ} 抗衡的结果,因轴向推力 F_a 与柴油机转速成正比,所以给定调速弹簧一个张力 F_p,即有一个给定的起作用转速。

(2)对给定的调速弹簧张力 F_B(或转速 n_B),调速器在外界负荷由零至与弹簧张力对应负荷范围内起作用,柴油机在 n_0 与 n_B 之间一个不太大的范围内变化。此范围越小,转运越稳定,将 $\delta=\frac{n_0-n_B}{n_B}\times100\%$ 称为调速器的调速率。

式中:δ——调速器的调速率;

n_0——外界阻力矩为零时,柴油机的转速;

n_B——标定转速,取决于调速弹簧预紧力 F_p,F_p 可调。

对于工程机械、工程车辆用柴油机,$\delta\leqslant10\%$;发电机组、水泵用柴油机则 $\delta\leqslant5\%$。

(3)为了提高调速器的可靠性、敏捷性和稳定性,调速器还有许多辅助装置或措施,如采用增速齿轮、变刚度弹簧、可变杠杆比等。

四、单、双速式调速器

1. 单速式调速器

在国产东方红75型推土机用的4125A型柴油机的起动机(AKl0型汽油机),以及红旗100型推土机用的4146T型柴油机的起动机(292型汽油机)上采用单速式调速器,控制高速。这是为了防止主机起动后,飞轮大齿圈反过来带动起动汽油机,使起动汽油机超速运转而损坏。其结构与工作原理如图5-28所示。它由调速器轴1,飞球2,滑套3。调节杠杆4、调速弹簧6等主要零件所组成。在调速器组装、调试时,调速弹簧有一定的预紧力,它决定了起动汽油机所要求限制的最高转速。当起动汽油机转速低于最高转速时,飞球的有效离心力小于调速弹簧的弹力,此时调速器不起作用。当起动汽油机的转速达到或者超过最高转速时,飞球的有效离心力大于调速弹簧的弹力,调速弹簧被压缩,滑套向右移动,推动调速杠杆以其下端铰接为支点顺时针转动,其上端通过连接杆带动化油器的节气门转动而减小开度,直至完全关闭。使进入气缸的混合气数量减少,直至完全停止进气。这样,此时的起动汽油机成为主机的负载,迫使主机的转速下降,无法顺利起动,从而使起动汽油机免于损坏。

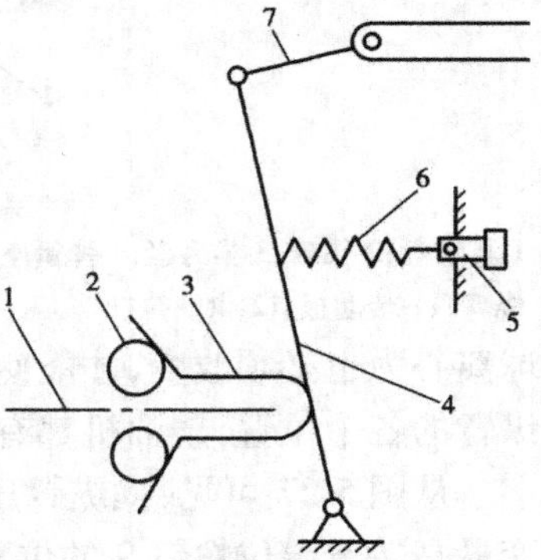

图5-28 单速式调速器结构、原理示意图
1-调速器轴;2-飞球;3-滑套;4-调节杠杆;5-调整螺钉;6-调速弹簧;7-连接杆

调速弹簧的预紧力用调整螺钉5调整。调速器在专用试验台调试后,必须对凋整螺钉予以铅封。

2. 两速式调速器的典型结构与工作过程

两速调速器适用于一般条件下使用的车用柴油机,它只能自动稳定和限制柴油机的最低与最高转速,而在所有中间转速范围内由驾驶员直接控制。

图5-29是日本五十铃TD50A-D型自卸车和CA1091K3型载货车柴油机所用的RAD型两速调速器构造,其示意简图如图5-30所示。

调速器与喷油泵用螺钉连接。两个飞块1装在喷油泵凸轮轴5上,当飞块向外张开时,飞块臂上的滚轮4推动滑套沿轴向移动。导动杠杆14的上端铰接于调速器壳体上,下端紧靠在滑套上,其中部则与浮动杠杆6铰接。浮动杠杆上部通过连杆与供油拉杆9相连,起动弹簧12装在浮动杠杆的顶部。浮动杠杆下部有一销轴,插在支持杠杆2端的凹槽内。控制杠杆3的一臂与支持杠杆2相连,另一臂则由驾驶员通过加速踏板和杆系操纵。速度调定杠杆8、拉力杠杆10和导动杠杆14的上端均支撑在调速器壳体上的轴销上。速度调整螺栓11顶住速度调定杠杆8以使装在拉力杠杆10和速度调定杠杆8之间的调速弹簧7保持拉伸状态。因此在所有中间转速范围内,拉力杠杆10始终靠在供油拉杆行程调整螺栓16的头部。在拉力杠杆的中下部有轴销,它插在支持杠杆2上端的凹槽内。怠速弹簧15装在拉力杠杆的下部,用于控制怠速。

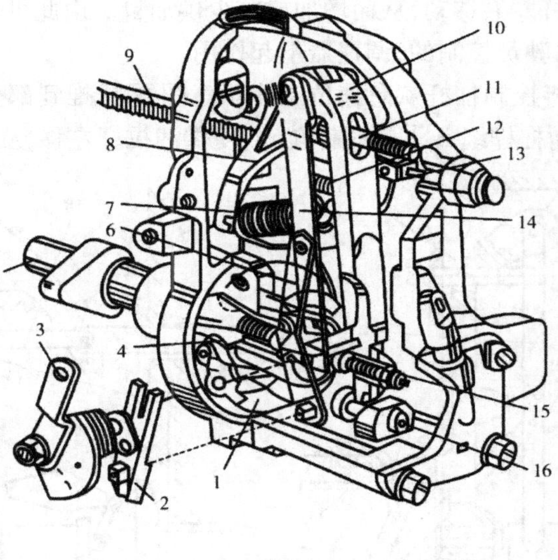

图 5-29　RAD 型两速调速器

1-飞块；2-支持杠杆；3-控制杠杆；4-滚轮；5-凸轮轴；6-浮动杠杆；7-调速弹簧；8-速度调定杠杆；9-供油拉杆；10-拉力杠杆；11-速度调整螺栓；12-起动弹簧；13-稳速弹簧；14-导动杠杆；15-怠速弹簧；16-供油拉杆行程调整螺栓

该调速器的工作过程如下：

1）起动加浓

如图 5-30 所示，发动机静止时，两飞块在起动弹簧作用下处于向心极限位置。起动前，将控制杠杆推至全负荷供油位置 I。此时，支持杠杆绕 D 点逆时针方向转动，浮动杠杆绕 B 点逆时针方向转动，因此供油拉杆向增加供油的方向（图中向左）移动，起动弹簧对浮动杠杆作用一个向左的拉力，使其绕 C 点作逆时针方向的偏转，同时带动 B 点（销轴）和 A 点（套筒）进一步向左移动，直到飞块到达向心极限位置为止，从而保证供油拉杆越过全负荷进入最大供油量位置（即起动加浓位置）。

2）稳定怠速

如图 5-31 所示为发动机起动后将控制杠杆拉到怠速位置 II。此时，飞块的离心力使滑套右移而压缩怠速弹簧，当飞快离心力与怠速弹簧和起动弹簧的合力平衡时，供油拉杆便保持在某一位置，柴油机就在相应的某一转速下稳定地工作。当阻力增大使柴油机转速降低时，则飞块离心力随之减小，滑套便在怠速弹簧和起动弹簧的共同作用下左移，从而使导动杠杆向左偏转，带动 B 点左移，同时浮动杠杆绕 C 点逆时针转动，推动供油拉杆左移，增加供油量，使柴油机转速回升。相反，若发动机阻力下降使转速升高，则飞块的离心力增加，滑套右移，通过导动杠杆、浮动杠杆驱动供油拉杆右移，使供油量减小，柴油机转速下降。

调整怠速弹簧的预压力可调整柴油机怠速稳定转速。

3）正常工作的供油调节

如图 5-32 所示，当柴油机超过怠速时，怠速弹簧完全被压入拉力杠杆内，滑套直接与拉力杠杆接触。由于拉力杠杆被很强的调速弹簧拉住，在转速低于最大工作转速（标定转速）的条件下，飞块的离心力不足以推动拉力杠杆，因此支点 B 就不会移动。只有在改变控制杠杆 3

的位置时才可使供油拉杆左右移动,从而增加或减少供油量。由此可见,在全部中间转速范围内,供油量的调节是由驾驶员控制的,调速器不起作用。

如图 5-32 所示,当将控制杠杆从怠速位工作示意图置 II 推到部分负荷位置 I 时,支持杠杆绕 D 点转动,同时浮动杠杆绕 B 点逆时针转动,使供油拉杆左移,从而增加了供油量。

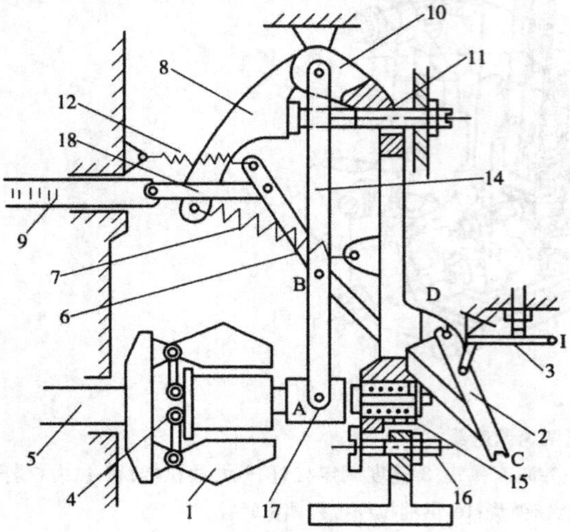

图 5-30 RAD 型两速调速器结构示意图
(图注 1~16 同图 5-29)17-滑套;18-连杆

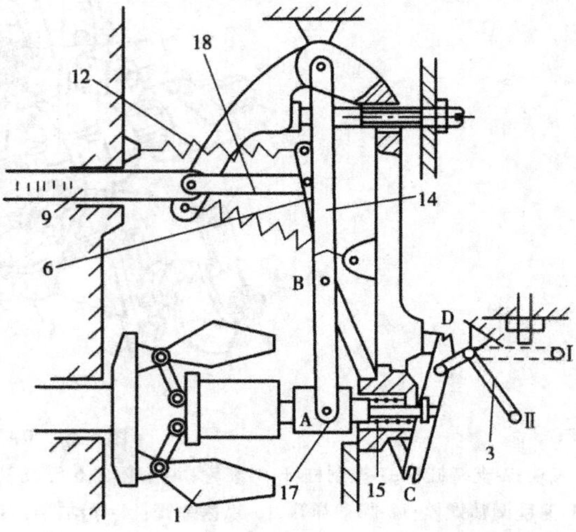

图 5-31 两速调速器怠速工作示意图
(图注同图 5-30)

4)限制最高转速

如图 5-33 所示,不管柴油机是在部分负荷或是在全负荷下工作,只要外界负荷的变化引起柴油机转速超过规定的最大转速时,飞快的离心力就能克服调速弹簧的拉力,推动滑套和拉力杠杆右移,使支点 B 移到 B′。同时 D 移到 D′,C 到 C′,结果使供油拉杆向右移动,供油量减少,从而保证柴油机转速不会超过规定值。

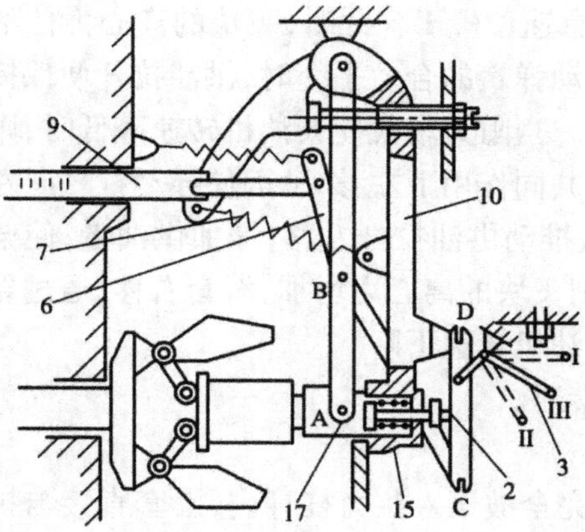

图 5-32 两速调速器在正常转速范围内
(图注同图 5-30)

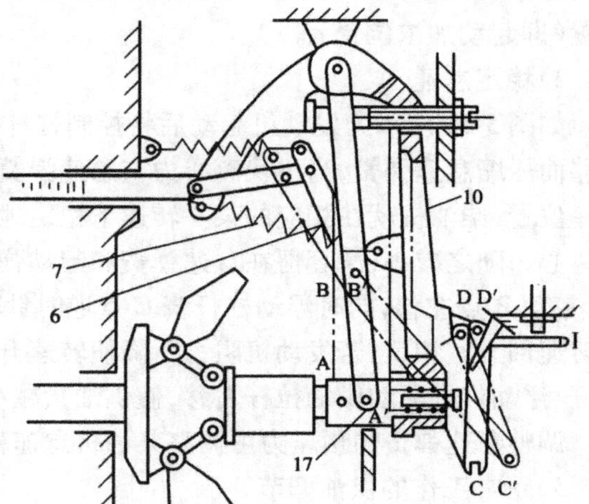

图 5-33 两速调速器限制超速的工作示意图
(图注同图 5-30)

调整调速弹簧的预紧力可调节柴油机最高转速。当速度调整螺钉向里拧进时，顶推速度调定杠杆绕其支点顺时针转动，调速弹簧的预紧力加大，柴油机的最大转速便升高。反之，当速度调速螺钉向外拧出时，调速弹簧预紧减小，柴油机的最大转速降低。

五、几种常用的全速式调速器

工程机械（包括工程车辆）上用的柴油机工况是多变的，有时它们的负荷不仅变化突然（如推土机、挖掘机、混凝土搅拌运输车等卸荷时），而且驾驶员难以预料（如推土机的铲刀、挖掘机的铲斗遇到土中的石块等障碍），有时驾驶员忙于工作装置复合运动的操作。在这些情况下就需要一种全速式调速器，在柴油机最低转速到最高转速之间的全速范围内，协助驾驶员控制、稳定柴油机的转述。现以常用的 II 号泵调速器、A 型泵、调速器 VE 型分配泵调速器为例，介绍其结构与工作原理。

所谓全速式调速器，系指柴油机不仅能稳定怠速和限制超速，而且能控制柴油机在最低至最高转速范围内均起作用的调速器。

1. 国产系列喷油泵调速器

国产 I、II、III 号系列喷油泵的调速器均为钢球机械离心全速调速器，它们的结构和工作原理基本类似，仅在某些具体结构上有所差别。现以 II 号泵调速器为例说明。

II 号喷油泵调速器的构造如图 5-34 所示。

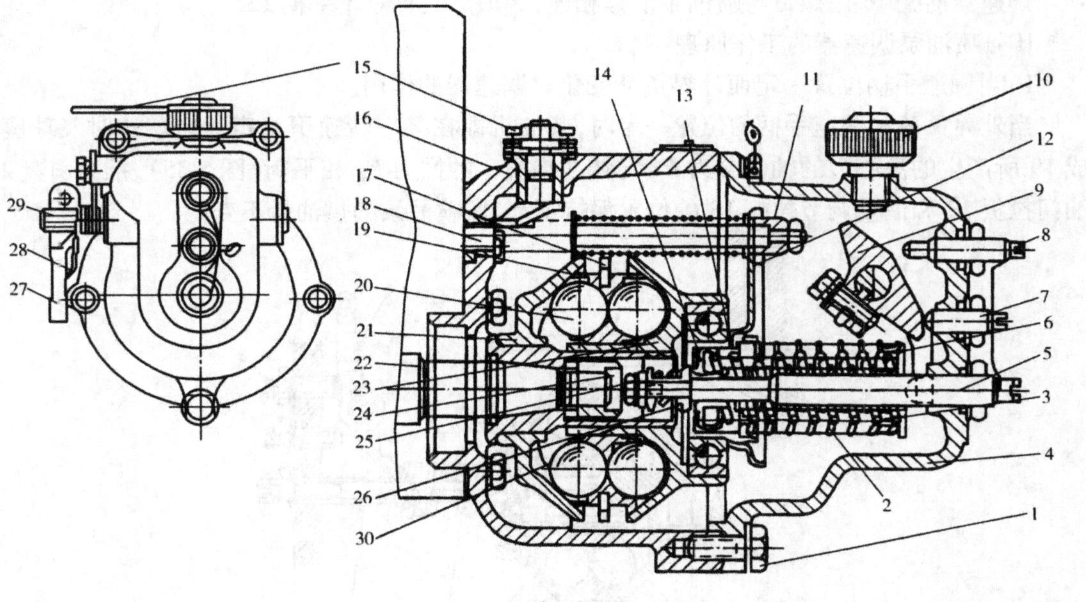

图 5-34 II 号喷油泵调速器

1-放油螺钉；2-起动弹簧；3-调速弹簧；4-调速器后壳；5-调节螺柱；6-弹簧后座；7-低速限止螺钉；8-高速限止螺钉；9-调速叉；10-加油螺塞；11-拉杆螺母；12-拉板；13-起动弹簧前座；14-调速弹簧前座；15-停车手柄；16-调速器前壳；17-飞球保持架；18-油量调节拉杆；19-飞球座；20-飞球；21-驱动斜盘；22-喷油泵凸轮轴；23-推力斜盘；24-垫片；25-校正弹簧；26-校正弹簧座；27-调速手柄；28-扭力弹簧；29-操纵轴；30-连接套

与II号泵配用的全速式调速器安装在喷油泵的后端。驱动斜盘21通过连接套30固装在喷油泵的凸轮轴22上,连接套用螺母压紧。驱动斜盘的内锥面有6个半圆形凹槽,带动飞球座总成转动。6个飞球座19上成对装有12个飞球20,组成飞球座总成。6个飞球座分别嵌在保持架17的个向槽内,旋转时可在槽内作径向滑动。推力斜盘23与连接套之间是滑动配合,推力斜盘的滚动轴承与起动弹簧前座13的凸缘之间夹着油门拉板12,油门拉板在其顶部与喷油的油量调节拉杆18相连。当驱动斜盘带着飞球座总成旋转时,飞球座总成的离心力使推力盘作轴向移动,从而带动油门拉板使油量调节拉杆左右移动,以增加或减少供油量。

调节螺柱5后端用螺母固定在调速器后壳4上。调节螺柱上共装有4根弹簧。调速弹簧3包括中弹簧(高速弹簧)和内弹簧(低速弹簧),是柴油机在正常工况下起调速作用的。内弹簧安装时略有预紧力,它单独工作时适应低速调速的需要;中弹簧安装时呈自由状态,端部留有一定的间隙,中、高速时它与内弹簧同时起作用。起动弹簧2细而软,装在最外面,主要是在起动时起加浓作用。在调节螺柱前端的垫片24和校正弹簧座26之间装有校正弹簧25,其作用是在柴油机短时间超负荷时额外增加供油量。

调速器后壳一侧装有调速手柄27,当转动调速手柄时,通过操纵轴29使调速叉9随之转动,并压迫调速弹簧后座6改变调速弹簧的预紧力,从而改变调速器起作用的转速。

调速器后壳上还装有高速限止螺钉8、低速限止螺钉7、放油螺钉1和加油螺塞10(呼吸器)。加油螺塞使调速器内腔与大气相通,以免因内腔润滑油受热致使蒸汽压力过高而造成漏油。呼吸器孔道内有泡沫塑料滤芯,以防大气中灰尘等脏物进入调速器。

调速器前壳16用螺钉与喷油泵下体相连,其顶部装有停车手柄15。

II号喷油泵调速器的工作原理:

1)当调速手柄位置一定而外界负荷变化时调速器的作用。

当外界负荷和调速手柄的位置一定时,柴油机即在某一转速下稳定运转。这时飞球座总成19所产生的离心力的轴向分力 F_A 与调速弹簧3的推力 F_B 相平衡(图5-35),推力斜盘23、油门拉板12和油量调节拉杆18的位置保持不动,即喷油泵的供油量不变。

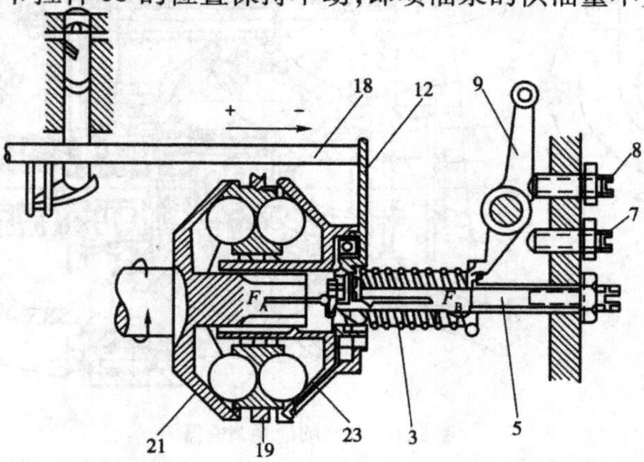

图5-35　调速手柄位置一定而负荷变化时的调速作用

(图注与图5-34相同)

3-调速弹簧;5-调节螺柱;7-低速限止螺钉;8-高速限止螺钉;9-调速叉;12-拉板;18-油量调节拉杆;19-飞球座;21-驱动斜盘;23-推力斜盘

当外界负荷减小而柴油机转速升高时，飞球座总成所产生的离心力的轴向分力 F_A 就会大于调速弹簧的推力 F_B；使推力斜盘向右移动，从而带动油量调节拉杆向减少供油量的方向移动，限制了转速的升高。同时由于推力斜盘向右移动使调速弹簧被压缩，F_B 相应增大，直到 F_A 和 F_B 再次达到平衡为止，

此时柴油机的转速略高于负荷变化前的转速。如果外界负荷继续减小直到降为零时，推力斜盘与油量调节拉杆就一直移动到右面某一位置不动，这时柴油机转速上升到空转转速 n_X，油量减小到仅能维持柴油机本身运转的程度。相反，当外界负荷增大而柴油机转速降低时，F_A 小于 F_B，使推力斜盘向左移动，带动油量调节拉杆向增加供油量的方向移动，限制了转速的降低。同时由于推力斜盘向左移动，调速弹簧被放松，F_A 相应减小，直到 F_A 与 F_B 重新达到平衡为止，此时柴油机的转速略低于负荷变化前的转速。如果负荷继续增加，则推力斜盘与调速弹善前座就一直左移到与调节螺柱左端凸肩（即图 5-34 中的校正弹簧座 26）相碰为止，这时喷油泵的供油量最大，柴油机便在全负荷转速 n_H 下运转。

由此可见，调速器在调速手柄位置一定时，随着负荷的变化可自动调节喷油泵的循环供油量，使柴油机在某一调速范围内（即 $n_X \sim n_H$ 之间）运转。这一调速范围是很小的，柴油机转速基本上稳定。

2）当外界负荷一定而改变调速手柄位置时凋速器的作用

当外界负荷和调速手柄位置一定时，柴油机在某一转速下稳定运转，此时 F_A 与 F_B 相等，油量调节拉杆稳定在某一位置不动，如图 5-36 虚线位置所示。如果要提高柴油机的转速，可将调速手柄由图中虚线位置扳到实线位置，即增大了调速弹簧的预紧力 F_B。这时 F_B 大于 F_A，推动推力斜盘和油量调节拉杆左移到实线位置，增加了供油量。由于外界负荷未变而增加供油量，必然使柴油机转速随之升高，结果 F_A 相应增大，又推动推力斜盘和油量调节拉杆右移直至回到接近原来的虚线位置，使供油量也减小到与原先的供油量基本上相同为止（略有增加）。此时，F_A 与 F_B 又重新达到平衡，但 F_A 和 F_B 均比原先增大了，柴油机便在较高的转速下运转。当调速手柄扳到调速叉与高速限止螺钉相碰位置时，F_A 和 F_B 均达到最大值，柴油机就在最高转速下运行。相反，如果将调速手柄向左扳动，柴油机的转速就降低。当调速手柄扳到调速叉与低速限止螺钉相碰时，F_A 和 F_B 均最小，柴油机就在怠速下稳定运转。

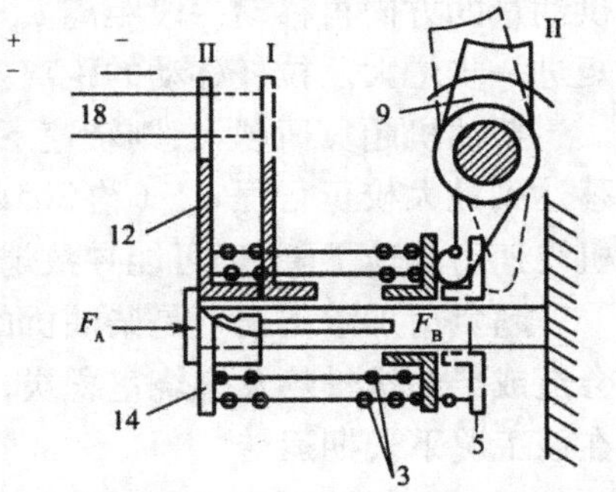

图 5-36　外界负荷一定而改变手柄位置时调速器的作用（图注与图 5-34 相同）
3-调速弹簧；5-调节螺柱；9-调速叉；12-拉板；14-调速弹簧前座；18-油量调节拉杆

由此可知，当外界负荷一定时，改变调速手柄位置，就可改变柴油机的转速。应该指出，当改变调速手柄位置时，并非直接操纵油量调节拉杆，而只是改变了调速弹簧的预紧力。也就是说只是选择柴油机的转速，而与供油量的大小几乎无关。

3）超负荷加浓时调速器的作用

如前所述，当柴油机在全负荷转速 n_H 下运转时，调速弹簧前座左移到刚刚触及调节螺柱左端的凸肩（图 5-37a）。此时，如果外界负荷继续增加（即超负荷），则转速和力 F_A 进一步下降。但因受调节螺柱凸肩的限制，调速弹簧前座及油量调节拉杆不能再向左移动，即供油量不

能再增加，于是柴油机转速便迅速下降，最终可能导致熄火。

为了改善柴油机的超负荷能力，II 号喷油泵调速器调节螺柱左端的凸肩是作成“弹性”的（图 5-37b），即由校正弹簧 3 和校正弹簧座 4 及垫片 2 组成校正器，安装时校正弹簧稍有预紧力，预紧力的大小可由垫片 2 左边的调节螺母 1 来调整。

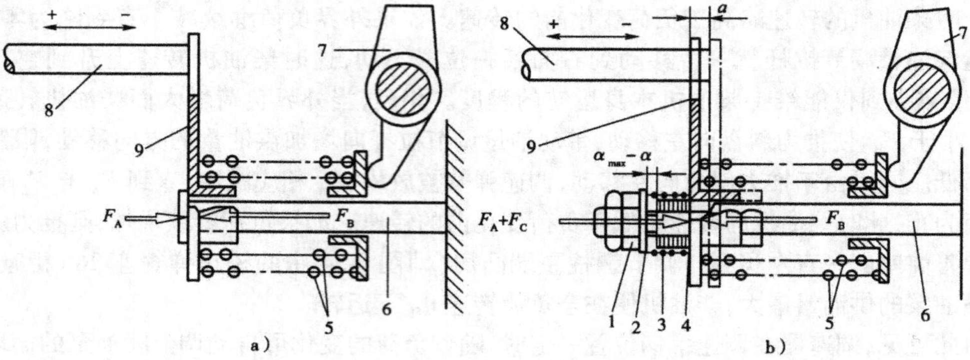

图 5-37 超负荷加浓时调速器的作用

a）无油量校正装置时情况；b）有油量校正装置时情况

1-校正油量调节螺母；2-垫片；3-校正弹簧；4-校正弹簧座；5-调速弹簧；6-调节螺柱；7-调速叉；8-油量调节拉杆；9-拉板

柴油机超负荷而在全负荷转速 n_H 以下运转时，F_B 大于 F_A，其差值 F_B-F_A 压缩校正弹簧。当差值 F_B-F_A 大于校正弹簧的预紧力时，校正弹簧被推向左移，使油量调节拉杆向增加供油量的方向再移动一段距离 a_0 由于额外增加了供油量，起到超负荷加浓作用，使柴油机转矩进一步增大。拉杆移动的距离 a 称为校正行程。

柴油机超负荷越大，则转速下降越多，校正行程和校正供油量就越大。当油量调节拉杆左移达到最大校正行程 a_{max}（约 2.5mm）后，如果外界负荷再增大，则因供油量不能再增加，柴油机转速将迅速下降，仍可能导致熄火。

超负荷加浓工况不是柴油机的正常工况。由于此时供油量过多，使燃烧不完全而冒黑烟，会造成柴油机过热及燃烧室积炭，从而影响柴油机的工作可靠性和使用寿命，故不允许柴油机在该工况下长期运转。

4）起动加浓时调速器的作用

柴油机起动时，由于转速很低，压缩终了气缸内的温度和压力也较低；并且喷雾不良燃烧室中的空气涡流较弱，这些都不利于喷入气缸的柴油雾化、蒸发和混合，因此必须提供比正常情况下更多的柴油，才能保证一定的混合气浓度。

II 号喷油泵调速器装有起动弹簧 2（图 5-38），油门拉板 7 不连在调速弹簧 3 的前座上，而是与起动弹簧前座 6（即轴承内座圈）相连。起动时，起动弹簧前座向左移动时可与调速弹簧前座单向分离而不受其约束，怠速和正常工作时则两者贴合，一起左右移动。

起动前，飞球座总成的离心力为零，即 $F_A=0$。起动时，扳动调速手柄使调速叉 5 转到与高速限止螺钉 4 相接触的位置，起动弹簧 2 和调速弹簧 3 都处于被压缩状态，其中调速弹簧的弹力 F_B 全部作用在校正弹簧 1 上，直到校正行程达到最大值为止，此时校正弹簧的弹力 $F_A=F_B$。若没有起动加浓装置，则这时的供油量就是最大校正油量，不可能进一步增大。但是，有了起动加浓装置后，在转动调速叉压缩调速弹簧的同时，也压缩着起动弹簧，其推力 F。作用

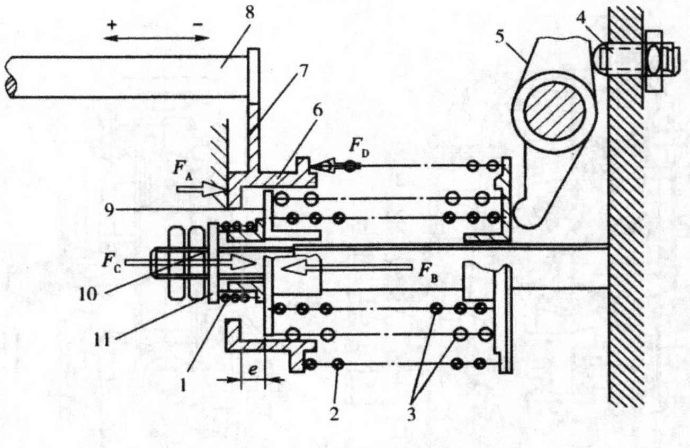

图 5-38　起动加浓时调速器的作用

1-校正弹簧;2-起动弹簧;3-调速弹簧,4-高速限止螺钉;5-调速叉;6-起动弹簧前座;7-拉杆;8-油量调节拉杆;9-高速弹簧前座;10-垫片;11-校正弹簧座

在起动弹簧前座的右端面上,使它与调速弹簧前座单向分离而带动油量调节拉杆再向左(增加供油量方向)移动一段距离 e,直到调速器的推力斜盘和驱动斜盘将飞球座总成向心压到底为止。起动弹簧前座与调速弹簧前座之间的间隙即为起动加浓行程,此时的供油量为喷油泵所能达到的最大值,约为标定供油量的150%。

由于起动弹簧很软,柴油机起动后转速稍有升高,飞球座总成所产生的离心力的轴向分力 F_A 很快就会大于起动弹簧的推力 F_D,间隙随之消失,起动加浓作用便停止了。接着应将调速手柄扳到怠速位置,这时起动弹簧前座就与调速弹簧前座贴合在一起,柴油机进入怠速运转。

5)停车

需要停车时,可转动停车手柄(图 5-34),使喷油泵的油量调节拉杆向右移动到停止供油位置,柴油机就熄火停车。

2. A 型喷油泵调速器

A 型喷油泵调速器的结构和工作原理都与上述 II 号喷油泵调速器有较大的差别。这种结构类型的调速器广泛地应用于各种中小功率高速柴油机上。

A 型泵用 RSV 型全速式调速器的构造如图 5-39 所示。

调速器的感应元件为一对飞锤 7,飞锤通过飞锤销 2 装在飞锤支架 1 上,并可绕飞锤销转动。飞锤支架通过半圆键与喷油泵凸轮轴相连。飞锤的尾部通过销钉与滑块连接(参看图5-40),滑块与调速套筒 4 相接触(图 5-39),因此飞锤转动而向外张开时,飞锤尾端即通过滑块推动调速套筒向右移动。

调速套筒左端可沿飞锤支架的伸出端外圆柱面滑动,其另一端装有垫块 5、连接盘 6 及丁字架 17。丁字架通过联轴 16 与支持杆 35 相连。支持杆的上端挂在后盖的轴销 25 上,并可绕轴销转动。

支持杆的下端有一根两端伸出杆外的小轴 18,小轴上装有浮动杆 34。浮动杆的下端有一销钉 12 插入停车机构拨叉 13 的槽中(对于无停车机构的 A 型喷油泵调速器则铰支在后盖下端)。停车机构不工作时,浮动杆即以此处为支点而摆动,其上部通过联接杆与供油拉杆 30

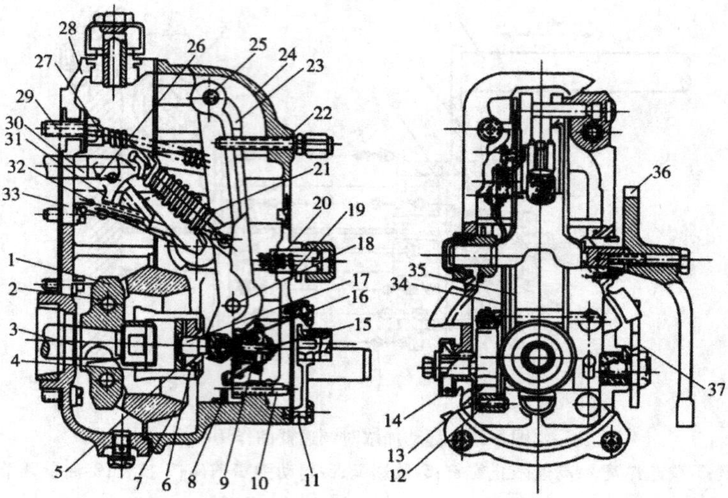

图 5-39　A 型泵用 RSV 型全速式调速器

1-飞锤支架;2-飞锤销;3-喷油泵凸轮轴;4-调速套筒;5-垫块;6-连接盘;7-飞锤;8-校正弹簧;9-调整垫片;10-油量限位螺钉;11-检视孔盖;12-销钉;13-拨叉;14-回位弹簧;15-顶杆;16-联轴;17-丁字架;18-小轴;19-弹簧座;20-怠速弹簧;21-调速弹簧;22-停车挡钉;23-调速杠杆;24-后盖;25-轴销;26-起动弹簧;27-弹簧挂片;28-前壳;29-螺钉;30-供油齿杆;31-弹簧挂耳;32-调整螺钉;33-弹簧摇臂;34-浮动杆;35-支持杆;36-调速手柄;37-停车手柄

相连,其顶端则与较软的起动弹簧 26 相连。由于起动弹簧另一端勾在调速器前壳的弹簧挂片 27 上,因此弹簧总是力图使浮动杆向左摆动,并使供油齿杆向油量增大方向移动。

当飞锤受离心力作用向外张开时,滑块推动调速套筒和丁字架,并使支持杆以上端为支点作逆时针摆动,而支持杆则借小轴带动浮动杆以最下端为支点作顺时针方向摆动,同时将供油齿杆拉向油量减小方向。

在后盖中部还装有弹簧摇臂 3(参看图5-41),弹簧摇臂的轴活动地支承在后盖的孔中,轴

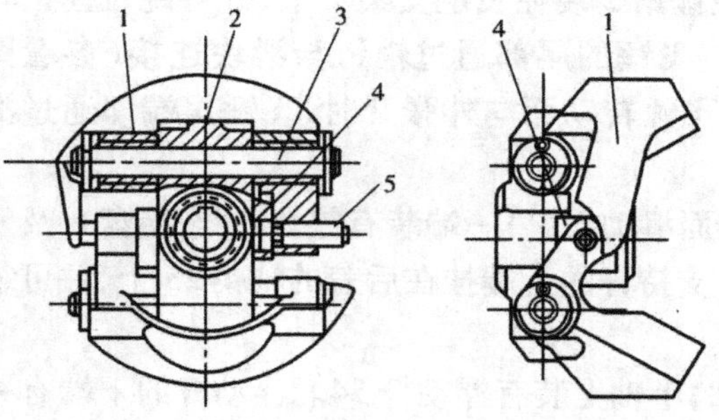

图 5-40　飞锤总成

1-飞锤;2-飞锤支架;3-飞锤销;4-滑块;5-销钉

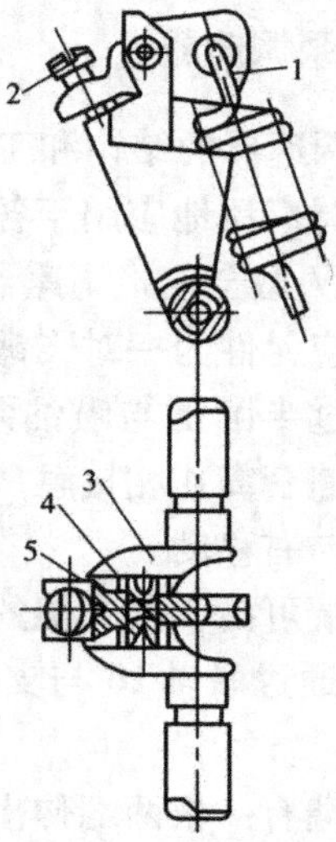

图 5-41　弹簧摇臂

1-调速弹簧;2-调节螺钉;3-弹簧摇臂;4-轴销;5-弹簧挂耳

的尾端伸出后端外，尾端之一与调速手柄36相连。弹簧摇臂上装有弹簧挂耳31，弹簧挂耳一端拧有调整螺钉32，转动调整螺钉可改变调速弹簧的预紧力。调速弹簧一端挂在调速杠杆23中部凸耳的孔中，当调速杠杆绕轴销25摆动时，调速弹簧将发生变形。由于凸耳的孔和弹簧摇臂支承轴不同心，所以转动调速手柄及弹簧摇臂时，调速弹簧也发生变形。顺时针转动时，调速弹簧缩短而预紧力减小，反之则伸长而预紧力增大。

调速杠杆的下部装有校正装置，它由校正弹簧8，顶杆15和调整垫片9所组成。调整垫片用于调整校正弹簧的预紧力。

在后盖中还装有怠速弹簧20，在怠速工况下，怠速弹簧与调速杠杆相接触以保持怠速稳定。后盖上部有停车挡钉22，下部有油量限位螺钉10用以限制调速杠杆向左摆动的速限位置。在调速器前壳上装有高速限位螺钉，以调整和限制柴油机的最高工作转速。

A型喷油泵调速器工作过程：

1）起动（图5-42）

起动前将调速手柄36向左扳到与高速限位螺钉相碰的位置。这时调速杠杆下端与油量限位螺钉接触，飞锤处于收拢位置。起动弹簧26将浮动杆34上端拉向左，并带动供油拉杆向左移至起动供油量位置，即喷油泵的最大供油量位置。

2）怠速工况（图5-43）

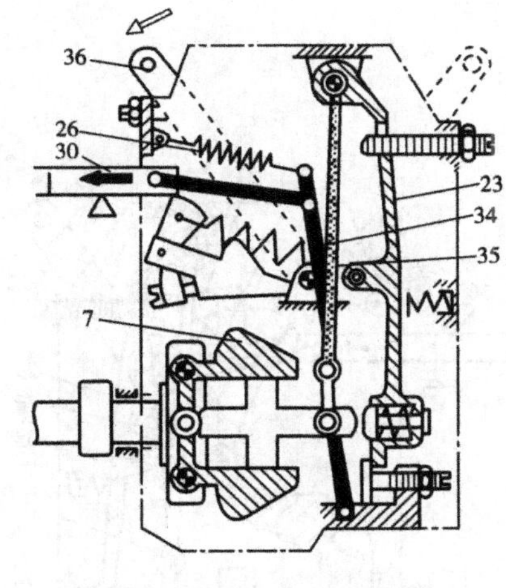

图5-42　起动时调速器的作用
（图注与图5-39相同）

7-飞锤；23-调节杠杆；26-起动弹簧；30-供油齿杆；34-浮动杆；35-支持杆；36-调速手柄

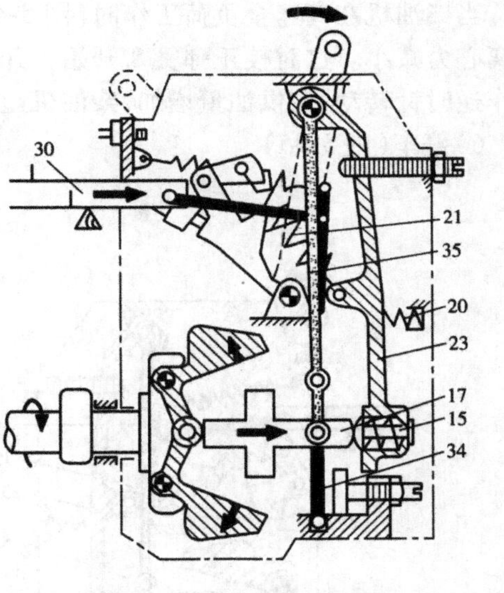

图5-43　怠速工况调速器的作用图
（图注与图5-39相同）

15-顶杆；17-丁字架；20-怠速弹簧；21-调速弹簧；23-调速杠杆；30-供油齿杆；34-浮动杆；35-支持杆

柴油机起动后，将调速手柄向右扳到怠速位置，弹簧几乎完全放松。当飞锤在离心力作用下而向外张开时，支持杆35即被推向右移动，并带动浮动杆34以下端为支点作顺时针摆动，使供油量减小。与此同时，丁字架向右推与顶杆15接触后将继续右移，并通过校正装置使调速杠杆也向右摆动，压到怠速弹簧20上，直至飞锤离心力的轴向推力与怠速弹簧的弹力相平衡为止。此时供油量减小，柴油机在怠速下工作。如果转速升高，则怠速弹簧受到更大压缩，使浮动杆向减小供油量方向移动，以限制转速的上升。反之，如果转速降低，则怠速弹簧推动调速杠杆向左摆，使供油量稍许增加。如果转速降低较多，则起动弹簧的作用增大，将供油拉杆进一步拉向油量较大的位置，以保持怠速稳定。

3）中速工况

当调速手柄由怠速向高速位置扳动时，随着调速手柄的转动弹簧摇臂作逆时针摆动，调速弹簧被拉紧，预紧力也逐渐增大，调速器控制的转速也越来越高。对应于每一个手柄位置就有一个调速器控制的转速范围，柴油机就在此转速范围内稳定运转。

4）高速工况（图 5-44）

当调速手柄扳到与高速限位螺钉 38 相碰的位置，调速弹簧被拉紧，使调速杠杆下端压在油量限位螺钉 10 上，此时柴油机达到最高工作转速。由于飞锤离心力较大，丁字架将顶杆 15 向右推移，并压紧校正弹簧。

如果在高速工况下卸去全部负荷，柴油机转速将继续升高，飞锤离心力也随之增大。由于校正弹簧已被压紧而不能继续变形，丁字架便通过顶杆进一步推动调速杠杆右移，而支持杆在向右摆的同时，通过小轴 18 带动浮动杆 34 作顺时针转动，将供油量减小，使柴油机在最高空转速下工作，并防止柴油机超速。

5）校正工况

当柴油机在高速全负荷工作时（图 5-44），如果外界负荷继续增加，则转速会因此下降，飞锤离心力减小。这时校正弹簧 8 开始张开，使顶杆和丁字架左移，通过支持杆和小轴带动浮动杆作逆时针转动，使供油量增加，柴油机短时间超负荷工作。

6）停车（图 5-45）

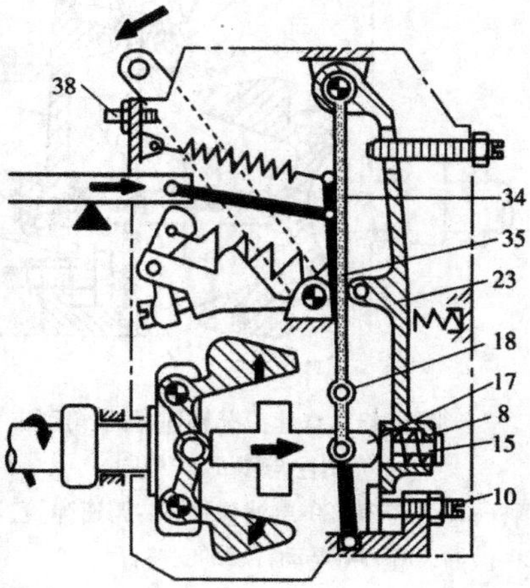

图 5-44 高速工况时调速器的作用

（图注与图 5-39 相同）

8-校正弹簧；10-油量限位螺钉；15-顶杆；17-丁字架；18-小轴；23-调速杠杆；34-浮动杆；35-支持杆；38-高速限位螺钉

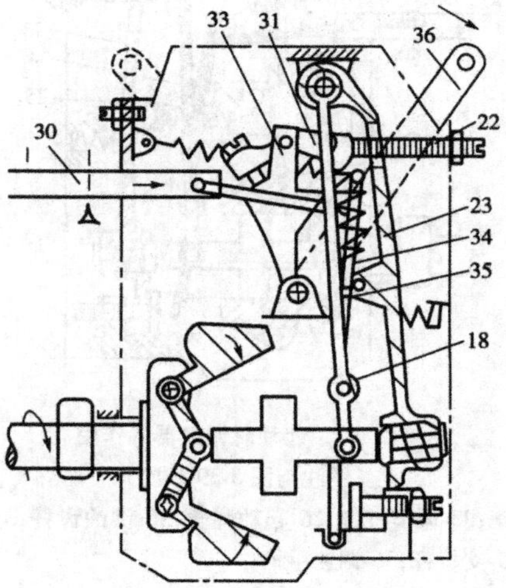

图 5-45 停车时调速器的作用

（图注与图 5-39 相同）

18-小轴；22-停车挡钉；23-调速杠杆，30-供油拉杆；31-弹簧挂耳；33-弹簧摇臂；34-浮动杆；35-支持杆；36-调速手柄

停车时，扳动调速手柄至最右端，使弹簧摇臂33上的弹簧挂耳31与停车挡钉弹簧摇臂的三角形凸起部位推压支持杆35向右摆，浮动杆则随之作顺时针转动，杆拉至停油位置。如果调速器设有停车机构，则停车时只需转动停车手柄37(见图5-39)，即可通过销钉12使浮动杆以小轴18为支点作顺时针转动，将供油齿杆拉至停油位置。

3. VE型分配泵调速器

VE型分配泵调速器如图5-46所示。在飞锤支架2上装有4个飞锤3，飞锤通过止推片推动调速套筒4移动。张力杠杆12、起动杠杆15和导杆16组成调速器杠杆系统。这3个杠杆通过销轴N连在一起并可分别绕销轴N摆动。导杆16通过销轴M固定在分配泵体上。起动杠杆15的下端是球头销，嵌入油量调节套筒21的凹槽中，当起动杠杆摆动时，球头销将拨动油量调节套筒，改变其与分配柱塞19上的泄油孔20的相对位置，从而改变分配柱塞的有效行程。张力杠杆12上端通过怠速弹簧10与调速弹簧8连接，调速弹簧的另一端挂在调速手柄5的销轴上。导杆16的下端受复位弹簧17的推压，使其上端靠在最大供油量调节螺钉11上。

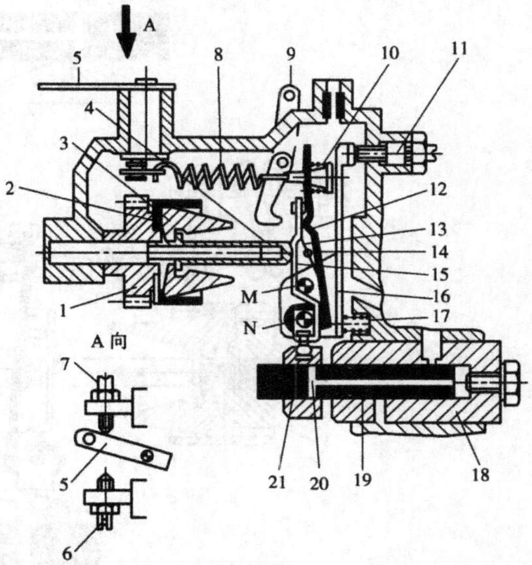

图5-46 VE型分配泵调速器结构示意图

1-调速器传动齿轮；2-飞锤支架；3-飞锤；4-调速套筒；5-调速手柄；6-怠速调节螺钉；7-最高速限止螺钉；8-调速弹簧；9-停车手柄；10-怠速弹簧；11-最大供油量调节螺钉；12-张力杠杆；13-起动弹簧；14-张力杠杆挡销；15-起动杠杆；16-导杆；17-复位弹簧；18-柱塞套；19-分配柱塞；20-泄油孔；21-油量调节套筒；M-导杆支承销轴(固定)；N-起动杠杆、张力杠杆及导杆支承销轴(可动)

此外，在某些VE型分配泵调速器上还装有一些附加装置，诸如增压补偿器和转矩校正装置等。

VE型分配泵调速器工作原理：

1)起动

如图5-47a)所示，起动前，将调速手柄5推靠在最高限止螺钉7上。这时调速弹簧8被拉伸，弹簧的张力拉动张力杠杆12绕销轴N向左摆动，并通过板形起动弹簧13使起动杠杆15压向调速套筒4，从而使静止的飞锤3处于完全闭合的状态。与此同时，起动杠杆下端的球头销将供油量调节套筒21向右拨到起动加浓供油位置C，供油量最大。起动后，飞锤的离心力克服作用在起动杠杆上的起动弹簧的弹力，使起动杠杆绕销轴N向右摆动，直到抵靠在张力杠杆的挡销上。此时，起动杠杆下端的球头销向左拨动供油量调节套筒，供油量自动减少。

2)怠速

如图5-47b)所示，柴油机起动后，将调速手柄5移至怠速调节螺钉6上。在这个位置，调速弹簧8的张力几乎为零，即使调速器传动轴的转速很低，飞锤也会向外张开，推动调速套筒，使起动杠杆和张力杠杆绕销轴N向右摆动，并使怠速弹簧10受到压缩。这时，飞锤离心力对调速套筒的作用力与怠速弹簧及起动弹簧对调速套筒的作用力平衡，供油量调节套筒21处于怠速供油位置D，柴油机在怠速下运转。

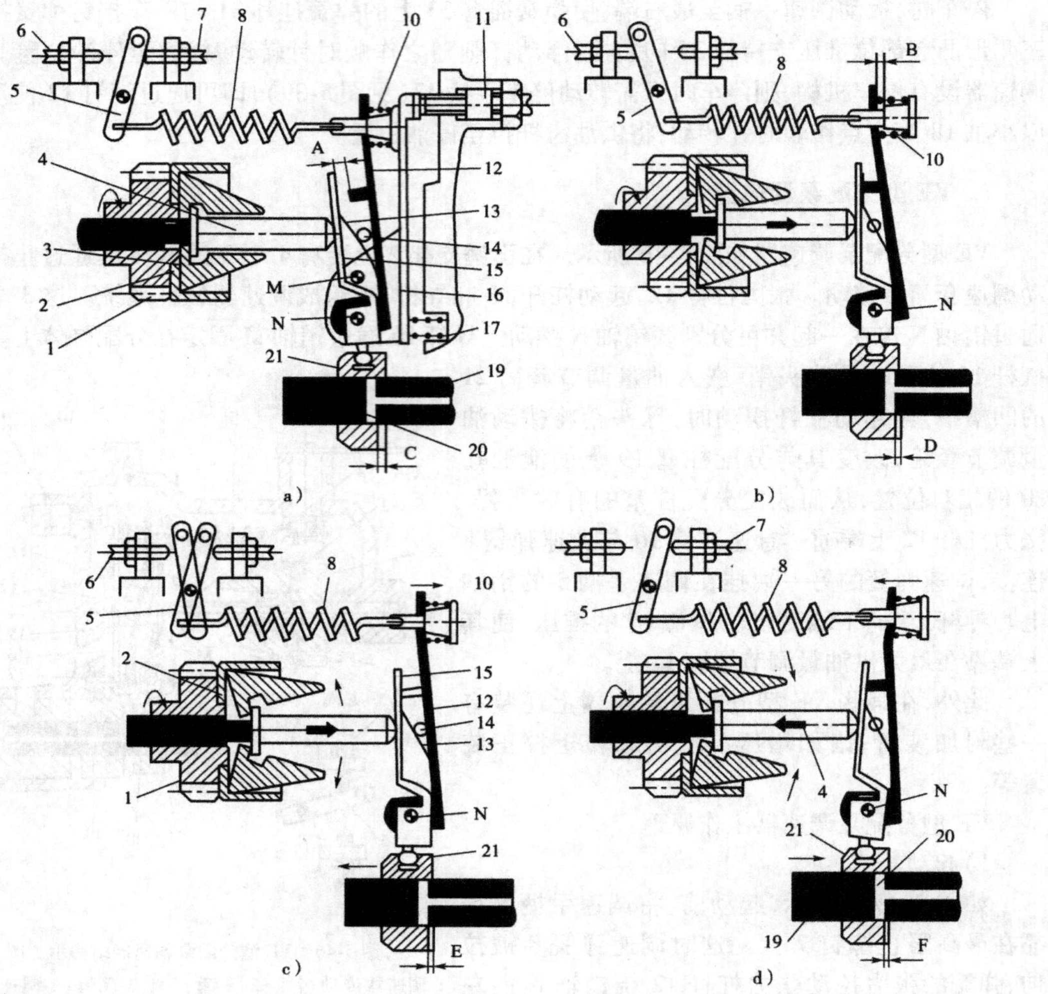

图 5-47　VE 型分配泵调速器工作原理图

A-起动弹簧压缩量；B-怠速弹簧压缩量；C-起动加浓供油位置；D-怠速供油位置；E-部分负荷最高转速供油位置；F-全负荷最高转速供油位置；M-销轴；N-起动杠杆、张力杠杆及导杆支承销轴（可动）（图注同图 5-46）

若由于某种原因使柴油机转速升高，则飞锤离心力增大，上述的平衡被打破，飞锤推动调速套筒、起动杠杆和张力杠杆进一步压缩怠速弹簧而向右摆动，供油量调节套筒则向左移，供油量减少，转速回落复原；若柴油机转速降低，飞锤离心力减小，怠速弹簧推动张力杠杆和起动杠杆向左摆动，供油量调节套筒则向右移，增加供油量，使转速回升。

3）中速和最高速

如图 5-47c）所示，欲使柴油机在高于怠速而又低于最高转速的任何中间转速工作时，则需将调速手柄 5 置于怠速调节螺钉 6 与最高速限止螺钉 7 之间某一位置。这时，调速弹簧 8 被拉伸，同时拉动张力杠杆 12 和起动杠杆 15 绕销轴 N 向左摆动，而起动杠杆下端的球头销则向右拨动供油量调节套筒 21，使供油量增加，柴油机由怠速转入中速状态。由于转速升高，飞锤离心力增大。当其向右作用于调速套筒上的推力与调速弹簧向左作用于张力杠杆和起动杠杆上的拉力平衡时，供油量调节套筒便稳定在某一中等供油量位置，柴油机也就在某一中间转速稳定运转。

当把调速手柄5置于最高速限止螺钉7上时如图5-47d)所示，调速弹簧8的张力达到最大，供油量调节套筒21也相应地移至最大供油量位置，柴油机将在最高转速或标定转速下工作。

不论柴油机在中速或最高速工作，若由于负荷发生变化而引起转速改变时，则飞锤离心力与调速弹簧力的平衡遭到破坏，调速器将立即动作，通过增减供油量，使转速复原。如果突然全部卸掉柴油机负荷，调速器将把供油量减至最小，以防止柴油机超速。其调速过程与稳定怠速的过程相同。

4）最大供油量的调节

若旋入最大供油量调节螺钉11，则导杆16绕销轴M逆时针方向转动，销轴N也随之转动，并带动球头销向右拨动供油量调节套筒21，这时最大供油量增加。反之，旋出最大供油量调节螺钉11，则最大供油量减少。改变最大供油量，可以改变柴油机的最大输出功率及最高转速或标定转速。

第六节　供油正时及喷油提前角调节装置

一、供油和配气的正时关系

要保证多缸柴油机正常工作，必须使各缸按着火次序的要求适时配气和进油，即各缸要在排气接近终了时打开进气门，吸进新鲜空气，在压缩接近终了时将高压燃油喷入气缸，使燃油迅速与空气混合燃烧。

对四行程柴油机而言，曲轴转两圈各缸完成一个工作循环，故配气凸轮轴和供油凸轮轴都只需转一圈，使各缸进、排气门各开闭一次，各缸喷油器亦只喷油一次，因而曲轴与两个凸轮轴的转速比皆为2:1。配气和供油的正时关系，是通过柴油机前面的正时齿轮室的正时齿轮的正确装配来实现的。对四行程柴油机，两凸轮轴正时齿轮的齿数为曲轴正时齿轮齿数的2倍。为保证供油正时，在正时齿轮、中间齿轮和喷油泵驱动齿轮上都刻有正时装配记号，在安装时各处的正时标记必须处于相应的位置，才能保证喷油系统有正确的喷油时刻。

二、喷油提前角调节装置

喷油提前角的大小对柴油机工作过程影响很大。喷油提前角较大时，不仅气缸内温度和压力较低，混合气形成条件较差，着火落后期长，导致柴油机工作粗暴。甚至会造成活塞在止点前即形成燃烧高潮，使功率下降。喷油提前角过小时，活塞在上止点前不能开始燃烧，在上止点附近不能形成燃烧高潮，同样使功率下降，且排气冒白烟。因此，为获得较好的动力性和经济性，柴油机应选定最佳的喷油提前角。所谓最佳喷油提前角指在转速和供油量一定的条件下，能获得最大的功率及最小的耗油率的喷油提前角。最佳喷油提前角通常由试验确定，一般直接喷射式燃烧室 $\theta = 28° \sim 35°$，分隔式燃烧室 $\theta = 15° \sim 20°$。

应当指出，对于任何一台柴油机，其最佳喷油提前角都不是常数，而是随柴油机的负荷和转速的变化而变化。负荷越大，转速越高，最佳喷油提前角应相应加大。因为负荷大喷入燃烧室里的燃料量增多,转速提高燃烧时间所占曲轴转角变大,为使上止点附近形成燃烧高潮,故喷油提前角应加大。

喷油提前角的调节,实际上是通过调节喷油泵的供油提前角来实现的。供油提前角的调节方式有两种:一种是通过供油提前角自动调节器,在柴油机运转时随转速变化自动改变提前角;另一种是静态调节,即在静态时通过联轴器改变发动机曲轴与喷油泵凸轮轴的相对角位置。

1. 供油提前角自动调整装置

图 5-48a)为 6135Q 型柴油机与 II 号喷油泵配用的离心式供油提前角自动调节器。

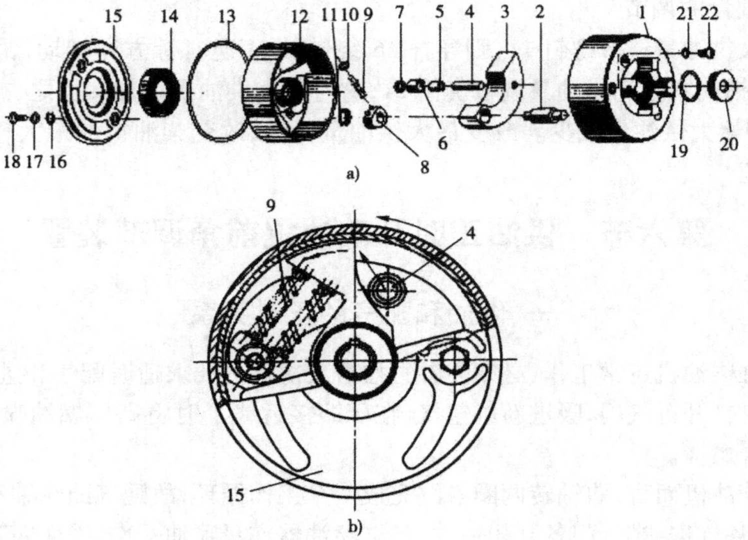

图 5-48　供油提前角自动调节器

1-连接盘;2-飞块销;3-飞块;4-滚轮销;5-滚轮衬套;6-滚轮;7、11-垫圈;8-弹簧座;9-弹簧;10-调整垫片;12-从动盘装配部件;13-橡胶圈;14-骨架式橡胶油封;15-盖子焊接部件;16、21-铜垫圈;17-弹簧垫圈;18-六角头螺钉;19-垫片;20-螺塞;22-放油螺钉

自动调节器装在联轴节和喷油泵之间。连接盘 1 的前端面上有两个凸块,与联轴节夹布胶木垫盘连接,故实际上连接盘即为联轴节的从动盘。连接盘的腹板上压装有两个飞块销 2,两个飞块 3 套装在销子上。飞块的另一端压装有滚轮销 4,其上松套有滚轮衬套 5 和滚轮 6。从动盘装配部件 12 固装在喷油泵的凸轮轴上,其构造及工作原理如图 5-48b)所示。

从动盘的两个平侧面上各压装两个弹簧 9,弹簧的另一端支承在飞块销端的弹簧座 8 上,而从动盘两个弧形侧面则压靠在滚轮上。柴油机工作时,连接盘同飞块在曲轴驱动下沿箭头所示方向旋转。两个飞块在离心力作用下,活动端绕飞块销向外甩,套装在滚轮销上的滚轮迫使从动盘沿箭头方向转动一个角度,使图 5-48b)中自动调节器弹簧受到压缩,直至弹簧的弹力和飞块的离心力相平衡为止。当柴油机的转速升高时,飞块的活动端便进一步向外甩开,从动盘的转角进一步增大,弹簧则被进一步被压缩,直到在新的位置达到新的平衡为止。可见,柴油机转速越高,从动盘的转角就越大,供油提前角随之增加。相反,转速降低时,由于飞块离心力减小,从动盘将在弹簧的作用下退回一个角度,使供油提前角相应减小。

这种供油提前角自动调节器常与联轴节式调节装置配合使用。如6135型柴油机,静止时的初始供油提前角是由联轴节式调节装置调为28°~31°在此基础上,供油提前角自动调节器再随曲轴转速变化而自动进行补偿调节。

2. 联轴器及静态供油提前角的调整

当发动机工作一段时间或将喷油泵拆卸后重新安装时,必须检查并调整静态供油提前角。调整一般通过联轴节进行。联轴节安装在喷油泵凸轮轴和驱动轴之间,联轴节按结构形式不同可分为镶嵌式十字形联轴节、钢片式联轴节和多齿形联轴节等几种。

传统的联轴器都采用胶木盘交叉连接式,现已被挠片式联轴器所替代。

如图5-49所示为弹性钢片式联轴节的构造图。主动凸缘盘13借锁紧螺栓5固定在驱动轴6上。螺钉16、12和7把主动凸缘盘13、主动传力钢片4、十字形中间凸缘盘3及从动传力钢片2连接在一起,再用螺钉10使从动传力钢片与供油提前角自动调节器1相连接。因此,驱动轴的动力通过上述各零件即可传递到供油提前角自动调节器1及喷油泵上。传动时,由于弹性钢片挠性,可以补偿发动机曲轴的驱动轴与凸轮轴少量的同轴度误差使其无声传动。

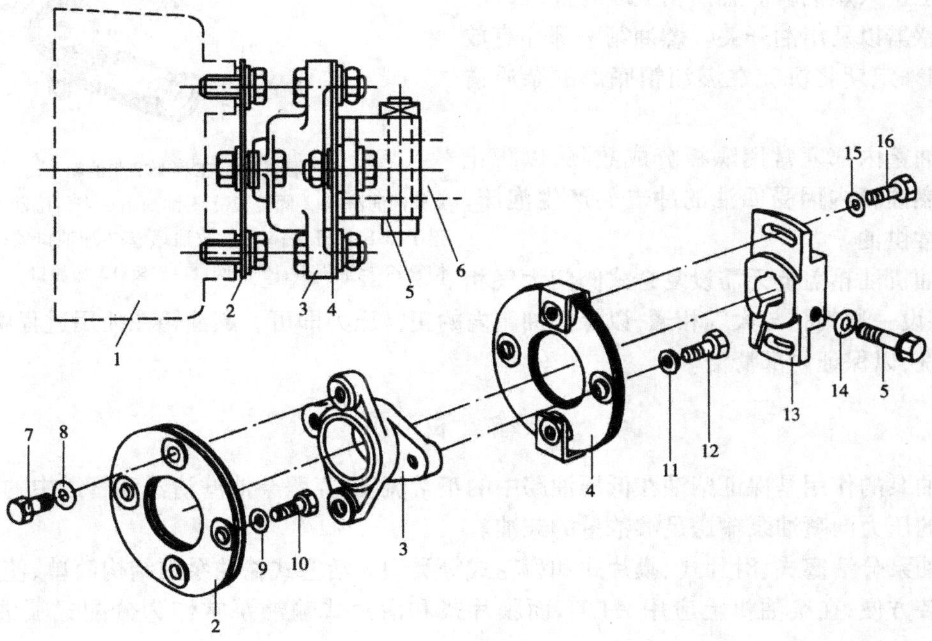

图5-49 钢片式联轴节

1-供油提前角自动调节器;2-从动传力钢片;3-十字形中间凸缘盘;4-主动传力钢片;5-锁紧螺栓;6-驱动轴;7、10、12、16-螺钉;8、9、11、14、15-垫片;13-主动凸缘盘

松开主动凸缘盘13与主动传力钢片4之间的连接螺钉16,由于主动凸缘盘上开有周向槽孔,因此联轴节的喷油泵端部分可相对主动凸缘盘转动一定角度。轻轻转动喷油泵使供油提前

角自动调节器壳体与泵体上的刻线对齐(此时第一缸应供油),从而改变了各缸的喷油时刻(即初始供油提前角),最后将螺钉16拧紧。如此手动调节可使零件结构紧凑、调整灵活方便。

第七节　柴油机供给系的辅助装置

柴油机燃油系统的附属设备包括柴油箱、输油泵、柴油滤清器、油水分离器等。

一、燃　油　箱

燃油箱用薄钢板冲压焊接而成,用以储存柴油,其容量和形状随柴油机的用途而异,但结构组成基本相似。工程机械上的燃油箱应保证机械能连续工作10~12h以上;工程车辆上的燃油箱(如图5-50所示)可供车辆行驶300~600km。

燃油箱的加油口有一金属滤网,柴油经48h沉淀后加入燃油箱,由此滤网过滤其中的轻质纤维状杂质。燃油箱加油口盖(或称油箱盖)上有通气孔,以保持燃油箱内部空间与大气相通,防止工作过程中因油面下降而造成燃油箱内部气压下降而影响正常供油,同时还可防止尘土进入燃油箱。燃油箱上装有油尺或燃油表传感器以及出油开关。燃油箱下部还有放油口,用来定期将沉淀在燃油箱底部的杂质清理出去。

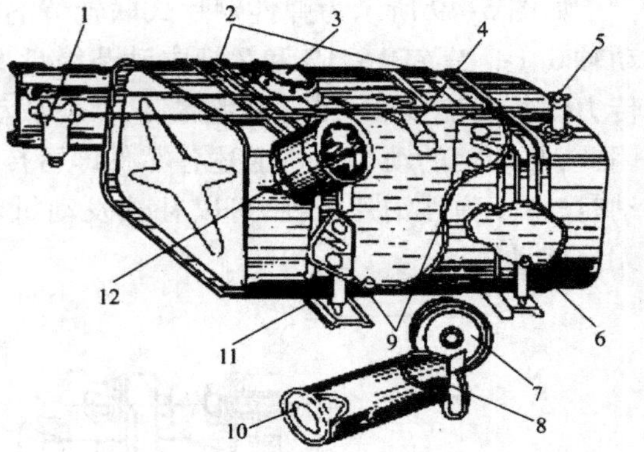

图5-50　工程车辆柴油箱

1-柴油滤清器;2-固定箍带;3-油面指示表传感器;4-传感器浮子;5-出油开关;6-磁性放油螺塞;7-加油口盖;8-加油延伸管;9-挡油隔板;10-滤网;11-支架;12-加油口

燃油箱内部通常用隔板分成数隔,以防止柴油在燃油箱内因受回油的冲击而产生泡沫,影响正常供油。

柴油机油箱盖上无需设复合式阀门大气相通,只要设一通气孔与大气相通,以保持油箱内的正常压力即可。燃油箱在使用过程中应定期进行清洗,以保证内部清洁。

二、输　油　泵

输油泵的作用是保证柴油在低压油路中的正常流动,克服柴油滤清器和管道中的阻力,并以一定的压力向喷油泵输送足够数量的柴油。

输油泵分活塞式、滑片式、膜片式和齿轮式等类型。活塞式输油泵因结构简单、使用可靠、加工安装方便,在柴油机上应用最广。而膜片式和滑片式输油泵常作为分配式喷油泵的输油泵。

1. 活塞式输油泵

活塞式输油泵一般装于喷油泵的一侧,由喷油泵凸轮轴上的凸轮或偏心轮驱动。

活塞式输油泵的构造如图5-51所示。输油泵主要由输油泵活塞20、活塞弹簧21、推杆19、进、出油阀和手压泵等组成。

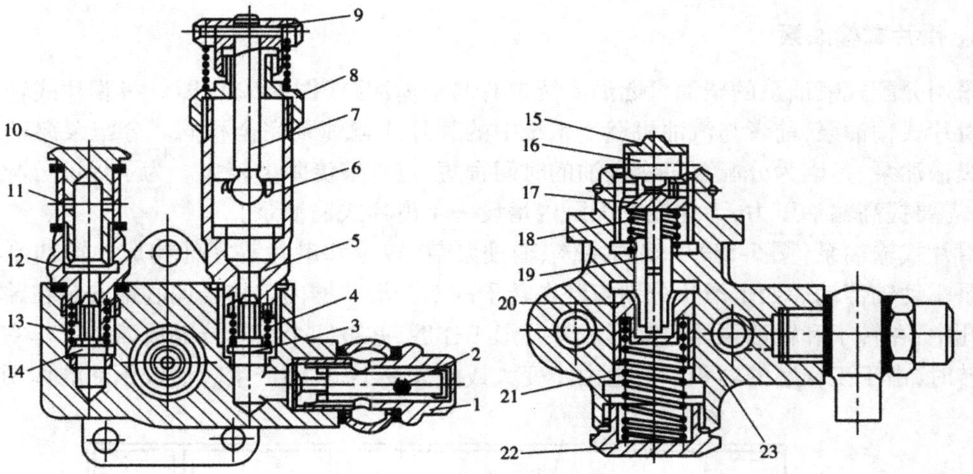

图 5-51 活塞式输油泵结构

1-进油管接头;2-滤网;3-进油阀;4-进油阀弹簧;5-手压泵体;6-手压泵活塞;7-手压泵杆;8-手压泵盖;9-手压泵拉钮;10-出油管接头;11-保护套;12-接头;13-出油阀弹簧;14-出油阀;15-滚轮;16-滚轮销;17-挺柱;18-推杆弹簧;19-推杆;20-活塞;21-活塞弹簧;22-螺塞;23-输油泵体

当喷油泵凸轮轴 13 旋转时(见图 5-52),在偏心轮 14 和活塞弹簧 17 的共同作用下,油泵活塞 16 在输油泵体 15 内作往复运动。当输油泵活塞在活塞弹簧的作用下向上运动时 A 腔容积增大,产生真空,进油阀 6 开启,柴油经进油口被吸入 A 腔。与此同时,B 腔容积缩小,其中的柴油压力增高,出油阀 7 关闭,B 腔中的柴油经出油口被压出,送往燃油滤清器和喷油泵。当偏心轮 14 推动滚轮 12,挺柱和推杆 9,使输油泵活塞向下运动时,A 腔油压增高,进油阀关闭,出油阀开启,柴油从 A 腔流入 B 腔。

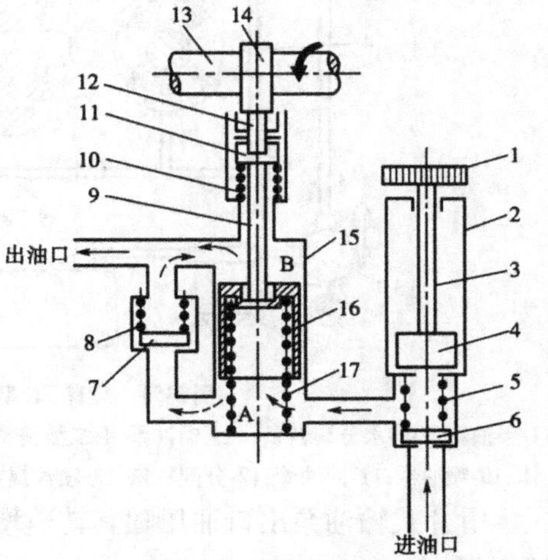

图 5-52 活塞式输油泵工作原理示意图

1-手压泵拉钮;2-手压泵体;3-手压泵杆;4-手压泵活塞;5-进油阀弹簧;6-进油阀;7-出油阀;8-出油阀弹簧;9-推杆;10-推杆弹簧;11-挺柱;12-滚轮;13-喷油泵凸轮轴;14-偏心轮;15-输油泵体;16-输油泵活塞;17-活塞弹簧

由于柴油是依靠活塞弹簧 17 推动活塞 16 而泵出的,因此输油压力即由活塞弹簧的弹力所决定。活塞往复运动时,移动到最下端的行程取决于偏心轮 14 的偏心距,这是固定不变的。而活塞向上的泵油行程则取决于活塞弹簧的弹力和 B 腔的油压。当喷油泵需要的输油量较大时,B 腔油压较低而活塞泵油行程较大;当喷油泵需要的输油量减小或滤清器因堵塞而阻力增加时,B 腔油压相对升高,致使活塞弹簧的弹力不足以将活塞推到底,活塞的泵油行程就缩短,这时推杆 9 与活塞分离。因此这种输油泵可保持一定的输油压力,而输油量则可根据需要自动调节。

在起动长时间停止工作的柴油机之前,应先将燃油滤清器和喷油泵的放气螺钉拧松,再将手压泵拉钮旋出,上下反复拉动手压泵活塞,使柴油自进油阀吸入,经出油阀压出,从而充满燃油滤清器和喷油泵的低压油腔,将其中的空气驱除干净。然后拧紧放气螺钉,并旋紧手压泵拉钮,再起动柴油机。

2. 滑片式输油泵

采用分配式喷油泵的柴油机燃油系统中有两个输油泵(图5-52),即一级膜片式输油泵和二级滑片式输油泵,前者与汽油机燃油系统中的膜片式输油泵完全相同。分配泵燃油系统采用两级输油泵,是因为分配泵每次进油的时间很短,进油节流阻力较大。为了保证分配泵进油充分,需要提高输油压力,为此在分配泵内增设一个滑片式输油泵。

滑片式输油泵(图5-53)由输油泵体、输油泵盖、转子和滑片等零件构成。输油泵转子由分配泵驱动轴传动。四个滑片分别安装在转子的四个滑片槽内。转子偏心地安装在输油泵体的内孔中,在转子和输油泵体之间形成弯月形工作腔,并被四个滑片分隔成四个工作室。当转子旋转时,由于工作室的容积不断地由小变大或由大变小,从而产生吸油或压油的作用。

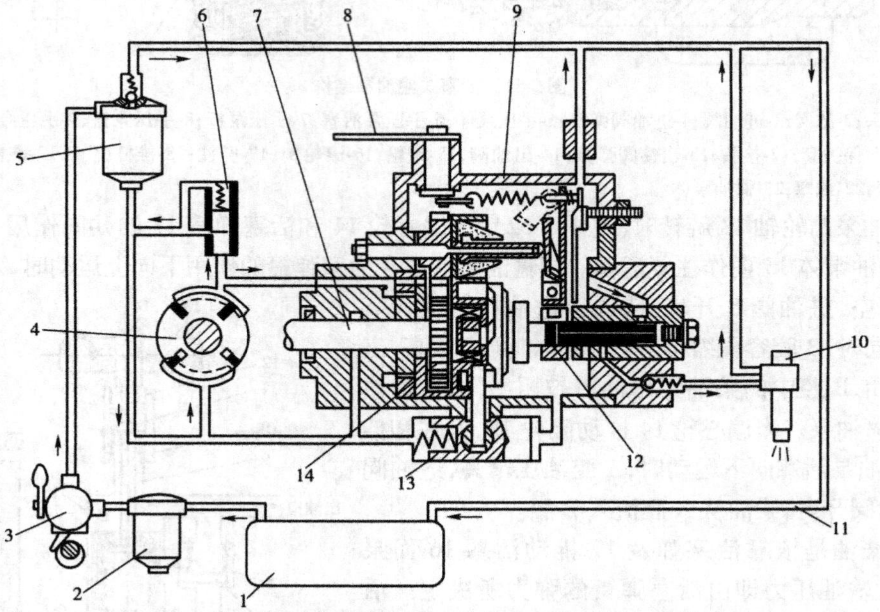

图5-53　装有VE型分配式喷油泵的柴油机燃油系统示意图

1-柴油箱;2-油水分离器;3-一级输油泵;4-二级输油泵;5-柴油滤清器;6-调压阀;7-喷油泵传动轴;8-调速手柄;9-喷油泵体;10-喷油器;11-回油管;12-分配柱塞;13-喷油提前器;14-调速器传动齿轮

滑片式输油泵出口油压随其转速增高而增大。为了保持油压稳定,在输油泵出口装置有调压阀。

三、柴油滤清器

柴油滤清器的功用是除去柴油中的杂质和水分,提高柴油的清洁程度。各种柴油都有一定量的杂质,如灰分、残炭和胶质等。此外,在使用过程中,由于运输储藏或保管不当还可能混入尘土和水分等。在燃料供给系中,喷油泵和喷油器中的密精零件,既使细微的杂质进入其中,也会加速它们的磨损或者引起各种故障,因此柴油必须进行严格的滤清。

1. 柴油细滤器

各种柴油机均装有柴油细滤器,它不但可以滤除颗粒较大的杂质,还能滤除对精密零件有危害的微小粒子。常用的滤芯材料是微孔滤纸。

我国采用系列化的微孔滤纸作柴油滤清器滤芯。这种滤纸是用树脂浸渍过的,加工成形后还要进行热同化处理。它具有滤清效果好(过滤的细度可达 1~3μm)、重量轻、体积小,成本低等一系列优点。近年来,纸滤芯柴油滤清器在柴油机上应用越来越广泛。

图 5-54 为纸滤芯柴油滤清器的结构实例。滤清器主要由铝质的滤清器盖 4,钢板冲制的壳体 6 和纸质滤芯 7 组成。来自输油泵的柴油从进油口 5 进入滤清器壳体 6 与纸质滤芯 7 之间的空隙,然后经过滤芯过滤之后,由中心杆 8 经出油口 3 流出。在盖滤清器盖上设限压阀 2,当油压超过 0.1~0.15MPa 时,限压阀开启,多余的柴油自进油口经限压阀、旁通孔 1 直接返回柴油箱。积存在壳体底部的杂质和水分由放油塞 9 放出。

2. 柴油粗滤器

在工程机械和重型车用柴油机上,燃油系统的低压油路中除装有柴油细滤器外,往往还装有柴油粗滤器,两者串联使用。

粗滤器主要用来滤去颗粒较大的杂质,这样可减少细滤器过滤的杂质量,避免细滤器被迅速堵塞而缩短使用寿命。粗滤器常采用毛毡等纤维滤芯。毛毡滤芯可滤除粒度为 5~10μm 的杂质,并且毛毡具有一定的机械强度和弹性,堵塞后可清洗再用。

四、油水分离器

为了除去柴油中的水分,在一些柴油机上,于柴油箱和输油泵之间装设油水分离器。

油水分离器(图 5-55)由手压膜片泵 1、液面传感器 5、浮子 6、分离器壳体 7 和分离器盖 8 等组成。

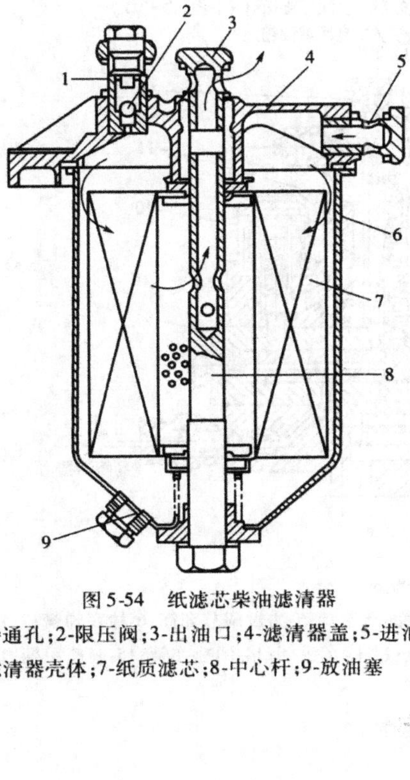

图 5-54　纸滤芯柴油滤清器

1-旁通孔;2-限压阀;3-出油口;4-滤清器盖;5-进油口;6-滤清器壳体;7-纸质滤芯;8-中心杆;9-放油塞

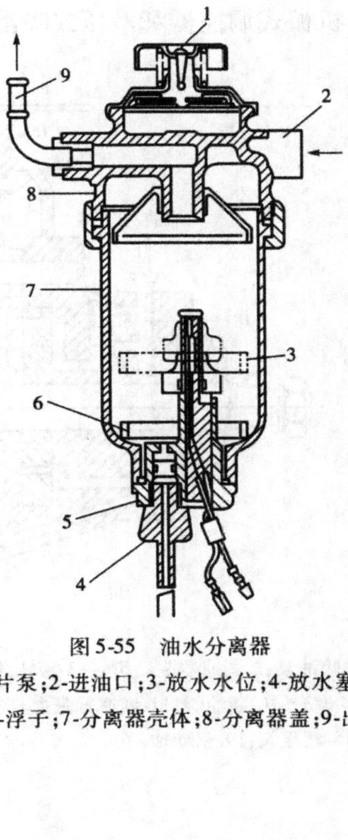

图 5-55　油水分离器

1-手压膜片泵;2-进油口;3-放水水位;4-放水塞;5-液面传感器;6-浮子;7-分离器壳体;8-分离器盖;9-出油口

来自柴油箱的柴油经进油口2进入油水分离器，并经出油口9流出。柴油中的水分在分离器内从柴油中分离出来并沉积在壳体7的底部。浮子6随着积水的增多而上浮。当浮子到达规定的放水水位3时，液面传感器5将电路接通，仪表板上的报警灯发出放水信号，这时驾驶员应及时旋松放水塞4放水。手压膜片泵1供放水和排气时使用。

第八节　转子分配式喷油泵

转子分配式喷油泵（简称分配泵）按其结构不同，分为径向压缩式分配泵和轴向压缩式分配泵两种。径向压缩式分配泵由于主要零件的配合精度要求高，且加工不方便等缺点，近年来已较少应用。轴向压缩式分配泵又称VE分配泵，是德国博世公司于20世纪80年代初研制出来的一种新型分配泵，现已广泛应用在小型高速柴油机上。

分配泵与直列柱塞式喷油泵比较，具有以下特点：

（1）分配泵结构简单，零件少，体积小，质量轻，使用中故障少，容易维修。

（2）分配泵精密偶件加工精度高，供油均匀性好，因此不需要进行各缸供油量和供油定时的调节。

（3）分配泵的运动件靠喷油泵体内的柴油进行润滑和冷却，因此，对柴油的清洁度要求很高。

（4）分配泵凸轮的升程小，有利于提高柴油机转速。

一、VE型分配泵结构

VE型分配泵由驱动机构、二级滑片式输油泵、高压分配泵头和电磁式断油阀等部分组成。此外，机械式调速器和液压式喷油提前器也安装在分配泵体内（图5-56）。

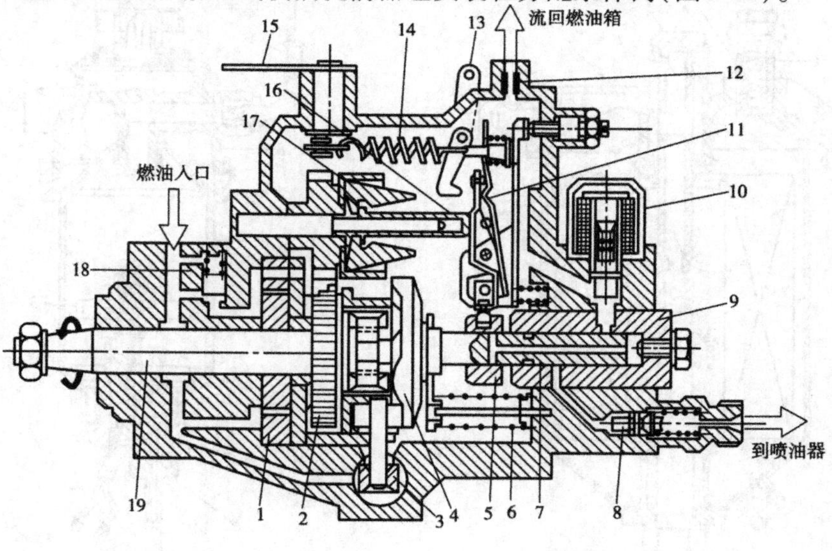

图5-56　VE型分配泵

1-二级滑片式输油泵；2-调速器驱动齿轮；3-液压式喷油提前器；4-平面凸轮盘；5-油量调节套筒；6-柱塞弹簧；7-分配柱塞；8-出油阀；9-柱塞套；10-断油阀；11-调速器张力杠杆；12-溢流节流孔；13-停车手柄；14-调速弹簧；15-调速手柄；16-调速套筒；17-飞锤；18-调压阀；19-驱动轴

驱动轴19(图5-56)由柴油机曲轴定时齿轮驱动。驱动轴带动二级滑片式输油泵1工作,并通过调速器驱动齿轮2带动调速器轴旋转。在驱动轴的右端通过联轴器3(图5-57)与平面凸轮盘4连接,利用平面凸轮盘上的传动销带动分配柱塞7(图5-56)。柱塞弹簧6(图5-56)将分配柱塞压紧在平面凸轮盘上,并使平面凸轮盘压紧滚轮4(图5-57)。滚轮轴嵌入静止不动的滚轮架2上。当驱动轴19(图5-56)旋转时,平面凸轮盘与分配柱塞同步旋转,而且在滚轮、平面凸轮和柱塞弹簧的共同作用下,凸轮盘还带动分配柱塞在柱塞套9(图5-56)内作往复运动。往复运动使柴油增压,旋转运动进行柴油分配。

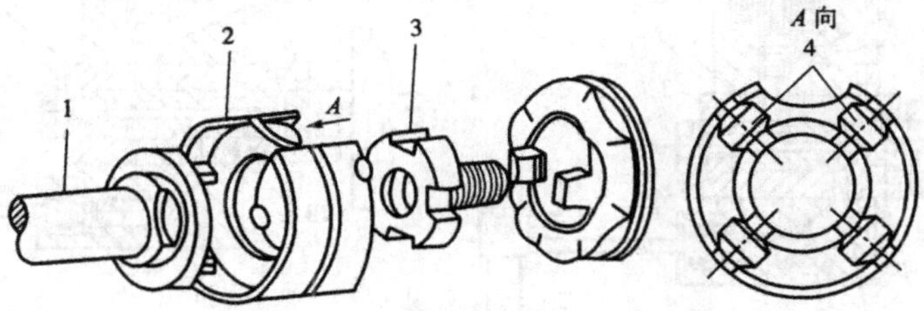

图5-57　滚轮、联轴器及平面凸轮

1-驱动轴;2-滚轮架;3-联轴器;4-滚轮

凸轮盘上平面凸轮的数目与柴油机气缸数相同。分配柱塞的结构如图5-58所示。在分配柱塞1的中心加工有中心油孔3,其右端与柱塞腔相通,而左端与泄油孔2相通。分配柱塞上还加工有燃油分配孔5、压力平衡槽4和数目与气缸数相同的进油槽6。

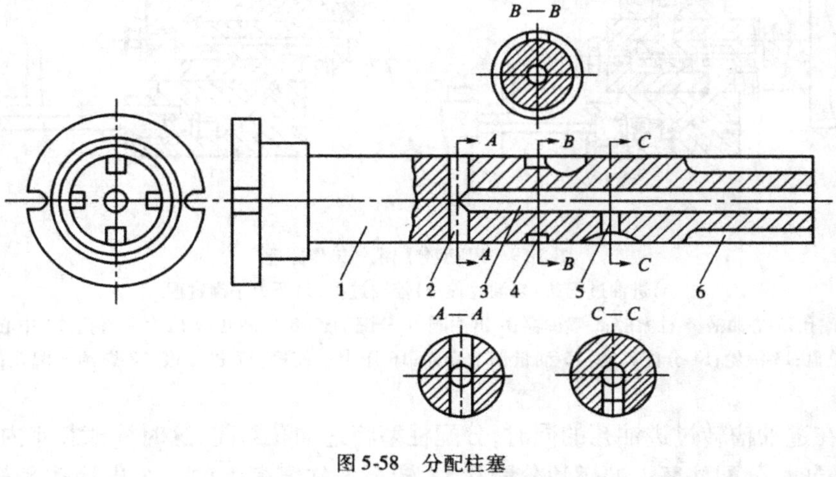

图5-58　分配柱塞

1-分配柱塞;2-泄油孔;3-中心油孔;4-压力平衡槽;5-燃油分配孔;6-进油槽

柱塞套9(图5-56)上有一个进油孔和数目与气缸数相同的分配油道,每个分配油道都连接一个出油阀8和一个喷油器。

二、VE型分配泵工作原理

VE型分配泵的工作原理如图5-59所示。

1. 进油过程[图5-59a)]

当平面凸轮盘12的凹下部分转至与滚轮13接触时,柱塞弹簧将分配柱塞14由右向左推移至柱塞下止点位置，这时分配柱塞上的进油槽 3 与柱塞套 20 上的进油孔 2 连通，柴油自喷油泵体 19 的内腔经进油道 17 进入柱塞腔 4 和中心油孔 10 内。

2. 泵油过程［图 5-59b)］

当平面凸轮盘由凹下部分转至凸起部分与滚轮接触时，分配柱塞在凸轮盘的推动下由左

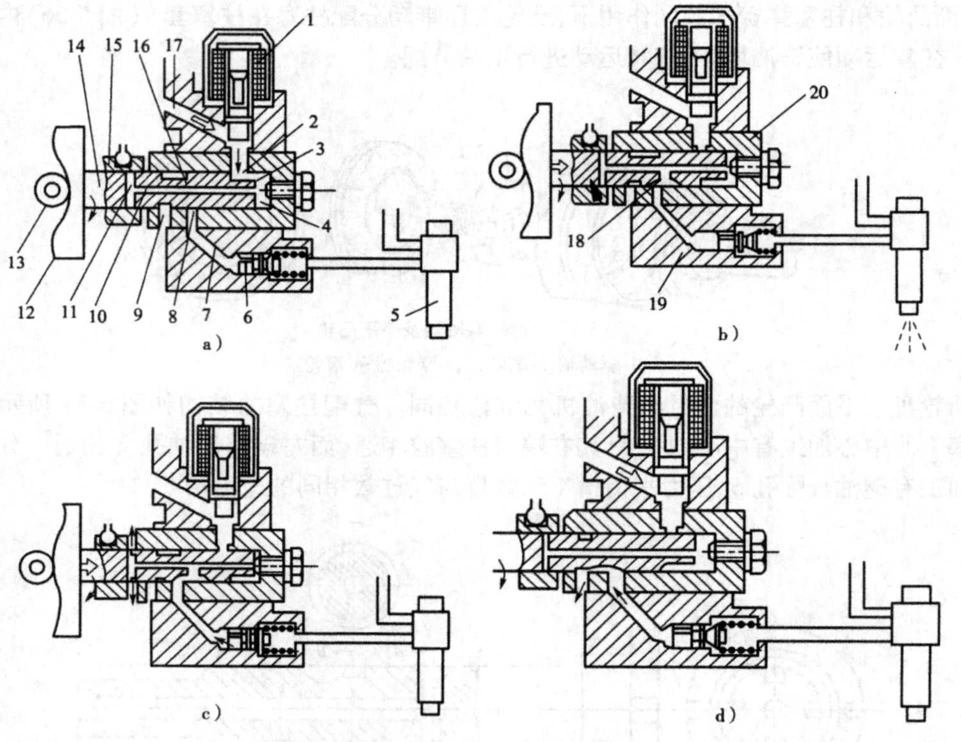

图 5-59　VE 型分配泵的工作原理

a) 进油过程；b) 泵油过程；c) 停油过程；d) 压力平衡过程

1-断油阀；2-进油孔；3-进油槽；4-柱塞腔；5-喷油器；6-出油阀；7-分配油道；8-出油孔；9-压力平衡孔；10-中心油孔；11-泄油孔；12-平面凸轮盘；13-滚轮；14-分配柱塞；15-油量调节套筒；16-压力平衡槽；17-进油道；18-燃油分配孔；19-喷油泵体；20-柱塞套

向右移动。在进油槽转过进油孔的同时，分配柱塞将进油孔封闭，这时柱塞腔 4 内的柴油开始增压。与此同时，分配柱塞上的燃油分配孔 18 转至与柱塞套上的一个出油孔 8 相通，高压柴油从柱塞腔经中心油孔、燃油分配孔、出油孔进入分配油道 7，再经出油阀 6 和喷油器 5 喷入燃烧室。

平面凸轮盘每转一周，分配柱塞上的燃油分配孔依次与各缸分配油道接通一次，即向柴油机各缸喷油器供油一次。

3. 停油过程［图 5-59c)］

分配柱塞在平面凸轮盘的推动下继续右移，当柱塞上的泄油孔 11 移出油量调节套筒 15 并与喷油泵体内腔相通时，高压柴油从柱塞腔经中心油孔和泄油孔流进喷油泵体内腔，柴油压

力立即下降,供油停止。

从柱塞上的燃油分配孔 18 与柱塞套上的出油孔 8 相通的时刻起,至泄油孔 11 移出油量调节套筒 15 的时刻止,这期间分配柱塞所移动的距离为柱塞有效供油行程。显然,有效供油行程越大,供油量越多。移动油量调节套筒即可改变有效供油行程,向左移动油量调节套筒,停油时刻提早,有效供油行程缩短,供油量减少;反之,向右移动油量调节套筒,供油量增加。油量调节套筒的移动由调速器操纵。

4. 压力平衡过程[图 5-59d)]

分配柱塞上设有压力平衡槽 16,在分配柱塞旋转和移动过程中,压力平衡槽始终与喷油泵体内腔相通。在某一气缸供油停止之后,且当压力平衡槽括至与相应气缸的分配油道连通时,分配油道与喷油泵体内腔相通,于是两处的油压趋于平衡。在柱塞旋转过程中,压力平衡槽与各缸分配油道逐个相通,致使各分配油道内的压力均衡一致,从而可以保证各缸供油的均匀性。

三、电磁式断油阀

VE 型分配泵装有电磁式断油阀,其电路和工作原理如图 5-60 所示。

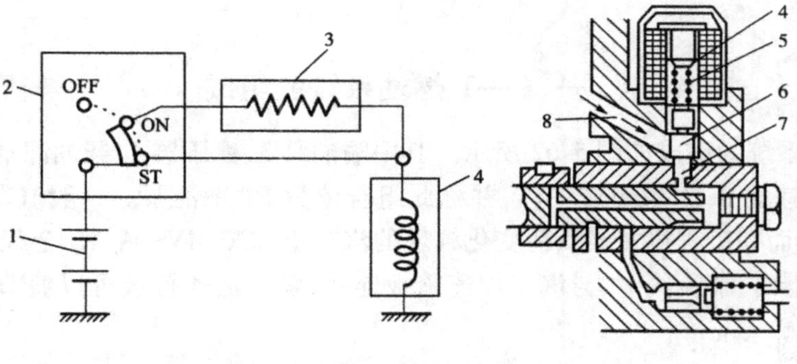

图 5-60　电磁式断油阀电路及其工作原理

1-蓄电池;2-起动开关;3-电阻;4-电磁线圈;5-回位弹簧;6-阀门;7-进油孔;8-进油道

起动时,将起动开关 2 旋至 ST 位置,这时来自蓄电池 1 的电流直接流过电磁线圈 4,产生的电磁力压缩回位弹簧 5,将阀门 6 吸起,进油孔 7 开启。柴油机起动之后,将起动开关旋至 ON 位置,这时电流经电阻 3 流过电磁线圈,电流减小,但白于有油压的作用,阀门仍然保持开启。

当柴油机停机时,将起动开关旋至 OFF 位置,这时电路断开,阀门在回位弹簧的作用下关闭,从而切断油路,停止供油。

四、液压式喷油提前器

在 VE 型分配式喷油泵体的下部安装有液压式喷油提前器,其结构如图 5-61 所示。

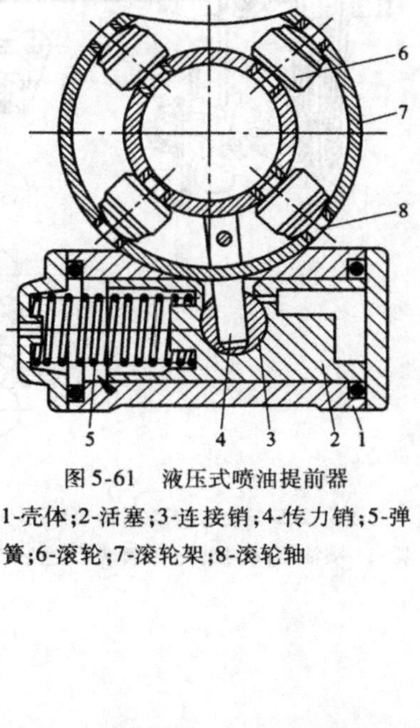

图 5-61　液压式喷油提前器

1-壳体;2-活塞;3-连接销;4-传力销;5-弹簧;6-滚轮;7-滚轮架;8-滚轮轴

在喷油提前器壳体 1 内装有活塞 2,活塞左端与二级滑片式输油泵的入口相通，并有弹簧5压在活塞上。活塞右端与喷油泵体内腔相通其压力等于二级滑片式输油泵的出口压力。当柴油机在某一转速下稳定运转时，作用在活塞左、右端的力相等，活塞处于某一平衡位置。若柴油机转速升高，二级滑片式输油泵的出口压力增大，作用于活塞右端的力随之增加，推动活塞向左移动，并通过连接销3和传力销4带动滚轮架7绕其轴线转动一定的角度，直至活塞两端的力重新达到平衡为止。滚轮架的转动方向与平面凸轮盘的旋转方向正好相反，使平面凸轮提前一定角度与滚轮接触，供油相应提前，即供油提前角增大。反之，若柴油机转速降低，则二级滑片式输油泵的出口压力也随之降低，作用于活塞右端的力减小，活塞向右移动，并带动滚轮架向着平面凸轮盘旋转的同一方向转过一定的角度，使供油提前角减小。

第九节　P—T 燃油系统简介

P—T 燃油系统是美国康明斯（Cummins）发动机公司的专利，某些工程机械和重型载货汽车柴油机采用了这种燃油系统。与传统的柴油机燃油系统相比，P—T 燃油系统在结构和工作原理方面都有较大的差别。

“P—T”是英文“Pressure（压力）—Time（时间）”二词的缩写，即按压力—时间原理来调节循环喷油量。

一、P—T 燃油系统的组成

P—T 燃油系统的组成如图 5-62 所示。其中输油泵 3、稳压器 4、柴油滤清器 5、断油阀 7、节流阀 14 及调速器 6、16 等组成一体，并称此组合体为 PT 燃油泵。一般汽车上只装 PTG 两极式调速器 16，而在工程机械或负荷变化频繁的汽车上加装 MVS 或 VS 全程式调速器 6。当只装 PTG 调速器时，节流阀 14 与汽车加速踏板连接，踩动加速踏板可以使节流阀旋转，从而

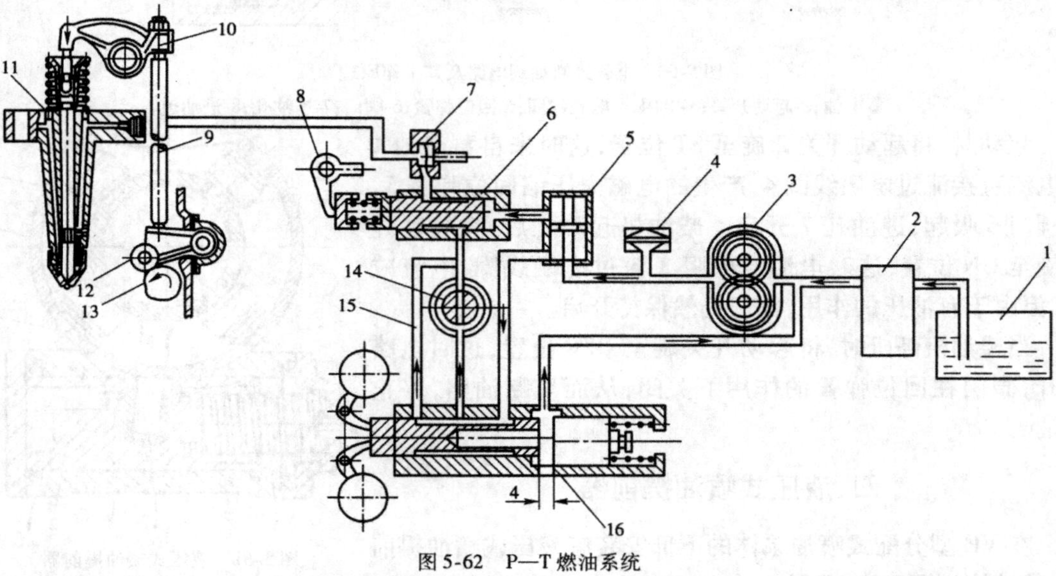

图 5-62　P—T 燃油系统

1-柴油箱；2、5-柴油滤清器；3-输油泵；4-稳压器；6-MVS 全程式调速器；7-断油阀；8-调速手柄；9-喷油器推杆；10-喷油器摇臂；11-喷油器；12-摆臂；13-喷油凸轮；14-节流阀；15-怠速油道；16-PTG 两极式调速器

改变了节流阀的通过断面积。若加装 MVS 或 VS 调速器，则节流阀保持全开位置不动，MVS 或 VS 调速器在 PTG 调速器不起作用的转速范围内起调速作用。

发动机工作时，柴油被齿轮式输油泵 3 从柴油箱 1 吸出，经柴油滤清器 2 滤除其中的杂质，再经稳压器 4 消除燃油压力的脉动后，送入柴油滤清器 5。经过二次滤清的柴油分成两路，一路进入 PTG 调速器和节流阀，另一路进入 MVS 调速器。其压力经过调速器和节流阀调节后，经断油阀 7 供给喷油器 11。在喷油器内柴油经计量、增压然后被定时地喷入气缸。多余的柴油经回油管流回柴油箱。喷油器的驱动机构包括喷油凸轮 13、摆臂 12、喷油器推杆 9 和喷油器摇臂 10。喷油凸轮与配气凸轮共轴。电磁式断油阀 7 用来切断燃油的供给，使柴油机停转。

二、PT 燃油泵

PT 燃油泵在燃油系统中起供油、调压和调速等作用，即在适当压力下将燃油供入喷油器；在柴油机转速或负荷发生变化时及时调节供油压力，以改变供油量满足工况变化的需要；调节并稳定柴油机转速。

PT 燃油泵由柴油机驱动，但它与柴油机之间无传动定时关系。因此，安装时无需校对定时。

PT 燃油泵的构造如图 5-63 所示。

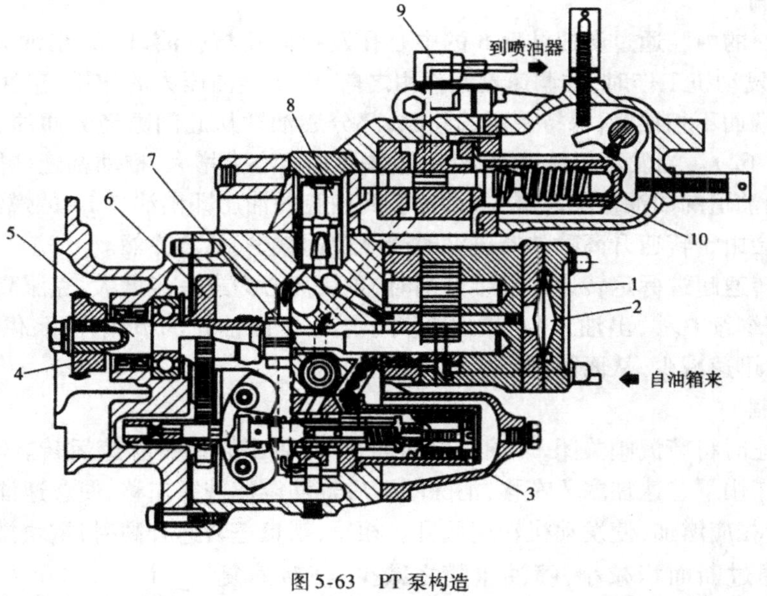

图 5-63　PT 泵构造

1-输油泵；2-稳压器；3-PTG 调速器；4-主轴传动齿轮；5-主轴；6-调速器传动齿轮；7-节流阀；8-柴油滤清器；9-断油阀；10-MVS 调速器

1. PTG 调速器

PTG 是两极式调速器，主要由调速器重块 3、调速套筒 5、调速柱塞 6、低速校正柱塞 2、低速校正弹簧 1、高速弹簧 9、高速校正弹簧 4、怠速弹簧 8 和怠速柱塞 7 等组成（图 5-64）。PTG 调速器不仅用来限制高速和稳定怠速，而且还能随柴油机转速的变化自动调节供油压力和校正柴油机的转矩特性，其工作原理如下：

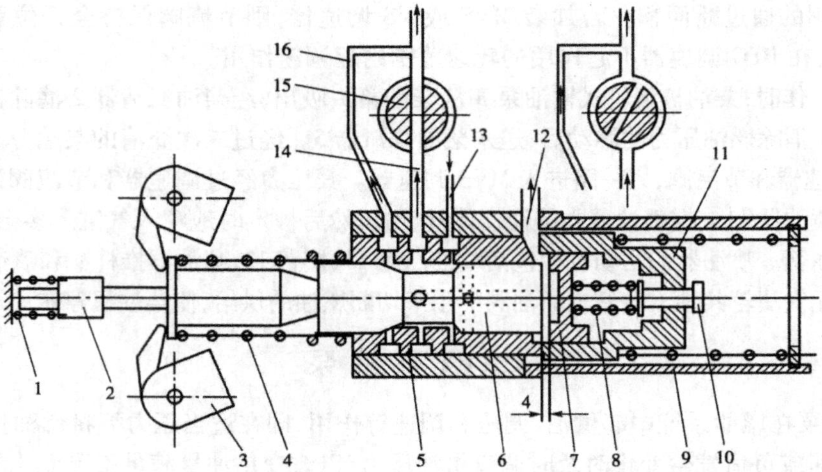

图 5-64 PTG 调速器结构示意图

1-低速校正弹簧;2-低速校正柱塞;3-重块;4-高速校正弹簧;5-调速套筒;6-调速柱塞;7-怠速柱塞;8-怠速弹簧;9-高速弹簧;10-怠速调节螺钉;11-高速套筒;12-旁通油道;13-进油口;14-出油口;15-节流阀;16-怠速油道

1)高速控制

调速套筒5的内腔通过调速柱塞6的中心孔及径向孔与进油口13、出油口14、怠速油道16等相通。当发动机工作时,在调速器起作用之前,由于燃油压力的作用,怠速柱塞7与调速柱塞6两者的端面不相接触,保持一定的间隙,部分燃油即从此间隙经旁通油道12流回输油泵的入口(图5-62)。当发动机转速升高时,重块3的离心力增大,推动调速柱塞右移,使间隙减小,通过旁通油道的回油量随之减少,调速套筒内腔的油压即出油口14的燃油压力增高,从而使喷油量不会由于转速升高喷油器进油时间缩短而减少,反之亦然。

当发动机转速超过标定转速并继续升高时,重块离心力进一步增大,克服高速弹簧9的弹力,使调速柱塞继续右移,出油口14被逐渐关小。由于出油口的节流作用,供油压力急剧下降,喷油量随之迅速减少,从而限制了柴油机超速。

2)怠速控制

柴油机怠速时将节流阀关闭,燃油经怠速油道16供出以维持怠速运转。若转速降低,在怠速弹簧8的作用下怠速柱塞7左移,消除间隙后推动调速柱塞左移,使怠速油道的通过断面积增大,喷油量相应增加,使发动机转速回升。相反,当怠速转速升高时,重块推动调速柱塞右移,怠速油道通过断面积减小,喷油量随之减少,使转速复原,从而稳定了怠速。

3)高速转矩校正

柴油机转速较低时,高速校正弹簧4处于自由状态。当转速升高到最大转矩转速时,高速校正弹簧开始与调速套筒5接触。随着转速继续升高,调速柱塞右移,校正弹簧逐渐被压缩,使调速柱塞的移动受阻,从而延缓了燃油压力的增高,使喷油量相对减少,最终使柴油机的转矩随转速升高而有较大的下降(图5-65)。

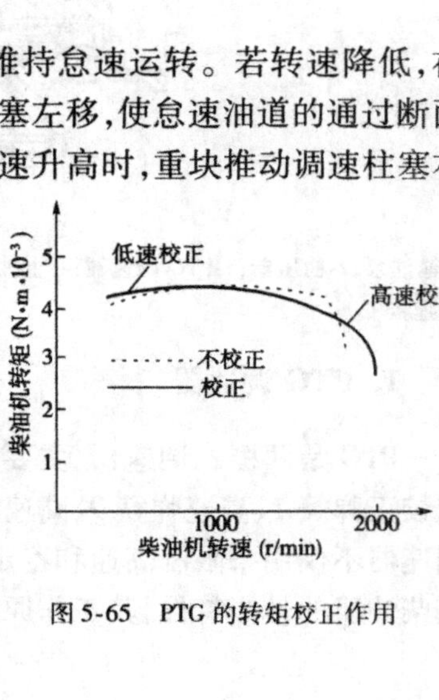

图 5-65 PTG 的转矩校正作用

4）低速转矩校正

柴油机在最大转矩转速运转时，低速校正弹簧1处于自由状态。当转速降低时，低速校正柱塞2左移，低速校正弹簧被压缩，使低速校正柱塞的移动受阻，从而延缓了燃油压力的下降，使喷油量相对增加，最终使柴油机的转矩随转速降低的趋势减缓（图5-65）。

2. 节流阀

PT燃油泵中的节流阀是旋转式柱塞阀。除怠速工况外，燃油从PTG调速器至喷油器都要流经节流阀。它用来调节除怠速和最高转速以外的各转速的PT燃油泵的供油量。怠速和最高转速的供油量由PTG调速器自动调节。通过踩踏加速踏板来转动节流阀，以改变节流阀通过断面，达到改变供油压力和PT燃油泵供油量的目的。

3. MVS调速器

在推土机等工程机械用柴油机上，其PT燃油系统的PT泵内除了PTG调速器外，还装有MVS全程式调速器。它可使柴油机在司机选定的任一转速下稳定运转，这时应将节流阀的位置固定，不能任意变动。MVS调速器在PT泵油路中的位置如图5-62和图5-63所示。

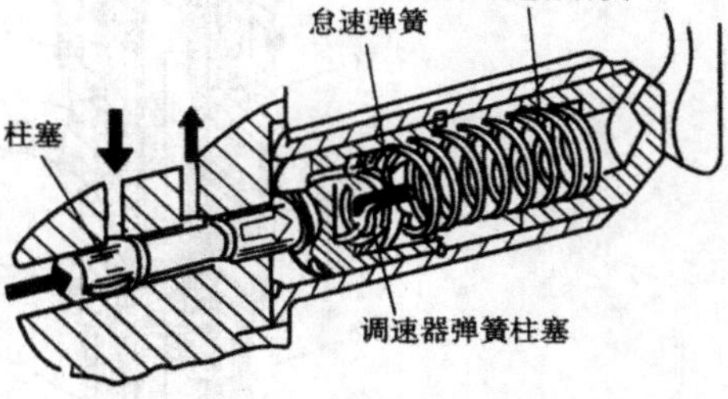

图5-66　MVS调速器

图5-66为MVS调速器的结构，其柱塞的左侧承受来自输油泵并经滤清器的柴油的压力作用，此油压随柴油机转速而变化，柱塞右侧与调速器弹簧柱塞相接触而承受调速器弹簧（包括怠速弹簧和调速器弹簧）的弹力。

当PT泵的调速手柄处于某一位置时，其下的双臂杠杆（图5-66）便使MVS调速弹簧的弹力与柱塞左侧的油压相平衡，柴油机在该转速下稳定工作。当柴油机的负荷减小而使转速上升时，则柱塞左侧的油压随之增大，于是柱塞右移，来自节流阀的柴油通道被关小，使PT泵的输出油压下降，喷油器的循环喷油量也随之减小，限制了转速的上升；反之，当柴油机的负荷增加而使转速下降时，则调速弹簧的弹力便大于柱塞左侧的油压，于是柱塞左移，增大来自节流阀的柴油通道，使输出油压上升，喷油器的循环喷油量增大，限制了转速的下降。改变调速手柄的位置，即改变了调速弹簧的预紧力，柴油机便在另一转速下稳定运转。

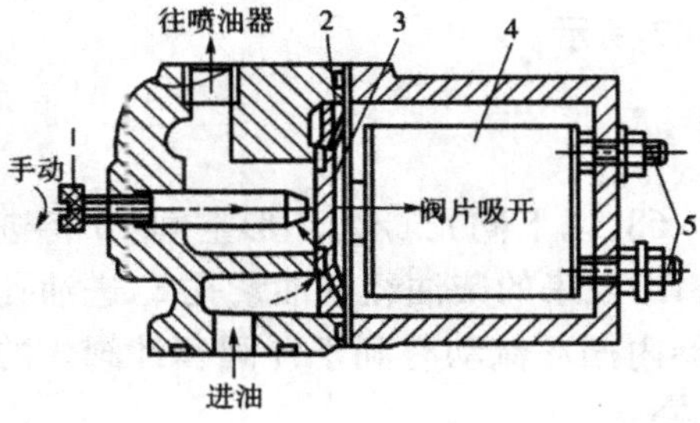

图5-67　断油阀

1-螺纹顶杆；2-复位弹簧；3 阀片；4-电磁铁；5-接线柱

在怠速时，调速器弹簧呈自由状态而不起作用，仅由怠速弹簧维持怠速的稳定运转。MVS调速器设有高速限止螺钉和低速限止螺钉，用以限制调速手柄的极限位置。

PT泵在附加了MVS调速器后，正常工作时其节流阀是用螺钉加以固定的。如果需要调整，可拧动节流阀以改变通过节流阀流向MVS调速器的油压，从而使循环喷油量发生变化。

4. 断油阀

图5-67所示为电磁式断油阀的结构示意图。通

电时，被电磁铁4吸向右边，断油阀开启，燃油从进油口经断油阀供向喷油器。断电时，阀片在复位弹簧2的作用下关闭，停止供油。因此，柴油机起动时须接通断油阀电路，停机时须切断电路。若断油阀电路失灵，则可旋入螺纹顶杆1将阀片顶开，停机时再将螺纹顶杆旋出。

三、PT 喷 油 器

P—T燃油系统的喷油器为机械驱动的开式喷油器，并具有对燃油进行计量、增压和定时喷射等多种功能，并集喷油泵与喷油器功能于一体，也称泵—喷油器。其中D型喷油器的结构如图5-68所示。

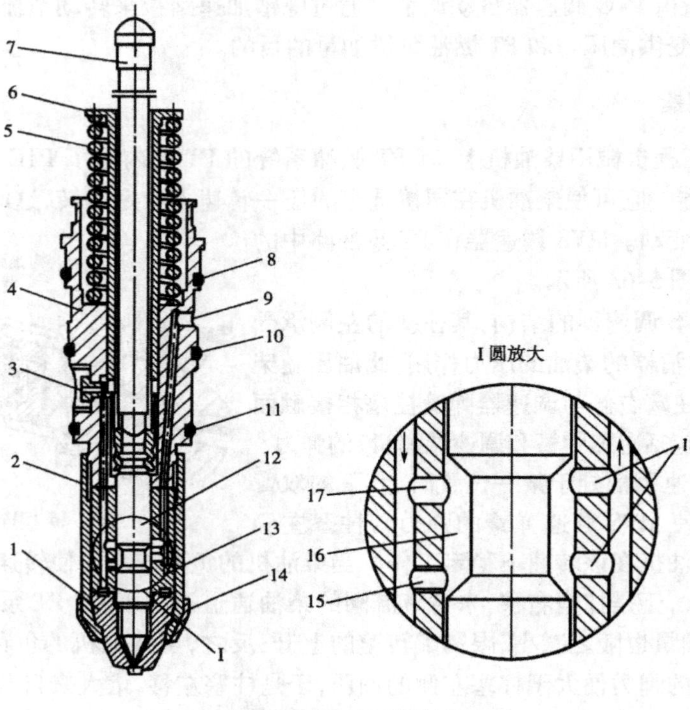

图5-68 PT—D型喷油器

1-喷油嘴头；2-喷油器紧帽；3-进油量孔；4-喷油器体；5-复位弹簧；6-导向套；7-顶杆；8、10-O形密封圈；9、18-回油孔；12-针阀；13-针阀体；14-密封垫；15-计量量孔；16-环形空间；17-进油孔

PT-D型喷油器的工作过程可分为3个阶段，如图5-67所示。

1. 进油—回油阶段[图5-69a)]

当曲轴转到进气行程上止点时，针阀12(图注同图5-68，以下同)升起，环形空间16将进油孔17与回油孔18连通。这时计量量孔15被关闭，从PT泵来的柴油经进油量孔3、进油孔17、回油孔18和9返回柴油箱。在此阶段，柴油在喷油器内循环流动有利于针阀和针阀体的冷却和润滑以及排除柴油中的气泡。

2. 计量阶段[图5-69b)]

当曲轴旋转到上止点后44°时，针阀升起到计量量孔15被打开的位置，这时进油孔17和回油孔 18 均被关闭。柴油经计量量孔进入喷油嘴头 1 的内腔。

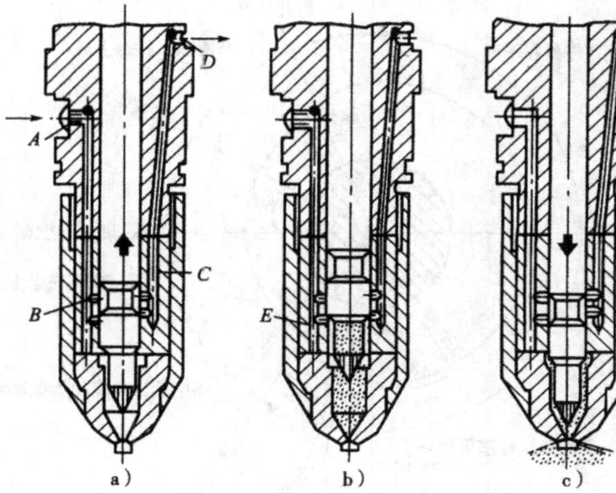

图 5-69 PT-D 型喷油器工作过程

a)进油—回油;b)计量;c)喷油

喷孔直径很小,由于表面张力的作用,柴油不会从喷孔漏入气缸。曲轴继续转到上止点后 60°时,针阀上升到最高位置,随后便停住不动,直到压缩行程上止点前 62°针阀才开始下降。在压缩行程上止点前 28°时,计量量孔关闭。从计量量孔开启到关闭这段时间为柴油计量阶段,也就是喷油器的进油时间。

3. 喷油阶段[图 5-69c)]

当曲轴转到压缩行程上止点前 22.5°时,随着针阀迅速下行,喷油嘴头内腔的燃油以很高的压力喷入气缸,其压力可达 110～120MPa。到压缩行程上止点后 18°喷油结束。此时针阀锥面以强力压在喷油嘴头内锥面,使柴油完全喷出,这样可以防止喷油量改变和残余的柴油形成积炭而积存在喷油嘴头内锥面底部。

此后,由于凸轮凹下 0.38mm,针阀在稍微开起后便保持在此高度不变,直到膨胀做功和排气行程终了。

针阀的运动受喷油凸轮控制(图 5-62),喷油凸轮的轮廓及工作相位如图 5-70 所示。

四、P—T 燃油系统的特点

与传统的柱塞泵燃油系统相比较,P—T 燃油系统有以下主要特点:

(1)在柱塞泵燃油系统中,使柴油产生高压、定时喷射和油量调节均在喷油泵总成中进行;而在 P—T 燃油系统中,仅油量调节在喷油泵中进行,柴油产生高压和定时喷射则由喷油器及其驱动机构来完成。

(2)P—T 泵是在较低的压力下工作的,并取消了高压油管,因此不存在因柱塞泵高压系统的压力波动现象所产生的各种故障。这样,P—T 燃油系统可以实现很高的喷油压力,使喷雾质量和高速性得以改善。此外,也基本上避免了高压漏油的弊病。

(3)在柱塞泵燃油系统中,从喷油泵压送到喷油器的柴油几乎全部喷射,只有微量柴油从

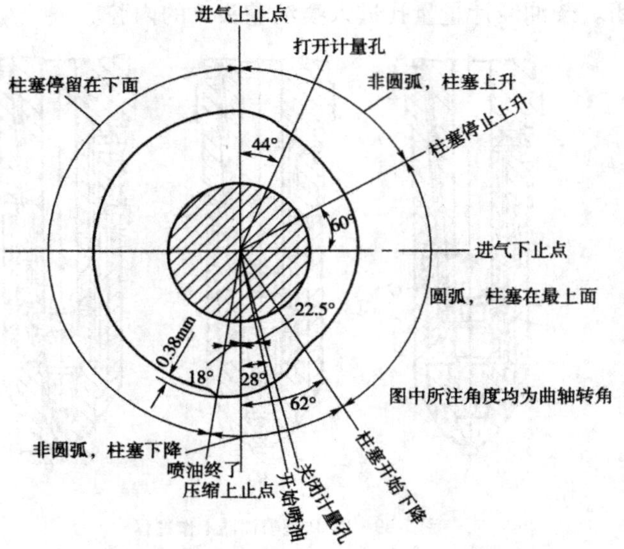

图 5-70　喷油凸轮轮廓及工作相位

喷油器中泄漏；而 P—T 燃料供给系从喷油器喷射的柴油只占 PT 泵供油的 20% 左右，大部分柴油对喷油器进行冷却和润滑后流回浮子油箱。

(4)由于 PT 泵的调速器及供油量均靠油压调节，因此在磨损到一定程度内可通过减小旁通油量来自动补偿漏油量，使 PT 泵的供油量不致下降，从而可减少检修的次数。

(5)P—T 燃油系统每个喷油器的供油均由一个 PT 泵来完成，而且喷油器可单独更换，因此不必像柱塞泵那样在试验台上进行供油均匀性的调整。

(6)P—T 燃油系统结构紧凑，管路布置简单，零件数特别是精密偶件数均比柱塞泵燃油系统少，这一优点在气缸数较多的柴油机上更为明显。

(7)与柱塞泵相比，装有 PTG 和 MVS 两个调速器的 PT 泵结构并不显得简单。此外，在喷油器调整时，若调整不当，针阀容易把喷油嘴头顶坏。这些是 P—T 燃油系统存在的不足之处。

第十节　柴油机燃料供给系的维修

一、柴油机燃料供给系的维护

1. 空气滤清器的维护

工程机械的作业环境很恶劣，要求空气滤清器经常处于良好的技术状况。如果不及时维护，会造成空气滤清器堵塞而使发动机进气不充分，动力性、经济性变差。空气滤清器滤芯破裂不及时更换会使尘土等磨料进入气缸，加速气缸、活塞、活塞环、气门及气门座等零部件的磨损。所以一般工程机械要求每隔 150 ~ 200h 维护一次空气滤清器。

1)空气滤清器的清洁

空气滤清器的外壳可用汽油清洗，然后用压缩空气吹干。惯性油浴式空气滤清器要定期清洗油池和更换机油。设有积尘杯的空气滤清器，积尘杯内的尘土应及时清除。

空气滤清器滤芯的材质不同,清洁的方法也不同。对于纸质滤芯应用压缩空气由内向外吹去尘土及其他污物。对于钢丝网状滤芯,可先用压缩空气吹去表面尘土,再用高压水枪冲洗,最后再用压缩空气吹干。钢丝网状滤芯最好不要用汽油清洗,更不能用柴油清洗。因为汽油中不易挥发的重质成分会残留在滤网上。当发动机工作时尘土会黏附在滤网上而使空气滤清器很快堵塞。柴油更是如此。清洁后的纸质滤芯,须经认真检查,确认无破损方可继续使用。

2)滤芯的更换

空气滤清器滤芯严重堵塞或破损时必须更换。更换时要仔细检查,以防纸质滤芯在运输过程中破损。在机械使用、维修中因更换了破损的"新滤芯第九节"而使机械早期磨损的例子不胜枚举。滤清器组装时应注意密封措施,否则会使空气滤清器失去滤清作用而使机械早期磨损。

2. 燃油箱的清洗

发动机经多年使用后,燃油箱内不可避免地会有沉淀物。沉淀物积存过多时会被吸入燃油系统,堵塞管路及滤清器,造成柱塞副、出油阀、喷油器、输油泵等零件的磨损。有时会使柱塞卡涩,造成发动机熄火或"飞车"等事故。因此,油箱内有污物应及时清洗。

清洗燃油箱时,先将燃油放出,然后用高压水枪冲洗(水槽内加入适量金属清洗剂)。最后给油箱内加入2~3L汽油并用长柄刷刷洗。刷洗干净后拧开放油螺塞,放出脏油。

3. 柴油滤清器的维护

柴油机燃油系统有许多精密偶件,即使微小的杂质进入该系统也会引起较大磨损,甚至造成卡死现象,严重影响发动机的正常工作。而柴油滤清器是防止杂质进入燃油系各精密偶件的主要装置。因此,及时维护柴油滤清器,使其经常处于良好的技术状态是十分重要的。

特别是土方工程机械发动机的柴油滤清器,一般每隔500h左右应清洗一次。清洗缝隙式滤芯时尽可能不要让脏油进入内表面。纸质或毛毡式滤芯在维护时一般应予以换新。装配滤清器时,必须注意密封措施,否则滤清器会失去滤清作用。

4. 输油泵的维修

输油泵的工作条件较好,在一般的维持作业中无需解体维护。但在发动机大修或输油泵出现故障时应检修。输油泵的进、出油阀的底平面磨损不平时,可在水砂纸上研磨。磨损严重时应更换。输油泵活塞上的"O"形圈损坏时可更换新密封圈。如果泵体与活塞的配合间隙大于0.06mm,滚轮体与泵体间隙过大,泵体有裂纹等损伤时应更换新输油泵。

二、喷油器的检修

1. 解体

喷油器的针阀偶件为精密配合零件,在使用中不许互换。解体前,应确认缸序标记,按缸序拆卸喷油器。并保证能正确装回原位,避免错乱。

2. 清洗

解体后在清洁的柴油中清洗针阀偶件。清洗时，可用木条清除针阀前端轴针上的积炭；对阀座外部的积炭用铜丝刷清除；不得用手接触针阀的配合表面，以免手上的汗渍遗留在精密零件表面，引起锈蚀。

3. 检验

(1)针阀和座的配合表面不得有烧伤或腐蚀等现象。

(2)针阀的轴针不得有变形或其他损伤。

(3)针阀偶件的配合可按图5-71的方法检验。将针阀体倾斜60°左右，针阀拉出1/3行程；当放开后，针阀应能靠其自重平稳地滑入针阀座之中；重复进行上述动作，每次转动针阀以不同位置，如针阀在某位置不能平稳下滑，说明针阀座变形或表面损伤，若下落速度快说明其配合间隙因磨损而过大，出现以上两种现象，应更换针阀偶件。

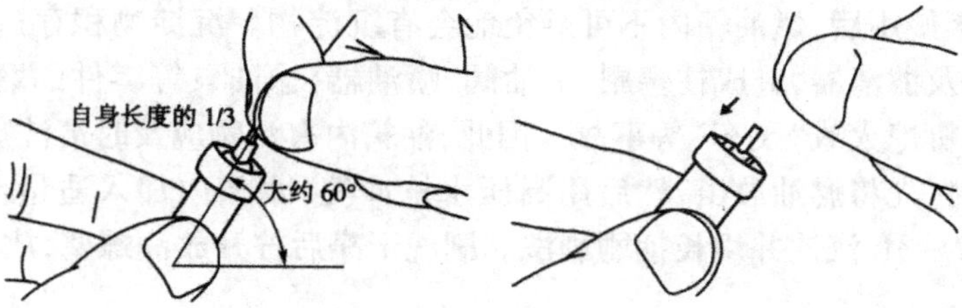

图5-71　针阀的检验

4. 针阀偶件的修复

针阀偶件有卡滞现象或密封锥面密封不严，可配对研磨修复；阀体上端面出现锈蚀或划痕，可在平面玻璃板上涂上研磨膏研磨；喷油孔堵塞，先将偶件浸透，然后用细铜丝等软质材料制成的专用工具进行清除；导向圆柱面磨损使偶件密封性明显下降或针阀与针阀体出现裂纹及其他严重损伤，则均应更换偶件。

5. 喷油器其他零件的检修

喷油器体破裂，调压弹簧弹力明显下降、变形或折断，顶杆发生弯曲变形等，均应更换新件。喷油器修复后，应在喷油器试验器上进行试验，检验其密封性，调整喷油压力，最后检验喷雾质量。

三、喷油泵和调速器的检修

1. 喷油泵的解体

以II号泵为例，解体喷油泵时应注意以下事项：

(1)喷油泵拆卸解体之前，用柴油彻底清洗外部。

(2)尽量使用专用工具。

(3)拆卸上泵体时,因柱塞下部没有托板,为防止柱塞掉落,引起碰伤或错乱,应先将泵体水平放置,然后将上泵体轻轻卸下。注意保护上、下泵体结合面,不得碰伤。

(4)零件拆下后,按顺序放置。尤其是柱塞副和出油阀副,更应该非常仔细,要成对放置,避免磕碰,绝对不允许互换。

(5)对有装配位置要求的零件,如齿条、调整螺钉等零件,应做标记标明原来装配位置,以防止装配时装错位置。

(6)拆卸调速器驱动轴套时,先将紧固螺母拧下,然后用专用工具将驱动轴套顶出。

专用工具利用驱动轴套的内螺纹,上紧后即可将轴套项出。不得敲打,以免变形和损坏凸轮轴的配合面。

(7)喷油泵凸轮轴转动灵活和轴向间隙应符合要求,凸轮表面无磨损时,一般不必拆卸。如需拆卸,应注意保护轴承的配合面,以及记下凸轮轴两端的垫片数和垫片总厚度,供装配时参考。

2. 喷油泵精密偶件的检修

喷油泵在使用过程中,精密偶件及喷油泵操纵机构的零件均有不同程度的磨损。这会导致各缸喷油量、均匀度、喷油时间等的改变,使柴油机不能正常工作。对其精密偶件检查项目及技术规范:

1)精密偶件柱塞副的外观检验

精密偶件柱塞副外观检视,发现有以下情况时应更换。

(1)柱塞表面有明显的磨损痕迹。

(2)柱塞弯曲或头部变形。

(3)柱塞或柱塞套有裂纹。

(4)柱塞头部斜槽、直槽及环槽边缘有剥落或锈蚀等现象。

(5)柱塞套的内圆表面有锈蚀或显著的刻痕。

(6)齿杆式油量调节机构的柱塞副,其柱塞下端凸耳与旋转套筒配合间隙超过 0.15mm(标准为 0.02 ~0.10mm)。

2)精密偶件柱塞的滑动性能试验

用洁净的柴油仔细清洗柱塞副,并涂上干净的柴油后进行试验。如图 5-72 所示。

图 5-70 柱塞的滑动性试验将柱塞套倾斜 60°左右,拉出柱塞全行程的 1/3 左右。放手后,柱塞应在自重作用下平滑缓慢地进入套筒内。然后转动柱塞,在其它位置重复上述试验,柱塞均应能平稳地滑入套筒内。

如下滑时在某个位置有阻滞现象,可用抛光剂涂在柱塞表面上,插入柱塞套内研配,若柱塞顶部边缘部分有毛刺而产生阻滞时,可用细质油石磨去毛刺,然后清洗干净,涂上抛光剂与柱塞套互研至无阻滞时为止。如果下滑很快,说明磨损过甚,必须成对更换。

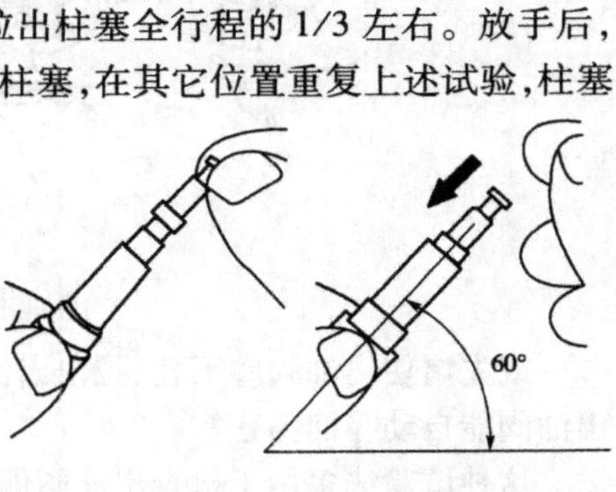

图 5-72 柱塞的滑动性试验

3)试验柱塞的密封性试验

(1)将各分泵机构中的出油阀拆除,放出泵内的空气，将喷油器试验器的高压油管接入出油阀接头上。

(2)移动供油量调节机构的齿条或拉杆，使喷油泵处在最大供油位置。转动喷油泵凸轮轴，使被测柱塞移动到行程的中间部位，柱塞顶面应完全盖住进油孔和回油孔。

(3)将喷油器试验器的压力调至20MPa后停止泵油，测定压力下降至10MPa的时间应不小于下式计算的结果：

$$\text{时间}=48-4\times(\text{柱塞直径})$$

例如II号喷油泵的柱塞为9mm，则上述试验所测得的时间不得少于$48-4\times9=12s$。同一喷油泵的所有柱塞副的密封性误差应在5%的范围内。

无试验设备时，也可用手指盖住柱塞套的顶部和进、出油口，使柱塞处于最大供油位置，另一只手将柱塞由最上方位置向下拉。此时，应感到有明显的吸力；放松柱塞后，柱塞应能迅速回到原位。否则，应更换新柱塞副。

3. 出油阀的检修

1)出油阀偶件的外观检验

发现有下列情况之一者应更换：

(1)出油阀的减压环带有严重的磨损痕迹。

(2)锥面磨损过多，并有金属剥落痕迹和划痕。

(3)出油阀体和阀座端面及锥面有裂纹。

(4)阀体或阀座锥面锈蚀。

2)出油阀滑动性试验

将出油阀及阀座在柴油中浸泡后，拿住阀座，并在垂直位置向上抽出阀体约1/3，松开时阀体应能在自重下落座。以在几个不同位置上试验都能符合上述要求为良好。

3)出油阀密封性试验

如图5-73所示，将出油阀从出油阀座拉出约5mm(减压环带与出油阀座平齐)；堵住出油阀座的下孔然后用力压出油阀入座。压时费力，松开时出油阀能自动弹出为正常，否则为不密封。

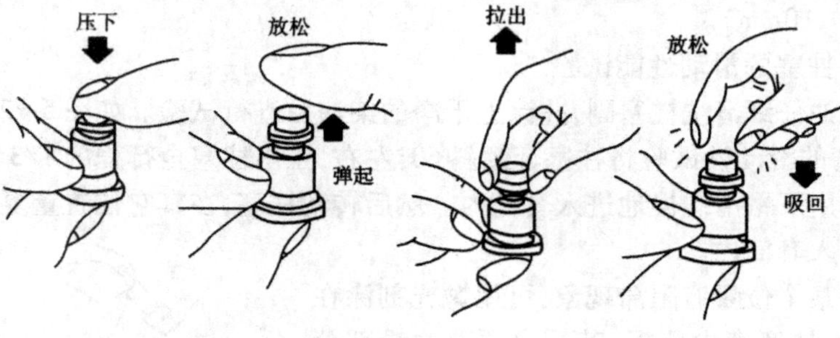

图5-73 出油阀密封性试验

或先堵住出油阀座下孔，拉出出油阀约5mm(减压环带与出油阀平齐)，然后放松出油阀，出油阀能自动吸回为正常。

这种试验法多用于检查出油阀偶件的磨损程度，因为出油阀的减压环带很窄，稍有磨损就能对密封性产生很大的影响。

4. 输油泵的检修

输油泵解体后,检查进出油阀和阀座的磨损情况,如有破裂或严重磨损时,应予更换。如磨损轻微可研磨修复。

输油泵活塞与壳体由于磨损出现配合松旷和运动不平稳时,应更换新泵。

输油泵装复后,要进行性能试验。

(1)密封性试验。试验时,旋紧手油泵手柄,堵住出油口,将输油泵浸没在清洁的柴油中,从进油口通入47~196kPa的压缩空气,若输油泵密封性能良好,在推杆与泵体的间隙中,只会有微小的气泡冒出。如气泡的直径超过1mm,表示漏气量将超过30mL/min,说明输油泵的密封性能过差,应更换新泵。

(2)吸油能力的试验。以内径ϕ8mm、长2m的软管为吸油管,由水平高度低于输油泵1mm的油箱中,用输油泵供油,能在30个活塞行程内出油为合格。

(3)输油量的检验。将输油泵装回喷油泵,输油泵的出口接油管。油管出口插入容量为500mL的量杯中,量下的位置必须高于输油泵0.3m。当喷油泵转速为1000r/min,测量15s内流入量杯内的燃油量,并与技术条件规定的流量相比较,判断出油量是否合格。

(4)输油压力的检验。在输油泵出油口接上压力表,在规定的转速条件下,检验输油泵的输油压力是否符合原厂规定。

5. 调速器的检修

调速器中的零件大多是运动零件,这些零件的连接或接触部位在运动中会发生各种损伤。

(1)调速弹簧的检验。调速器弹簧出现扭曲、裂纹、弹力减弱及折断等,应换新件。

(2)飞块支架及铰连连接部位检修。对采用飞块结构的双速调速器,应保证飞块、支架及销轴三者的配合间隙。如飞块支承孔和飞块推脚磨损严重,使飞块实际摆动中心向内偏移,飞块推脚半径缩短,在发动机转速一定情况下,调速套筒的位移量较未磨损前小,从而影响调速器的调速特性。若上述三者的配合达不到技术条件的要求,可通过铰削飞块销轴孔,更换加粗的销轴来解决。

(3)调速套筒检修。在调速弹簧为拉力弹簧的调速器中,其调速套筒环槽与浮动杠杆横销磨损,配合间隙超过规定时,可将浮动杠杆上的横销和调速套筒一起拆下,拆下后转动90°以后再装复,可以减小配合间隙。

调速器套筒的内孔磨损后,应更换新衬套。修理后,调速套筒在轴上应运动自如无卡滞。调速套筒端面的推力轴承,视情更换。

调速器各操纵连接部位应连接可靠,运动灵活,配合间隙符合规定。在操纵臂位置不变动的情况下,供油拉杆或齿杆的轴向位置游动量应在0.5~1mm以内。

6. 喷油泵的装配

在喷油泵装配过程中,应注意工作环境、工具、操作者和零件的清洁。装配过程必须使用专业工具,严格按照工艺技术要求进行。

1)凸轮轴

安装凸轮轴前,应首先确认发动机的工作顺序和喷油泵凸轮轴的旋转方向。因为,许多喷油泵的凸轮形状是对称的,凸轮轴两端的形状相同,但如前后颠倒,供油顺序与配气相位不匹配,发动机不能工作。

凸轮轴装复后,应能灵活转动,轴向间隙应符合技术条件的规定(一般凸轮轴的轴向间隙为0.05mm~0.15mm)。否则,可通过增减两端的垫片进行调整。

2)滚轮式挺杆

滚轮组合件装入下泵体后,转动凸轮轴时,滚轮组合体应能灵活上下运动,不得有运动阻力过大的部位。滚轮上的调整螺钉不得外露过多,以免挤伤柱塞等零件。

3)柱塞和出油阀偶件

柱塞和出油阀偶件在装入泵体前,应确认型号无误。安装时必须保证柱塞与柱塞套的原有配对关系。

柱塞套装入泵体后,将柱塞套上的定位螺钉孔对正。拧紧螺钉后,柱塞套应能上下移动1~2mm,并能微量转动,尤其不要使用过长的定位将套顶死,防止柱塞套筒歪斜甚至将回油孔堵死。

柱塞装入套筒后,应将柱塞作上下滑动和顺逆转动,以检查柱塞与套筒的配合是否正常。

出油阀偶件装入泵体时,要确保柱塞套与出油阀座接触面的清洁,以保证密封性。否则,各缸供油的均匀性就无法调整好。

高压油管接头装配时必须按规定力矩拧紧,不能过大或过小。

4)供油量的调节机构

供油拉杆或齿杆装入泵体时,要注意安装位置。如齿杆上有刻线,应使刻线对正泵体端面。对于齿条上没有记号的零件,应按照拆开时所作的标记装配。因此,喷油泵解体时,必须检查供油齿杆或拉杆、齿圈或调节叉之间及泵体上是否有装配记号。若没有记号,应先作记号再解体。

5)调速器

飞块式双速调速器,其支承飞块的两根螺柱不得歪斜。高速和怠速弹簧的调整垫片要平整。调速弹簧预紧时,两飞块的弹簧座调整螺母必须拧入相同的圈数,以保证平衡运转。除高速弹簧外,怠速弹簧也应有轻微的预紧。如果怠速弹簧留有间隙,低速时就会引起操纵臂发抖,怠速不平稳等故障。

II号喷油泵采用的飞球式全速调速器,其推力盘内的轴承的轴向间隙应很小。因此传动板与轴承内圈必须压牢。当传动板压紧后,不应感觉出明显的晃动。推力盘转动时,应灵活而无局部卡滞现象。在压紧推力盘时,供油拉杆螺母不能与传动板脱离接触。

第十一节 柴油机供给系的调试

一、喷油器的检查调试

由于磨损和其他原因,喷油器将发生故障,为了查明故障原因,须对喷油器进行检查。此外,当发动机技术维护或修理时,也要对喷油器进行全面检查调试。

喷油器的全面检查包括外观检查,性能检查,内部状况检查。下面主要介绍在喷油器上进行的检查、调试项目。

喷油实验器结构如图5-74所示,由手动油泵、压力表和储油罐等组成。油箱内的柴油经滤清后进入手动油泵,经过手动油泵加压后的高压柴油流入喷油器喷出。

在检查调试前，首先应对喷油实验器的密封性进行检查。堵住喷油实验器的出油口，压动手柄，使压力达 28MPa 便停止压手柄，油压在 3min 内下降不大于 980kPa 为正常。

喷油器的调试喷油器的调试须在喷油器试验器上进行，如图 5-74 所示。喷油器试验器由手压泵、油箱、高压油管及压力表等组成。试验时将喷油器装在试验器的高压油管上，用手压动试验器手压泵杠杆，高压油经出油阀压入压力表及喷油器，使喷油器喷油，同时压力表上显示喷油压力。

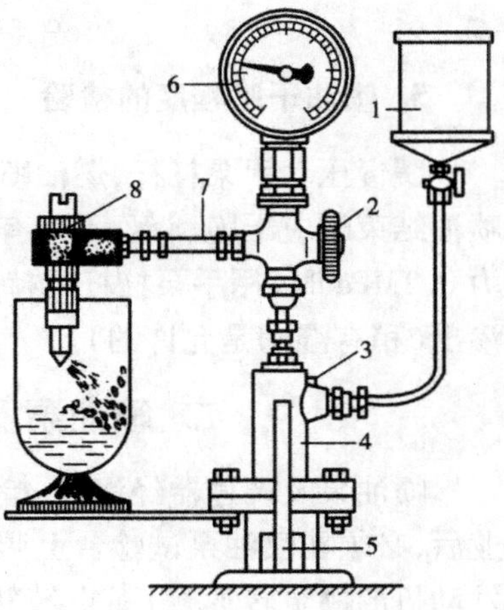

图 5-74 喷油器的调试

1-油罐；2-开关；3-放气螺钉；4-油泵体；5-压油手柄；6-油压表；7-高压油管；8-喷油器

喷油器的调试内容如下：

1. 针阀密封性检验

将喷油器安装在试验器的高压油管上，压动手泵杠杆，观察压力表状态。松开喷油器压力调整螺塞锁母，用起子转动调整螺塞，使喷油压力升高到 25MPa，停止压动手泵杠杆，观察压力下降速度。当压力降至 20MPa 时，用秒表开始计时；当压力降到 18MPa 时，计时停止。正常工作的喷油器，压力从 20MPa 下降至 18MPa 所需时间一般为 10 ~ 20s。当该压力下降时间少于 10s 时，说明针阀密封性差，应更换新针阀偶件或对研针阀及针阀座。

2. 喷油压力的检查与调整

针阀密封性合格后，继续压动手泵杠杆。当感觉到有压力时，压动手泵杠杆的速度放慢，并观察压力表的读数。喷油器开始喷油一瞬间的压力，即为该喷油器的喷油压力。喷油压力不符合规定要求时(查阅说明书)，松开调整螺塞的锁紧螺母，用螺丝刀转动调整螺塞。顺时针转动调整螺塞喷油压力升高，相反则压力降低。边调边试，直到符合要求为止。调后拧紧锁紧螺母。

3. 喷油雾化质量检验

将喷油器的喷油压力调到规定值后，用每分钟 10 次左右的速度压油，喷油器喷出的雾状油粒应细小均匀，不能有线条状或羽毛状的油束。多孔式喷油器所有喷孔喷油均匀，不允许有堵塞现象，各孔等量喷油形成“雾柱”。轴针式喷油器应形成伞形雾状油束。喷油结束时，针阀座下端面不能有明显的油迹，更不能有滴油现象。

4. 喷雾锥角的检查

喷油器针阀、喷孔磨损后，喷油雾角会发生变化，因此喷油器调试时应检查喷雾锥角。检查喷油锥角时，在喷油器下面放一张白纸，将喷油器喷孔与纸面的垂直距离 S 调到 100mm 或 200mm(图 5-75)，以便计算。压动试验器手泵杠杆，使喷油器对着纸面喷油。然后用量具测量纸面到喷油器的距离 h 和喷在纸面上的油迹直径 d，如图 5-75 所示。

用下式计算喷雾锥角 α

$$\alpha = \arctan(d/2h)$$

5. 喷油干脆程度的检验

缓慢压动手泵杠杆,燃油喷射应连续、雾化良好。喷油时响声清脆,喷油结束时应干脆利落,不能有滴油现象。将试验油液压到低于喷油压力0.2MPa时(用手泵杠杆维持这一压力),喷油器针阀偶件处不应有油渗出(稍有湿润是允许的)。

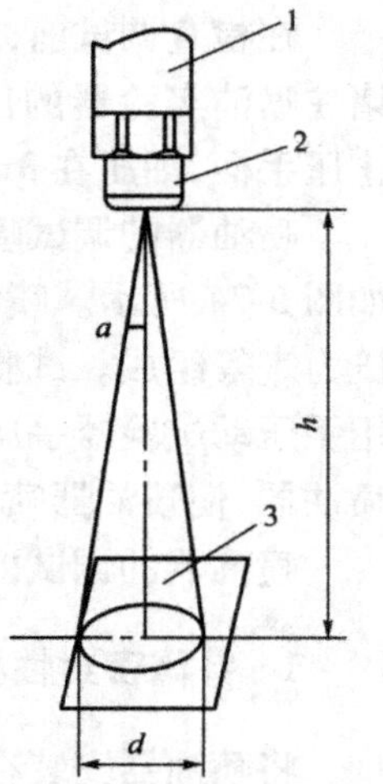

图5-75 喷雾锥角的检查
1-喷油器;2-喷油嘴;3-纸或金属网

二、喷油泵及调速器总成的调试

喷油泵及调速器经清洗、检验、更换柱塞偶件、出油阀偶件等维护作业后,必须在喷油泵试验台上调整试验合格后才能装机使用。这是因为发动机的额定转速、最高空转转速、额定功率、最大扭矩等重要性能指标,都取决于喷油泵及调速器的性能。发动机能正常、稳定工作的必要前提是自动调节发动机在不同工况下的转速,且油量符合技术标准要求,各缸供油量均匀,供油间隔角一致,供油起始角准确。喷油泵及调速器是否能满足发动机的这些要求,靠感觉和经验是不行的柴油机的工作性能在很大程度上取决于喷油泵的调整是否正确,喷油泵在拆卸修理后必须进行试验调整。

喷油泵试验台是喷油泵维修中最基本和最主要的维修机具,因此应掌握其使用和维护方法并对其结构和工作原理也应有一定的了解。

喷油泵试验台的基础知识

1. 喷油泵试验台的基本结构

喷油泵试验台通常包括:变速驱动装置、喷油量测量装置、喷油时刻测量装置、转速显示装置、供油系统、真空系统和机座等。喷油泵试验台的型号很多,但基本组成及调试原理相同。图5-76为国产12PSY100喷油泵试验台外观图。

1)变速驱动装置

由于柴油发动机的工作转速变化较大,为了全面测试喷油泵的技术性能,要求喷油泵试验台相应有较大的转速变化范围,即从起动转速到最高空转转速,通常喷油泵试验台的转速范围在50~3000r/min之间。

喷油泵试验台常用的变速装置有直流变速电动机,摩擦式无级变速器以及液压无级变速装置等。

2)喷油量测量装置

该装置的功用是把喷油泵中各泵油元件在一定泵油次数内所喷射出的燃油收集在有刻度的量筒内,以便比较和确定各泵油元件的供油量。喷油泵试验台的喷油量测量装置包括:燃油收集器、控制装置和计数装置。

3)喷油时刻测量装置

该装置用于测量喷油器的喷油开始时刻和各缸的喷油间隔角,同时还可检测喷油提前角自动调节器的提前特性。目前喷油泵试验台一般都采用电子频闪测相装置测量喷油时刻。

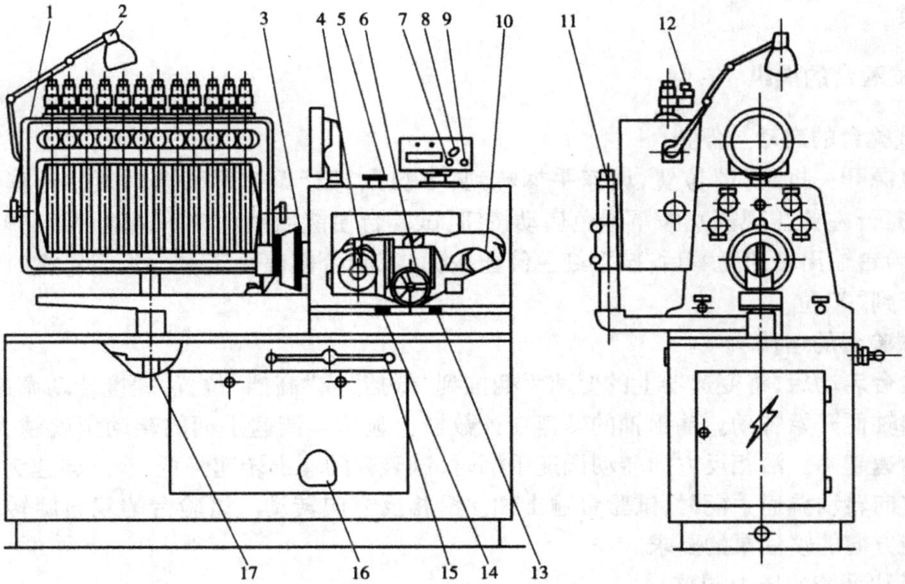

图 5-76　12PSY100 喷油泵试验台外观图

1-量筒翻转手柄;2-照明灯开关;3-刻度盘指针手柄;4-换挡手柄;5-调压手柄;6-增速手轮;7-记数准备按钮;8-记数波段开关;9-复位按钮;10-液压系统放气螺钉;11-量油箱体升降丝杠;12-标准喷油器放气螺钉;13-停止按钮;14-起动按钮;15-调速手柄;16-加温阀手柄;17-放油开关

4)转速数字显示装置(转速表)

用于显示喷油泵的试验转速。喷油泵试验转速一般用转速表显示,大多数的试验台上都采用发电机式转速表。

5)真空系统

有些试验台上,为了试验真空调速器,装有真空系统。真空系统包括真空泵、真空表和管道。喷油泵试验台通常采用手动式真空泵,可在 0～26 664.4Pa 的范围内进行微调。

6)供油系统

该系统用于提供试验用清洁燃油。其主要由油箱、输油泵、滤清器、储压筒和定压阀等装置组成。

7)喷油泵试验台的主要调试项目

(1)喷油泵密封性的检查。

(2)喷油泵供油量;各缸供油均匀性检查;电子油量计数,100～1000 次,共十级。

(3)喷油时刻,各缸喷油间隔角和喷油提前角自动调节器特性的检查。

(4)供油时刻,各缸供油间隔角及供油延续角的检查。

(5)机械式调速器调速特性的检查。

(6)输油泵的最大输油量、最大输油压力及不同阻力下输油量的检查。

(7)燃油滤清器通过性和密封性的检查。

(8)试验台安装附件后还可对分配式喷油泵进行试验。

8)适用泵种

I 号泵、II 号泵、III 号泵、A 型泵、B 型泵、波许泵、P 型泵、转子式分配泵等 12 缸以下的各类喷油泵。

2. 试验台的操纵

1)试验台的启动与停止

将电源开关打到"1"位置,调速手柄转到"零位",即让调速手柄轴销顶住行程开关顶杆(必要时打开左侧盖观察),按下绿色启动按钮,试验台便能启动。停止试验台时,转动调速手柄,使试验台输出转速为零后,按下红色停止按钮,试验台便停止工作。长期停机时应将总电源开关打到"0"位。

2)试验台的运转

试验台启动后,将变速器上的变速手柄推到"低挡"或"高挡"位置,缓慢转动调速手柄,试验台输出轴便开始转动。输出轴的转速在计数器上显示。调速手柄的转动角度越大,试验台输出轴转速越高。沿相反方向转动调速手柄时,试验台的输出转速降低,直到转速为零。继续沿相反方向转动调速手柄时,试验台输出轴便沿相反方向转动。试验台的双向旋转可以满足不同旋转方向的喷油泵的要求。

3)燃油系统的压力调整

为了满足用溢流法检查各缸供油间隔角的要求,12PSY100 喷油泵试验台上设有燃油压力调整阀,以调整系统压力。顺时针转动手轮时,燃油压力可在 0 ~4MPa 范围内调节,以适应调试及溢流试验的压力要求。逆时针转动手轮时,压力降低。手轮转到底时,油压为零,以便检查分配泵输油泵的性能。

4)燃油温度的调整

试验燃油温度低于 40℃时,顺时针转动加温节流阀手柄,通过节流作用和反复循环产生的热量而使燃油温度升高。当燃油温度达到 40℃时,反时针转动加温节流阀,停止加温。

5)计数器的操纵

试验台带动喷油泵在所需转速下稳定运转,将计数器的级数旋钮旋到所需喷油次数。"1"表示喷油 100 次,"2"表示 200 次。按下"计数"按钮,电磁铁吸开断油档板,标准喷油器的燃油喷入量筒,同时计数器记载进入量筒的喷油次数。当进入量筒的喷油次数达到整定值时,计数器自动停止计数。与此同时,电磁线圈断电,断油挡板恢复原位,挡住燃油进入量筒的通道,使燃油不再进入量筒。此时,量筒内的燃油是整定喷油次数的油量。按动复位按钮后,计数器清零。计数中途按复位按钮时,计数器中断计数。

3. 试验条件及调试准备

(1)环境温度通常给定的供油量调整规范,都是常温(20℃)下在试验台上调整的。因此实验室温度应保持在 20 ±5℃范围内,才能使调整数据准确。因为环境温度和柴油的黏度有直接关系。

(2)试验用油:国产喷油泵通常使用 0 号柴油,进口喷油泵要求使用美国汽车工程学会标准试验用油 SAE Standard Test Oil)或博世试验油(Bosch Oil 0L61 V11)。试验用油的温度一般控制在 40 ~45℃。

(3)标准喷油器应采用标准喷油器,否则在试验台上已经调试好的喷油泵装机使用后有可能达不到要求。

(4)安装喷油泵在试验台上的安装是通过夹具固定的。喷油泵的前端通过连接盘与试验台传动轴的联轴节相连。喷油泵在试验台上安装必须牢固可靠,运转平顺自如;且必须保证喷油泵凸轮轴和试验台传动轴的转动中心在同一直线上。

最后按要求连接喷油泵与试验台的供油管路。

(5)试运转松开喷油泵放气螺钉,试验台挂空挡,启动电动机,直至放气螺钉处冒出的柴油不含气泡为止。然后,拧紧放气螺钉,试验台挂挡,再启动电动机,将加速操纵臂扳向最大供油位置,使转速逐渐增至喷油泵的额定转速,并维持运转数分钟,直至从喷油器喷出的燃油不含空气为止。

三、喷油泵和调速器的调试

喷油器和调速器总成的调试主要有三个项目:

①供油时刻;

②调速器的调速特性;

③喷油泵调速器总成的供油特性及各缸供油的均匀度。

在调试中,一般按要求先分别完成喷油泵和调速器各自的调试,使它们达到各自的性能要求。然后,再根据特定柴油机供油量的要求,结合调速器调整喷油泵的喷油量及均匀性。

1. 供油时刻的调试

目前一般检查和调整供油的开始时刻,而进口车用喷油泵常用检查柱塞预行程的方法来确定其喷油正时。

1)供油开始时刻的检查和调整

供油开始时刻是指喷油泵出油阀被顶开,刚开始出油的时刻。常用的检查方法有以下几种。

(1)溢流法　试验台有高压油时可用此法。检查时,使柱塞处于未封闭进油孔的位置,调速器手柄置于最大供油位置,将喷油泵试验台的高压油通入喷油泵油腔中,柴油即从标准喷油器的放气回油管中流出。然后缓慢转动喷油泵凸轮轴,使第一缸柱塞从下止点位置逐渐上升,当恰好使放气回油管停止出油时,即为第一缸的供油开始时刻,此时要求喷油泵联轴节(或供油提前角自动调节器)上的刻线记号与喷油泵壳体前盖上的记号对正。图5-77为联轴节与喷油泵壳体前盖的刻线记号,若超过壳体上的刻线,说明该缸供油过迟;反之,若未达到刻线,说明供油过早。

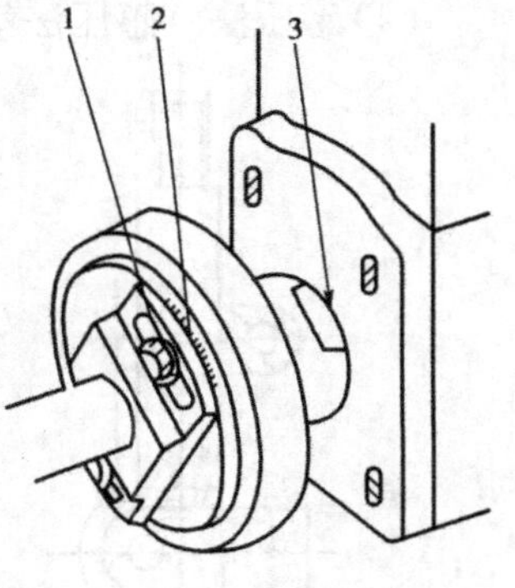

图5-77　喷油泵联轴节
1-联轴节螺钉;2、3-喷油正时记号

调好第一缸供油时刻后把试验台上的指针移至对正刻度盘的0°或某一位置,然后按喷油泵的供油顺序,以第一分泵为准检查和调整各缸的供油间隔角。例如若六缸喷油泵供油顺序为1—5—3—1—2—4,则在调整第五分泵的供油时刻时,从第一分泵供油时刻开始将凸轮轴旋转60°,应正好是第五分泵的供油时刻,依此类推。各缸之间的供油隔角相差不得超过±0.5°凸轮转角,若不符合要求时,需对滚轮传动部件的高度进行调整。

新喷油泵或更换了新的柱塞偶件的喷油泵,用此法检查供油时刻比较准确,而对使用过一定时间的泵则会出现一定误差,一般检查的结果要比实际供油时刻略迟一些。这是因为柱塞偶件有一定的磨损,造成泄漏,使溢流管断油不干脆,观察不准确;另外用手拨凸轮轴时,柱塞向上运动比实际工作时慢得多,漏油也多,所以检查的结果比实际有差别。

(2)测时管法　先将测时管装在第一缸的出油阀接头上,如图5-78所示。转动喷油泵凸轮轴使第一缸柱塞泵油,放净燃油路中的空气后,转动喷油泵凸轮轴,供油数次,使油面升到测时管的玻璃管内,继续缓慢转动凸轮轴,当油面开始微动时停止转动,此时的位置就是第一缸的供油开始位置。查看喷油泵联轴节(或供油提前角自动调节器)上的刻线记号是否与泵体前盖上的记号对齐,若有偏差可调整该分泵滚轮传动部件的高度。然后,以第一缸为准,检查和调整各缸的供油间隔角。此法简单方便,测量比较准确,目前已被广泛的采用。

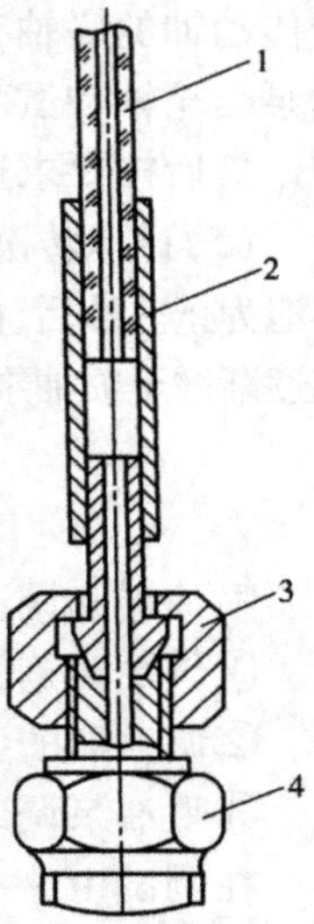

图5-78　测时管的安装

1-玻璃器;2-橡胶管;3-螺母;4-出油阀紧座

(3)喷射法　这种方法是检查喷油器开始喷油的时刻,它较接近柴油机的实际情况,对于柱塞偶件磨损的喷油泵也能准确地检查出喷油时刻。此法利用试验台上的闪频器来检查。当标准喷油器喷油开始时,闪频器利用针阀上升的动作来断电,使闪频灯闪光。在刻度盘处有与凸轮轴同步转动的指针,闪频灯连续闪光时即可看到指针所对应的刻度,此刻度就是喷油器对应的喷油时刻。

由于技术资料中提供的是供油时刻而不是喷油时刻,利用喷射法检查喷油时刻时,应首先在试验台上把喷油泵第一分泵的供油时刻调整准确,然后开动试验台测定该分泵的喷油时刻,根据两者的角度差就可知喷油泵喷油较供油滞后的角度,从而可根据各喷油器的喷油时刻来确定各分泵的供油时刻。检查各缸的喷油间隔角时,以第一缸为基准,按喷油泵的供油顺序进行检查。此法检查供油或喷油提前角较为准确,而且操作也很方便。

(4)感压法　感压法就是凭手转凸轮轴的感觉,感知分泵出油时刻。在压力突然提高时即为相应分泵的供油时刻。检查时,首先放尽喷油泵油腔、高压油管和喷油器内的空气,再把操纵臂转到最大供油位置,转动喷油泵凸轮轴使各分泵的喷油器喷油1~2次,然后慢慢转动凸轮轴,使第一分泵的柱塞上升,当刚刚感觉有压力时,立即停止,此刻即为第一分泵开始供油点。这种方法较为简单,但要求有熟练的操作技术和具有较丰富的实践经验,否则不易达到精度的要求。另外,此法可靠性差,误差较大,一般不用。

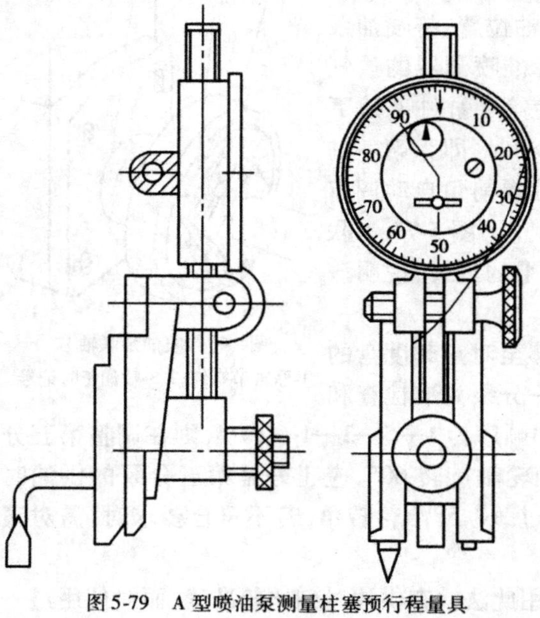

图5-79　A型喷油泵测量柱塞预行程量具

上述4种检查方法都是常用的,在调试中具体采用哪一种方法,要根据实际条件而定。

如果喷油泵供油时刻不符合要求,应调整滚轮传动部件的高度。将调整螺钉拧出或增加调整垫块的厚度时,供油时刻提前,反之则滞后。调整时,不可调得太高,以免顶坏柱塞,并保证柱塞顶部和出油阀下平面之间有 0.3 ~ 0.5mm 的间隙。对于 P 型喷油泵则是通过增减凸缘套筒与泵体之间的调整垫片进行调整。

供油间隔角除极少数特种泵外,相邻两供油分泵的凸轮轴转角为 360°除以分泵数。

2)柱塞供油预行程的检查和调整

柱塞供油预行程是指柱塞从下止点上升到其上端面将油孔完全封闭时所移动的距离。目前,进口柴油机喷油泵大都采用检查柱塞预行程的方法来确定其喷油正时,这种方法结果较为准确。在喷油泵试验台上检查柱塞预行程时,应使喷油泵供油拉杆(齿杆)固定在全负荷的位置。对于多缸喷油泵一般只测量基准缸(通常为第一缸)。

A 型喷油泵柱塞预行程检查时,先拆下喷油泵上的侧盖板,然后把如图 5-79 所示带有特殊表架的测量预行程量具,装在喷油泵侧盖板位置,使量具的探针与滚轮传动部件的上端面相接触。装上测时管,然后同测时管法检查供油时刻一样,当测时管油面开始微动时停止转动,此时的位置就是供油开始位置,记下测量柱塞预行程量具上的百分表读数,然后沿喷油泵凸轮轴工作时的旋转方向继续转动凸轮轴,使测量缸的滚轮传动部件处于下止点位置,再看百分表读数。前后两次读数的差即预行程,该值应在规定的允许范围内。

P 型喷油泵柱塞预行程检查时,先拆下测量缸的出油阀压紧座,取出出油阀弹簧及出油阀,然后将检测工具的紧母 5 拧紧在测量缸上,如图 5-80 所示。检查时,开动试验台,使低压油路向喷油泵供油。转动试验台的刻度盘,使测量缸的柱塞处于下止点极限位置,按下百分表,使百分表的触头与柱塞顶端相接触,记下百分表的读数。此时,由于柱塞处于下止点,试验台燃油在压力作用下,通过出油阀中孔,经旁通溢油弯管口流出,然后再按规定的喷油顺序转动试验台刻度盘,使柱塞由下止点缓慢上移。当柱塞上升到与进回油孔上边缘处相切时,则进回油孔关闭。此时旁通溢油弯管口即停止滴油,表明是供油始点。这时百分表上显示的读数正好是滚轮传动部件的升程值,即为测量缸的柱塞预行程。

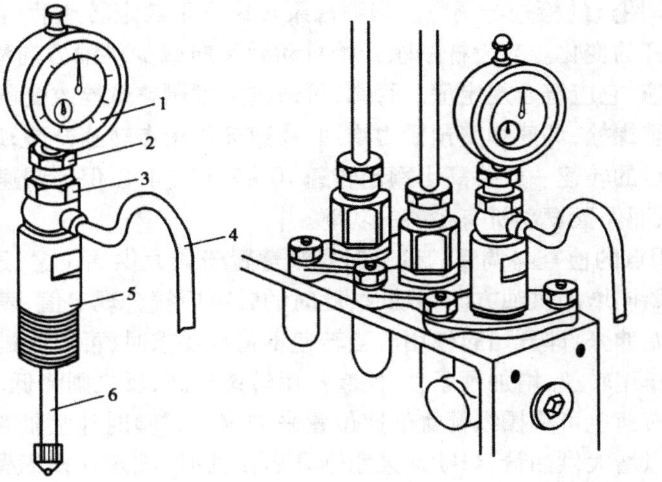

图 5-80 P 型喷油泵柱塞预行程检测工具及安装

1-行程量表;2-螺母;3-油管螺栓;4-溢油弯管;5-紧母;6-行程表杆

通常柱塞预行程允许误差为 ±0.05mm。若检查结果预行程值超差,对 A 型泵则需调整滚轮传动部件的高度。对 P 型泵,则通过增减凸缘套筒与泵体之间的调整垫片进行调整。

2. 调速器的检查与调整

调速器的调试主要是检查调整调速器的调速特性，也即喷油泵供油齿杆(或拉杆)的行程位置与转速之间的关系曲线。不同形式的调速器，其调速特性曲线和调试项目及调整方法不尽相同。喷油泵和调速器总成在试验台上对调速特性的检查和调整，就是使供油齿杆的行程位置与对应转速的关系符合柴油机的要求。在调速器的调试中，迅速而准确地测定供油齿杆的行程位置是很重要的，它直接影响调速器的调速质量和调试工作效率，因而采用安装方便、测量准确的齿杆行程测量装置是非常必要的。该装置根据不同喷油泵调速器的类型而有所不同。如图5-81所示为一种测量装置，其测量精度可达0.11mm。

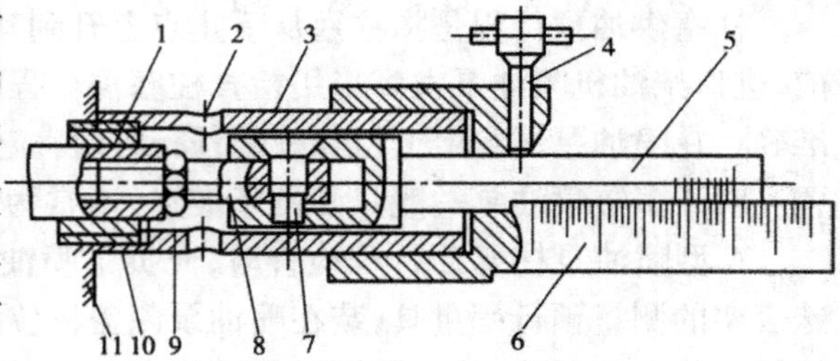

图5-81　供油齿杆行程测量装置

1-供油齿杆；2-固定套拆装孔；3-固定套；4-固定螺钉；5-测量标尺；6-标尺座；7-联接销钉 8-联接螺杆；9-锁紧螺母；10-齿杆导套；11-喷油泵体

1)两速调速器的调试

(1)额定工况位置的检查与调整。将喷油泵转速升至额定转速，操纵臂置于最大供油位置(与高速限位螺钉相碰)。此时调速器的飞块已完全将怠速弹簧压缩，但还不能克服调速弹簧的拉力，供油齿杆处于额定工况位置，其齿杆行程应符合规定值。否则，调整操纵臂高速限位螺钉直至齿杆行程符合要求为止。然后，调整齿杆行程调整螺栓，使其与拉力杆处于刚刚接触或稍有间隙的位置。

齿杆行程调整螺栓用于限制齿杆的最大行程，高速限位螺钉限制操纵臂的位置，这两个部位往往要配合调整才能既达到额定转速，又满足必要的齿杆行程。

(2)高速起作用点的检查与调整。当喷油泵转速升至额定转速后，再慢慢增加其转速，并注意观察供油齿杆的变化。当齿杆刚刚开始抖动后又向减少供油方向移动时，此时的转速即为高速起作用转速，它应符合规定值。否则，可通过速度调整螺栓改变调速弹簧的预紧力来调整。拧入速度调整螺栓，调速弹簧预紧力增加，高速起作用点转速升高，反之则降低。

高速起作用点的转速一般要高出额定转速10～20r/min，以保证调速器在小于额定转速时不起调节作用，从而保证发动机有足够的功率。

(3)怠速作用点的检查与调整。试验时操纵臂置于最大供油位置，逐渐降低喷油泵转速，当供油齿杆刚开始向增加供油方向移动时，此时的转速应符合规定值，表示怠速弹簧已克服了飞块的离心力开始伸张，即开始起作用。当转速不符合要求时，可以通过调整怠速弹簧的预紧力来改变怠速起作用转速，增加预紧力，使起作用转速提高，反之则降低。

怠速起作用转速也可将操纵臂置低速位置来测定。试验时让喷油泵转速低于怠速运转，缓慢转动操纵臂以增大供油量，当喷油泵刚刚开始供油时，固定住操纵臂，逐渐增加喷油泵转速，同时观察齿杆的变化，当供油齿杆开始向减少供油方向移动时，喷油泵的转速即为调速器怠速起作用转速，此转速应不高于柴油机怠速所规定的转速，同时供油齿杆行程应符合规定值。否则，调整怠速弹簧预紧力，增加预紧力，怠速升高，行程减少；反之，行程增加。

(4)启动加浓行程的检查操纵臂置最大供油位置，并使喷油泵在起动转速下运转。此时由于飞块收拢在最内位置，供油齿杆的行程为最大值。如果额定工况行程调整准确，一般起启加浓行程也会符合规定。

2）全速调速器的调试

（1）调速器额定工况位置的确定。当操纵臂在最大供油位置时，喷油泵以额定转速运转，此时供油齿杆应处于规定的行程位置，且高速起作用转速符合规定值。调速器额定工况位置的调整有下列两种方法。

①直接调整额定工况下的供油齿杆行程，使供油齿杆达到额定工况下的行程位置，试验台在额定转速下运转，将操纵臂转到最大供油位置，且使供油齿杆行程调整螺栓不起作用（如Ⅱ号泵调速器的支承轴要拧到较内位置，但不与转动件相碰）。此时，测量供油齿杆的行程是否符合规定。若不对，可调整高速限位螺钉，直至齿杆行程达到规定值为止。这时供油齿杆行程的值应是从起动位置缩回的起动行程与校正行程之和。

供油齿杆的行程值调好后，再调整齿杆行程调整螺栓的位置，使齿杆行程调整螺栓与拉力杆处于刚刚接触的位置。Ⅱ号泵调速器为把支承轴向外拧出，直至校正弹簧座与调速弹簧前座刚刚接触位置。然后将其位置固定，并加以锁紧。

检查高速起作用点的转速是否符合规定。如果不符，则需重新调整上述两项，直到符合规定值为止。

②以起动行程为基准来确定额定工况下的供油齿杆行程。把操纵臂转到最大位置，使喷油泵在起动转速下运转，然后逐渐增加其转速，直到起动加浓过程结束。这时供油齿杆缩回的行程应等于规定的起动行程值。若不符合规定，可调整齿杆行程调整螺栓，达到要求后固定调整螺栓。如Ⅱ号泵是通过改变支承轴的位置来调节起动行程。

逐渐增加喷油泵转速使其达到额定转速值，供油齿杆继续向减小供油方向移动的距离应等于校正行程。此时，齿杆处于额定工况位置。

检查高速起作用转速，当它不符合规定时，需调整高速限位螺钉直至符合规定为止。供油齿杆从缓慢移动（校正作用）到稍微停顿后突然再较快移动时的转速称为高速起作用的转速。试验时，使喷油泵从低于额定转速逐渐增加到高于额定转速，也可以用测定额定转速前后两个转速下的供油量来校核高速起作用点是否准确，如果在低于额定转速20r/min测得的供油量等于或稍大于额定供油量，而高于额定转速20r/min测得的供油量比额定供油量小很多，则说明高速起作用点是准确的。

以上两种方法中，第一种调整方法与设计基准相一致，因而容易达到设计时对供油齿杆行程位置的要求。而后一种方法准确度较差。

（2）起动工况的检查。操纵臂置最大供油位置，使喷油泵在起动转速下运转，此时供油齿杆行程应符合规定。只要额定工况齿杆行程准确，起动行程一般都会符合要求，不需调整。

（3）怠速工况的检查。喷油泵在低于怠速的转速下运转，缓慢转动操纵臂。当喷油器刚刚开始喷油时，固定住操纵臂并逐渐增加喷油泵转速，注意观察供油齿杆的变化。当齿杆刚开始向减油方向移动时，此时的转速即为调速器怠速起作用转速，此转速应不高于柴油机所规定的怠速转速。若不符合规定时，可用低速限位螺钉进行调整。

（4）校正工况的检查。把操纵臂置最大供油位置，使喷油泵在额定转速下运转，然后逐渐降低喷油泵的转速，当供油齿杆刚开始向增油方向移动时的转速即为校正开始点转速。继续降低喷油泵转速，供油齿杆也继续向增油方向移动，直到齿杆停止移动为止，即可测出校正行程其值应符合要求。若此行程不符合规定，可调整校正装置的装配位置或预留间隙。

3. 喷油泵调速器总成供油量和供油均匀度的调试

供油量调试包括额定转速、怠速、起动及校正等工况的供油量及均匀度。一般起动供油量较定供油量约高 50%。在供油量调整时，对于多缸柱塞式喷酒泵的供油均匀度应保证在规定的范围内，以便发动机能平稳运转。各缸供油不均匀度可用下式计算：

$$不均匀度=\frac{2\times(最大供油量-最小供油量)}{最大供油量+最小供油量}\times 100\%$$

供油量不均匀度的调整，以额定转速供油不均匀度最为重要，因为柴油机额定转速机会最多，一般额定转速供油不均匀度应不大于 3%，怠速供油不均匀度应不大于 30%，柴油机起动和短时间超负荷运转，因运转时间短，故不均匀度可以放宽些。

1）额定供油量的调整

额定供油量是指调速器操纵臂放在最大供油位置，喷油泵在额定转速下的供油量。由于工程机械柴油发动机常在额定转速下全负荷运转，故额定供油量及其不均匀度对其动力性和经济性影响最大；而车用柴油发动机则多在中等转速下运行，故一般不调试额定转速供油量，调试常用转速供油量，即喷油泵转速在 600r/min 时的供油量。额定供油量或常用转速供油均应符合规定要求。

调试时，使喷油泵以额定转速运转，转动操纵臂到最大供油位置，将量油杯转到接油位置，起动试验台喷油规定次数，观察各缸供油量。如果供油量或不均匀度不符合规定的要求，可松开可调齿圈或调节叉的固定螺钉，将套筒相对于可调齿圈（如 A、B 型泵）或将调节叉相对于供油拉杆移动一段距离（如 I、II 号泵），再紧固螺钉。

2）怠速供油量的调整

怠速供油量是指喷油泵在规定的怠速下运转，操纵臂置于最小供油位置时的供油量。调试时先将泵转速调到规定值，操纵臂置于最小供油位置，再缓慢向加油方向转动操纵臂。当喷油器刚刚开始滴油时，固定操纵臂，喷油规定数次，观察供油量。怠速供油量和不均匀度的大小应符合规定，否则应按上述方法进行调整。

3）起动供油量的调整

起动供油量的调整是指调速手柄在最大供油位置，喷油泵在起动转速（100 ~ 200r/min）时的供油量。

4）校正供油量的调整

校正供油量的调整是指调速手柄在最大供油位置，喷油泵在规定的校正油量转速下的供油量。校正供油量一般为额定供油量的 110% 左右。

5）调试供油量及均匀性的若干问题

（1）调试时应采用标准喷油泵且喷油器喷油压力必须符合规定。

（2）额定供油量不均匀度合格，部分负荷或怠速时不均匀度不合格的主要原因有：

①柱塞密封性各缸差别较大，高低速时漏油量差别大；

②出油阀总成密封性各缸差别较大；

③柱塞直径公差过限；

④柱塞供油螺旋槽导程公差过限；

⑤由于装配不良产生漏油，或进、出油孔流油不畅；

⑥高压油管长度和内径各缸差别太大。

(3)由于条件限制，无法使额定负荷及怠速的供油量不均匀度都符合要求时，应首先满足额定负荷的均匀性。只有当怠速极不稳定而影响怠速运转时，才可稍微牺牲额定工况的供油均匀性来改善怠速工况的供油均匀性。

表 5-1 为部分柴油机喷油泵调速器的调整参数。

柴油机喷油泵调速器的调整参数 表 5-1

柴油机型号	喷油泵	供油预行程(mm)	额定工况			校正工况			怠速工况		
			转速(r/min)	齿杆行程(mm)	喷油量(mL/200 次)	转速(r/min)	校正行程(mm)	喷油量(mL/200 次)	转速(r/min)	齿杆行程(mm)	喷油量(mL/200 次)
695Q	1	2.5	1400		11.0	900	0.55~0.7	11.7	250		2.5
4120S	A	3.0	900	13	18.0	600	13.8	20	275	8.2	3.5
6102G	A	2.4	1400	13	10.7	950	13.6	10.9	250		3.0
F4L912	A	2.4	1400	13	10.4	800	11.4	10.5	300	7.9	2.5

四、喷油正时的校准

所谓喷油正时就是保证喷油泵对发动机有正确的喷油时刻，喷油时刻是用喷油提前角来表示的。在试验台调整好的喷油泵总成安装在发动机上时，或者发动机运行一定时间后(500h)，应该检查校准喷油提前角，这一程序通称为喷油正时的校准。喷油正时的校准一般是通过校准喷油泵的供油提前角来实现的。

1. 喷油正时标记

为了便于调整供油提前角，发动机和喷油泵上都有供油正时标记，可分为三种。

(1)喷油泵的第一分泵开始供油标记。

(2)发动机飞轮壳与飞轮上的喷油提前角标记(以曲轴转角计)。

(3)曲轴与喷油泵正时齿轮的啮合记号。

2. 喷油正时校准的方法

在试验台上调试好的喷油泵总成安装到发动机上时，应按下列程序和方法校准喷油正时。

(1)检查发动机正时齿轮的啮合记号是否对准。

(2)按曲轴旋转方向摇动曲轴，使第一缸活塞处于压缩行程上止点前规定的喷油开始位置，即飞轮上或带轮上(或在其他处)的喷油正时记号应对正。

(3)转动喷油泵凸轮轴，使凸轮轴接盘上的记号与泵壳体上的记号对正，此时为第一缸供油开始。

(4)安装联轴节,同时使联轴节上的记号对准(或校正后重新做出的刻线记号对齐),这样就可保证发动机的喷油提前角符合要求。

最后进行发动机试车,如喷油提前角未达到理想的数值时,可在停机后对联轴节或喷油泵体进行调整,调整完毕后可重新刻印记号以利于下次调整。

第十二节 柴油机供给系的常见故障及排除

一、发动机起动不着或起动困难

1. 现象

用起动机带动发动机转动,但发动机不能起动(机械故障除外)或不易起动。

2. 原因

1)低压油路故障

(1)油箱内无燃油或油箱开关未打开。

(2)油路堵塞。

(3)输油泵不泵油。

(4)柴油滤清器堵塞。

(5)吸油管破裂。

(6)喷油泵油腔内有空气。

(7)喷油泵背压阀不密封。

2)高压油路故障

(1)柱塞与柱塞套磨损,配合间隙过大。

(2)出油阀密封不良。

(3)喷油泵凸轮轴轴承损坏或凸轮磨损过甚。

(4)喷油泵凸轮轴连接键损坏。

(5)喷油不正时。

(6)喷油器不喷油或喷油雾化不良。

(7)高压油管漏油。

3)调速器故障

(1)供油齿条或油量调节拉杆卡死在停供油位置。

(2)熄火手柄或熄火拉钮不回位。

(3)油量调节叉或扇形齿轮夹紧螺栓松动,使柱塞停留在不供油位置。

(4)调速器装配不正确。

3. 诊断与排除

(1)拧开喷油泵上的放气螺塞,用手油泵泵油,可能出现以下3种情况:

①放气螺塞处有油溢出，说明低压油路正常，故障在高压油路或调速器。

②放气螺塞处无油溢出，说明故障在低压油路。

③放气螺塞处开始无油，连续用手油泵泵油时，有油和气泡跑出。继续泵油时，气泡消失，大量油液溢出，则说明发动机不能起动的原因是喷油泵腔内有空气。此时可试起动，若能起动，故障已排除；如果仍然不能起动，表明高压油路或调速器还有故障，应作进一步诊断。

(2)放气螺塞处有大量油溢出而发动机不能起动时，打开喷油泵侧盖，用手拨动油量调节拉杆或齿条，可能有下列3种情况：

①调节拉杆或齿条移动灵活，油量调节叉或扇形齿轮的螺钉紧固，则故障在高压油路。

②油量调节拉杆或齿条卡死或移动阻力过大，则故障在调速器或柱塞转动不灵活。

③油量调节叉或扇形齿轮固定螺栓松脱时，应将喷油泵及调速器总成拆下，并上试验台重新调试油量，不得紧固后即试车起动。

经过上述诊断，可以判断故障部位是在低压油路、高压油路或调速器，然后再做进一步诊断与排除工作。

(3)低压油路故障的诊断与排除。经检查确认发动机不能起动的原因在低压油路时，首先应检查燃油箱内是否有油，开关是否打开，油箱盖上的空气孔是否堵塞。若一切正常，用手油泵泵油试验。如果拉出手油泵手柄时感到有吸力，松开手柄又有自动回位现象，说明燃油箱至输油泵的油路堵塞。此时应逐段拆卸油管检查、疏通。如果拉出手油泵手柄时阻力正常，压下手柄时阻力很大，说明输油泵至喷油泵的油路堵塞。此时应检查滤清器是否堵塞，必要时更换滤芯。滤清器工作正常时应逐段拆卸油管，检查输通。如果拉动手油泵手柄时，上下均无正常的泵油阻力，说明输油泵吸油管路接头松动或管道破裂，或输油泵失效。此时应检查、紧固吸油管，确认吸油管无漏气现象，且手油泵不泵油，再拆检输油泵，必要时更换。

(4)高压油路故障的诊断与排除。松开喷油泵的放气螺塞，拆掉高压油管和侧盖，用手油泵泵油，注意观察放气螺塞的出油情况和出油阀的密封情况。当放气螺塞处有大量的油液溢出，且无气泡时拧紧放气螺塞。如果喷油泵高压油管接头处有油溢出，说明出油阀不密封或出油阀弹簧工作不正常。若出油阀无油溢出，将油量调节拉杆或齿条推向供油方向，用起子撬柱塞底脚(图5-82)或用电动机驱动发动机转动，观察喷油泵的喷油情况。

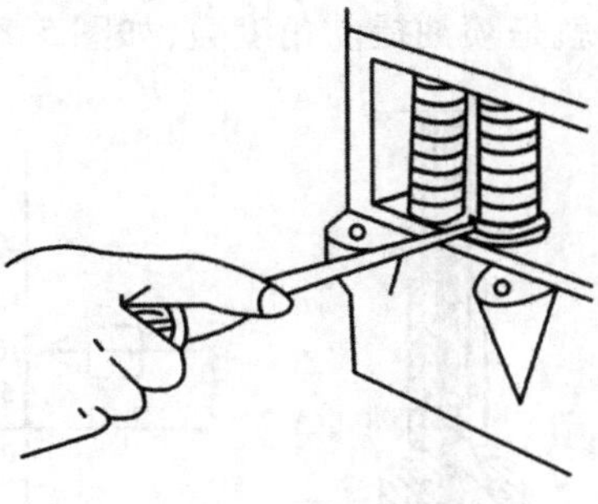

图5-82　用起子撬柱塞底脚泵油

①出油阀处无油喷出，则故障在喷油泵本身。此时应检修喷油泵，并上试验台调试。

②喷油泵喷油正常，则故障在喷油器或喷油不正时。此时应拆下喷油器进行清洗、检查，必要时更换喷油头。最后在喷油器试验器上进行调试。

(5)调速器故障的诊断与排除。打开喷油泵侧盖，用手推动油量调节拉杆或齿条。如果调节拉杆或齿条卡死则应检查熄火手柄是否回位，齿条是否锈蚀，齿条与导孔间是否有夹杂物。并根据情况予以排除。在检查、排除调速器故障时注意，调速器壳上的高速限止螺钉、支承轴螺钉、油量调节叉的位置不得随意变动，否则应将调速器连同喷油泵一起上试验台调试。

(6)喷油正时的检查与调整。在诊断、排除发动机不能起动的故障时,如果低压油路、高压油路及调速器均无故障,但是发动机仍然不能起动,则可能是喷油正时或机械部分有故障。机械故障我们已在本书第九章和第十章进行了分析,在此我们只研究喷油正时的检查与调整方法。

喷油正时的检查

从理论上讲,喷油泵的供油开始时刻和喷油器的喷油开始时刻是不相同的。实际上供油起始时刻和喷油起始时刻的时间差极小,可忽略不计。但在概念上不能混淆。

①检查供油正时记号:一般喷油泵出厂时,在联轴器和泵壳上各打一记号如图 5-83 所示。当记号对正时,第一缸柱塞开始供油,飞轮上指示相应的供油提前角。

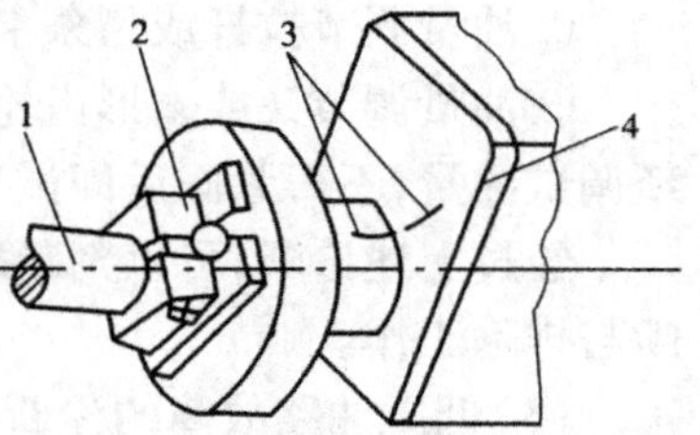

图 5-83 供油正时记号

1-驱动轴;2-联轴器刻度线;3-定时刻度线;4-喷油泵轴承盖

②用测时管检查供油起始时刻:测时管是用玻璃做成中心有细孔,外面设有刻度的透明管。其结构如图 5-84 所示。检查时将喷油泵上的第一缸高压油管拧下,并把测时管安装在该接头上。摇转发动机曲轴,使喷油泵喷油,直到测时管中无气泡出现为止。拧松测时管接头,使柴油泄漏,液面降至某一刻度时拧紧。然后缓慢转动曲轴,并注意观察测时管的液面变化。当测时管中的液面刚刚开始向上移动时,立即停止转动曲轴,此时就是第一缸柱塞开始供油时刻。然后检查喷油泵联轴器与泵体上的刻线是否对正,或检查飞轮壳上的记号是否与飞轮上相应的供油提前角刻度对正。如果喷油泵联轴器上的记号未对正或飞轮上指示的供油提前角不正确,则为供油不正时。

③用观察法检查供油起始时刻:在没有测时管的情况下,拧下第一缸的高压油管后,用口吹去出油阀处的柴油。缓慢转动曲轴,并仔细观察出油阀"油亮点"的情况。当发现"油亮点"一动,立即停止转动曲轴(第一缸供油开始)。此时飞轮壳上的刻线与飞轮刻度所对应的数值就是喷油提前角度数,如图 5-85 所示。

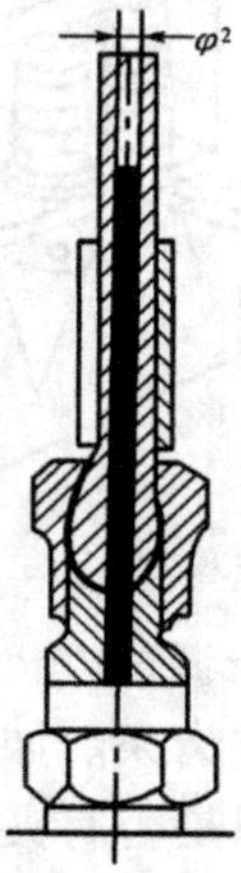

图 5-84 测时管

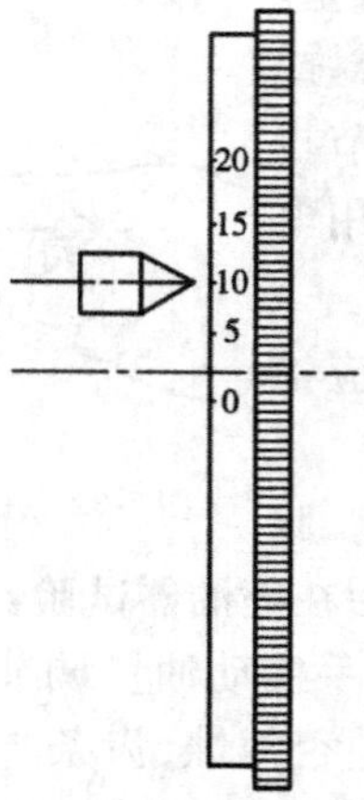

图 5-85 飞轮上喷油提前角的刻度

如果观察飞轮记号困难时,将发动机的第一缸转到压缩上止点,在曲轴皮带轮或三角皮带及正时齿轮室盖处画一条直线,以作为上止点记号。使发动机倒转半圈后缓慢正转,观察出油阀处的"油亮点"。当"油亮点"刚刚一动时,停止转动曲轴,检查皮带轮及三角皮带上的刻线与正时齿轮室盖刻线的距离 L,即弧长。该弧长即反映了供油提前角大小。

④用喷射法检查喷油起始时刻:用一根较长的高压油管代替第一缸高压油管。将第一缸喷油。器移至飞轮处(距离飞轮 5mm),使第一缸喷油器对着飞轮喷油。转动发动机曲轴,当第一缸活塞到达上止点位置时,在正对喷油器的飞轮处划一上止点记号,然后继续转动曲轴。当第一缸喷油器喷油后,停止转动

发动机,并测量喷油痕迹中心距离上止点刻线的弧长。换算成喷油提前角,然后和标准值比较。

经检查喷油时刻不正确时应进行调整。用联轴器驱动的喷油泵,松开联轴器弧形孔上的紧固螺钉。沿“+”方向转动喷油泵凸轮轴时,喷油提前角增大,反之则减小。调整后扭紧紧固螺钉,并按前述方法检查,不合适时再调整,直到符合要求为止。其他形式的喷油泵的喷油时间的调整原理与上述喷油泵基本相似,只是结构上、部位上有些差异。

二、发动机运转不平稳

1.“游车”

柴油机在中低速时转速有规律地忽快忽慢,这种现象叫“游车”。

1)“游车”的原因

(1)调速器故障:

①调速器内的润滑油过多、过脏、黏度过大或严重缺油。

②调速弹簧变形或折断。

③油量调节拉杆或齿条卡涩。

④调速飞球卡涩或飞锤销与销孔间隙过大。

⑤飞锤过重或收张距离不一致。

(2)喷油泵故障

①柱塞与柱塞套间进入脏物,使柱塞转动阻力过大。

②柱塞套安装不正确,使柱塞转动阻力过大。

③柱塞调节臂与调节叉之间的配合间隙过大或扇形齿轮与齿条之间的啮合间隙过大。

④喷油泵各缸供油量不均匀。

(3)喷油器故障:

①喷油器雾化不良,有滴油现象。

②个别喷油器针阀烧结。

2)诊断与排除

(1)检查调速器内的润滑油是否过多、过脏或黏度过大或长时间缺油。必要时清洗调速器,更换新鲜润滑油。检查各连接、配合部位是否松旷;观察飞锤或钢球收张情况及调速弹簧工作情况,必要时检修调速器。

(2)拆开喷油泵侧盖,检查供油拉杆或齿条的活动情况。如果供油拉杆或齿条卡涩,松开供油拉杆上调节叉的固定螺钉或扇形齿轮夹紧螺钉后,供油拉杆或齿条活动自如,则说明柱塞转动阻力过大。否则为供油拉杆或齿条锈蚀、被杂物挤住、变形、拉伤或配合间隙过小。

(3)柱塞转动阻力过大时,取出柱塞偶件。如果柱塞及柱塞套配合良好,转动自如,则是柱塞套安装不正之故。重新安装柱塞及柱塞套时,一定要使柱塞套定位螺钉旋入定位槽内,否则容易引起柱塞套变形而使柱塞转动阻力过大,致使调速不灵,严重时会使调速器失灵。如果取出柱塞和柱塞套,二者相对转动时阻力过大,则说明柱塞及柱塞套过脏或变形。此时,可用汽油清洗柱塞及柱塞套,并用干净棉布擦磨。清洗干净后,在干净柴油中将柱塞插入套内,再做转动试验。若转动自如,则可继续使用;若转动阻力仍然较大,则应更换新柱塞偶件。

(4)喷油泵、调速器均无故障,则柴油发动机游车系喷油器故障。此时应取下喷油器,在喷油器试验器上检查其喷油压力、雾化质量。调试喷油器时要特别注意观察是否有滴油现象。压力不符合要求时,可以调整。雾化不良或有滴油现象时,则应更换喷油器针阀偶件。

2.“飞车”

柴油发动机的转速失去控制,疾转不止的现象叫“飞车”。柴油发动机“飞车”是一种很危险的现象,轻者发动机超转速、超负荷运转,零部件剧烈磨损,严重时会使整台发动机报废。柴油发动机发生“飞车”现象后必须搞清其原因,并及时采取措施,制止“飞车”。

1)原因

(1)调速器故障:

①油量调节拉杆或齿条卡死或松脱。

②油量调节拉杆上的调节叉松动或扇形齿轮夹紧螺钉松脱。

③调速器内的润滑油过多、过脏或黏度过大,使飞块或飞球运动阻力过大而无法甩开。

④飞锤脱落或飞球卡滞。

⑤推力盘轴向运动不灵活或卡滞。

(2)喷油泵故障:

①柱塞油量调节臂折断,调速器无法控制柱塞的转动。

②柱塞与其套筒的转动阻力过大而卡死在最大供油位置。

③喷油泵安装了相反斜槽的柱塞并未上喷油泵试验台调试就装车使用。

(3)燃烧室进入额外燃料:

①惯性油浴式空气滤清器油面过高而被吸入燃烧室。

②气缸、活塞环严重磨损,油底壳的机油被泵入燃烧室。

③带增压器的柴油机,由于增压器油封损坏,机油通过进气道进入燃烧室。

2)“飞车”时可采取的紧急措施

柴油机出现“飞”现象时,切记不要惊慌失措,应沉着冷静,采取如下紧急措施:

(1)迅速松开各缸高压油管,使喷油泵停止向气缸内供油。

(2)堵塞进气管道,使空气停止进入气缸。堵塞进气管道的方法很多。进气管道有进气阀的可将阀门关闭。没有进气阀时,可用工作服沾上水,包住空气滤清器进气口。

(3)挂高挡,踩下制动踏板使发动机熄火。

(4)迅速将减压手柄置于减压位置,让气缸压力降低而使发动机熄火。

3)诊断与排除

制止“飞车”后,应按下列步骤诊断故障所在,并加以排除。

(1)拉动熄火拉钮或拨动调速器上的熄火摆臂。若摆臂不动,则为油量调节拉杆或齿条卡滞或柱塞在套内不转动或转动阻力过大。

(2)打开喷油泵侧盖,拨动油量调节拉杆或齿条。如果拉杆移动时个别柱塞不转动,则个别柱塞的油量调节臂折断或拉杆上的调节叉松动或扇形齿轮夹紧螺钉松动。

(3)检查空气滤清器油面。如果油面过高,且进气管内壁有机油,则额外油料吸入气缸。

(4)检查油底壳油面高度。如果油底壳油面明显降低,而且曲轴箱有燃烧后废气味道,则“飞车”的原因是由于油底壳的机油窜入燃烧室引起的。油底壳的机油窜入燃烧室而引起“飞车”的现象很少发生。一旦发生这种现象,应对发动机进行解体检验或进行大修。

(5)认真检查增压器油封。若增压器油封损坏时,须更换新油封。

(6)通过上述检查、诊断,一切正常,则故障在调速器。此时应检修、调试调速器。

柴油发动机在使用过程中发生“飞车”现象后,必须找到造成“飞车”的确切原因,并彻底排除后方可起动试车,否则会造成再次“飞车”。

三、发动机冒黑烟

1. 现象

发动机可以起动,可以运转,但在运转时排气管一直冒黑烟。

2. 原因

(1)发动机的负荷过大。
(2)喷油不正时或联轴器固定螺栓松动。
(3)空气滤清器堵塞,进气不充分。
(4)喷油泵的供油量过大。
(5)喷油泵凸轮轴严重磨损或轴承损坏。
(6)喷油器喷油雾化不良。

3. 诊断与排除

(1)减小发动机负荷,冒烟现象消失,说明冒黑烟的原因是发动机长时间超负荷所致。
(2)取掉空气滤清器后发动机冒烟现象消失,说明空气滤清器堵塞,应更换滤芯。
(3)检查喷油时刻,若喷油时间过早或过晚,应调整到规定值。
(4)将喷油器取下,在喷油器试验器上检查其喷油雾化质量,必要时更换针阀偶件。
(5)拆下喷油泵,检查凸轮轴是否松旷,轴承工作是否正常,必要时解体检修。
(6)在喷油泵试验台上检查供油量。额定油量和加浓油量过大时应重新调整到标准值。若供油系工作正常,而发动机冒黑烟,应检查气缸压力。

四、发动机冒白烟

1. 现象

发动机起动后排气管排出白色烟雾,工作声音杂乱,有时容易熄火。

2. 原因

(1)燃油中有水。
(2)气缸盖螺栓松动或气缸垫损坏,冷却水进入气缸。

(3)气缸、气缸体、气缸盖冷却水套处有裂纹。
(4)供油时间过晚。

3. 诊断与排除

柴油发动机在低温,特别是冬季起动时排气管排出白烟,但工作温度升高后白烟消失,这是正常现象。发动机运转时一直冒白烟,用手或白纸靠近排气口时,手上或纸上会留有水迹,说明燃烧室有水进入。此时应将油箱及柴油滤清器的放污螺塞打开,放出水和其他沉淀物。仔细观察气缸垫处有无漏水、漏气迹象,气缸盖、气缸体有无破漏处,气缸盖螺母有无松动,油底壳机油液面有无升高现象。如果确认有水漏入气缸时应解体检修发动机。喷油泵喷油时间过晚,会使发动机动力不足,不易加速,并排出大量白烟。所以在诊断发动机冒白烟故障时,如果无水进入气缸,则应检查喷油时刻,必要时进行调整。

五、发动机冒蓝烟

1. 现象

发动机运转正常,但排气管总是冒蓝烟。

2. 原因

发动机冒蓝烟是机油进入燃烧室而引起的。机油来源有以下几个方面:
(1)空气滤清器内油面过高。
(2)气缸磨损过甚,油底壳机油窜入燃烧室。
(3)活塞环磨损过甚,弹力不足。
(4)扭曲环方向装反。
(5)气门杆与气门导管磨损,配合间隙过大或气门油封损坏。
(6)废气涡轮增压器油封漏油。

3. 诊断与排除

发动机冒蓝烟时仍能正常起动和运转,所以有时不能引起操作人员的足够重视。事实上,发动机冒蓝烟,机油消耗增加,发动机的经济性变差。另外,机油窜入燃烧室会生成积炭,久而久之会卡滞活塞环,引起发动机爆燃等不良后果。因此,一旦发动机出现冒蓝烟现象就应及时诊断,找出故障原因并予以排除。检查、诊断发动机冒蓝烟的原因时,应检查空气滤清器的油面是否过高,废气涡轮增压器油封是否损坏,必要时更换新油封。活塞环、气缸套、气门杆及气门导管等磨损,机油窜入燃烧室时,应对发动机进行解体检验,必要时更换上述零件或对发动机进行大修。

六、发动机动力不足

1. 现象

发动机的起动、运转均正常,但机械起步或进入负荷作业时易熄火。

2. 原因

1)喷油泵故障

(1)柱塞磨损过甚,出油阀密封不严。

(2)喷油泵高压油管破裂或接头处漏油。

(3)喷油泵额定油量过小或油量调节叉或扇形齿轮松脱。

(4)喷油泵供油时间不准。

(5)喷油泵凸轮、凸轮轴、随动柱磨损过甚,轴承损坏。

2)调速器故障

(1)加速踏板或手油门及拉杆发卡,行程不够。

(2)高速限止螺钉和支承轴调整不当。

(3)加浓弹簧过软或折断。

3. 诊断与排除

(1)将加速踏板或油门手柄置于最高转速位置时,调速器上的调速杠杆应与最高转速限止螺钉相接触。否则为加速踏板或油门手柄的行程不够,须予以调整。

(2)检查高压油管及接头处有无漏油现象。接头松动时应紧固;高压油管破裂时应换新。

(3)检查、校准喷油时间。

(4)打开喷油泵侧盖,检查油量调节叉或扇形齿轮夹紧螺钉,若有松动须调试喷油泵。

(5)用转速表检查发动机的最高转速。如果发动机的最高空转转速达不到规定要求时,适当旋出调速器上的最高转速限止螺钉,直到符合标准为止。

(6)发动机的空转转速符合要求,但动力不足时,适当旋入支承轴(全程式II号调速器),直到急加速时,排气管内有黑烟冒出为止。需要说明的是,调速器在试验台上调试好后一般都要铅封,不允许在使用中随意调整。

(7)喷油泵柱塞偶件磨损、凸轮轴磨损、轴承损坏、调速弹簧折断等,应解体检查、维修喷油泵及调速器。修复后须在试验台上调试后再投入使用。

七、发动机自动熄火

1. 现象

发动机在运转中自动熄火,并不能重新起动。

2. 原因

发动机运转中突然自动熄火的油路故障是燃油未进入燃烧室所致(机械故障除外)。造成燃油供给不足的原因有以下几个方面:

(1)油箱内无油,输油管路堵塞或破裂,柴油滤清器堵塞。

(2)喷油泵泵腔内进入空气。

(3)输油泵不泵油。

(4)油量调节拉杆或齿条卡死在停供油位置。

3. 诊断与排除

(1)检查油箱内燃油是否耗尽;输油管路有无漏油之处;检查、疏通输油管路。

(2)松开喷油泵放气螺塞或柴油滤清器出油管接头螺钉,用手油泵泵油。无油液溢出,且输油泵压送阻力较大,则说明柴油滤清器堵塞。此时应清洗滤清器,必要时更换滤芯。

(3)油箱内有燃油,输油管路正常时,拧松滤清器进油管接头螺钉,用手油泵泵油。如果无油溢出,说明输油泵有故障。此时应检查清洗输油泵进出油阀及输油泵活塞。进出油阀端面不平时可在水砂纸上绕“8”字研磨;活塞皮碗损坏时应换新。

(4)打开喷油泵侧盖,检查油量调节拉杆或齿条有无卡涩现象(处理方法同前)。

八、发动机工作粗暴

1. 现象

发动机工作时发出类似敲缸的敲击声,急加速时响声更大,排气管冒黑烟。

2. 原因

(1)喷油时间过早,喷油雾化不良或喷油器滴油。

(2)各缸喷油不一致或供油量过大。

(3)发动机温度过低。

(4)选用柴油的标号不对或柴油内有汽油。

3. 诊断与排除

(1)发动机的爆燃敲击声均匀,说明故障原因与喷油正时、喷油量、柴油牌号等因素有关。喷油过早,响声尖锐、清脆、有节奏;喷油量过大时,发动机响声沉闷,排气管冒黑烟。诊断时先检查、调整喷油时间及喷油器,必要时更换喷油头。若喷油正时且喷油器工作正常时则应考虑柴油牌号选择是否合适;打开油箱盖,检查柴油中有无汽油味,必要时更换柴油。

(2)发动机爆燃声不均匀时,说明各缸工作情况不一致。此时可用单缸断油的方法找出工作粗暴的气缸。怀疑某缸喷油器雾化不良或有滴油现象时,更换新喷油器或与其他缸调换。倘若爆燃声消失或转移,则故障在喷油器。怀疑个别缸供油量偏多时,可将该缸高压油管接头适当拧松,让部分高压油泄漏。此时爆燃声和冒黑烟现象消失,则证明该缸供油量过大。各缸供油不均匀时,应将喷油泵从发动机上取下,在喷油泵试验台上调试后再投入使用。

第十三节　电控柴油喷射系统

现代柴油机采用发展电子控制系统,面对无法回避的局部和全球性的环境和能源问题,迫使以便保持工程机械柴油机的可持续发展,更充分发挥柴油机固有的优点(低油耗和低 CO_2 排放)。

自20世纪80年代开始进入市场的现代柴油机电控系统随着控制项目的不断增多,控制任务从简单到复杂,直至全方位控制,许多功能各异的柴油机电子控制装置和系统相继开发研制和生产投放市场柴油机电子控制技术的发展和应用,比如将传统的机械喷油系统改造为电脑控制、机电一体化的喷油系统就是最关键的技术环节。它使柴油机技术水平进入一个新的历史阶段。

柴油机的电控喷射经多年研究已达到了实用化阶段,发展了各种电控高压喷射系统。柴油机电控喷射按控制方式分为两大类,一类是早期研究开发、现阶段不断完善的位移控制方式。它的特点是在原机械控制循环喷油量和喷油正时原理的基础上,改进更新机构功能,用线位移或角位移的电磁液压执行机构或电磁执行机构控制油量调节(齿杆(或拉杆)位移,拨叉位移)和提前器运动装置的位移,实现循环喷油量和喷油正时的电控。此外,与机械控制不同,用改变柱塞预行程的办法,实现可变供油速率的电控,从而满足高压喷射中高速、大负荷和低怠速喷油过程的综合优化控制。其典型产品有直列柱塞泵电控系统或转子分配泵电控系统,电控调速器,单体泵或泵喷嘴的电控系统等;另一类是时间控制,该类电控高压喷射装置的工作原理与传统机械式的完全不同,是在高压油路中利用一个或两个高速电磁阀的启闭控制喷油泵和喷油器的喷油过程。喷油量控制由喷油器的开启时间长短和喷油压力大小决定,而喷油正时由控制电磁阀的开启时刻确定,从而可实现喷油量、喷油正时和喷油速率的柔性控制和一体控制。时间控制方法更加先进,是柴油机喷射系统的发展方向,其典型产品是带高速电磁阀控制的 VE 泵电控系统和共轨喷射系统。

一、电控 VE 泵喷射系统

1. 电控 VE 泵喷射系统的组成及控制功能

图 5-86 为日本丰田汽车公司的位置控制式电控 VE 泵喷射系统(ECD—V_1)的组成。该系统由传感器、电控单元(ECU)和执行器等三部分组成。传感器的作用是实时检测柴油机与汽车的运行状态,以及驾驶员的操作意向和操作量等信息,并将其输入给电控单元。电控单元的核心部分是计算机,它与系统中设置的软件一起,负责信息的采集、处理、计算和执行程序,并将运行结果作为控制指令输出到执行器。执行器的功用是按照电控单元输送来的控制指令,调节供油量和供油正时,以达到调节柴油机运行状态的目的。

ECD—V_1 系统的控制功能如图 5-87 所示,控制功能中最主要的是供油量和供油正时的控制,其他扩展功能往往也需要通过供油量与供油正时的控制来实现。

2. 供油量的控制

在 ECD—V_1 系统中,电控单元(ECU)根据加速踏板位置传感器和柴油机转速传感器的输入信号,首先算出基本供油量。然后根据来自冷却液温度、进气温度和进气压力等传感器信号以及起动机信号,对基本供油量进行修正。再按油量调节套筒位置传感器信号进行反馈修正之后,确定最佳供油量(图 5-88)。因此,不论工程机械是低温起动、加速,或是在高原地区作业,ECD—V 系统都能精确地确定柴油机运转时的最佳供油量。

电控单元把计算和修正的最后结果作为控制信号传到供油量控制电磁阀,产生磁力,吸引可动铁心。控制信号的电流越大,磁场就越强,可动铁心向左的移动量越大,通过杠杆将供油

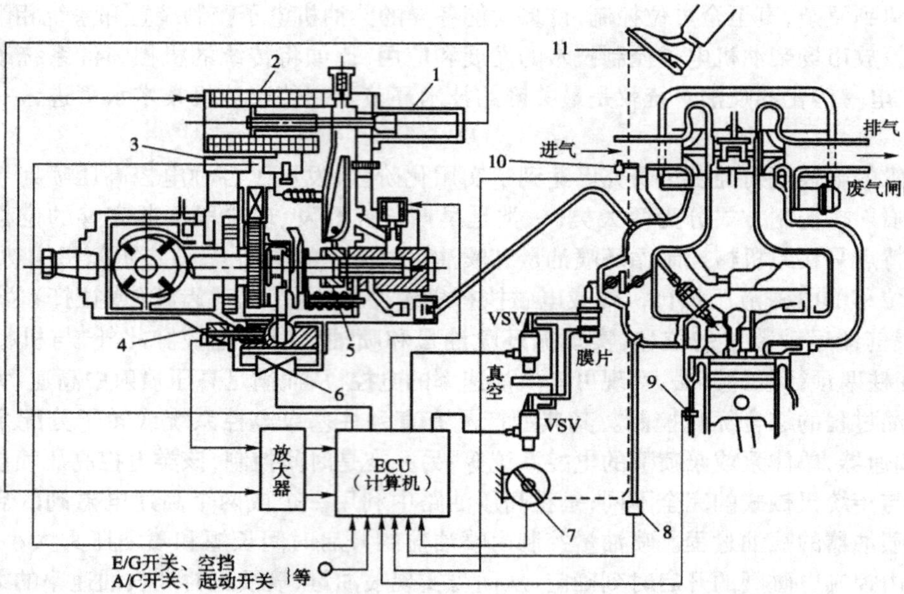

图 5-86　ECD—V_1 系统组成

1-供油量调节套筒位置传感器；2-供油量控制电磁阀；3-转速传感器；4-正时器位置传感器；5-供油量调节套筒；6-正时器控制阀；7-加速踏板位置传感器；8-进气压力传感器；9-冷却液温度传感器；10-进气温度传感器；11-加速踏板

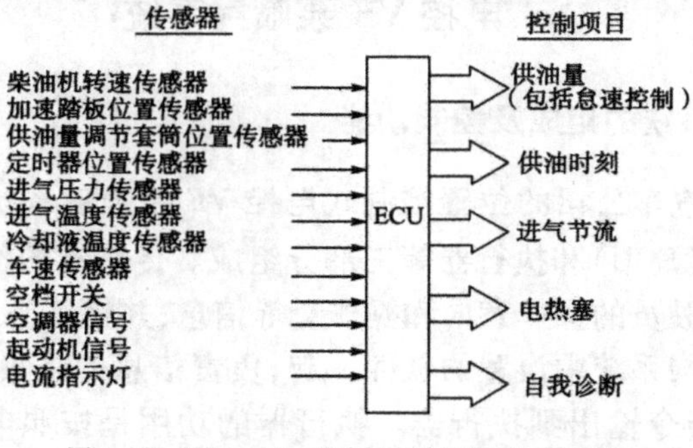

图 5-87　ECD—V_1 系统的控制项目及传感器

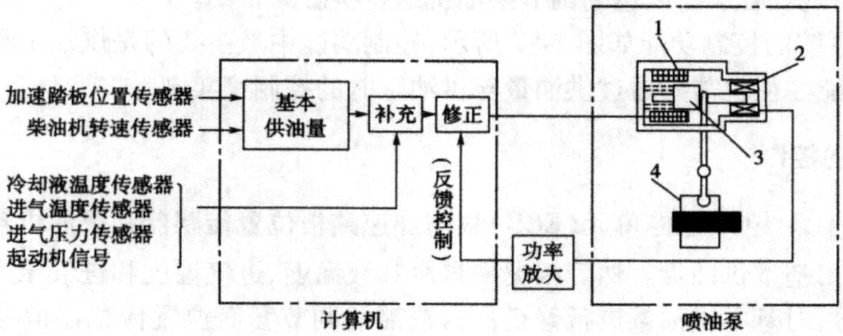

图 5-88　供油量的控制与修正

1-供油量控制电磁阀；2-供油量调节套筒位置传感器；3-可动铁心；4-供油量调节套筒

量调节套筒向右推移的越多，供油量也就越多。

电控单元根据加速踏板位置传感器、车速传感器等输入信号以及起动机信号，决定何时开始怠速控制，并根据冷却液温度传感器、空调及空挡开关等信号，计算出设定的怠速转速及相应的供油量。为了使设定的怠速转速保持稳定，还需根据柴油机转速的反馈信号，不断对供油量进行修正。

3. 供油正时的控制

电控单元首先根据柴油机转速和加速踏板位置等传感器的输入信号，初步确定一个供油时刻，然后根据进气压力、冷却液温度等传感器的信号和起动机信号再进行修正。

供油正时的控制系统如图5-89所示。喷油泵喷油提前器活塞位置传感器1的铁心直接与喷油提前器的活塞相连。喷油提前器活塞位置信号回授给电控单元，以实行反馈控制。电控单元根据最后确定的供油时刻，向供油正时控制阀3的线圈6通电，可动铁心7被电磁铁吸引，压缩弹簧8向右移动，打开喷油提前器由高压腔4通往低压腔5的油路，使喷油提前器活塞两侧的压差缩小，活塞2向右移动，供油时刻推迟，即供油提前角减小。

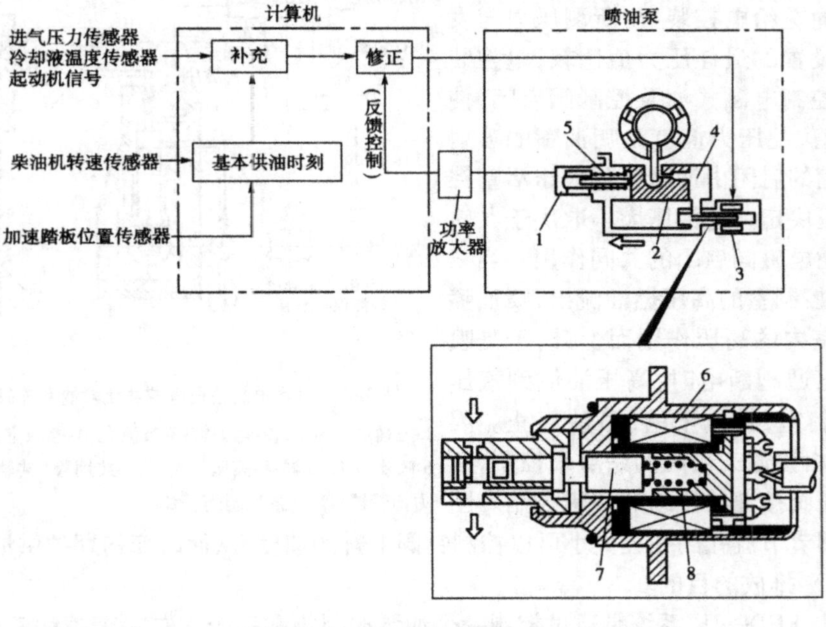

图5-89 供油正时的控制系统

1-喷油提前器活塞位置传感器；2-喷油提前器活塞；3-供时正时控制阀；4-高压腔；5-低压腔；6-供油正时控制阀线圈；7-可动铁心；8-弹簧

通向供油正时控制阀线圈的电流是脉冲电流，电控单元通过改变脉冲信号的占空比，来控制供油时刻。

喷油提前器活塞位置传感器为非接触式电感传感器，其可动铁心随活塞一起动作。当线圈内的可动铁心移动时，引起线圈电感的变化，借以检测活塞的位置。

供油正时控制阀是电磁阀。通过改变流过电磁线圈的脉冲电流的占空比，改变由喷油提前器的高压腔到低压腔的流通截面积，以调整喷油提前器活塞两侧的压力差，使活塞产生不同的位移，达到控制供油时刻的目的。

ECU—U_1 的其他功能，如进气节流和自诊断等均为柴油机电控系统的扩展功能。与汽油机电控系统一样，柴油机电控系统必然实现多功能控制。

位置控制式系统生产继存性强，安装方便，在发达国家已投产使用多年，但它显然只是对传统喷油系统的初步电控化改造。由于未变更原有喷油装置，喷射特性保持不变，一般不能对喷油率和喷油压力进行调控。此外，由于不是对油量和正时进行直接控制，存在不少中间环节，控制响应慢，也做不到各缸的独立控制。

二、电控共轨喷油系统

图 5-90 是日本电装公司的 ECD—U_2 电控共轨喷油系统原理图。它以新型的时间控制方式，利用电磁式油泵控制阀来调整喷油泵供油量，以改变共轨油道中的油压，而不是决定循环喷油量的大小。因此，喷油泵中柱塞偶件不起油量调节作用，也不需要每个发动机气有一组泵油元件。如图 5-88 所示的系统是配六缸发动机仅用两副泵油元件的喷油泵。共轨中的油压大小根据发动机工况要求，由油压传感器把压力值测出输送给电控装置，所测压力与发动机工况所设置的最佳压力值比较，电控装置给出信号控制电磁式油泵控制阀启闭，使油压为最佳值，此压力值就是喷油嘴的喷射压力。喷油嘴的启闭由油嘴顶部液压活塞控制室中的油压决定。此油压大小取决于共轨中压力和三通电磁阀启闭的共同作用。当三通阀通电时，控制室的高压燃油流出，喷油嘴针阀因压力室内的高压作用而上升，于是喷油开始。当三通阀断电时，高压油供到液压活塞顶部控制室，针阀下落，喷油停止。因此，喷油正时由接通三通阀的始点来控制，而喷油量由三通阀接通的持续时间来控制。图中通过精细调节节流孔的孔径大小可以控制针阀上升的速度，从而改变初期的供油速率，达到低噪声、低 NO_x 排放的目的。

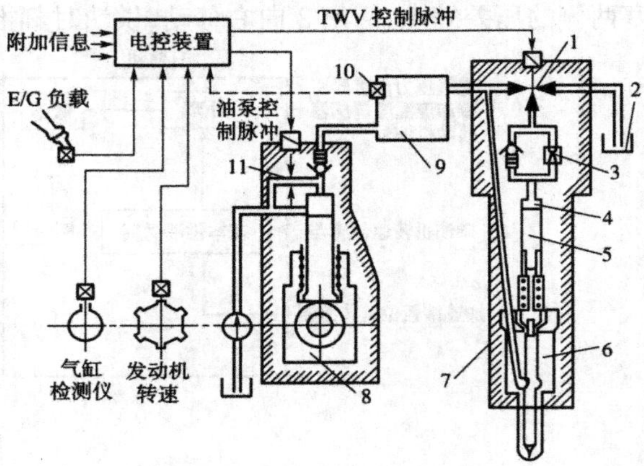

图 5-90　日本电装公司电控共轨喷油系统（ECD—U_2）

1-三通阀（TWV）；2-燃油箱；3-节流孔；4-控制室；5-液压活塞；6-喷嘴；7-喷油器；8-高压供油泵；9-共用管（共轨）；10-燃油压力传感器；11-油泵控制阀（PCV）

由此可见，ECD—U_2 系统是通过控制一个油泵控制阀和每个气缸一个喷油三通阀的启闭时刻和持续期，控制喷油压力和针阀开启的时间，实现循环喷油量、喷油正时、喷油速率的柔性控制。如图 5-90 中的附加信息是指燃油温度、空气温度等其他传感器元件测出的各种量值。

从上面的分析可知，采用时间控制方式的共轨系统其特点是用电磁阀控制喷射压力、喷油正时和喷油量的变化，调节的自由度大，控制精度大大提高。

用共轨系统可以实现在传统喷油系统上无法实现的功能，主要有：

（1）共轨系统中的喷油压力柔性可调，对不同负荷和转速可确定所需的最佳喷射压力，从而优化柴油机综合性能，如喷射压力可不随柴油机转速变化，有利于增大柴油机低速时的转矩和改善低速烟度。

（2）可独立地柔性控制喷油正时，配合高的喷射压力（140～180MPa），可同时控制 NO_x 和微粒（PM）在较小的数值内，满足排放要求。

(3)柔性控制喷油速率变化,实现理想的喷油规律形状(预喷型、三角形或台阶形喷油规律),既可降低柴油机 NO_x 和 dp/dφ,又能保证优良的动力性、经济性。

(4)电磁阀控制喷油,控制精度高,高压油路中不会出现气泡和残压为零的现象,因此在柴油机运转范围内,喷油量循环变动小,各缸不均匀得以改善,可改善柴油机的振动,减少排放。对配用车辆来说,可改善驱动性能。

此外,电控系统内还有一个自诊断和故障安全系统,电控单元都具有自检功能,用来监测控制系统各部分工作的状态。出现故障时,可用指示灯(在仪表板上)显示故障码,以便及时进行维护修理。

复习思考题

1.解释名词术语:

(1)柱塞预行程;(2)柱塞有效行程;(3)供油提前角;(4)喷油提前角;(5)喷油延迟角;(6)两极式调速器;(7)全程式调速器。

2.柴油机燃料供给系由哪几部分组成?

3.说明喷油器的功用、构造及工作原理。怎样对喷油器进行检验?

4.为什么孔式喷油器一般用于直喷式燃烧室,而轴针式喷油器则多用于分隔式燃烧室?

5.柴油机的喷油压力由什么确定,怎样调整?

6.说明柱塞式喷油泵的基本结构及泵油原理?柱塞的预行程和有效行程对喷油过程及柴油机性能有何影响?

7.柱塞式喷油泵怎样调整供油量?怎样调整各缸供油的均匀性?

8.什么是供油提前角?柱塞式喷油泵怎样调整供油提前角?

9.说明轴向压缩式分配泵(VE泵)的基本结构及工作原理?试述VE型分配泵与柱塞式喷油泵相比有什么优缺点?

10.柴油机为何要装调速器?试述工程机械柴油机全速调速器的工作原理?

11.怎样检验柱塞式喷油泵柱塞偶件、出油阀偶件?

12.怎样校准喷油正时?怎样调整喷油提前角?

13.柴油机供油系出现故障,如何判断是低压油路故障还是高压油路故障?

14.起动时排气管排出大量白烟,发动机不易发动有何原因?如何诊断?

15.什么叫超速(“飞车”)?有何现象、原因?如何采取紧急措施?

16.试述外界负荷一定时,II号泵调速器是如何使柴油机加速的?

17.试述II号泵调速器的校正加浓过程,如何调整校正的程度和起作用转速?

18.电控柴油喷射系统有哪几个主要部分组成?电控柴油喷射目前有几种控制方式?各有什么特点?

第六章

汽油机供给系

第一节　概　　述

一、汽油机供给系功用

汽油机燃料供给系的任务是将汽油经过雾化和蒸发(汽化)并和空气按一定比例均匀混合成可燃混合气,再根据发动机各种不同工况的要求,向发动机气缸内供给不同质(即不同浓度)和不同量的可燃混合气,以便在临近压缩终了时点火燃烧而放出热量燃气膨胀做功,最后将气缸内废气排至大气中。

目前汽油机的燃料供给系有:化油器式燃料供给系;汽油喷射式燃料供给系;液化石油气燃料供给系以及其他混合燃料供给系统等。由于化油器式燃料供给系是汽油机传统的供给系仍在广泛应用,故本章主要介绍这两种燃料供给系。

二、汽油机供给系的组成及工作过程

1. 化油器式燃料供给系的组成

化油器式燃料供给系又称为一般汽油机供给系。

一般汽油机供给系和柴油机供给系的组成基本相似,主要由燃油供给装置、空气供给装置、可燃混合气形成装置、可燃混合气供给和废气排出装置等四套装置组成,如图6-1所示。

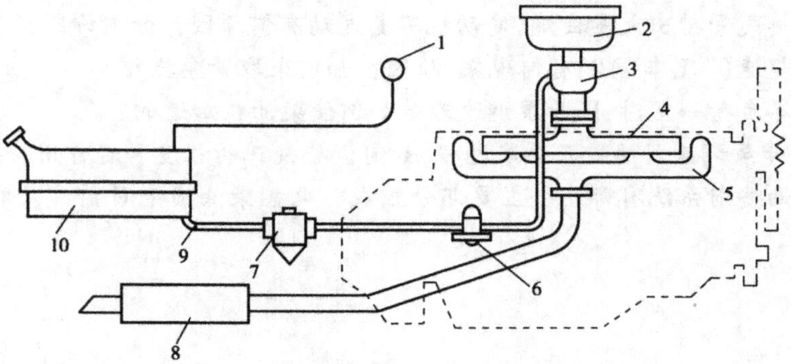

图6-1　汽油机供给系示意图

1-油面指示表;2-空气滤清器;3-化油器;4-包括进气管;5-排气管;6-汽油泵;7-汽油滤清器;8-排气消声器;9-油管;10-汽油箱

(1)燃油供给装置,包括汽油箱10,汽油滤清器7,汽油泵6和油管9,用以完成汽油的储存、输送及清洁的任务。

(2)空气供给装置,即空气滤清器2,有时在其上还装有进气消声器。

(3)可燃混合气形成装置,即化油器3。

(4)可燃混合气供给和废气排出装置,包括进气管4,排气管5和排气消声器8。

2. 化油器式燃料供给系的工作过程

在汽油泵6的作用下,汽油自汽油箱10流经汽油滤清器7,滤去所含杂质后,被吸入汽油泵6,汽油泵将汽油泵入化油器3中。同时空气在气缸内真空吸力作用下则经空气滤清器2滤去所含灰尘后,进入化油器,汽油在化油器中实现雾化和蒸发,并与空气混合形成可燃混合气,经过进气管4分配到各个气缸。混合气燃烧生成的废气经排气管5与排气消声器8被排到大气中。汽油机在工作过程中为了随时了解油箱内的汽油量,还装了汽油油面指示表1。

汽油机在不同工况下要求配制出不同质、不同量的可燃混合气,主要依靠化油器来实现,因而化油器是供给系的关键部件。

第二节　简单化油器与可燃混合气的形成

一、简单化油器与可燃混合气的形成

为使汽油在气缸内能迅速、完全燃烧,必须将汽油雾化成极细小的颗粒,最后完全变成气态,并与空气混合成均匀的可燃混合气。

二、简单化油器的工作特性

1. 简单化油器的构造

简单化油器的构造及可燃混合气的形成原理如图6-2所示。它由浮子机构、喷管、量孔、喉管、节气门、空气室和混合室等组成。

1)浮子机构

浮子机构主要由浮子、针阀和浮子室等组成。浮子室连同喷管为壶状结构的容器,用以储存来自汽油泵的汽油。浮子室中装有浮子和针阀,针阀支靠在浮子上,二者可随油面起落。当浮子中油面达到规定高度时,针阀关闭浮子室进油口,汽油不能流入浮子室。浮子下降,针阀重新开启,汽油又流入浮子室,直到油面上升使针阀关闭进油孔为止,以保持浮子室的油面高度。

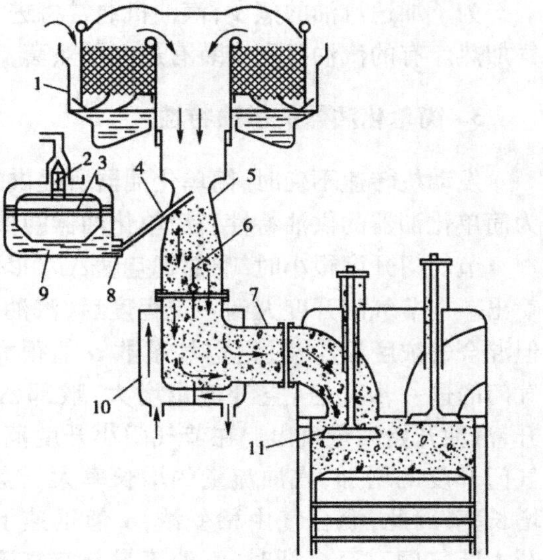

图6-2　简单化油器及可燃混合气形成原理示意图
1-空气滤清器;2-针阀;3-浮子;4-喷管;5-喉管;6-节气门;7-进气歧管;8-量孔;9-浮子室;10-进气预热套管;11-进气门

浮子室上部有一孔道与大气相通,使浮子

室油面上的压力保持为大气压。

2)喷管和量孔

量孔装在浮子室底部,用以控制汽油流量。喉管下端与量孔相通,喷管的喷口在喉管内。为了防止汽油机不工作时汽油从喷口溢出,喷口应高出浮子室油面2~5mm。

3)喉管

气道的狭窄处即为喉管,其功用是增加喉管处的空气流速,在喉管内形成真空吸力,使汽油从喷管内喷出;利用空气流速将喷出的汽油吹散雾化。

4)空气室和混合室

喉管上部为空气室,喉管以下为混合室,它是汽油与空气初步混合的场所。

5)节气门

节气门通常为椭圆形片状阀门,它可绕节气门轴转动。当驾驶员将加速踏板踩到底时,混合气的通道面积最大;当加速踏板完全放松时,节气门与横断截面略成10°的倾斜状态,此时混合气通道面积最小,发动机处于怠速运转状态。加速踏板处不同位置,对应节气门不同开度,以控制进入气缸内的混合气量,适应发动机不同工况对混合气的需求。

2. 混合气的形成过程

发动机处于进气冲程时,活塞下行将空气经空气滤清器和化油器吸入气缸。当空气流经喉管时,由于喉管处断面最小,空气流速增大,在喉管处形成真空。在喉管真空吸力作用下,浮子室内的汽油经量孔、喷管喷入喉管内。喷出的汽油在喉管内被高速气流吹散成雾状颗粒,在混合室内与空气初步混合。在进气歧管和气缸内进一步吸收热量并迅速蒸发,使之形成良好的可燃混合气。

为了加速汽油的蒸发,汽油机通常将进气管与排气管装在一起,利用排气管的热量,对进气加热。有的汽油机则安装有进气预热套,利用废气或冷却系中的热水加热。

3. 简单化油器的供油特性

发动机转速不变时,简单化油器所提供的可燃混合气浓度随节气门开度而变化的规律,称为简单化油器的供油特性。简单化油器的供油特性如图6-3所示。

节气门开度很小时,喉部真空度Δp_h很低,不足以克服喷口与液面间的高度差,没有汽油喷出。在节气门开度大到一定程度后,汽油开始流出,但混合气浓度极小,过量空气系数α值很大。随着节气门的进一步开启,空气流量增大,喉部Δp_h逐渐上升,汽油开始大量喷出。在节气门小开度范围内,随节气门开度的增加,汽油流量的增长率大于空气流量的增长率,因此,混合气由稀变浓,α值迅速下降。继续开大节气门直至全开时,汽油流量与空气流量的增长速率逐渐接近,混合气浓度也趋于平稳,α值下降趋于平缓。由此可见,随着节气门开度的增大,简单化油器只能提供由稀逐渐变浓的混合气。

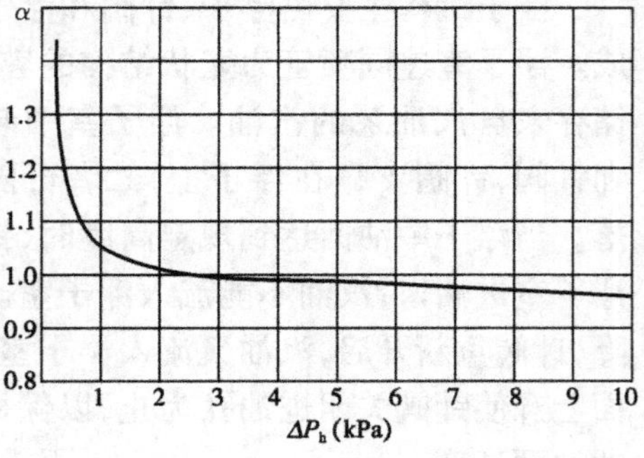

图6-3 简单化油器的供油特性

第三节　现代化油器的基本结构

由于各种工程车辆汽油机的要求不同,使得所用
化油器的整体结构方案是多种多样,但其内所包括的各种供油装置及其基本原理是大体相同的。

一、现代化油器的类型及型号

1. 现代化油器的类型

化油器按喉管处空气流动方向的不同,可分为上吸式、下吸式和平吸式 3 种,如图 6-4 所示。其中下吸式应用最广泛。

化油器按重叠的喉管数目,可分为单喉管式、多重(双重和三重)喉管式,如图 6-5 所示。

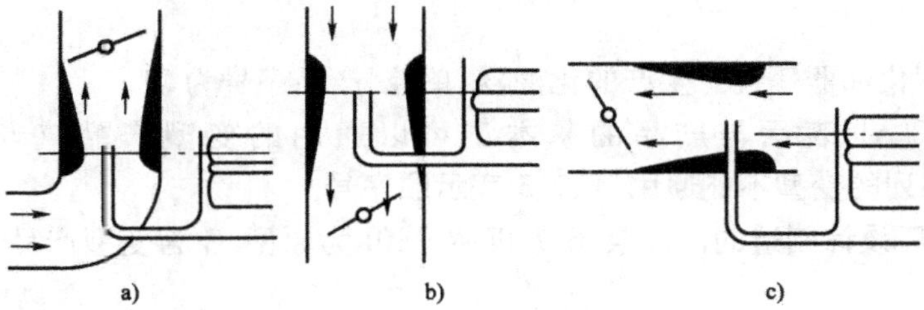

图 6-4　化油器按气流方向分类
a) 上吸式;b) 下吸式;c) 平吸式

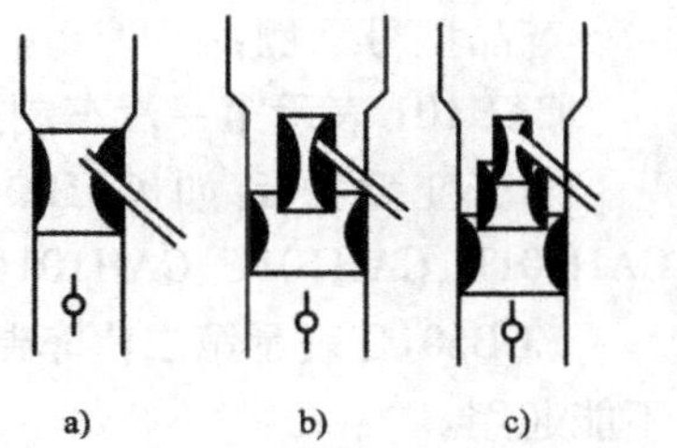

图 6-5　化油器按喉管数目分类
a) 单喉管式;b) 双重喉管式;c) 三重喉管

化油器按其空气管腔数目,可分为单腔式、双腔并动式和双腔(或四腔)分动式 3 种。

双腔并动式化油器,实质上是两个同样的单腔化油器的并联。它们的壳体不仅铸成一体,而且通常使用同一浮子室,起动装置、加速装置和加浓装置;但两个管腔各备有一套结构作用完全相同的主供油装置,怠速装置和节气门,两个节气门装置在同一轴上,同时启闭。该化油器主要用以解决多缸(四缸以上)高速汽油机容易产生的各缸吸入的混合气数量和浓度不一致的问题,提高汽油机的充气效率和各缸混合气的品质,使汽油机的功率有所增加。

双腔分动式化油器有两个结构和作用不同的管腔。在汽油机负荷变化的整个过程中经常工作的一腔称为主腔;另一腔只在负荷和转速较高时才参加工作,称为副腔。单腔式或双腔式化油器,欲使高转速大负荷时充气良好,保证汽油机能发出大功率,化油器喉管直径应做较大,但在低转速小负荷时喉管中空气流速将过低,汽油雾化不良,使汽油机的经济性变差。采用双腔分动式化油器,中小负荷时主腔单独工作,可以保证喉管中的空气具有一定的流速,能获得良好的经济性,当主腔节气门开度达一半以后(约 70% 负荷),副腔一起参加工作,使得空气流通面积增大,进气阻力减少,并同时供给较浓的混合气,保证了良好的动力性。有效的解决了功率大而转速高的汽油机所遇到的动力性和经济性之间的矛盾。

四腔分动式化油器实际上是两个同样的双腔分动式化油器的组合,其中两个主腔和两个副腔各自并动。这种化油器应与双式进气管配合使用,每一组主副腔相应于一个进气管腔。四腔分动式化油器兼有双腔分动和双腔并动的优点。

2. 现代化油器的型号

根据《汽车化油器、汽油泵型号编制方法》(JB 1672—84)的规定,化油器、汽油泵的型号中符号的顺序及意义如图 6-6 所示。

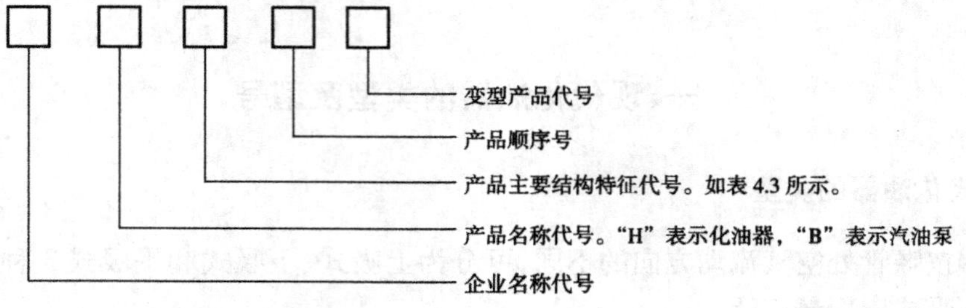

图 6-6 化油器型号中符号的顺序及意义

产品型号示例:

CAH101 表示第一汽车制造厂化油器厂设计生产的化油器,单腔,产品序号为 01。

对于变型产品如 CAHl01A1, A1 表示与产品的基本型可以通用的变型产品,(与 CAH101B、CAH101C、CAH101D 系列的变型不能通用)1、2、3 表示顺序号。

EQB601C 表示第二汽车制造厂设计制造的汽油泵,6 为机械式,0l 为原型,C 为变型产品,不能通用。

二、现代化油器的基本结构

下面以汽油机应用较多的固定式喉管下吸式 CAH101 型、EQH102 型化油器为例,介绍化油器的基本结构与工作原理。

1. CAH101 型化油器

CAH101 型化油器用于 CA1092 型汽车的 CA6102 型发动机上,为单腔、双喉管、下吸式化油器,分为上体、中体和下体三个部分。上体和中体用锌合金制成,结合面用纸垫密封,以防止漏油、漏气。下体用铸铁制造,用螺栓固定在进气歧管上。为保证密封、隔热要求,化油器的中体与下体、下体与进气歧管间装有石棉垫。如图 6-7 所示为 CAH101 型化油器结构原理图。它主要由进油装置、起动装置、怠速装置、主供油装置、加浓装置和加速装置等组成。

1)进油装置

其由进油口接头、进油滤网、进油针阀总成、调整螺钉等组成,如图 6-7、图 6-8 所示。

浮子室平衡管与空气滤清器下方、阻风门上方的空气室相通,以消除空气滤清器的空气阻力对化油器供油量的影响。

2)起动装置

CAH101 型化油器的起动装置采用半自动阻风门结构,如图 6-9 所示。它包括阻风门、阻风门轴、操纵臂、摇臂和半自动阻风门弹簧等组成。阻风门偏心地安装在阻风门轴上,轴的一

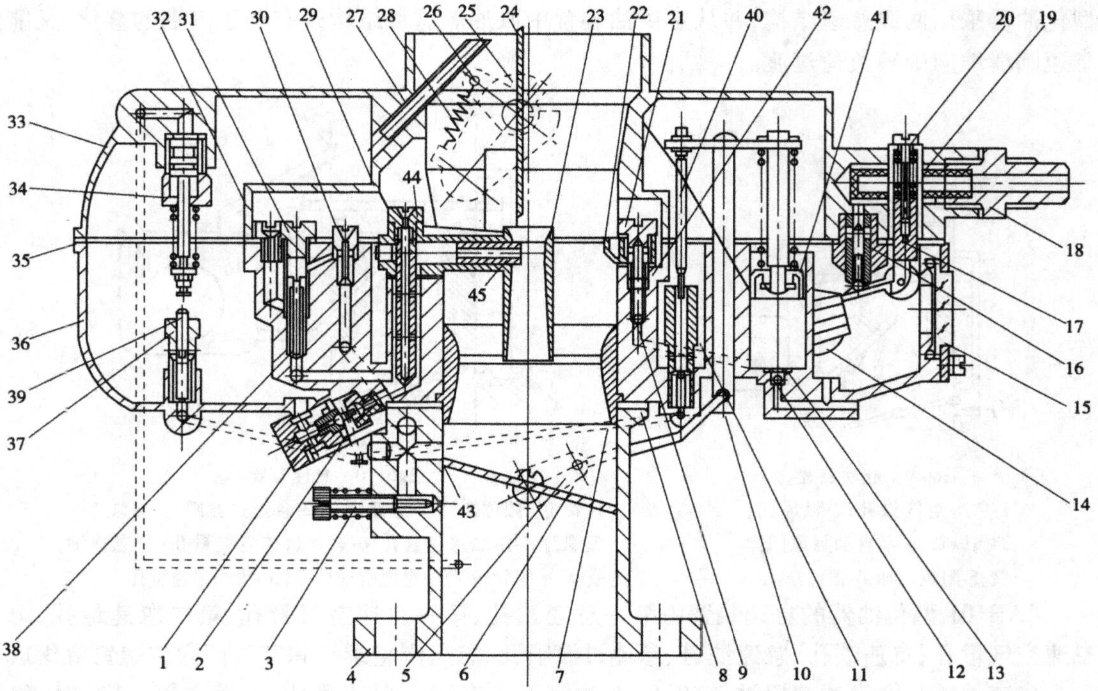

图 6-7 CAH101 型化油器结构示意图

1-主量孔分总成;2-功率量孔;3-怠速调节螺钉;7-下体;5-加速泵摇臂;6-节气门;7-大喉管；8-中、下体垫短;9-钢球;10-加速泵拉杆分总成;11-机械省油器分总成;12-钢球;13-卡簧;17-浮子;15-油窗;16-进浊针阀;17-浮子框架;18-进油口接头;19-进油滤网;20-限油面调整螺钉;21-加速泵螺柱;22-加速泵喷嘴;23-中小喉管;27-阻风门;25-阻风门操纵壁;26-阻风门摇臂;27-浮子室平衡管;28-半自动阻风门拉簧;29-泡沫管分总成;30-第二怠速空气量孔;31-堵塞;32-第一怠速空气量孔;33-上体;34-真空省油器柱塞分总成;35-中上体垫;36-每中体;37-真空省油器;38-怠速油量孔;39-真空省油器椎杆;40-机械省油罍推杆;41-加速泵活塞;42-止回弹簧;43-过渡喷口;47-主空气量孔;45-主喷管

端伸出上体外,并与摇臂铆成一体。操纵臂活络地套在阻风门轴上,与摇臂用半自动阻风门拉弹簧联动。

冬季起动发动机机时,根据气温的高低适当关闭阻风门,此时,阻风门下方产生很大的真空度,使主喷口和怠速喷口同时喷油,与少量的空气混合形成极浓的混合气,有利于发动机冷起动。

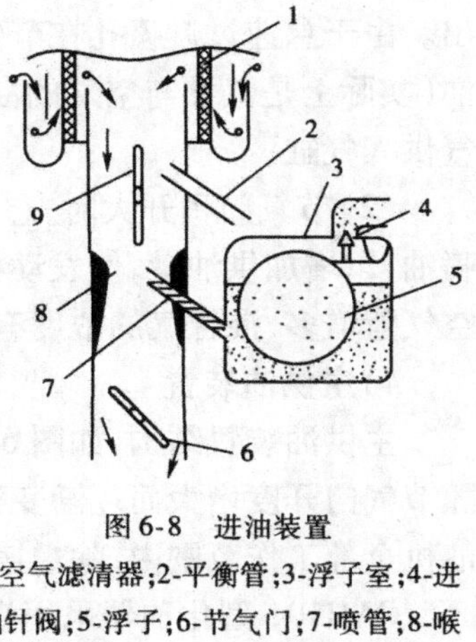

图 6-8 进油装置

1-空气滤清器;2-平衡管;3-浮子室;4-进油针阀;5-浮子;6-节气门;7-喷管;8-喉管;9-阻风门

当发动机起动后,阻风门下方真空吸力增大、阻风门受到的偏心吸力超过半自动阻风门弹簧的拉力时,阻风门便自动开启一定角度(如图 6-9 虚线所示),防止发动机冷起动因混合气过浓而熄火。待发动机正常运转后,应逐渐开启阻风门。当发动机水温达到 30 ~ 50℃时,可将阻风门全部打开。

3)怠速装置

怠速装置结构,如图 6-10 所示。其作用是:保证发动机无负荷、低速稳定运转和由怠速向中等负荷稳定过渡。CAHl01

型化油器采用两级怠速结构,并从主供油装置中取油。这种结构既有利于汽油的雾化,又能使怠速圆滑地向中等负荷过渡。

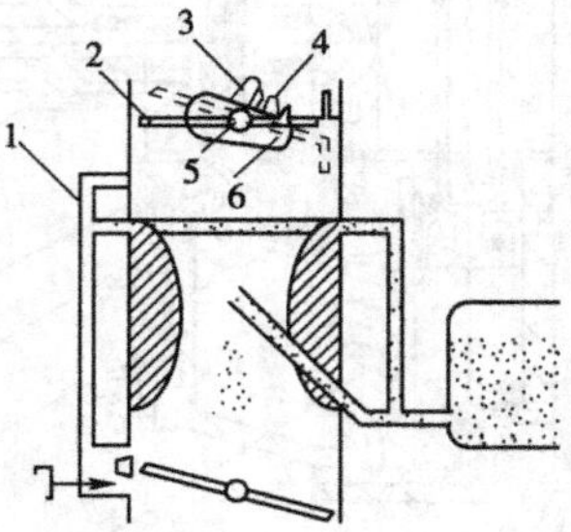

图 6-9　起动装置

1-怠速空气量孔;2-阻风门;3-操纵臂;4-半自动阻风门弹簧;5-阻风门轴;6-摇臂

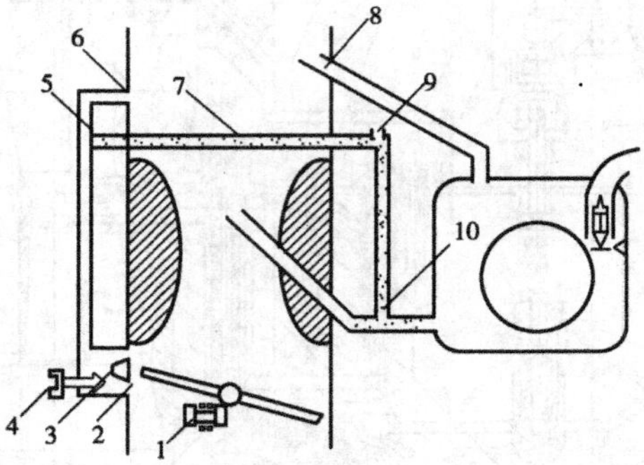

图 6-10　怠速装置

1-节气门限位螺钉;2-怠速喷孔;3-怠速过渡喷孔;4-怠速调整螺钉;5-第二怠速量孔;6-第二怠速空气量孔;7-怠速油管;8-平衡管;9-第一怠速空气量孔;10-第一怠速量孔

CAH101 型化油器的怠速装置由第一怠速量孔、第一怠速空气量孔、第二怠速量孔、第二怠速空气量孔、怠速喷孔、怠速油道、怠速过渡喷孔、怠速调整螺钉和节气门限位螺钉等组成。

怠速油道与主供油装置油道相通,在油管下端有第一怠速量孔,上端有第一怠速空气量孔。汽油与空气混合后的油液,经第二怠速量孔后,再与从第二怠速空气量孔进入的空气混合。在化油器下体的混合室壁上有怠速喷孔和怠速过渡喷孔。怠速喷孔外有怠速调整螺钉,用以调整怠速时的喷油量。怠速过渡喷孔位于怠速喷孔上方,使怠速过渡到中等负荷更圆滑。节气门限位螺钉装在节气门轴上,用以控制节气门的最小开度,调节怠速时的空气量。

怠速装置的工作情况描述如下:

(1)节气门开度最小时,在节气门边缘的怠速喷孔处产生很大的真空吸力。此时,浮子室的汽油经主量孔、第一怠速量孔后与第一怠速空气量孔进入的空气进行第一次混合:又经第二怠速量孔后,与第二怠速空气量孔进入的空气进行第二次混合,然后经怠速油道从怠喷孔喷出。由于怠速过渡喷孔在节气门上方,也向怠速油道渗入空气。这时节气门开度小,喷出的汽油(实际上是汽油与空气的混合物)与节气门边缘缝隙进入的少量空气混后,形成很浓的混合气供入气缸。

(2)节气门稍开大时,怠速过渡喷孔处的真空吸力也增大,怠速喷孔、怠速过渡喷孔同时喷油,以增加供油量,使发动机由怠速圆滑地向中等负荷过渡。此时由于从节气门边缘进入的空气量增多,混合气的浓度有所变稀。

4)主供油装置

主供油装置结构,如图 6-11 所示。其作用是保证发动机在中小负荷范围内工作时,供给随节气门开度增大而逐渐变稀的混合气($\alpha=0.8\sim1.1$),以提高发动机的经济性。由于在汽油机全部工作范围内,除怠速工况外,该装置都供油,因此称为主供油装置。

CAH101 型化油器采用渗气法即降低主量孔处真空度的主供油装置。其主要由主量孔、功率量孔、泡沫管和大喉管等组成。主量孔装在中体下部,其上方装有功率量孔。功率量孔用以限制全负荷时的最大供油量。主喷孔和直立式油室(主油井)相通。油室内装有泡沫管,泡沫管侧面有三个泡沫孔,上端有主空气量孔。

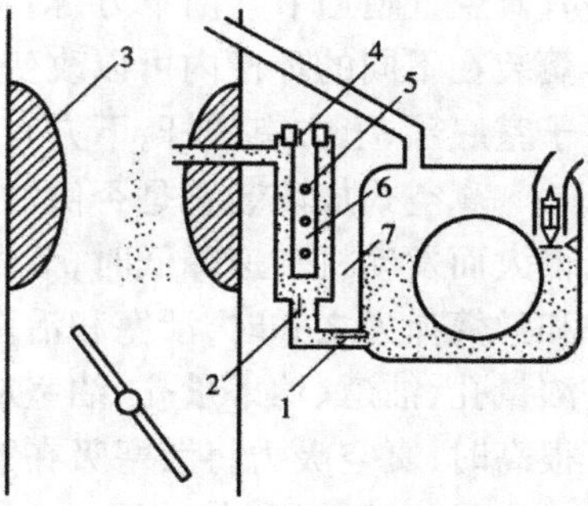

图6-11 主供油装置

1-主量孔;2-功率量孔;3-大喉管;4-主空气量孔;5-泡沫孔;6-泡沫管;7-主油井

发动机不工作时,主喷管、直立油室和浮子室的油面是等高的。当发动机开始工作时,随着节气门开度增大,主喷孔处的真空吸力增大,浮子室的汽油经主量孔、功率量孔进入直油室内,从主喷孔喷出,与进入的空气混合形成稍浓的混合气。在节气门继续开大的过程中,油室内的油面逐渐下降,泡沫孔逐个露出油面,空气从主空气量孔、泡沫管上的泡沫孔渗入油室内,渗入的空气量随油室油面的下降而增多。在节气门开大的过程中,由于空气的渗入,油室内的真空吸力比主喷孔处的真空度增长要缓慢,使主量孔供油量的增长比吸入空气量的增长缓慢,混合气由浓变稀,以适应中等负荷对混合气的要求。

5)加浓装置(省油器)

CAH101 型化油器设有机械式和真空式两种加浓装置结构,如图6-12 所示。

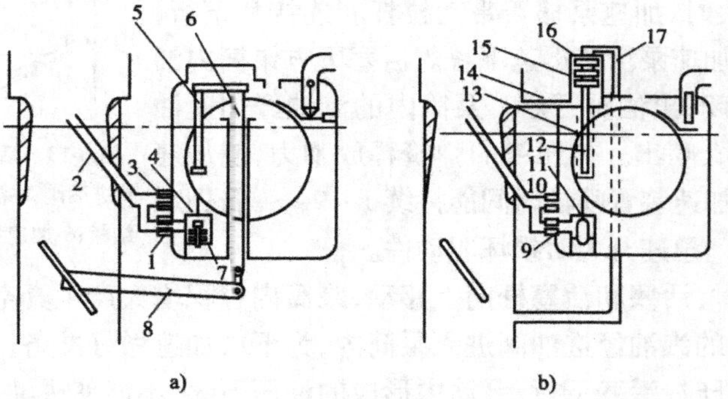

图6-12 加浓装置

a)机械式加浓装置;b)真空式加浓装置

1-加浓量孔;2-主喷管;3-主量孔;7-加浓阀;5-推杆;6-拉杆;7-加浓阀弹簧;8-摇臂;9-加浓量孔;10-主量孔;11-加浓阀;12-推杆;13-弹簧;14、17-气道;15-加浓气缸;16-活塞

(1)机械式加浓装置,如图6-12a)所示。其作用是:在发动机全负荷运转时将主供油装置供给的经济混合气加浓成功率混合气。

机械式加浓装置与加速加浓装置联动。它主要由加浓推杆、加浓阀等组成。加浓推杆与连接片相连。加浓阀旋装在浮子室内,下方有油道与功率量孔相通。

当节气门在全负荷位置时,加速泵拉杆和连接片带动加浓推杆下行,顶开加浓阀。浮子室内的汽油经加浓阀、油道、功率量孔、油室从主喷孔喷出,将经济混合气加浓成功率混合气,使发动机发出最大功率。

(2)真空式加浓装置,如图6-12b)所示。其作用是:在发动机中等负荷转速降低(如行驶阻力突然增大)或向全负荷过渡时,加浓混合气。

真空式加浓装置由真空空气室、真空活塞、活塞杆及弹簧、项杆、真空加浓阀和加浓量孔等组成。真空空气室装在浮子室盖上。空气室内装有活塞,活塞上有活塞杆和弹簧。活塞上方有真空气道通节气门下方，活塞下方与浮子室相通。活塞杆上有三道环槽，用以安装卡簧。卡簧装在不同的环槽内可以改变弹簧张力，以调整真空加浓装置的供油时机。加浓阀旋装在浮子室底部，上方有顶杆，下方有真空加浓量孔经油道与功率量孔连通。

真空式加浓装置是否供油取决于节气门下方真空吸力的大小。当节气门开大或开度不是很大而发动机转速降低时，节气门下方的真空吸力减小，当活塞上方的真空吸力小于活塞重力和弹簧弹力之和时，活塞和活塞杆下落，顶开加浓阀。这时，浮子室内的汽油经真空加浓阀、加浓量孔、油道、功率量孔、油室从主喷孔喷出，以加浓混合气。当节气门开度不大而发动机转速很高时，真空吸力将活塞吸在真空空气室上方，此时真空式加浓装置不供油。

6）加速装置（加速泵）

CAH101 型化油器采用活塞式加速装置，如图 6-13 所示。它由加速泵摇臂、拉杆、连接片、加速泵活塞、活塞杆、弹簧、进油阀、出油阀及加速泵喷口等组成。进油阀装在泵筒底部，有油道通浮子室。出油阀在加速油道内。活塞皮碗用牛皮制成，内有弹簧胀圈，用以提高皮碗和泵筒的密封性。活塞上套有弹簧，上端通过连接片、拉杆与加速摇臂相连。

节气门急速开大时，加速泵摇臂带动拉杆和连接片下行，连接片压缩弹簧，使加速泵活塞迅速下移。活塞下方泵筒内油压升高，使进油阀关闭，出油阀开启。泵筒内的汽油经加速油道、出油阀从加速喷孔喷出。被压缩的弹簧释放弹力，使加速泵活塞继续下行，使加速装置喷油时间能持续 1 ~2s，弹簧还起缓冲作用，避免节气门急速开大时损坏驱动件。

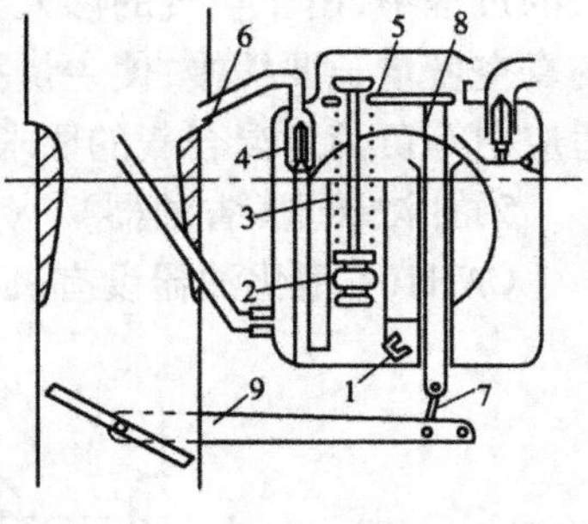

图 6-13　活塞式加速装置工作原理图
1-进油阀；2-活塞；3-弹簧；4-出油阀；5-联结板；6-加速量孔；7-联杆；8-拉杆；9-摇臂

当节气门关小时，活塞和活塞杆向上移动，泵筒内容积增大产生真空吸力，使出油阀关闭，进油阀打开；浮子室的汽油经进油阀进入泵筒内，为下次加速做好准备。

节气门缓缓打开时，活塞下行，泵筒内形成的油压不大，不能使进油阀关闭，汽油经进油口流回浮子室，出油阀不能打开，加速装置不起作用。

经过几十年的实际应用和改进，CAHl01 型化油器的使用性能不断得到完善，能满足汽油机各种工况对混合气浓度要求。

2. EQH102 型化油器

EQHl02 型化油器为单腔、三重喉管下吸式化油器，用于 EQ1092 型的 EQ6100-1 型发动机上。其结构原理如图 6-14 所示。与 CAH101 型化油器相比，它具有以下主要特点。

1）进油系统

其采用了稳定浮子室油面的装置，即在浮子室臂下装有浮子弹簧，在进油针阀内装有针阀弹簧。当发动机在凹凸不平的路面上工作时，可以减小浮子和针阀的振动，以稳定油面，避免“呛油”。浮子弹簧不可漏装或用其他弹簧代替。

2）起动装置

在阻风门上设有自动进气阀。当发动机起动后，阻风门下方真空吸力增大，自动进气阀被吸开，可以防止起动后混合气过浓。

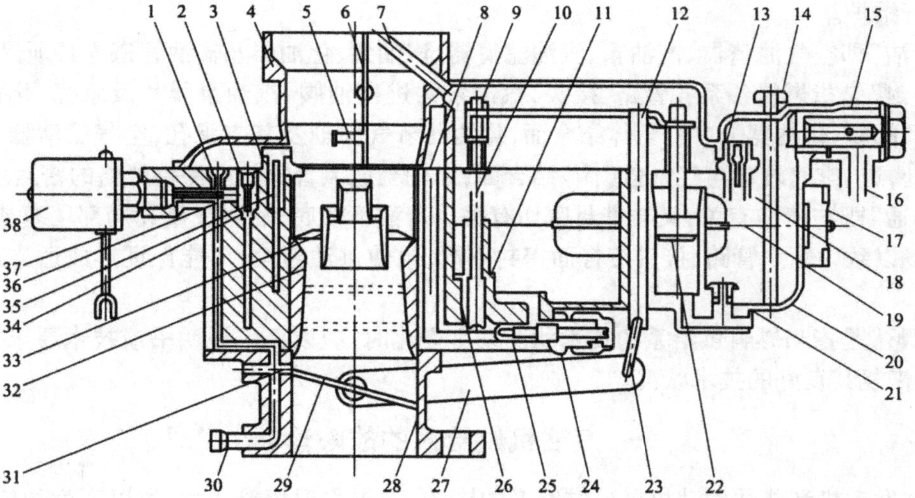

图 6-14 EQH102 型化油器结构原理

1-第二怠速空气量孔;2-第一怠速空气量孔;3-加速泵喷嘴;7-上体;5-阻风门自动阀;6-阻风门;7-浮子室平衡管;8-主空气量孔及泡沫管组件;9-加浓推杆;10-加浓顶杆;11-加浓阀组件;12-拉杆;13-进油针阀组件;14-油面调整螺钉;15-进油滤网;16-进油管接头;17-油面观察窗;18-浮子及浮子支架组件;19-浮子弹簧;20-浮子支架弹簧;21-加速泵进油阀;22-加速泵活塞;23-联杆;27-主量孔配剂针组件;25-中体;26-加浓量孔;27-摇臂;28-下体;29-节气门;30-怠速调整螺钉;31-怠速过渡喷孔;32-大喉管;33-中小喉管组件;37-加速泵出油球阀;35-怠速:量孔;36-怠速节油量孔;37-电磁阀外接电源线;38-怠速截止电磁阀

3)怠速装置

它采用两级怠速装置,可选装怠速截止电磁阀。

为了防止发动机在停车关闭电源后,因气缸内产生表面炽热点火或因燃烧室积炭等原因不能停止运转现象,在 EQH102 型化油器上可选装怠速截止电磁阀。该电磁阀安装在化油器中体上,其电路受点火开关控制。点火开关接通,电磁阀产生吸力,将针阀吸出,打开第二怠速空气量孔,怠速装置可正常供油。关闭点火开关,电磁阀电路被切断,磁力消失,针阀在弹簧张力作用下将第二怠速空气量孔堵死,截断怠速油路,发动机立即熄火。

4)主供油装置

在主供油装置的主量孔内装有配剂针。配剂针出厂时已调好,一般不要随意拧动,否则,将导致混合气的浓度变化,影响发动机的功率输出,增加油量消耗。

5)加浓装置。

EQH102 型化油器只有机械式加浓装置。机械加浓阀上装有机械加浓锥形阀杆。当节气门开到约 50°角度时,通过锥形阀杆顶打开加浓阀,使机械加浓时机提前。由于阀杆为锥形,随着节气门开大,加浓阀的燃油通过截面随之增大,加浓油量逐渐增加。

第四节 汽油机供给系的故障诊断与维修

为保证汽油机的正常工作,要求燃料供给系能在发动机各种工况下,向各气缸供给成分最合适的可燃混合气,确保发动机有良好的动力性和经济性。

燃料供给系的维护应以清洁、密封、畅通、调整为重点。定期地对空气滤清器、汽油泵、化油器进行维护。

“清洁”即空气滤清器、汽油箱、汽油滤清器、汽油泵、化油器及输油管道等必须保持清洁。

“密封”是指燃料各系各管路、接头，汽油泵的进出油阀、汽油泵膜片及泵壳，化油器浮子室针阀及阀座、化油器上、中、下体结合面，化油器节气门轴及其支承孔，空气滤清器与化油器的连接处，进、排气歧管与气缸盖（体）结合面，曲轴箱通风管等处应保持严格的密封。

“畅通”既与清洁有关，又与密封密切有关。清洁不彻底，油路或量孔局部堵塞或堵死，使供给不畅以致中断。管路、接头接合面密封不严，致使供油断续，不能保证形成适当成分的混合气。

“调整”是指当燃料供给系的技术状况发生变化时，应以原厂说明书或技术要求进行细致的调整，恢复其良好的技术状况。

一、汽油机供给系的故障诊断

汽油发动机和柴油发动机燃料供给系的构造、工作原理相差甚大，所以产生故障的现象、原因及诊断与排除方法不同。汽油机供油系的故障率较高，有时故障现象也比较复杂，但是其实质不外乎堵、漏、坏。在分析、诊断过程中，应根据具体情况，按先简后繁、先外后内的原则，分段检查，逐渐缩小故障范围，便可迅速、准确地诊断故障所在，并予以排除。

1. 汽油发动机起动困难或不能起动

1）原因

（1）油箱内燃油不足或油箱开关未打开。

（2）油路堵塞或管道破裂。

（3）汽油泵工作不良。

（4）化油器进油滤网堵塞。

（5）化油器浮子调整不当。

（6）化油器量孔堵塞。

（7）阻风阀工作不良。

（8）空气滤清器堵塞。

（9）汽油中有水。

2）诊断与排除

（1）通过化油器上的油面观察窗口，检查化油器浮子室的油面高度。如果化油器内有油，且油面高度基本符合要求而发动机起动不着，则说明故障在化油器。此时应拆检化油器，检查各油量孔及主喷管等的技术状况，并用压缩空气疏通。

（2）如果化油器内无油时，用扳手将化油器的进油管松开，并用手油泵泵油。此时若有大量油流溢出，说明化油器三角针阀不进油或进油滤网堵塞；若无油溢出或油量很少，则应检查油路管道、汽油滤清器等有无堵塞，并逐段疏通。如果管路系统无堵塞现象，则汽油泵有故障。汽油泵检修详见下一节。

（3）确认油路无故障而发动机不能起动或起动困难时，应检查阻风阀的开、关位置是否正确，必要时调整；空气滤清器有无堵塞现象；汽油内有无水分及其他沉淀物等，必要时放出油箱内的燃油，经沉淀后再加入油箱。

2. 混合气过稀

1)现象

(1)发动机不易起动。即使能起动也得关闭阻风门。

(2)发动机怠速工作不良，极易熄火。

(3)化油器有“回火”现象。

(4)发动机动力不足，爬坡无力，拉住阻风门好转。

(5)发动机过热。

2)原因

(1)浮子室油面过低。

(2)主量孔堵塞或主配剂针阀调整不当。

(3)油路有堵塞、破裂现象，来油不畅。

(4)化油器与进气歧管处的垫片损坏或连接螺栓松动而漏气。

(5)节气门轴与其孔磨损。

(6)汽油泵泵油量不足。

3)诊断与排除

发动机不易起动或在运行中动力不足，化油器回火，拉住阻风门时好转，则为混合气过稀。混合气过稀时首先检查化油器油面高度，并调到规定要求。若化油器内油面高度调到规定高度后，发动机运转一定时间后油面又降低，则说明化油器来油不畅，应检查管路有无松动、渗漏、堵塞现象。如果管道无漏油漏气及堵塞现象，且油箱内燃油足够，但化油器油面仍然逐渐降低，则为汽油泵泵油量不足，应检修或更换汽油泵。

如果化油器油面高度合适，且发动机运转时油面始终能保持规定高度，但混合气过稀时，应检查进气支管垫是否破损漏气，连接螺栓是否松动；节气门轴与孔是否松旷漏气。如果上述部位均正常后，混合气仍然过稀，则应检修化油器。

3. 混合气过浓

1)现象

(1)发动机工作温度越高越不容易起动。拉住阻风门或加速泵泵油后更不易动。

(2)发动机动力不足，油耗增加。

(3)发动机起动后运转不平稳，排气管冒黑烟，有时有“放炮”声。

(4)发动机工作时有较明显的汽油味。

2)原因

(1)阻风门未完全打开。

(2)空气滤清器堵塞，进气不充分。

(3)浮子室油面过高。

(4)加浓量孔进油阀关闭不严。

(5)空气量孔堵塞。

3)诊断与排除

(1)检查阻风门开关情况,不符合要求时调整。

(2)检查空气滤清器有无堵塞现象,必要时清洗或更换滤芯。

(3)检查化油器油面高度,过高时应调到规定高度。

(4)前述情况均正常,但混合气过浓时,应拆检化油器。

4. 发动机怠速不稳

1) 现象

(1)发动机起动后,即使在正常工作温度,抬起油门踏板发动机就熄火。

(2)发动机怠速运转忽快忽慢,有时自动熄火。

(3)发动机怠速较高,稍微调低一点儿就熄火。

2)原因

(1)怠速调整不当。

(2)化油器节气门下方漏气。

(3)怠速油道堵塞。

(4)节气门变形或螺钉松动。

(5)怠速油量孔堵塞。

3)诊断与排除

(1)按规定调整怠速。

(2)检查化油器与进气歧管间的垫片是否损坏,螺钉有无松动,必要时更换或紧固。检查节气门轴与孔的配合是否松旷,并酌情维修。

(3)经上述检查,一切正常,则故障在化油器。此时应拆检化油器。

5. 加速不良

1)现象

急踩加速踏板时,发动机不但不能迅速提高转速,反而会熄火,有时化油器回火。缓慢踩下加速踏板时,运转正常。

2)原因

(1)加速泵活塞皮碗磨损。

(2)加速喷孔或油道堵塞。

(3)加速泵进油阀关闭不严或被脏物堵塞。

(4)加速泵联动装置松旷或脱落。

(5)加速泵弹簧折断或弹力不足。

3)诊断与排除

(1)检查加速泵联动机构,脱落时应设法按要求连接。

(2)拆去空气滤清器,踩动加速踏板,观察加速喷口处的喷油情况。如果加速喷口处无明显的燃油射出(急踩加速踏板)或不喷油时,应解体维修化油器的加速泵,如更换加速泵活塞及皮碗、加速泵弹簧、加速喷口等。必要时更换化油器总成。

二、汽油机供给系的故障维修

1. 空气滤清器、进排气歧管和汽油滤清器的维护

1)空气滤清器的维护

使用中应经常保持空气滤清器清洁、完好,否则,会使空气滤清器的滤清效能降低;发动机磨损加剧;进气阻力增大,发动机功率下降,油耗增加;进气管真空度增大,真空式点火提前角增大,使发动机产生爆震,因此,应及时地对空气滤清器进行维护。具体操作要领如下:

拆下空气滤清器总成,取出滤芯。用手或木板轻轻拍击纸质滤芯两端,去掉尘土(油浴滤清器则用清洗液清洗);用压缩空气由内向外吹净滤芯。使用中对纸质滤芯切忌沾水或机油,油浴式滤芯清洗后应浸满发动机机油。纸质滤芯如有破损或已达到使用期限应予以更换,油浴式滤清器应根据需要,更换油浴池机油。清除滤清器壳内的脏物,用清洗液将外壳洗净并用压缩空气吹干。油浴式滤清器应在外壳内注入机油,油面高度应与油平面平齐。

装复滤清器总成时,滤芯两端密封圈应完好不漏气,盖上蝶形螺母不要拧得过紧,以免压坏滤芯。

2)进、排气歧管及节气门操纵机构的维护

(1)检查进排气歧管有无裂纹、变形,用 30~40N·m 的力矩拧紧进、排气歧管的紧固螺栓、螺母。螺栓、螺母不允许与进、排气歧管相碰。

(2)检查排气消声器及进气管密封圈有无破损,安装是否牢固。

(3)检查化油器操纵机构是否松旷或卡滞,连接是否可靠。

2. 汽油滤清器的维护

汽油滤清器的滤芯应保持清洁;沉淀杯内的脏物和水分会使油路堵塞,应及时清除。方法如下:

关闭油箱开关,擦净沉淀杯外壳;旋下沉淀杯紧定螺栓,放出沉淀物和汽油。取出汽油滤芯并用汽油清洗干净,滤芯过脏或有破损时应更换。桑塔纳等轿车的汽油滤清器属于不可拆卸洗的,达到规定的使用期限应予以更换。装复时密封衬垫应保持完好,滤芯固定螺栓不应拧得过紧,防止滤芯变形损坏。

装好汽油滤清器,打开油箱开关,用汽油泵的手动泵油装置使化油器充满汽油,起动发动机,运转 2~3min 后。观察汽油滤清器衬垫、油管接头有无渗漏现象。

3. 膜片式汽油泵的维护

(1)关闭油箱开关,拆下汽油泵的进、出油管接头,旋下汽油泵与机体的固定螺钉,取下汽油泵,清洁汽油泵外部。

(2)检查摇臂的磨损及摇臂轴与摇臂的装配间隙。当摇臂与配气凸轮轴之偏心轮接触处的磨损超过 0.20mm 时,应予以焊修;摇臂轴与摇臂的装配间隙超过 0.20mm 时也必须进行修整或更换。

(3)进、出油阀的检查。汽油泵在解体前和装复后,均应检试进、出油阀的密封性能,简单

检查方法是:一只手抵住进油管接头,另一只手提拉手动摇臂。此时若感到进油口有明显吸力,且能维持5s以上,则出油阀密封良好。同样,用一只手抵住出油管接头,另一只手提拉手动摇臂,此时若感到出油口有明显推力,并能维持5s以上,则进油阀密封性良好。若密封性变差,应研磨进、出油阀座与阀片,或予以更换,以保证进、出油阀的密合。

(4)解体检查膜片及膜片弹簧。汽油泵膜片应完好、无渗漏,若膜片破损或硬化时,应更换。膜片及进出油阀的弹簧张力的大小决定泵油压力,应检查其弹力和自由长度。如EQB601型汽油泵膜片弹簧的自由长度为37.5±0.5mm,负荷为127.4±6.4N时,其长度≥16.5mm;进、出油阀弹簧的自由长度为11.1±1mm,负荷为108.4+29N时,其长度≥8mm。弹力过小及长度不符合要求时均应更换。

(5)汽油泵与气缸体连接时,结合面间的垫片应完好,防止漏油;衬垫不宜过厚,以免影响汽油泵正常供油。

4. 化油器的检修

化油器是汽油机燃料供给系中最重要、最精密的总成,对发动机的动力性、经济性、尾气排放均有重大影响。经过长时间的使用,化油器各量孔、油道及喷孔中沉积脏物、胶质等,将使通道变小或堵塞;由于零件的磨损,化油器的原始技术状况发生变化。应对化油器定期地进行分解、清洗、检查和调整。

1)化油器的解体、清洗与检查

化油器的拆装顺序没有严格的规定。但应注意的是:防止损坏或丢失量孔、弹簧、钢球和顶杆等小零件及衬垫,损坏或丢失的一定要更换或配齐,装配时,各零件不可装错,各紧固件和密封部位应拧紧,保证良好密封。现以CAH101型化油器为例说明化油器拆装、清洗和检查的一般方法。

(1)拆下空气滤清器、化油器进油管、阻风门拉线、节气门操纵机件等。

(2)拆下化油器固定螺母,取下化油器总成,用清洁覆盖物盖好发动机进气管口,防止脏物(特别是金属件)掉入进气管内。

(3)清洁化油器外部,以便分解。

(4)拆下上体与中体结合螺钉,取下上、中、下体密封垫。卸下进油针阀总成、浮子及浮子支架、真空加浓顶杆,将浮子室内的汽油倒入容器内。

(5)拆下中体与下体结合螺钉、加速泵拉杆与节气门轴臂的连接杆,取下加速泵和机械加浓推杆。

(6)视需要拆下各空气量孔、汽油量孔、喉管和加浓阀,拆下真空加浓空气室。

(7)用化油器清洗剂清洗各零件、量孔、油道、气道。清洗后用压缩空气吹净各零件、油道和气道。

(8)用嘴吸吮,检查针阀总成、加浓阀是否能关闭严密,若不能,则应更换或修复。

(9)检查浮子有无破漏、凹瘪,加速泵活塞与泵筒配合是否密封、灵活,否则,应予以修复或更换。

2)化油器主要零部件的检修

(1)化油器壳体的检修。壳体有裂纹或螺孔损伤时,可用相同材料气焊加工修复或更换新件。

在平板上用塞尺检验上、中、下各体结合平面的平面度，其值应不大于0.10mm。如平面度误差过大，可在平板上垫以细砂布(或研磨膏)研磨结合平面。

(2)轴与承孔的检修。节气门轴和阻风门轴与其承孔的间隙超过0.1mm后，可铰削承孔，换配加大尺寸的轴，或镶套修复。

(3)节气门与阻风门的检修。节气门完全关闭时，其边缘与混合室内壁的间隙应不大于0.1mm，超过时，可适当锤击节气门边缘，使之延展扩大，然后用锉刀修整，也可锡焊加以修复。

阻风门全开时，应与喉管中心线平行，全闭时的技术要求及修复方法与节气门相同。

(4)浮子的检修。

①铜质浮子的检修。将浮子浸入80～90℃热水中，30s内应无气泡逸出，否则表示浮子存在裂纹。

对有裂纹的浮子，用锥子将裂纹稍许扩大，并在裂纹对面开一小孔，倒出内部汽油，然后用锡焊将裂纹及小孔焊堵。用天平测定其质量应不超过原厂规定(16±1g)的5%。

②尼龙、塑料浮子的质量为11～13g，超重时应更换新浮子。

(5)进油针阀密封性检验。最简单的方法是用嘴吸试(也可用仪器检测)。如不密封，应研磨或更换针阀。

(6)加速泵的检修。

①加速泵活塞与皮碗如果严重磨损或硬化，应予以更换。更换新皮碗时，应用汽油浸泡2h左右。

②加速泵止回阀的检查。以1次/s的速度推动加速泵活塞，观察浮子室内止回阀口，若有油喷出，表明止回阀失效，应更换。

③加速泵试验。以20次/min的频率全行程摇动节气门，用量杯收集加速泵喷出的汽油。每10次的泵油量应为15mL，如泵油量不足，应检查加速泵活塞、皮碗和止回阀，或加大加速泵的行程。

3)化油器的装配与调整

(1)化油器的装配。将各零部件装复到上、中、下体原来的位置，然后将下体、中体和上体组装成一体。

装配时，应特别注意各量孔、弹簧、钢珠、垫片等细小零件，不可错装和漏装。

CAH101型化油器的机械加浓装置在节气门全开前10°(开度为80%)左右起作用。检查时，拆下加浓推杆上的卡子，使节气门全开，使加速泵推杆自由落在出油阀的钢球上，如图6-15所示。此时加速泵连接片的上平面应与机械加浓推杆的第三道环槽的下平面平齐，然后将卡子装入推杆的第二环槽内。

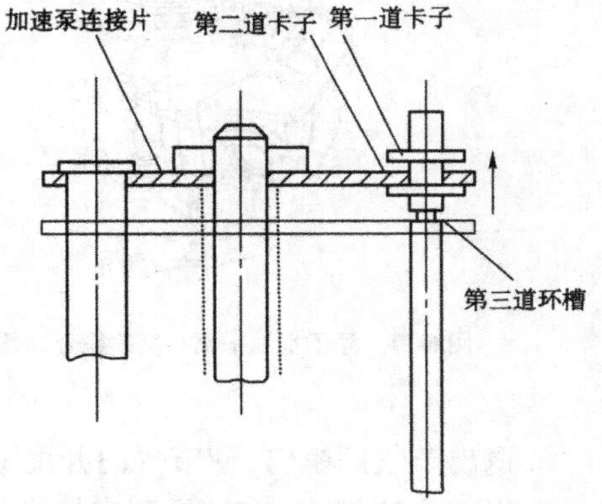

图6-15　CAH101型化油器机械加浓装置的检查调整

CAH101型化油器真空加浓装置的技术要求如图6-16所示。活塞在自由状态时，活塞杆下端面与中体上平面的距离为22±0.15mm，加浓阀推杆在

自由状态时,距中体平面的距离为 18.7±0.3mm,若检查结果与要求不符时,应进行调整,调整方法如下:

将真空加浓装置本体拆下,增减加浓装置本体下部的垫圈进行调整,然后装复进行检查,直到符合标准;或改变真空加浓活塞杆上的弹簧张力进行调整。将弹簧座垫的卡子移向上端卡子槽,弹力增大,则加浓装置起作用的时间提前;反之,弹力减小,则加浓装置起作用的时间延迟。

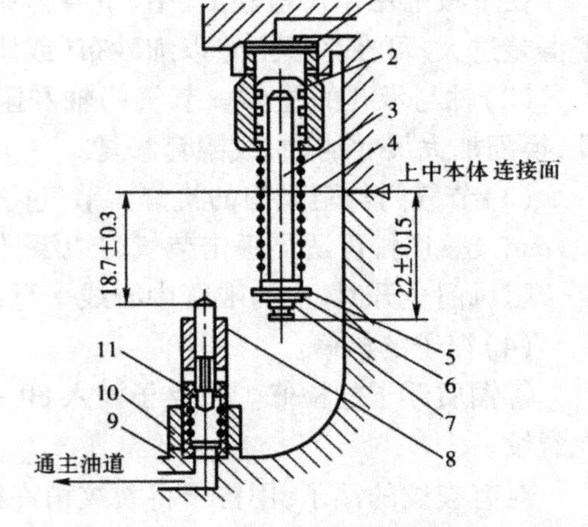

图 6-16　CAH101 型化油器真空加浓装置的技术要求
1-垫圈;2-真空加浓装置活塞;3-活塞杆;4-弹簧;5-垫圈;6-卡子;7-卡子槽;8-加浓阀推杆;9-垫圈;10-真空加浓装置量孔;11-钢球

(2)化油器的调整。化油器的调整,应在使发动机温度≥60℃、阻风门全开、配气相位正常、点火系正常、油路畅通无故障、化油器的进气歧管无漏气的状态下进行,其调整项目有:

①浮子室油平面高度的检查调整如图 6-17 所示。将发动机停放于水平位置,转速调整到略高于怠速工况,从油面检视窗观察,浮子室内油平面是否与油平面标志线平齐,油平面过高或过低均应进行调整。

CAH101 型化油器的调整方法:浮子室外有调整螺钉,旋入调整螺钉,可使浮子支架带动浮子上移,油平面高度降低,反之,油平面的高度升高。

EQH102 型化油器的调整方法与 CAH101 型化油器类同,只是调整方向相反,旋入调整累钉使油面上升,反之则油面下降(因调整位置不同)。

注意:在旋入、旋出调整螺钉的瞬间,因浮子的上下浮动,油面会有暂时的波动,所以每旋动调整螺钉 1 次,应等候片刻,待油平面稳定之后,根据需要再继续调整。

②怠速装置的调整。化油器怠速的调整部位有:节气门最小位置限位螺钉(简称节气门螺钉)和怠速油量调整螺钉(简称怠速螺钉),如图 6-18 所示。调整前,使节气门开度较大、怠速油量较小,并且阻风门处于全开。具体调整方法如下:

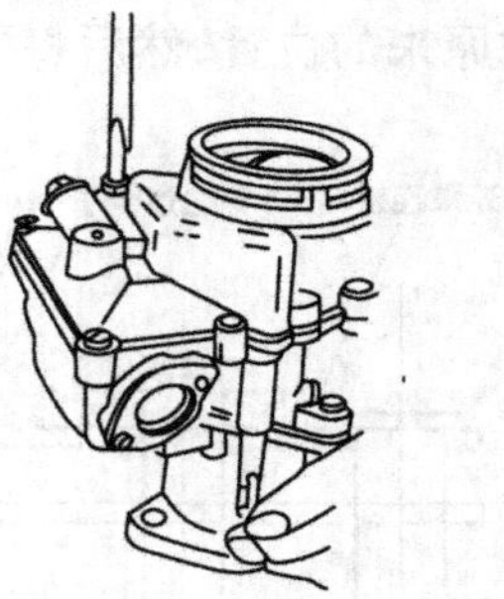
图 6-17　浮子室油平面高度的检查调整

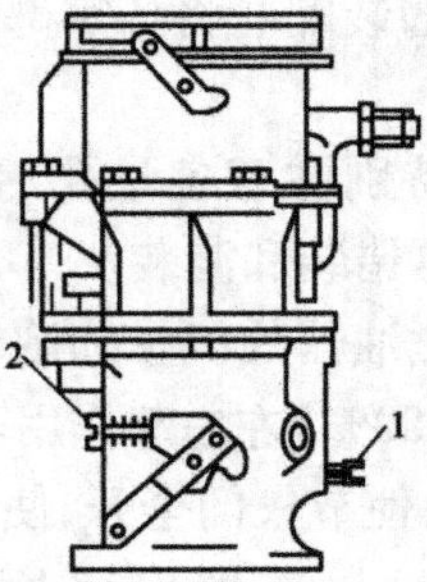

图 6-18　怠速装置的调整
1-节气门最小位置限位螺钉;2-怠速油量调整螺钉

a. 退出节气门螺钉,使节气门开度减小,发动机转速降低,调至运转稳定不熄火为止。

b. 退出怠速螺钉(有的机型应拧进),使怠速油量增加,发动机转速升高,至上述节气门开度下的最高转速。

c. 如此反复,直至退出怠速螺钉时,发动机转速不再升高为止。

要求:当节气门突然打开时,混合气供给无迟滞现象,发动机转速能迅速升高;节气门突然关闭时,发动机转速能迅速降低,稳定运转,不熄火。否则,应重新调整。

第五节　汽油机燃油喷射系统简介

一、汽油机燃油喷射系统概述

1. 汽油喷射式发动机的特点

化油器由于结构简单、使用方便、成本较低,目前在国产汽油机上仍然得到广泛应用。但是化油器式汽油机存在的最大缺点是充气及混合气质量分配不够理想,有害排放物和由排气成分中未燃烧烃、氮氧化物,在大气中可能产生光化学烟雾反应生成的氧化剂(臭氧 O_3)、过氧酰基硝、酸盐(PAN)等,对人体与生物造成危害。为了提高汽油机的动力性、经济性和改善排放性,在现有化油器上需要增加较多的附加的装置,但成本大为增加,同时所增加的功效也相当有限。为此人们寻求到汽油喷射式燃料供给系这种良好的混合气形成方法,特别是在二十世纪七八十年代大规模集成电路(LSI)和超大规模集成电路(VLSL)等电子技术的发展,使汽油喷射燃油供给系的电子控制元件具有结构紧凑可靠性高、耗电量少、响应性好、燃料经济性、降低尾气排放等优点,使汽油喷射燃油供给系逐渐成功的取代了化油器式燃油供给系,并进一步得到广泛应用。

与化油器式发动机相比,汽油喷射式发动机具有以下特点:进气阻力小;雾化程度高,各气缸混合气更加均匀;汽油滞后性小,加速性能提高;空燃比控制精度高,发动机始终在最佳的空燃比状态下工作;可实现汽车减速断油控制,极大地降低了油量消耗和排放污染等。

2. 汽油喷射系统的分类

按汽油喷射系统的结构原理不同,可分为以下几种,如图 6-19 所示。

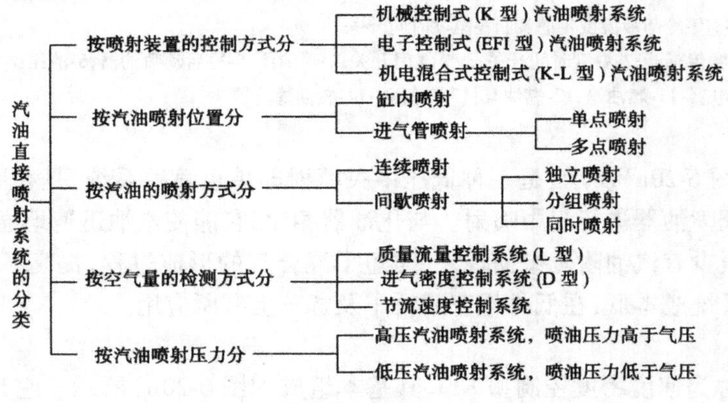

图 6-19　汽油喷射系统的分类图

目前在汽油机上广泛应用的电子控制汽油喷射系统(EFI)主要有 M 型、D 型和 L 型三种形式,分别如图 6-20a)、b)、c)所示。

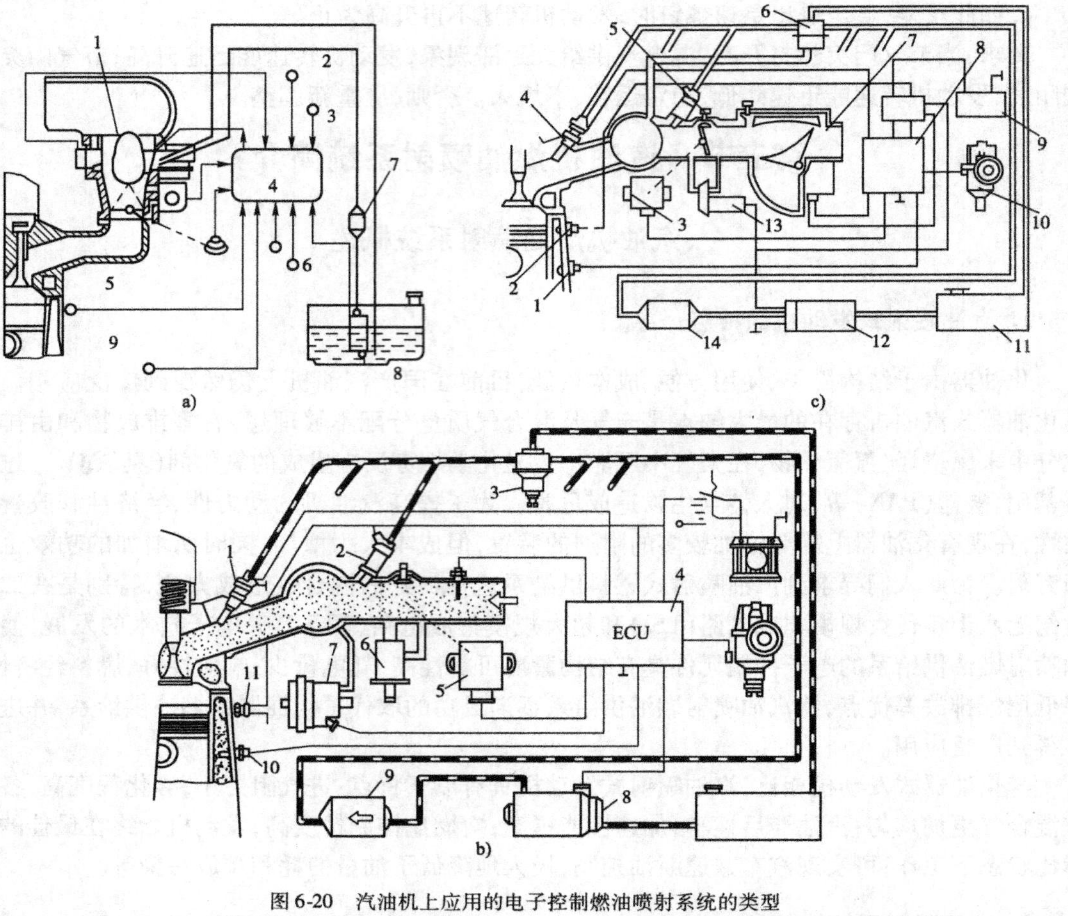

图 6-20　汽油机上应用的电子控制燃油喷射系统的类型

a) Mono 型 EFI：1-中央喷射组件；2-启动电动机；3-点火装置；4-ECU；5-温度传感器；6-转速，触发；7-燃油滤清器；8-电动机燃油泵；9-氧传感器

b) D 型 EFI：1-喷油器；2-冷启动阀；3-燃油压力调节器；4-ECU；5-气门位置传感器；6-怠速空气调整器；7-进气压力传感器；8-燃油泵；9-燃油滤清器；10-冷却液温度传感器；11-温度时间开关

c) L 型 EFI：1-冷却液温度传感器；2-温度时间开关；3-节气门开关；4-喷油器；5-冷启动喷油器；6-油压调节器；7-空气流量计：8-ECU；9-蓄电池；10-分电器；11-燃油箱；12-燃油泵；13-空气阀；14-燃油滤清器

1）M 型 EFI

M 型 EFI，如图 6-20a）所示，是一种低压中央喷射即单点喷射系统，是在原安装化油器的部位用一只电磁阀喷油器进行集中喷射。与化油器相比，它能使汽油迅速地通过节气门，在节气门上方没有或很少有汽油附着壁面现象，缩短了混合气的形成过程，提高了控制精度，降低了排放污染。此系统成本低，在低排量普通轿车及货车上有所应用。

2）D 型 EFI

D 型 EFI，又称为速度密度控制型 EFI，其基本组成如图 6-20b）所示。它是根据进气管的压力与发动机的转速推算出每次循环吸入的空气量，再根据推算的空气量计算需要喷射的汽油量，并控制喷油器工作。由于进气管的压力波动，进入的空气压力和空气流量呈非线性关系，所以，空气计量精度不高，即控制精度不高。

3)L 型 EFI

L 型 EFI 又称为质量流量控制型,其基本组成如图 6-20c)所示。这种形式的 EFI 是根据空气的流量直接测量进气管的空气量,再根据发动机的转速,由 ECU 控制喷油器的喷油量。因为是直接计量空气,所以控制精度比 D 型的要高。在美式、德式、日式等车款上普遍使用的 EFI 就是这种控制方式。

二、电子控制汽油喷射系统的组成与控制原理

1. 电子控制汽油喷射系统的组成

电子控制汽油喷射系统主要由汽油供给系统、空气供给系统和电子控制系统三部分组成。

如图 6-21、图 6-22 所示分别为桑塔纳 2000Gli-AFE 型发动机和桑塔纳 2000GGSi-AJR 型发动机的电子控制汽油喷射系统。它们是在德国博世公司 M 型电子控制汽油喷射系统基础上,增设了爆震传感器;采用了喷油、点火一体化数字控制技术,开发研制而成的适合中国国情的产品。它们属于闭环电子控制多点燃油顺序喷射系统(Motronic)。

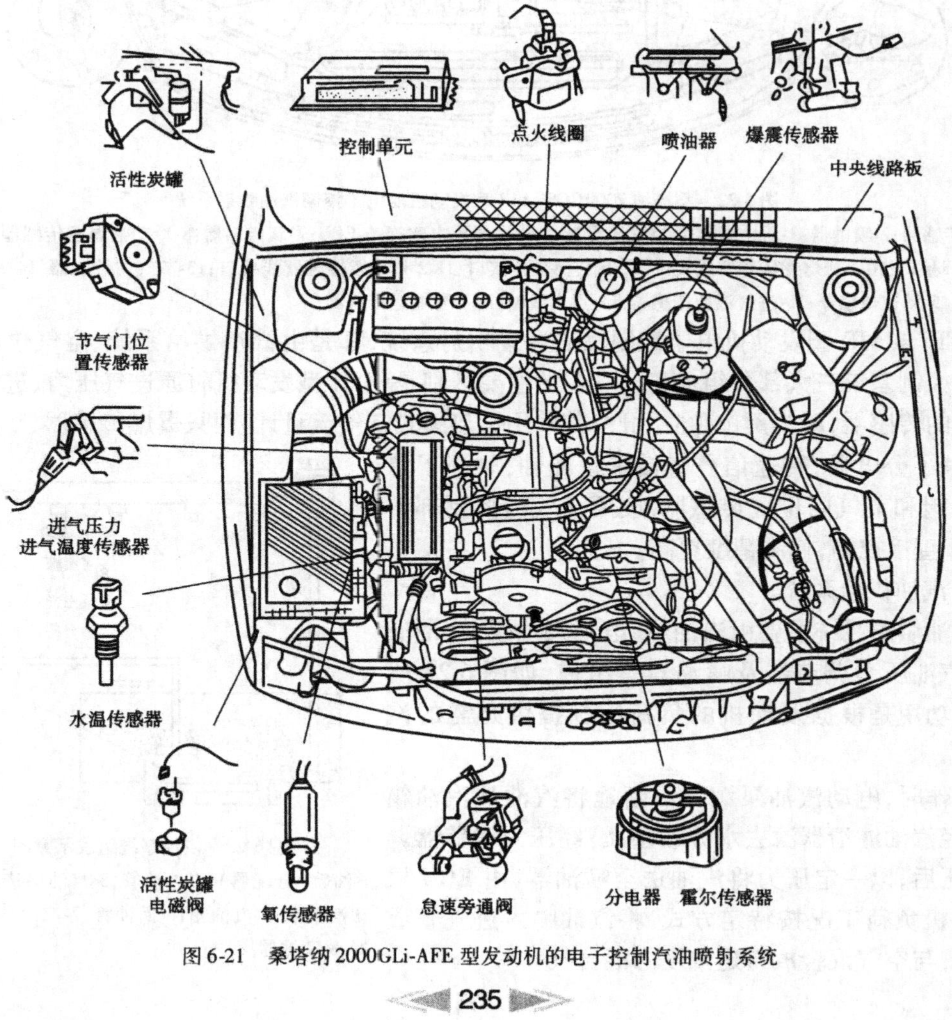

图 6-21　桑塔纳 2000GLi-AFE 型发动机的电子控制汽油喷射系统

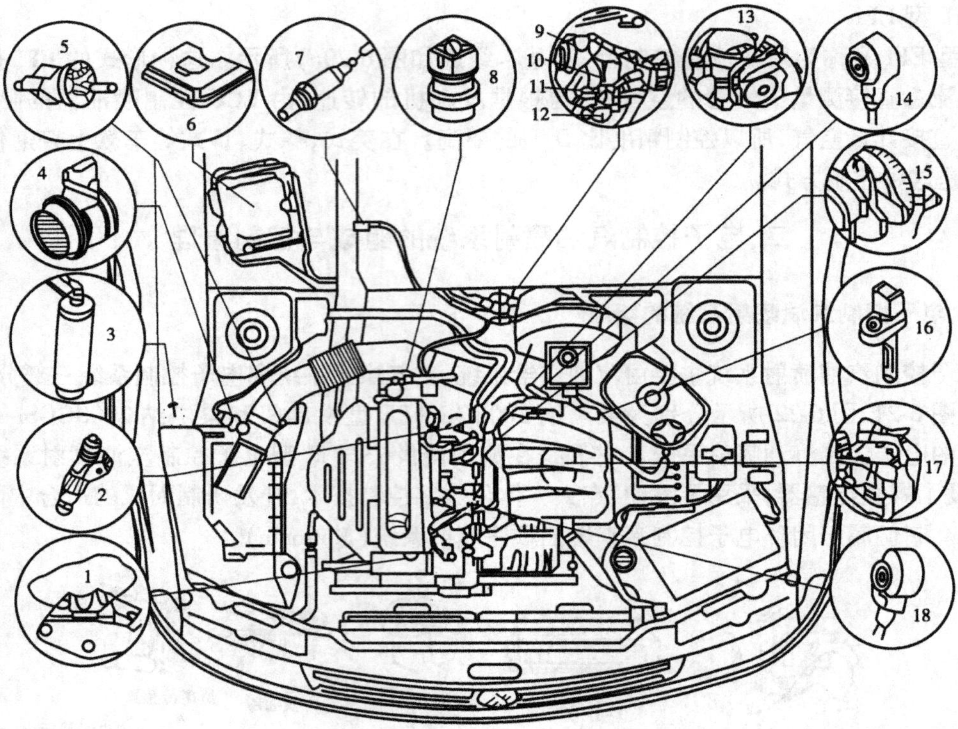

图6-22　桑塔纳2000GGSi-AJR型发动机的电子控制汽油喷射系统

1-霍尔传感器;2-喷油器;3-活性炭罐;4-空气流量计;5-活性炭罐电磁阀;6-ECU;7-氧传感器;8-冷却液温度传感器;9-转速传感器线接口;10-1号爆燃传感器线接口;11-氧传感器线接口;12-2号爆燃传感器线接口;13-节气门控制器;14-2号爆燃传感器;15-转速传感器;16-进气温度传感器;17-点火线圈;18-1号爆燃传感器

AFE与AJR型发动机电子控制汽油直接喷射系统,都是由汽油供给系统、空气供给系统和电子控制系统三大部分组成的。它们的主要区别是:AJR型发动机将原进气压力、进气温度为一体的传感器,改为两个独立元件;并采用了热膜式空气流量计、两只爆燃传感器、双点火线圈;取消了分电器,转速信号直接采自曲轴;取消了怠速控制阀和节气门位置传感器,改用节气门控制部件由ECU直接控制,控制精度更高。

1)汽油供给系统

汽油供给系统主要由汽油箱、电动汽油泵、汽油滤清器、汽油压力调节器及喷油器等组成,如图6-23所示。其功用是根据发动机的负荷工况提供必需的汽油量。

工作时,电动汽油泵源源不断地将汽油从汽油箱泵出,经汽油滤清器滤去水分和杂质,经压力调节器调压,稳压后,以一定压力将汽油送至喷油器,由ECU根据发动机负荷工况按特定方式,将汽油喷入进气管或气缸内,与空气混合成特定浓度的混合气。

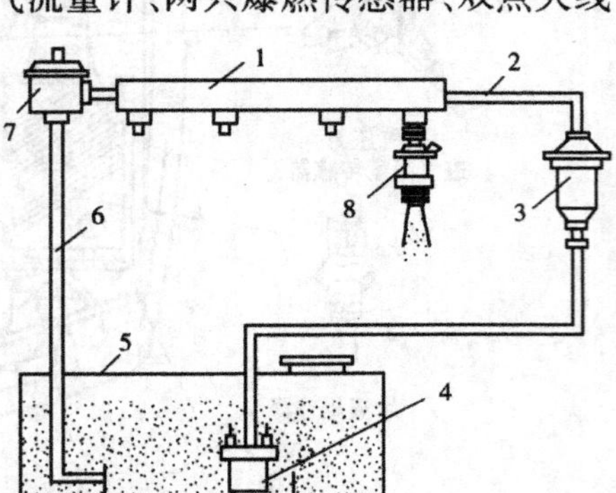

图6-23　供油系统组成示意图

1-油轨(分配器);2-进油管;3-汽油滤清器;4-电动汽油泵;5-汽油箱;6-回油管;7-汽油压力调节器;8-喷油器

2)空气供给系统

空气供给系统主要由空气滤清器、进气管道、节气门及节气门体、稳压器、空气流量计(或进气压力传感器)、进气温度传感器及怠速控制阀(怠速空气阀及由 ECU 控制怠速控制阀)、进气歧管等组成,如图 6-24 所示。

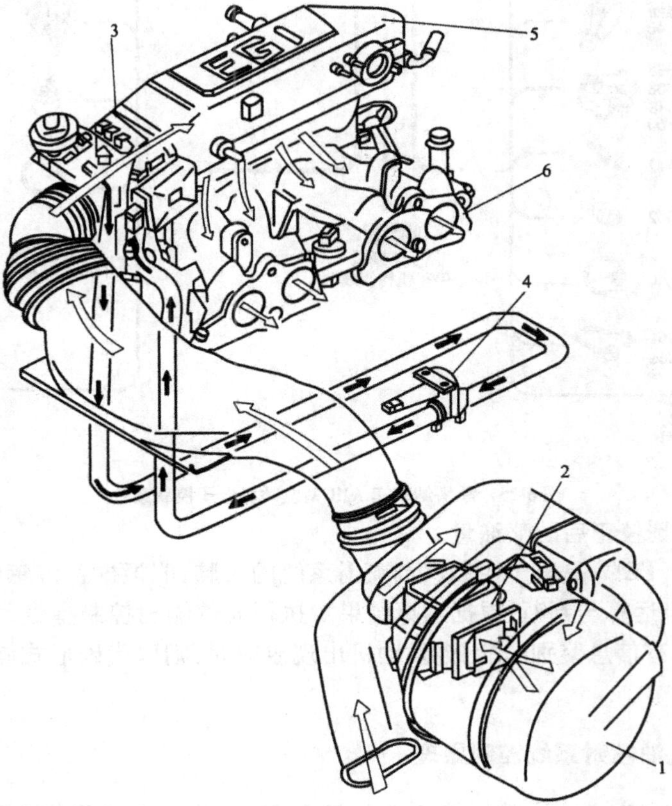

图 6-24 AJR 型发动机的进气系统

1-空气滤清器;2-空气流量计;3-节气门;4-附加空气阀;5-动力腔;6-进气歧管

其功用是为可燃混合气的形成提供必需的空气量。驾驶员根据发动机不同负荷控制节气门开度,空气经空气滤清器、空气流量计、节气门、进气管、进气歧管进入气缸。

3)电控单元系统(简称 ECU)

电子控制汽油喷射式发动机的电子控制系统主要由电脑(又称计算机、电子控制单元、ECU 等),各种传感器、执行器,以及连接各传感器、执行器的控制电路等组成。桑塔纳轿车 AJR 型发动机电子控制系统如图 6-25 所示。

控制单元与喷油器,传感器、电源之间的联系通过一个多接点开关达到。电控单元可以指令输出一个喷油脉冲,控制喷油器进行燃油的配剂。喷油脉冲的宽度就是喷油的持续时间,它取决于吸入的空气量和发动机的转速。为了使发动机具有最佳的动力性、经济性以及较好的排放性和行驶性能,电控汽油喷射系统应随发动机不同工况的变化,具有对混合气成分进行校正的功能。它主要通过各种附助传感器,提供发动机温度,节气门位置等信息输入电控单元,

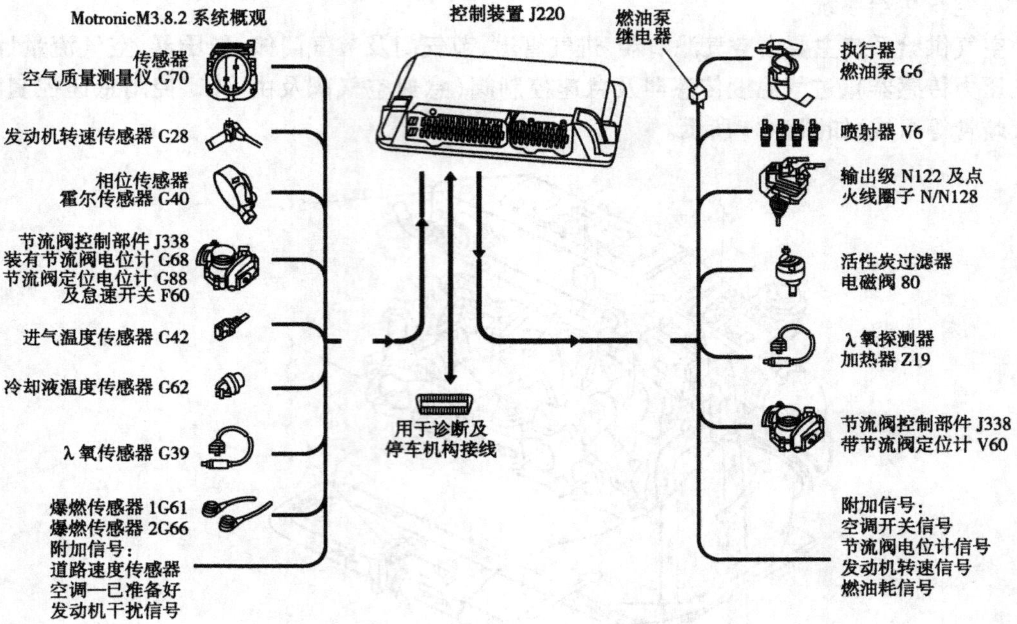

图 6-25　桑塔纳轿车 AJR 型发动机电子控制系统

并由此计算处理得到校正后的喷油量。

电子控制系统(ECU)是电子控制汽油喷射系统的大脑,能根据各传感器输入的发动机的运行信息,进行综合运算与判断,根据运算结果对执行元件输出控制指令,实现对发动机的精确控制。ECU 还具有信息鉴别功能,当发动机出现故障时,则以代码形式储存在存储器中,供维护修理时调用。

2. 电子控制汽油喷射系统控制原理

当驾驶员通过加速(油门)踏板控制节气门开度时,节气门位置传感器将负荷信息传给 ECU,进气温度传感器、进气压力传感器将进气充量信息传给 ECU,ECU 根据季节温度、海拔高度等环境因素对发动机工况进行适当调整;爆震传感器将爆震信息传给 ECU,ECU 对点火正时进行校正,使发动机避免爆震;水温传感器将发动机热状态参数传给 ECU,调整供油量;氧传感器将排气中的氧含量信息传给 ECU,由 ECU 调整喷油量,使混台气浓度始终处于理想(即空燃比始终处于 14.7:1)状态,将排放污染降至最小,实现了发动机的闭环控制;曲轴位置、发动机转速传感器将曲轴转角、曲轴转速信息传给 ECU ,ECU 根据曲轴转速调整喷油时刻、点火时刻及喷油和点火的持续时间。

三、电子控制汽油喷射式发动机的使用与维护

1. 电子控制汽油喷射式发动机的使用

电子控制汽油喷射式发动机其结构原理与化油器式发动机有着本质的区别,在使用中,切不可将驾驶化油器式发动机汽车的操纵习惯用在电子控制发动机的汽车上,在使用操作过程

中应特别注意以下几点：

(1)电子控制汽油喷式发动机具有冷启动加浓和暖车加浓装置，能保证发动机冷车和热车状态下顺利启动，因此在启动发动机时，不要将加速踏板踩到底，否则电子控制系统将会进入断油控制模式，导致发动机无法启动。

(2)操作电子控制汽油喷射系统发动机的油门踏板是控制节气门的开度，喷油量即是由ECU检测到的进气量、发动机转速等运行参数计算确定的，因此在发动机启动前和启动中，不可用反复快速踩油门踏板的方法来增加喷油量。

(3)当仪表板的汽油指示警示灯亮以及油箱存油不足时，应尽快加油，不可强行运转发动机，以免烧毁汽油泵。

(4)若发动机在热车条件下不能顺利启动，可能是气缸内存油过多淹湿火花塞所致，此时可将油门踏板踩到底，用起动机带动发动机运转，利用电子控制作用排除气缸内的燃油，然后再起动发动机。

(5)不可在发动机运转情况下拔下任何传感器的插头接线，以免造成人为的故障代码，影响发动机正常工作和故障判断。

(6)当发动机出现部分气缸因断火不工作时，应停车检查，排除故障后再起动、运转，以免在缺火情况下烧毁氧传感器。

(7)为保证ECU不受干扰，不要在汽车上装大功率的无线电设备，无线电设备的天线应尽可能远离电子控制单元和线束，防止无线电波对电子控制单元产生干扰。

2. 电子控制汽油喷射式发动机维护保养注意事项

汽车电子控制系统对高电压、高湿、高温特别敏感，因此在使用维修中应特别注意以下几点：

(1)无论发动机是否运转，如果只有点火开关处于接通状态，不允许将任何电压为12V电器设备的插接器拔下。以免因电器设备线圈的自感作用，产生瞬时高压，对电子控制系统造成严重损害。

(2)“CHECK ENGINE”警示灯闪烁时，切不可断开蓄电池电路，以免造成故障代码及有关资料信息的丢失。

(3)当诊断控制系统有故障并对控制系统进行检修，需要从车上拆下某一部件时，应先关闭点火开关，拔下插接器，并切断蓄电池搭铁线。若仅对电子控制系统进行检查，则只需关闭点火开关即可。

(4)用跨接方法启动其他车辆或用其他车辆跨接的方式启动本车时，必须先断开点火开关，才能拆卸跨接线。

(5)除特别指明外，切不可用指针式万用表检测ECU和传感器，应使用汽车专用万用表(高阻抗数字万用表)进行检测。严禁用试灯法检测与电子控制系统有关的电器设备。

(6)拆换蓄电池时，应特别注意蓄电池的搭铁特性，而且必须是负极搭铁。

(7)在ECU或传感器等电子控制元件附近进行电弧焊接作业时，应先切断ECU的电源，并采取特别的如隔热、防磁等保护措施。

(8)电子控制系统电源电压、参考电压(基准电压)、信号电压均属低电压，对电阻特敏感，维护应特别注意插接器的清洁,配线与电器设备的连接必须牢固可靠。

复习思考题

1. 用方框图表示并注明汽油机燃料供给系各部分名称;燃料供给、空气供给及废气排放的路线。

2. 结合理想化油器的特性曲线,说明现代化油器各供油装置的功用。

3. 试说明怠速装置的构造与工作原理。

4. 试说明主供油装置是在什么样的负荷范围内起作用的?在此负荷范围内随节气门开度的逐渐增大,混合气浓度(用过量空气系数口表示)如何变化?其工作原理如何?

5. 试说明起动装置在什么情况下工作?并简要叙述其构造与工作原理。

6. 试说明加浓装置是在什么情况下起作用的?机械加浓装置和真空加浓装置的构造与工作原理是什么?

7. 试说明加速装置在什么情况下起作用,其构造与工件原理是什么?

8. 要叙述汽油机燃料供给系的维护方法。

9. 电子控制汽油喷射系统的主要优点有哪些?

10. 电子控制汽油喷射系统有哪些类型?

11. 电子控制汽油喷射系统由哪几部分组成?各组成部分的作用是什么?

12. 简要叙述电子汽油喷射系统的工作原理。

第七章

发动机冷却系

第一节　概　　述

一、冷却系的功用和冷却方式

内燃机工作时，气缸内的燃气温度可高达2500℃。燃烧所产生的热量只有一部分转化为机械能，使内燃机运转并对外输出做功；另一部分热量被排出的废气带走；还有一部分热量（约占燃烧热量的1/3）经各种传热方式传给内燃机组件。特别是直接与燃烧气体接触的气缸盖、活塞、气缸套和气门等零件，使之强烈受热，若不及时加以冷却或冷却不足，则使缸内温度过高，吸进的工作介质因高温而膨胀，使充气量下降从而导致内燃机的功率下降；另外，温度过高，各零件的材料、尺寸都会因温度的不同而膨胀的程度不同，相互之间的正常配合间隙将被改变；另外温度过高，机油黏度大大下降，并可能发生变质，使各摩擦面间的润滑条件恶化，运动件之间磨损加剧，机件的强度和刚度下降，造成变形和早期损坏。因此，内燃机不能在过高的温度下工作。

但内燃机也不能在过低的温度下工作。若冷却过度，气缸内的温度过低，热量散失较多；转变为有用功的热量就减少；另外气缸内温度过低，燃料的雾化蒸发性能变差，混合气的形成和燃烧不好；还有温度过低，机油黏度过大，机械运转阻力增加。这些都造成内燃机的耗油量增加，功率下降。除此以外，内燃机温度过低还会使已经蒸发的燃油在气缸壁上重新凝结，而且排气中的水蒸气和硫化物会产生亚硫酸、硫酸等酸性物质，这不仅稀释了机油，使磨损加剧，而且使零件受到腐蚀。因此内燃机应在最适宜的温度下工作。

综上所述，冷却系统的功用是及时并适量的把在高温条件下工作的机件所吸收的热量散发到大气中去，保持内燃机在最适宜的温度下工作。冷却系统工作的好坏，对内燃机的经济性、动力性、可靠性和耐久性都有直接影响。

根据冷却介质的不同，内燃机的冷却方式有水冷和风冷两种形式。以空气为介质的冷却系统称为风冷系统，以冷却液为冷却介质的系统称为水冷系统。工程机械和车用内燃机普遍使用的是水冷系统。只有少数使用风冷系统。

二、水冷却系的类型及冷却循环

水冷却系根据冷却水循环方式分为对自然对流式和强制循环式。

自然对流是以水受热后,热水向上运动而冷水向下运动这种物理现象进行循环的。这种循环水箱必置于发动机之上。由于自然对流冷却不均匀、效果差,故只用在小功率发动机上。

强制循环式水冷却系是利用水泵强制将冷却水在发动机的水套和散热器之间进行循环流动。由于这种循环水的流量、循环路径,流经散热器的风力、风量可以调节。故其冷却能力大且冷却强度可调,冷却均匀,工作可靠。目前在发动机上广泛采用。本节将重点介绍强制循环式水冷却系。

强制循环式水冷却系的组成如图 7-1 所示。它主要由水泵 8、冷却水套 6、散热器 1、分水管 7 及节温器 4 等部件组成。

在水冷发动机的气缸体和气缸盖中都铸有储水的连通水套、水管和空间,使循环的冷却水得以接近受热零件吸收并带走热量。在多缸发动机中,为了使各气缸冷却均匀,在水套中设有分水管。分水管一般为铜制扁管,插入缸体水套中。沿扁管的纵向开有若干个出水孔,离水泵越远其孔径越大,冷却水能均匀地分配给各缸水套,从而使各缸能得到充分均匀的冷却。在有的发动机上,为使气缸盖上高温部分获得较好的冷却,通常在气门座过梁处,气门座与喷油器之间,以及气门座与辅助燃烧室之间设有较大的通水孔或加装专门的喷水管,以加强这部分的冷却。

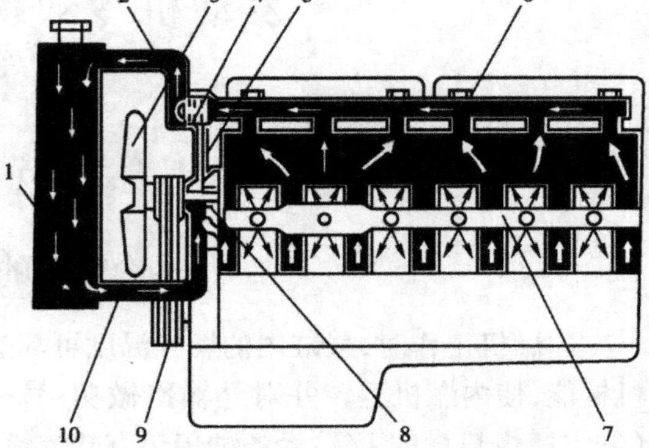

图 7-1　发动机强制循环冷却系统示意图

1-散热器;2-上水管;3-风扇;4-节温器;5-旁通道;6-水套;7-分水管;8 水泵;9-风扇皮带;10-下水管

节温器是一个根据水温高低可自动调节冷却水水循环路径的开关。当发动机冷起动时,或天气寒冷发动机温度较低时,它可自动关闭去散热器的通道,使冷却水由水套出口直接流入水泵入口。

发动机工作时冷却水的循环路径是:水泵将散热器下水室的冷却水泵入分水管,再进入缸体水套、缸盖水套,吸收热量后,再经缸盖出水口流经节温器旁通孔(主阀孔),进入水泵入口(散热器)。当水温高时,节温器开启,冷却水经散热器散热后再由下水室流入水泵。当水温低时,节温器关闭,冷却水不经散热器,直接由旁通管进入水泵。我们把流经散热器的循环称为大循环,把不经散热器的循环称为小循环。当节温器处在半开启状态时,大小循环同时存在。

在冷却系中,散热器如果是通过溢水管或加水口与大气相通则称为开式冷却系;如果在散热气盖上,或溢水管处安装有空气蒸气阀,则称为闭式冷却系。闭式冷却系可以提高冷却水的沸点,特别是在高原地区,大气压力较低,冷却水不致过早沸腾,从而减少冷却水的消耗量。

第二节　水冷却系主要部件的构造

一、水冷却系主要部件的构造

1. 散热器

散热器是将冷却水在机体内吸收的热量传给外界空气,使冷却水降温,以便再次循环对发动机进行冷却。

散热器由上、下水箱、散热器芯、散热器盖、放水开关等部件组成(如图7-2所示)。其工作原理如下:由水泵驱动已冷却的水通过缸盖高温处,进行热交换,然后由缸盖出口进入散热器的上水室,再流经散热器芯,与由风扇吹过的高速、温度较低的气流进行热交换,冷却后的水流入下水室,再由下水室出口吸入水泵进口,从而完成一次散热循环。

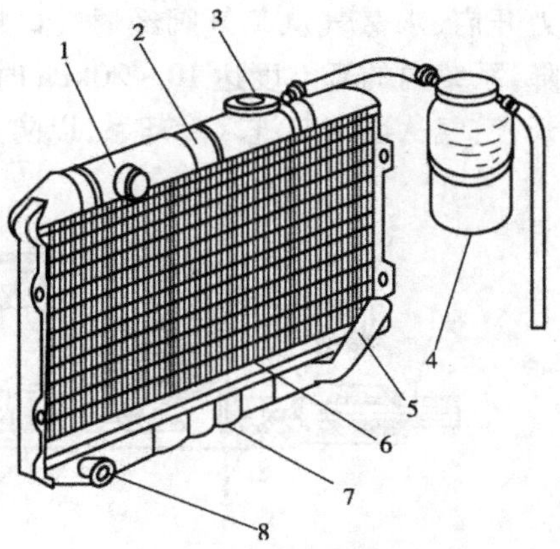

图7-2　散热器
1-进水管;2-上水箱;3-散热器盖;4-副贮水箱;5-出水口;6-散热器芯;7-下水箱;8-放水开关

1)散热器芯

散热器芯焊在上下储水室之间,它是散热器的主要散热元件。在发动机上常见到的散热器芯有管片式和管带式,见图7-3(管片式)、图7-4(管带式)。不管是管片式还是管带式,其冷却管断面大都采用扁管,而很少采用圆管。这是因为在容积相同的情况下,扁形管散热面积大。同时当冷却水因冻结膨胀时可借助其横断面的变形而避免破裂。管片式的散热器芯其散热面积大,对气流阻力小,结构刚性好,但制造工艺较复杂;管带式散热器芯结构刚度不如管片式的好,但散热能力较强,制造工艺简单,质量轻,成本低且维修方便。

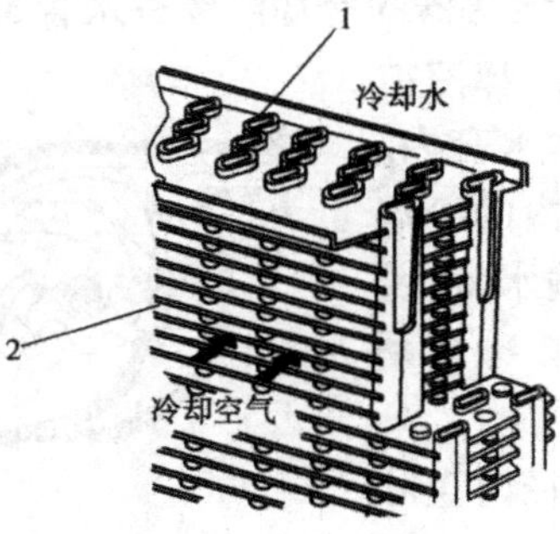

图7-3　管片式散热器芯
1-冷却管;2-散热片

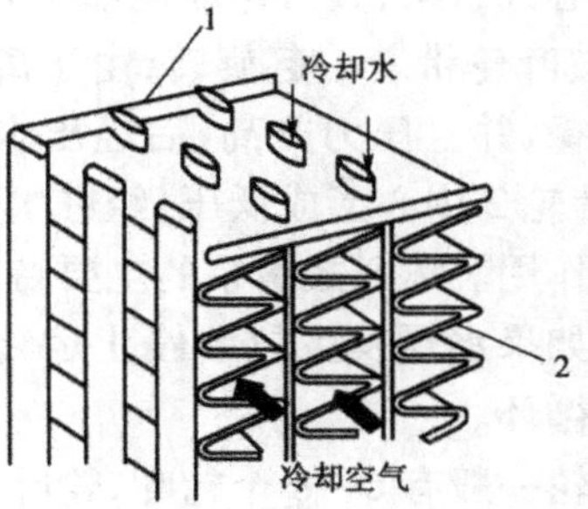

图7-4　管带式散热器芯
1-冷却管;2-散热带

2)散热器盖

闭式水冷却系散热器上水箱的加水口平时用散热器盖严密盖住,以防冷却水溅出。但如果冷却系中水蒸气过多,压力过大,可能导致散热器破裂;而当冷却系温度降低时,其中的水蒸气凝结,又会使系统内压力低于外界压力,致使散热气芯冷却管被大气压坏。所以在闭式水冷却系的散热器盖内,都装有一个根据散热器内蒸气压力大小而自动开启或关闭的阀门,称为空气—蒸气阀。当发动机工作温度正常时,阀门关闭,并使系统内压力稍高于大气压力。这样可以提高冷却水的沸点,防止水蒸气过早逸出,减少冷却水的消耗量。这一措施对于在热带、干旱和高原行驶的机械尤为有利。

图7-5为带有空气—蒸气阀的散热器盖,它主要由加水口盖3,蒸气阀5,空气阀6及蒸气阀弹簧4和空气弹簧7组成。当发动机热状态正常时,蒸气阀和空气阀各自在弹簧的压力的作用下处于关闭状态。这时系统水路与大气隔开;当冷却系统温度升高,散热器中压力达到一定值(一般为26kPa,在此压力下冷却系内水的沸点可达108℃)时,蒸气阀5克服弹簧4的压

力开启,水蒸气从蒸气阀经通气口排入大气,从而使系统的压力下降到规定值。当水温度下降,系统内的真空度达 10 ~ 20kPa 时,空气阀 6 在大气压力的作用下,克服弹簧 7 的弹力被推开,空气从通气口进入冷却系,以防止散热器芯被大气压坏。

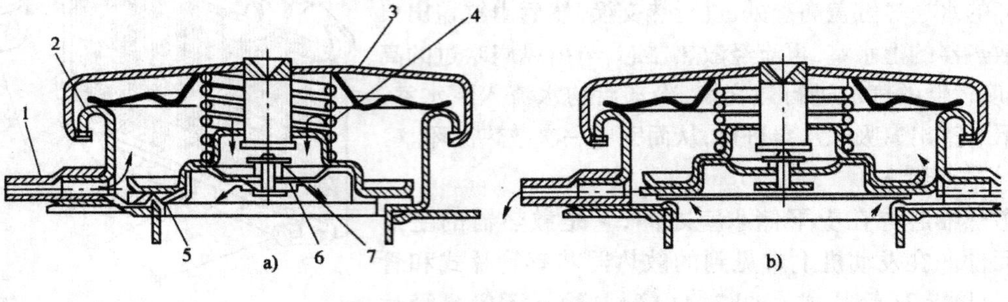

图 7-5　带空气—蒸气阀的散热器盖

a)空气阀开启;b)蒸气阀开启

1-通气口;2-散热器加水口;3-加水口盖;4-蒸气阀弹簧;5-蒸气阀;6-空气阀;7-空气阀弹簧

2. 水泵

水泵的作用是对冷却液加压,使冷却液在冷却系中加速循环流动,增强冷却效果。内燃机大多采用离心式水泵,其工作原理如图 7-6 所示。来自散热器的冷却液经进水管 3 流到叶轮 2 的中心,并被叶轮带着一起旋转,由于离心力的作用,冷却液被抛向叶轮边缘,并且压力升高,后经出水管被压入缸体水套内。与此同时,叶轮 2 中心形成低压,经进水管 4 对散热器内的冷却液产生抽吸作用。离心式水泵的主要特点是体积小,输水量大,工作可靠。如果水泵发生故障停止运转,也不妨碍水在冷却系统内的自然循环。

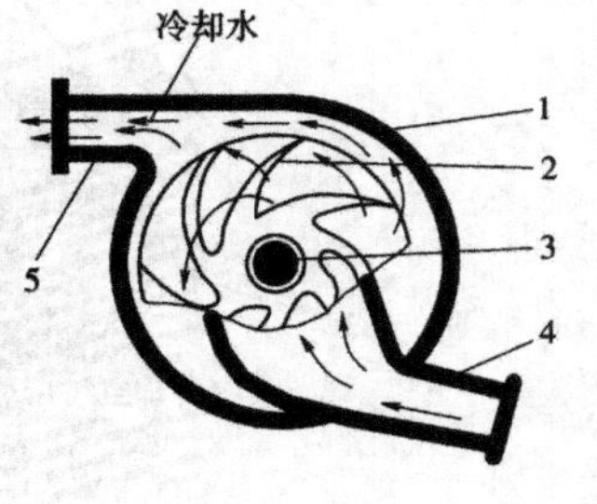

图 7-6　离心式泵工作原理示意图

1-水泵壳体;2-叶轮;3-泵轴;4-进水管;5-出水管

水泵叶轮一般有 6 ~ 8 个轮叶,轮叶的形状有采用径向直叶片式的,其结构简单;也有采用后弯的弧形叶片,其泵水效率较高,但制造工艺复杂。

3. 风扇

风扇通常安装在散热器之后,发动机之前,见图 7-7。其作用是加快流经散热器并吹向机体气流的速度,提高散热器的散热能力,并带走发动机表面热量。

风扇的风量与其转速、风扇直径、叶片数目、形状及安装角度有关。叶片多为薄钢板冲压而成,也有塑料制成的叶片的翼形断面呈流线形,以提高吹风效率,叶片的数目通常为 4 ~ 6 片,为了减少旋转产生的噪声,叶片间的夹角一般不相等。

风扇的驱动可借助曲轴动力机械驱动,也可由电机驱动。

在工程机械中,多用机械驱动,在机械驱动中,风扇一般是安装在水泵轴上,通过三角皮带直接由曲轴驱动。这种形式的驱动,结构简单、工作可靠。由于发动机的温度受环境温度影响很大。在冬季低温时,尽管发动机处在高速运转,但机体温度并不高,这时高速风扇强制通风时,会使机体温度过低。在夏季高温时,即使发动机在低速转动,它的温度仍会很高,低速运转的风扇不能满足冷却的需要。显然这种简单地机械驱动风扇并不能很好地调节发动机的温度。因此在很多轿车上采用了硅油风扇离合器和电磁风扇离合器,以便根据机体温度来控制风扇的转速。这不仅保证发动机经常处于最有利的温度范围内工作,提高了发动机的寿命,同时也减少了风扇所消耗的功率。

电动风扇是用蓄电池作电源,由直流低压电动机驱动,采用传感器和电器系统来控制风扇的运转。

4. 节温器

节温器的作用是根据冷却水的温度改变水在冷却系中的循环路径,调节冷却强度从而使发动机保持在最佳温度范围内工作。

根据其结构和工作原理,常用节温器一般有以下3种形式:折叠皱纹筒式节温器、蜡式节温器和金属热偶式节温器。本节主要介绍折叠皱纹筒式和蜡式节温器。

折叠皱纹筒式节温器的结构如图7-8所示。它由折叠式圆筒1、支架7、主阀门5、侧阀门2、阀座4、外壳9等零件组成。具有弹性的折叠式圆管1由黄铜制成,筒内装有易于挥发的乙醚,筒的上端面与侧阀门2、阀杆3及主阀门5焊在一起,下端面与固定在外壳9上的支架7焊在一起。当冷却水温度低于70℃时,主阀门关闭,侧阀门开启(图7-8b)。这时冷却水不能流入散热器14,而是从旁通孔8经发动机旁通道12被吸入水泵17,在水泵叶轮的作用下再次压

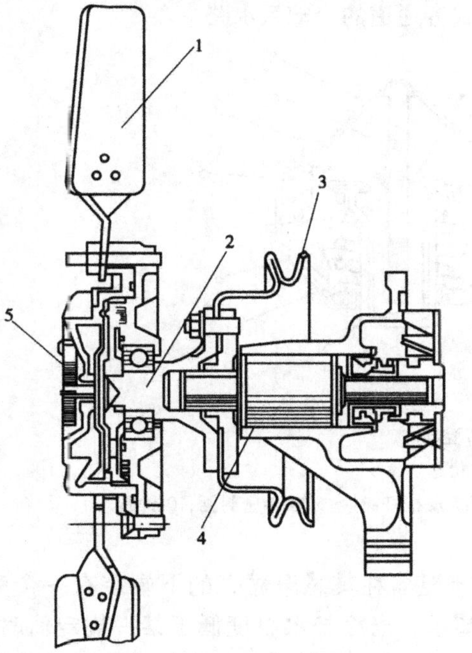

图7-7 机械驱动风扇

1-风扇叶片;2-皮带轮法兰盘;3-皮带轮;4-水泵轴;5-风扇离合器

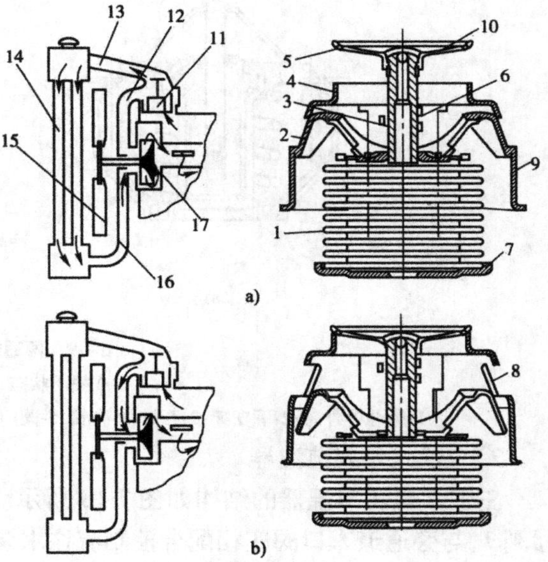

图7-8 折叠皱纹筒式节温器

a)大循环;b)小循环

1-折叠式圆筒;2-侧阀门;3-阀杆;4-阀座;5-主阀门;6-导向支架;7-支架;8-旁通孔;9-外壳;10-通气孔;11-节温器;12-旁通道;13-上水管;14-散热器;15-风扇;16-下水管;17-水泵

入发动机缸体水套中进行小循环，从而使发动迅速热起来，尽快达到最佳工作温度。当发动机水温高于70℃时，折叠式圆筒内的乙醚因受热而膨胀，使圆筒逐渐伸长。由于筒的下端面固定在支架7上，不能移动，因此其上端在伸长的过程中推动侧阀门、阀杆及主阀门一起向上移动，从而使侧阀门逐渐将旁通孔关闭，主阀门逐渐开启。这时一部分冷却水从主阀门流向散热器冷却，小循环水量减少。当水温升高到80～85℃，主阀门全开，侧阀门完全关闭（图7-8a），冷却水全部流入散热器冷却，然后在水泵作用下进行大循环。

蜡式节温器根据其结构不同又可分为两通式和三通式两种形式。

1）两通式蜡式节温器。

如图7-9所示，两通式蜡式节温器主要由弹簧4、阀门5、阀座6、感温器外壳1、石蜡3、反推杆7、上支架8和下支架2等组成。上、下支架及阀座焊为一体，装在水道中，将水道分成两部分。反推杆上端顶在上支架上，下端伸入感温器内，感温器内充满着密封的特种石蜡。常温时石蜡呈现固态，阀门5在弹簧的作用下压在阀座6上，节温器处于关闭状态见图7-9a)。冷却水不能流入散热器而是经发动机旁通道流回水泵入口，在水泵的作用下进行小循环。当水温升高时，其体积膨胀，对反推杆下端产生向上推力，由于反推杆上端顶在上支架上，不能上移，所以迫使感温器外壳克服弹簧压力向下运动，并带动阀门向下移动，离开阀座，逐渐开启，一部分冷却水从阀门流向散热器，冷却后再由水泵压入水套进行大循环。与折叠皱纹筒式节温器相比，蜡式节温器对冷却系的工作压力不敏感，但工作可靠、结构简单、制造方便、使用寿命长、成本低，所以得到广泛采用。两通式蜡式节温器通常用于常通式旁通道的冷却系水路中。

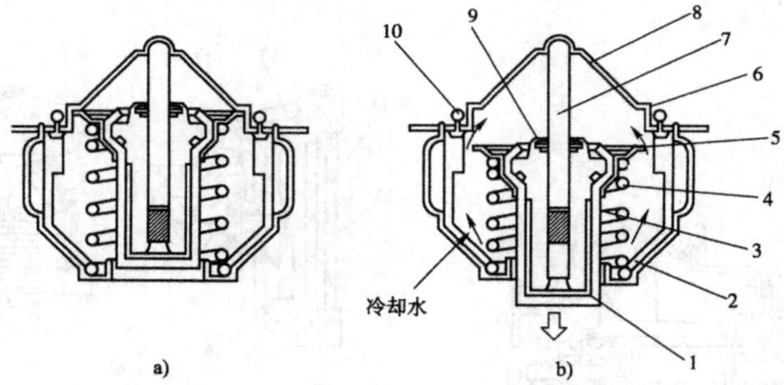

图7-9　两通式蜡式节温器

a)关闭状态；b)开启状态

1-感温器外壳；2-下支架；3-石蜡；4-弹簧；5-阀门；6-阀座；7-反推杆；8-上支架；9-密封圈；10-钩阀

2）三通式蜡式节温器

三通式蜡式节温器的结构如图7-10所示。这种节温器在其感温器壳的下端装有一个旁通阀7，与旁通道入口阀座相配合控制流往水泵的冷却水。当冷却水温度低于某一规定值时，顶阀3处于关闭状态，这时旁通阀开启如图7-10a)所示，来自水套的冷却水直接从旁通道流回水泵入口，在水泵的作用下进行小循环。当冷却水温度升到某一规定值时，顶阀开始打开，旁通道逐渐关闭。这时流入旁通道的冷却水减少，一部分冷却水从顶阀流入散热器冷却，然后在水泵的作用下进行大循环如图7-10b)所示。当水温达到某一限定值时，顶阀全开，旁通阀完全关闭，冷却水全部经顶阀流入散热器进行大循环，加速发动机的冷却。

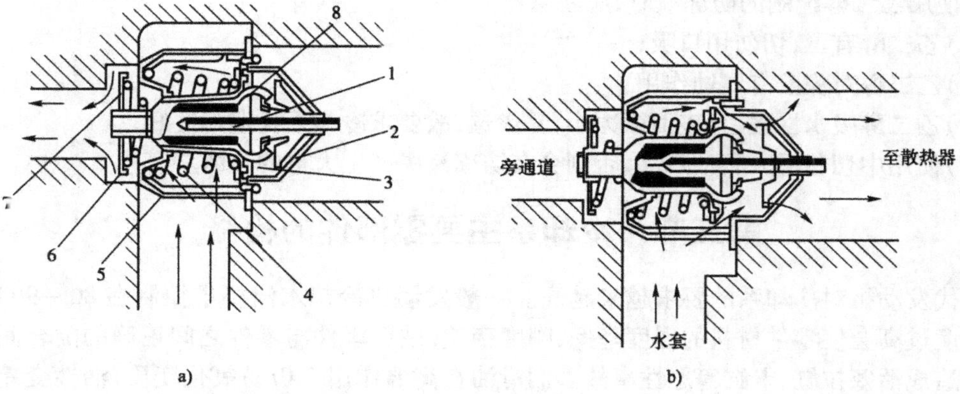

图7-10　三通式蜡式节温器

1-反推杆;2-上支架;3-顶阀;4-顶阀弹簧;5-下支架;6-旁通阀弹簧;7-旁通阀;8-感温器外壳

二、冷却液与防冻液

内燃机使用的冷却液应该是清洁的软水。如果使用硬水,其中的矿物质在高温时沉析出来,附着在管道、水套和散热器芯中生成水垢,降低了散热能力,易使内燃机过热,还会使散热器芯堵死和加速水泵叶轮和原壳的磨损。

对含矿物质较多的硬水,则需经过软化处理后,方可加入冷却系统使用。硬水软化的常用方法是:在一升水中加入碳酸纳0.5~1.5g,或加入0.5~0.8g氢氧化钠,待生成的杂质沉淀后,取上面的清洁水注入冷却系统中。

在寒冷地区,内燃机熄火后若需长时间停放时,冷却系统内的水会冻结,致使散热器、气缸体和气缸盖胀裂。因此,应放掉冷却液。为了防止零件胀裂,减少放水和加水的工作,增加内燃机的机动性,可采用冰点低的防冻液作为冷却介质。通常在冷却水中加入适量的乙二醇或酒精,配成防冻液。

用工业乙二醇配成的防冻液与冰点的关系见表7-1。由表中可以看出,随着乙二醇含量的增加,防冻液的冰点降低,因此可根据不同地区的气候条件来选择乙二醇与水的比例。此外,还因为乙二醇本身的沸点较高(194.7℃)所以它又可以提高防冻液的沸点。例如在密闭的冷却系统内,以防冻液作为冷却液,其沸点可高于110℃。这对于负荷变化大,冷却液容易沸腾的工程机械内燃机是有利的。

乙二醇防冻液　　表7-1

冰点(℃)	乙二醇(容积%)	水(容积%)	密　度
-10	26.4	73.6	1.0340
-20	36.4	63.6	1.0506
-30	45.6	54.4	1.0627
-40	52.6	47.4	1.0713
-50	58.0	42.0	1.0780
-60	63.1	36.9	1.0833

在使用乙二醇配制的防冻液时，应注意：

(1)乙二醇有毒，切勿用口吸；

(2)乙二醇对橡胶有腐蚀作用；

(3)乙二醇吸水性强，且表面张力小，易渗透，故要求冷却系统密封性好；

(4)使用中切勿混入石油产品，否则会在防冻液中产生大量的泡沫。

第三节　冷却系主要零部件的检修

现代发动机对冷却系的要求越来越高。一般发动机冷却水温要求控制在80~90℃范围内。温度过高会使零件材料的强度降低，刚度变差，破坏零件与零件之间正确的配合间隙，严重时会造成活塞拉缸、卡缸等恶性事故。润滑油在高温作用下极易氧化变质，油性变差，黏度降低，不利于在零件摩擦表面形成油膜而加速零件的磨损。冷却水温过高还会使进入气缸中的空气密度减小，影响发动机的充气系数，使发动机的功率下降，经济性变差，同时会产生早燃，爆燃等不正常燃烧现象。冷却水温过低时，热量损失增大，同样降低发动机的功率，燃油消耗量增加。同时还会使燃油蒸发性、雾化性变差，不利于正常燃烧。未雾化的燃油油滴落在气缸壁上，冲淡润滑油膜，加速零件磨损。据实验资料统计，冷却水温从90℃降到40℃时，发动机的功率下降1%，燃油消耗增加30%；冷却水温从90℃上升到120℃时，发动机功率降低5%，燃油消耗增加5%；冷却水温从80℃降到30℃时，磨损量增加5倍。因此可见，为了使发动机工作可靠、耐久，保持良好的动力性和经济性，冷却系的技术状况事关重要。

一、散热器的检修

散热器的常见损伤是水垢沉积过厚，散热片倾倒，散热管堵塞、压扁、碰伤、腐蚀破洞、焊缝开裂等。这些损伤对散热器的正常工作影响很大，必须认真检查、修复。

1. 散热器的清洁

检修散热器之前，用压缩空气将散热器外表面的泥土、污垢及其他杂物吹净。散热管内水垢过厚时，用化学法清除，必要时拆除上下水室，用扁铁丝清除。

2. 散热器漏水的检验

散热器的散热管布置较密，散热管的外面又设有散热片，缝隙很小。所以散热管破裂时很难直接、准确地找到漏水部位，必须用压力试验的办法确定渗漏部位。散热器漏水的检查方法通常采用以下两种。

1)试验台试验法

在试验台上检验散热器漏水如图7-11所示。散热器上水管与试验台水泵泵水管相接，下水管和溢液口堵塞。从上水室的加水口装满水后，将散热器盖拧紧。启动水泵，将散热器内的水压升高到50~100kPa，在5min内观察渗漏情况及渗漏部位。无试验台时直接用注水法检验。

2)气压法

用气压法检验散热器漏水的原理与检验自行车内胎漏气的原理相同，如图7-12所示。根据散热器上、下水管外径，剪两截自行车或平板车内胎，其中一截带有原内胎的打气嘴。用补内胎的胶水将截下的内胎的一侧口黏结(封口)。内胎截段的另一个口用喉箍与散热器的上、下水管相接。把散热器上的溢液管堵住,并将散热器放置在检验水池内。将打气筒上的夹子夹持在打气嘴上,并给散热器内充气。当散热器内的气压达到50~100kPa时,停止打气,并观察有无气泡跑出。有气泡跑出的部位便是散热器的漏水之处。

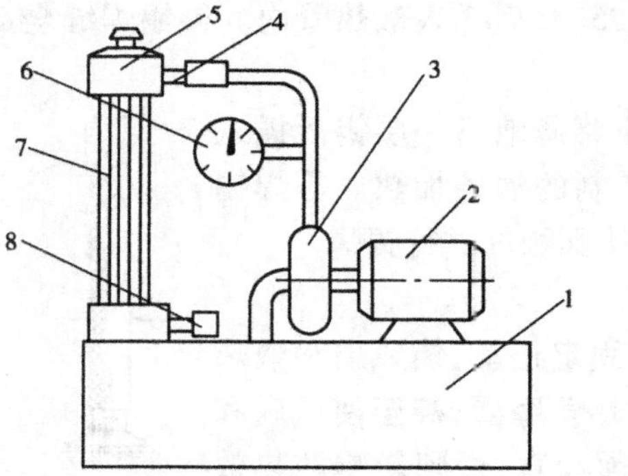

图7-11　散热器漏水试验台

1-水箱;2-电动机;3-水泵;4-散热器上水管;5-上水室;6-压力表;7-散热器;8-散热器下水管

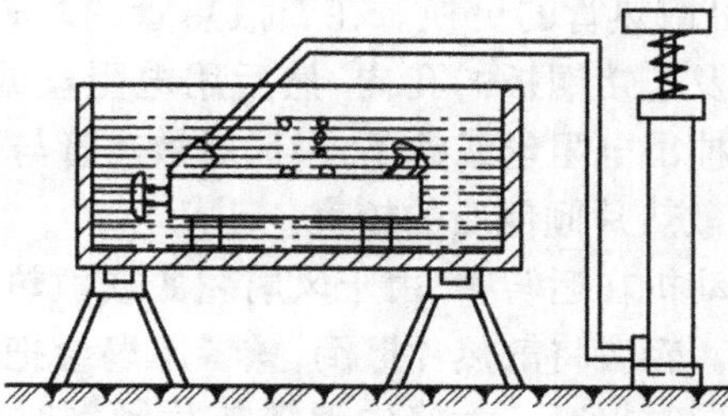

图7-12　气压法检验散热器漏水

3. 散热器的修理

1)焊补修理

经检验,散热器管、上下水室破裂漏水时,用锡焊的办法进行焊补,堵塞漏水的部位。破口较大时须用铜皮包裹后再用锡焊焊补。锡焊时,表面必须处理干净。

2)堵管修理

散热器的个别水管破损,但由于位置所限,不易焊补时,则可用堵管法修理。堵管法就是将漏水的散热管堵塞而排除散热器漏水故障。操作时将散热器的上、下水室取掉,把损坏的散热管的上、下口用钳子夹扁,并用锡焊焊堵。这样,该散热管的两端都被堵死而没有冷却水流过。如果位置允许,也可不拆上、下水室,将破损部位的散热片适当分离,用剪刀将破损部分剪掉,然后用钳子将截口夹扁,并用锡焊封口。堵管法只适用于散热器个别散热管损坏的修理,堵死的水管数不得超过总水管数的8%~10%,否则会影响散热效果。

3)换管修理

散热器大修时,不准采用堵管法。焊补不影响散热效果,但焊缝的寿命较短,不能满足大修期的要求。采用换管法修复才能完全恢复散热器的原有性能。

(1)散热管的拆除。工程机械散热器的散热管一般是用锡焊与上、下铜板焊接。拆除散热管时必须取掉上、下水室,将锡焊焊缝烫开,才能取出水管。加热焊缝时可用图7-13所示的电阻丝加热。用电阻丝加热抽管时,电阻丝直径为3mm,长度比散热管长3~50mm(镍铬电炉丝即可)。电源电压应为12V,功率为2.5kW。电阻丝和散热管之间应绝缘。没有现成的绝缘材料时,可用50%的水玻璃和50%的硼砂调成浆糊状涂在电阻丝表面,通电加热后即成绝缘层。实际操作时,先将

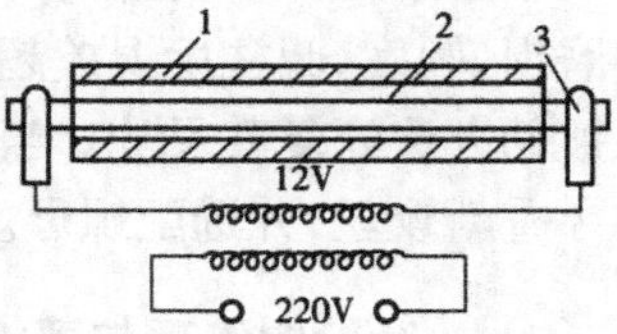

图7-13　电阻丝加热抽管

1-水管;2-电阻丝;3-电焊钳

电阻丝插入要拆除的散热管内,电阻丝的两端通过焊钳及连线与电源相接。通电半分钟左右,电阻丝就可加热到800~850℃。当听到有响声时,连接散热片和散热管的焊锡被熔化。但散热管的两端由于连接铜板较厚,只靠电阻丝加热不能熔化,必须用氧焊枪协助熔开焊缝。当焊锡完全熔化后用钳子夹住散热管口,抽出散热管。没有电阻丝或电源时,可以加工一根与散热管内孔相似的铁条。抽管时将铁条加热800~850℃后插入散热管内。待锡焊缝全部熔开后,将铁条连同散热管一起抽出。

(2)散热管的更换。在新散热管的外表面薄薄地烙一层锡后插入散热片及连接铜板的孔内,然后用电阻丝或特制的铁条加热。等焊锡熔化后抽出电阻丝或铁条,最后对散热管与连接铜板处进行锡焊。

4)散热片倾倒后的校直

发动机在运转中,由于风扇翘曲或散热器固定松动,使风扇和散热器接触。轻者将散热片擦倒,重者风扇会把散热管磨漏,甚至使风扇和散热器同时报废。大修中遇散热片倾倒时必须校直,否则影响散热效果。校直时将梳齿(图7-14)插入散热片间,并沿散热片方向往返拖动(不能损伤散热管)。梳齿的间距应根据散热片间距的不同而异。

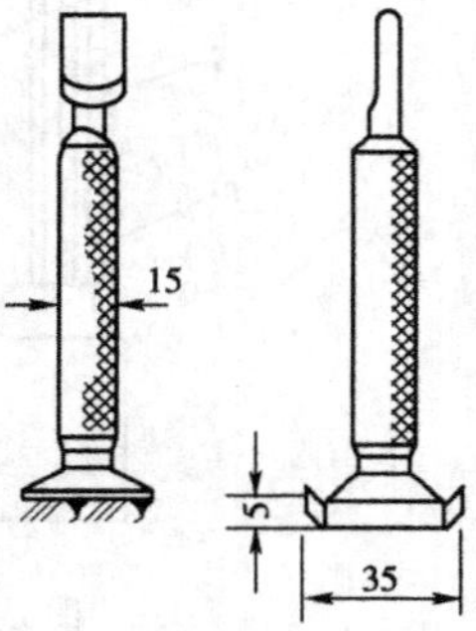

图7-14 钢梳

二、水泵的修理

1. 水泵漏水的修理

水泵漏水多数是由于水封损坏而引起的。水封损坏一般应予以换新。但是用石棉绳填料作为水封的水泵漏水时,可用扭紧水封螺母使填料压紧的方法消除漏水。水封螺母不宜扭得过紧,在保证不漏水的情况下,扭紧量越小越好。如果扭得过紧,填料对轴颈的摩擦阻力过大,使轴颈的磨损加快并发热,有时会烧毁轴承。当填料磨损到不足以压紧时,可重新更换填料。对于胶木水封圈因磨损起槽而漏水又买不到新水封时,用研磨密封面的方法恢复密封性。胶木圈过薄或磨漏时,可用钻床及木锉照样加工新胶木圈。

2. 水泵壳体的修理

水泵壳体出现裂纹时,可用气焊或电焊修补。壳体内孔与滚动轴承外圈配合松动时,用刷镀轴承外圈的办法恢复轴承与轴承座孔的配合精度。

3. 水泵轴的检验与修理

水泵解体后,应对轴颈部位的尺寸、圆度、圆柱度误差及泵轴的弯曲变形进行检验。轴颈磨损,圆度、圆柱度误差超限时,用外圆磨床进行磨削加工,以消除其几何形状误差,然后用刷镀的办法恢复其尺寸。当泵轴弯曲变形时,可用冷压法校正。泵轴的轴端螺纹损伤时,用细扳牙重新攻丝,并选配螺母。

4. 叶轮的修理与更换

叶轮损坏后一般应予以换新。由于机型陈旧,或进口机械买不到相应的叶轮时,可采用堆焊、补焊等补救性措施修复。更换叶轮时应注意叶轮内孔与泵轴的配合要求(一般过盈量0.02～0.04mm)。过盈量过大会撑裂叶轮,过盈量不足会使水泵泵水量不足或不泵水。

5. 水泵的装配与试验

水泵的许多配合件都是过盈配合,装配时尽量采用静压装合,避免硬敲硬打。压装叶轮时,其端面应高出轴端0.05～0.10mm。水泵轴轴端压紧风扇皮带轮的螺母按规定扭矩拧紧(一般为55～70N·m),并注意采取防松措施。特殊结构的水泵在安装时要注意安装位置及安装记号。例如日本小松制作所生产的D80A-12推土机的水泵轴承是通过润滑系压力油润滑的,装复时要对准轴承润滑油孔,否则会使轴承因缺油而烧毁。

修复后的水泵用手转动时应无任何卡滞现象。在叶轮室装满水,堵住进、出水口转动泵轴时,水封等处不应有漏水现象。有条件时在专用试验台上按一定转速检验水泵的水压及流量。

三、风扇及风扇离合器的检修

1. 风扇的检验与修理

风扇变形后,叶片倾角和端面摆差发生变化。叶片倾角改变会影响叶片的吹风流量,即影响散热效果。叶片的端面摆差过大时,轻者使各叶片与散热器间的距离不等,重者会影响风扇的平衡,甚至扫刮散热片。因此,修理风扇时,应将风扇的前端面放置在检验平板上,用厚薄规检查端面摆差,用角度尺检查叶片倾角。叶片的端面摆差应小于1mm;叶片倾角度应符合原厂规定,且各叶片倾角应一致。不符合要求时,可用冷压法校正。风扇的检验如图7-15所示。经变形校正、铆接修理或更换叶片的风扇应进行平衡检验,如图7-16所示。不平衡时允许在风扇皮带轮上相应的部位钻去适量金属而达到平衡的目的。个别叶片铆钉松动时可重新铆紧。若铆钉及铆钉孔磨损时,可加大孔径,选用加粗铆钉重新铆接。叶片有裂纹或部分折断时应换新。

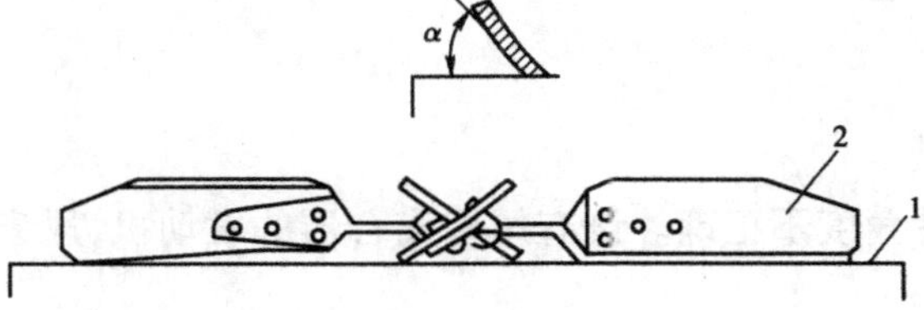

图7-15 风扇的检验

1-检验平板;2-风扇叶片

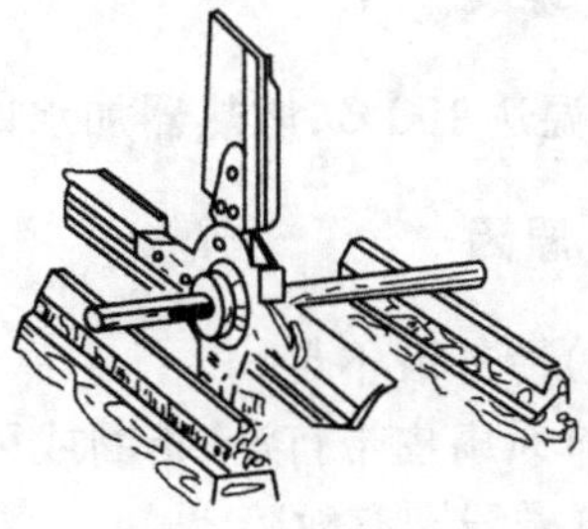

图7-16 风扇的平衡检验

2. 风扇离合器的检验与维修

根据统计资料表明,普通风扇约消耗发动机功率的5%以上,这是一个不小的数字。但是机械特别是轮式机械,在运行过程中需要风扇工作的时间只占发动机工作时间的10%左右。因此,现代发动机的风扇设置自动离合器,不仅使发动机在正常适宜的温度下工作,而且可以降低发动机功率损耗,节省燃料,减少风扇噪音。常见的风扇离合器有电磁式、硅油式等多种。图7-17所示为电磁式风扇离合器。这种离合器的碳刷16与滑环1经常接触,所以极易磨损。当碳刷磨损不平时,可用砂布磨成与滑环相适应的弧面。磨损过甚时应更换新碳刷。摩擦片4应比电磁壳体3的端面高出0.50mm左右。如果摩擦片与电磁壳体端面磨平时应更换摩擦片。电磁离合器的线圈2可用万用表检验。线圈的阻值一般为几欧姆到几十欧姆。如果线圈无阻抗或阻抗无穷大则应更换电磁离合器。无电磁离合器更换时,把电磁壳体3取下,适当加热后趁热拆除旧线圈。数好线圈匝数,并用外径千分尺测量线圈导线的直径。按原来线圈的导线直经、匝数及线圈形状绕制线圈。绕好后将线圈装入电磁壳内,并将导线的一端焊接在滑环1上,另一端焊接在铁壳上,最后用环氧树脂胶粘固线圈。电磁式风扇离合器是由温度传感器控制其工作的。如果风扇离合器的技术状况良好,但工作不正常,则多为温度传感器有故障。遇此情况时应更换温度传感器。

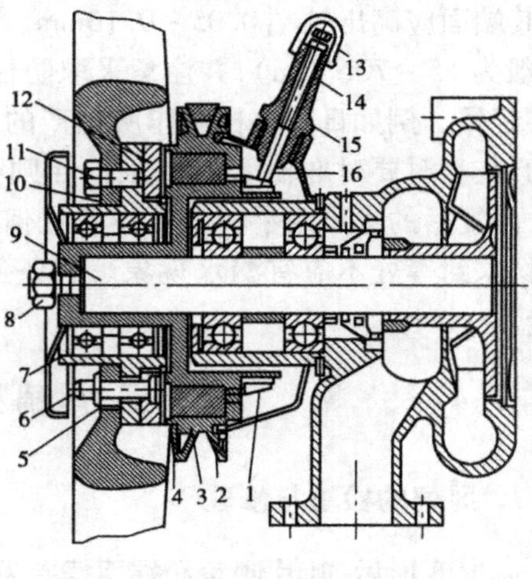

图7-17　电磁式风扇离合器

1-滑环;2-线圈;3-电磁壳体;4-主动摩擦片;5-分离弹簧;6-导销;7-风扇毂;8-螺母;9-水泵轴;10-风扇;11-螺栓;12-衔铁环;13-接线螺母;14-接线柱;15-绝缘套;16-碳刷

第四节　冷却系的故障诊断

一、水温过高

1. 现象

水温达100℃,散热器加水口冒大量水蒸汽,机械行驶无力。有时发动机有爆燃声。

2. 原因

(1)冷却液不足。

(2)风扇皮带打滑、折断或风扇叶片角度不正确。设有风扇离合器的发动机,风扇离合器打滑,电磁线圈有故障。

(3)百叶窗开度不足。

(4)散热器水管堵塞、散热片倾倒过多或散热管通风缝隙被污物堵塞。

(5)节温器阀门开度不足或不能开启。

(6)水泵不泵水。

(7)水套内水垢沉积过多。

(8)喷油或点火时间过迟;环境温度过高;混合气过稀;发动机长期大负荷或超负荷运转。

3. 诊断与排除

(1)检查散热器中冷却液液面高度,不足时应及时添加。

(2)用手转动风扇叶片,如果能轻易转动,表明风扇皮带过松。用大拇指以 30~50N 的力施加在风扇皮带上,其挠度应不大于 15mm。否则风扇皮带过松。风扇皮带调整到规定的张紧度后冷却效果好转,则表明冷却不良好的原因就在风扇皮带过松。如果调整后冷却水温仍然很高,则应进一步检查风扇叶片有无变形,叶片角度是否合适,必要时校正叶片角度。设有风扇离合器或电动风扇的发动机过热时,让发动机在怠速运转。如果发动机温度很高而风扇不转,则表明故障在电磁线圈或温度传感器和风扇离合器及电动机。

(3)检查百叶窗是否能完全打开,散热器片是否倾倒过多或被污物堵塞。必要时对百叶窗及散热器进行维护、清洁。

(4)从散热器加水口观察泵水情况。发动机加速时若上水室无翻水现象,表明水泵或节温器有故障,冷却液循环不良。此时应解体检查水泵及节温器。

(5)把节温器从发动机上取下,放入水中,作加热试验。当水温升高到 72~75℃时,节温器阀门应开始升高;当水温升高到 85~87℃时,阀门应完全打开,否则应更换节温器。

(6)拆掉发动机气缸体上的放水开关,观察水套内的水垢。若有水垢堵塞或冷却水中有大量的沉淀渣,则表明水套内水垢较多。水垢清除方法见本书第二章第四节。

二、水 温 过 低

1. 现象

发动机在运转过程中,冷却水温始终不超过 70℃。

2. 原因

(1)节温器阀门关闭不严或不关闭。
(2)百叶窗卡死在全开位置。
(3)风扇离合器烧结或温度传感器损坏,风扇常转不停。
(4)环境温度过低。
(5)水温表及水温传感器有故障。

3. 诊断与排除

(1)检查节温器性能,不符合要求时换新。
(2)检查百叶窗的开关情况。关闭不严或不能关闭时进行维护、检修。
(3)设有风扇离合器或电动风扇的发动机,冷起动后观察风扇。若发动机一起动风扇就转动,说明故障在电磁线圈或温度传感器、电动机及风扇离合器。遇此情况时须作进一步检查。
(4)环境温度过低时,应加保温帘。
(5)温度传感器及水温表损坏后应换新。

三、冷却液耗损过多

1. 现象

冷却液液面下降快，排气管喷水滴，油底壳机油液面升高。

2. 原因

(1)外漏。
(2)气缸垫损坏。
(3)气缸套阻水圈损坏。

3. 诊断与排除

(1)仔细观察冷却液有无向外渗漏之处。一经发现应及时堵漏。

(2)发动机起动后，排气管有水滴喷出，则多为气缸垫损坏而使冷却液漏入气缸，发动机工作时随废气排出。气缸垫损坏后应换新。在气缸盖与气缸体的水道口设有水封圈的发动机上，水封圈损坏或安装不正确也会造成冷却水漏入气缸的情况。此时应更换水封橡胶圈。

(3)油底壳机油液面有升高趋势，发动机熄火后立即检查机油时有乳化现象，表明气缸套阻水圈损坏或气缸体有裂纹，冷却水漏入油底壳。气缸阻水圈损坏后须拔套，重新更换新阻水圈。气缸体有裂纹漏水时应大修发动机。

第五节　风冷却系简介

一、风冷系统的布置和冷却风扇

如图 7-18 所示为风冷柴油机冷却系统示意图。冷却风扇位于两排气缸中间，由气缸盖、气缸体、机油冷却器、前后挡板和顶盖板等构成风压室。在气缸盖和气缸体的背风面设有挡风板，用来调节风量的分配。冷空气经冷却风扇增压后进入风压室，再由风压室流过各个需要冷却的零部件表面。由于各个零部件的通道阻力不同，因此流过的风量有多有少，以保证其适度而可靠的冷却。

冷却风扇有轴流式和径流式两种。多缸风冷内燃机采用轴流式。如图 7-19 所示为前置静叶轮轴流压风式风扇的结构图。风冷风扇主要由静叶轮和动叶轮两部分组成。静叶轮为铝合金精密压铸件，静叶轮毂内装液力耦合器。动叶轮与风扇外壳之间的间隙很小，以提高风扇效率。动叶片与静叶片的端面均为翼形。风扇的传动如图 7-20 所示，由内燃机功率输出端曲轴齿轮 1 经凸轮轴传动齿轮 2、喷油泵传动齿轮 3、增速齿轮 4 和 5、连接轴 6、一对变速齿轮 7 和 8、胶辊连接轴 9，最后传到液力耦合器 11 的泵轮，再由泵轮耦合到涡轮和风扇动叶轮 10。

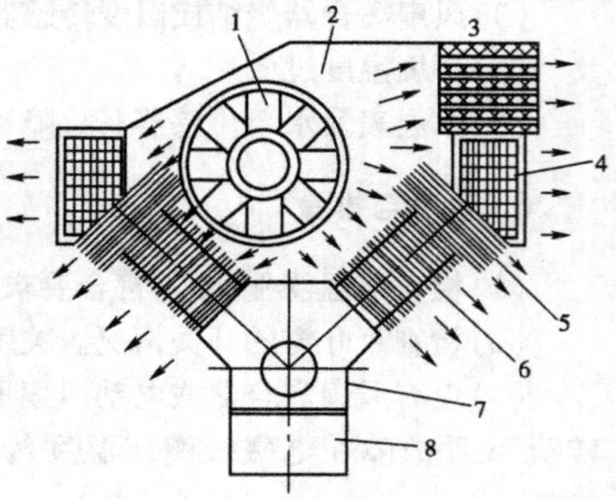

图 7-18　风冷系统布置示意图

1-冷却风扇；2-风室；3-液力传动油冷却器；4-机油冷；5-气缸盖；6-气缸体；7-曲轴箱；8-油底壳

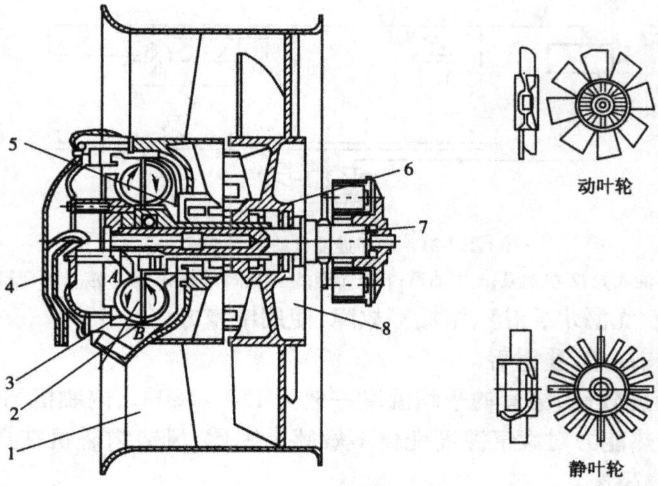

图 7-19 轴流式风扇

1-风扇静叶轮;2-液力耦合器盖;3-液力耦合器泵轮;4-进油管;5-液力耦合器涡轮;6-从动轴;7-驱动轴;8-风扇动叶轮

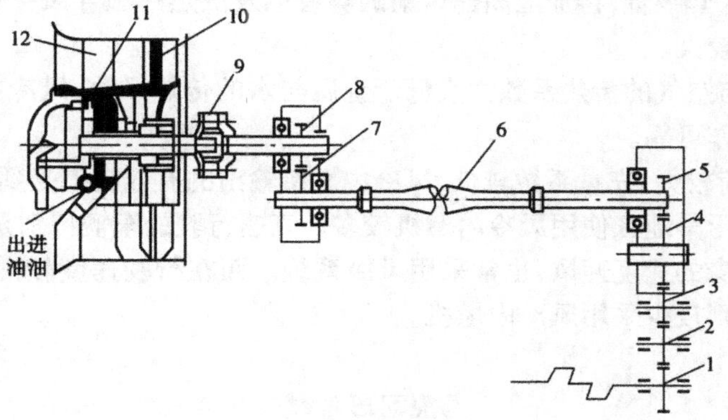

图 7-20 风扇的传动

1-曲轴齿轮;2-凸轮轴传动齿轮;3-喷油泵传动齿轮;4、5-增速齿轮;6-连结轴;7、8-变速齿轮;9-胶辊连轴器;10-动叶轮;11-液力耦合器;12-静叶轮

二、冷却强度的调节

为了保持内燃机在不同工况下都能在最适宜的温度下正常工作,需对其冷却强度随时进行调节。一种能随负荷变化自动调节内燃机冷却强度的装置如图 7-21 所示。

机油泵 2 将油底壳 1 内的机油泵入主油道 3,通过外接油管引入温控阀 5,在经温控阀出口引入液力耦合器 7。温控阀装在排气管上,直接感知排气温度的变化。

当负荷增加时,排气温度升高,温控阀开度增大,进入液力耦合器的油量增多,风扇转速增高,风量增加,冷却强度增强;反之,当负荷减小时,冷却强度随之减弱。自动调节装置能够根据内燃机负荷的变化,自动调节冷却风量,使柴油机始终保持在最佳状态。

三、风冷内燃机的特点

与水冷内燃机相比,风冷内燃机具有以下特点:

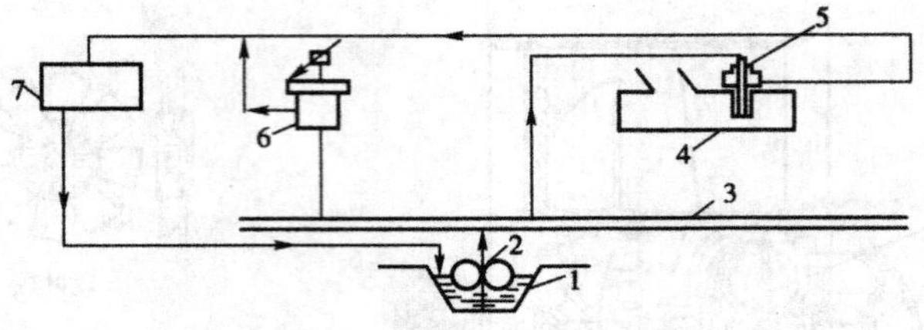

图 7-21　冷却强度自动调节装置

1-油底壳;2-机油泵;3-主油道;4-排气管;5-温控阀;6-电磁阀;7-液力耦合器

(1)不用冷却液,无漏水、冰冻、结垢等故障,使用维修方便。

(2)零件少、结构简单、重量轻。

(3)因其工作温度较高,缸套的平均温度一般为 150～180℃,内燃机与空气之间传热温差较大,风冷系统的散热能力对大气温度变化不敏感。因此,风冷内燃机在严寒、酷热和缺水地区使用具有很大的优越性。

(4)发动机起动后暖机时间短。

(5)由于没有水套吸音,再加上高速风扇的噪音以及散热片和导风装置震动的噪音,运转时风冷内燃机噪音较大。

(6)由于金属与空气的传热系数大大低于金属与水的传热系数,风冷内燃机热负荷较高,不如水冷内燃机工作可靠。

(7)由于热负荷较大,充量系数较低,风冷内燃机输出的有效功率受到影响。

在军用及高原干旱地区使用风冷内燃机较多。高速行驶的车辆特别是小功率的摩托车由于可以利用车辆本身的速度迎风,也常采用风冷系统。而在行驶速度较慢并且经常在大负荷运行的工程机械上则较少采用风冷内燃机。

复习思考题

1. 冷却系统分为几种？冷却系统的功用是什么？

2. 水冷内燃机冷却适度的标志是什么？冷却不足或冷却过度对内燃机运转有什么危害？

3. 在水冷系统中,冷却强度是如何调节的？

4. 说出水冷却系统中冷却液的大循环和小循环的水路流程图,并说明何时进行大循环、何时进行小循环。

5. 空气—蒸汽阀的工作原理是什么？为什么闭式水冷系统要采用这种阀门？

6. 离心式水泵的工作原理是什么？为什么内燃机普遍采用这种水泵？

7. 在风冷内燃机中,冷却装置是如何调节冷却强度的？

8. 冷却系的常见故障有哪些？是什么原因引起的？如何排除？

9. 散热器的常见损伤有哪些？怎样检验？如何修理？

10. 水泵怎样检修？修复后怎样试验？

11. 风扇应检验哪些项目？如何检验？怎样修理？

第八章

润滑系

第一节 概 述

一、润滑系的作用

发动机工作时,各运动零件的接触表面(如曲轴与主轴承、凸轮轴与凸轮轴承、活塞环与气缸壁、正时齿轮副等)之间以很高的速度作相对运动,这必然产生摩擦。金属表面的摩擦不会增大发动机内部的功率消耗,使零件工作表面迅速磨损,而且由于摩擦所产生大量的热可能使某些工作零件表面熔化,致使发动机无法正常运转。因此,为保证发动机正常工作,必须对相对运动表面加以润滑,也就是在摩擦表面覆盖一层润滑剂(机油或油脂),使金属表面间隔一层薄的油膜,以减小摩擦阻力,降低功率损耗,减轻机件磨损,延长发动机使用寿命。

润滑系的基本任务就是将清洁的,具有一定压力,且温度适宜的机油不断供给各零件的摩擦表面,减少零件的摩擦和磨损,降低功率损失。流动的机油不仅可以清除摩擦表面上的磨屑等杂质,而且还可以冷却摩擦表面。气缸壁和活塞环上的油膜还能提高气缸的密封性。此外,机油还可以防止零件生锈。

二、润 滑 方 式

发动机工作时由于各运动零件的工作条件不同,所要求的润滑强度也不同,因而也要相应的采取不同的润滑方式。

压力循环润滑:对于所承受的载荷及相对运动速度较大的曲轴主轴承、连杆轴承及凸轮轴轴承等处,需要以机油泵将一定压力的机油输送到摩擦部位,这种润滑方式称之为压力循环润滑。其特点是工作可靠、润滑效果好,并且具有强烈的冷却和清洗作用。

飞溅润滑:对于承受负荷不大或机油难以用压力输送到的摩擦部分,如气缸壁、正时齿轮、凸轮表面等处的润滑,则利用运动零件飞溅出来的油滴或油雾润滑摩擦表面,称之为飞溅润滑。

油雾润滑:对于承受负荷较小或相对运动速度不大的部位,如气门调整螺钉球头、气门顶杆与摇臂间等处的润滑,是利用油雾附着于摩擦表面,称之为油雾润滑。

掺混润滑:摩托车及其他小型曲轴箱扫气的二行程汽油机摩擦表面的润滑,是在汽油中掺入4% ~6%的机油,通过化油器或燃油喷射装置雾化后,进入曲轴箱和气缸内润滑各零件摩擦表面,这种润滑方式称之为掺混润滑。

三、润滑系的组成

为使发动机得到必要的润滑,压力润滑系中必须具有为进行压力润滑和保证机油循环而建立足够油压的机油泵、储存机油的容器(一般利用曲轴箱下的油底壳储油),由润滑油管以及在发动机机体上加工出来的一系列润滑油道组成的循环油路。油路中还必须有限制最高油压的装置—限压阀,它可以附于机油泵中,也可以单独设置。

机油在工作一段时间后,其内将混有发动机零件摩擦产生的金属屑和其他机械杂质,以及机油本身产生的胶质,这些杂质如果随同机油进入润滑油道,将加速发动机磨损,还可能堵塞油路,所以,现代发动机的润滑系中都设有机油滤清器。

机油在循环过程中,由于吸收零件摩擦所产生的热量会引起温度升高。机油温度过高,其黏度将下降,不易形成油膜,还会加速机油的老化变质,缩短使用周期。机油温度过低,将导致摩擦阻力增加。因此应对机油进行适当冷却,以保持油温在正常温度范围之内(70 ~90℃或更高),一般发动机是利用车辆行驶中的迎面空气流吹拂油底壳来使机油冷却的,在热负荷较高的发动机上,则专门设有机油散热器,以加强机油冷却。

为能随时掌握润滑系的工作状况,一般发动机中都设有指示机油压力的机油压力表和机油温度表。

四、润　滑　剂

润滑剂包括机油、齿轮油、润滑脂等。发动机以机油润滑为主。

高速柴油机上用的是柴油机润滑油(又称柴油机机油),汽油机上用的是汽油机润滑油(又称车用机油),机油的品质对内燃机的工作可靠性和使用寿命有很大的影响。

1. 机油的分类

通常用黏度分类法和质量分类法对发动机油进行分类,国际上广泛采用的SAE(美国汽车工程师学会)黏度分类法和API(美国石油学会)分类法,分别是两种分类方法的典型代表。而且它们已被国际标准化组织(ISO)确认。

按SAE法分类机油,冬季用油有6种,夏季用油有4种,冬夏通用油有16种。冬季用油牌号分别为:0W、5W、10W、15W、20W、25W,符号W代表冬季,W前的数字越小,其低温黏度越小,低温流动性越好,适用的最低气温越低;夏季用油牌号分别为:20、30、40、50,数字越大,其黏度越大,适用的最高气温越高;冬夏通用油牌号分别为:5W/20、5W/30、5W/40、5W/50、10W/20、10W/30、10W/40、10W/50、15W/20、15W/30、15W/40、15W/50、20W/20、20W/30、20W/40、20W/50,代表冬用部分的数字越小,代表夏季部分的数字越大者黏度越高,适用的气温范围越大。

按照API质量分类法,发动机油分为汽油机机油系列(即S系列)和柴油机机油系统(即C系列),每个系列的油品按英文字母顺序排列,分为若干级别。

我国于2007年1月1日实施新的国家标准GB 11121—2006《汽油机油》国家标准,GB

11122—2006《柴油机油》国家标准。其中:GB 11121—2006《汽油机油》国家标准将汽油机油的质量级别分为 9 个品种。分别是:SE、SF、SG、SH、GF-1、SJ、GF-2 SL、GF-3。

GB 11122—2006 柴油机油国家标准将柴油机油的质量级别分为 6 个品种。分别是:CC、CD、CF、CF-4、CH-4、CI-4。

国产发动机油的黏度分类新方法,已等效采用国际 SAE 黏度分类法。

2. 机油的选用

1)机油使用等级的选用

(1)柴油机油。柴油机油使用等级的选用主要根据柴油机强化程度。柴油机强化程度是指柴油机的机械负荷和热负荷的总和,以强化系数 K 来表示。强化系数由下式计算:

$$K = p_{me} v_m \tau$$

式中:p_{me}——平均有效压力,MPa;

v_m——活塞平均速度,m/s;

τ——行程数(四行程 $\tau = 0.5$,二行程 $\tau = 1$)。

$K \leqslant 50$ 时选用 CC 级机油;$K > 50$ 时选用 CD 级机油。

(2)汽油机油。汽油机油使用等级是根据汽油机的强化程度和进排气系统中的附加装置来选定。汽油机的强化程度往往与生产年份有关。后生产的汽油机比早年生产的汽油机的强化程度高,应选用使用等级较高的机油。

排气净化装置会使机油的工作条件恶化,为了保证汽油机能正常运转。所以,汽油机进排气系统的附加装置对选用机油的使用等级有决定的作用。一般有废气转化器的汽油机应选用 SF 级;有废气再循环装置的汽油机选用 SE 级;有曲轴正压通风装置的汽油机选用 SD 级;没有附加装置的汽油机选用 SC 级。

一般内燃机的使用说明中都规定了所用机油的使用等级。

高等级的机油可代替低等级的机油,但绝对不可用低等级的机油代替高等级的机油,否则会导致内燃机出现故障甚至损坏。

2)机油黏度的选用

机油黏度的选用依据主要是地区的季节气温,按当地当时的环境选用机油时,可参考图 8-1。一般来讲,气温低选择黏度小的机油;气温高选择黏度大的机油。冬季选择黏度小的机油;夏季选择黏度大的机油。

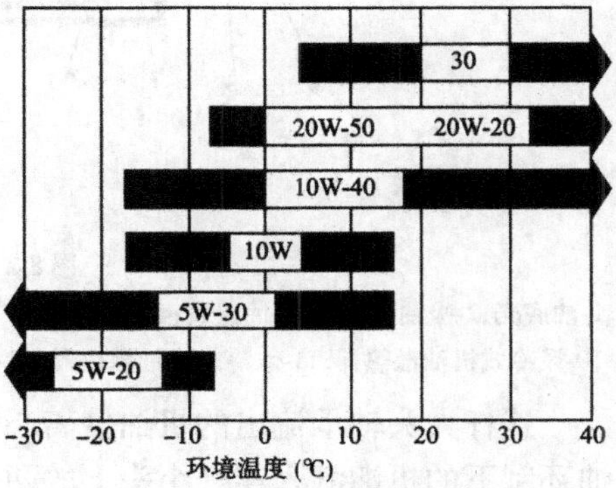

图 8-1 按当地环境温度选择机油

3. 常用的润滑脂

内燃机所用润滑脂可根据润滑脂产品标准选用,常用的有钙基润滑脂(GB 491—1987)。发动机润滑脂常用的有铝基润滑脂(ZBE 36004—88)、钙钠基润滑脂(ZBE 36001—88)及合成钙基润滑脂(ZBE 36005—88)等,主要根据使用场合选用。

第二节 典型油路分析

一、6135 型柴油机的润滑油路

图 8-2 所示为 6135 柴油机润滑油路简图，该润滑系统中细滤器与粗滤器是并联的，机油泵压出的机油的绝大部分经粗滤器进入主油道，少量的机油经细滤器流回油底壳。整个曲轴是空心的，其空腔形成润滑油道，机油经此油道分别润滑各个连杆轴承。曲轴主轴承是滚动轴承，用飞溅方式润滑。用以润滑气门传动机构的机油，沿着第二个凸轮轴轴承引出的油道，一直通到气缸盖上气门摇臂轴的中心油道，再由此流向各个摇臂的工作面，然后顺推杆表面上流到杯形的挺杆 16 内。由挺杆 16 下部两个油孔流出的机油及飞溅的机油润滑凸轮工作面。

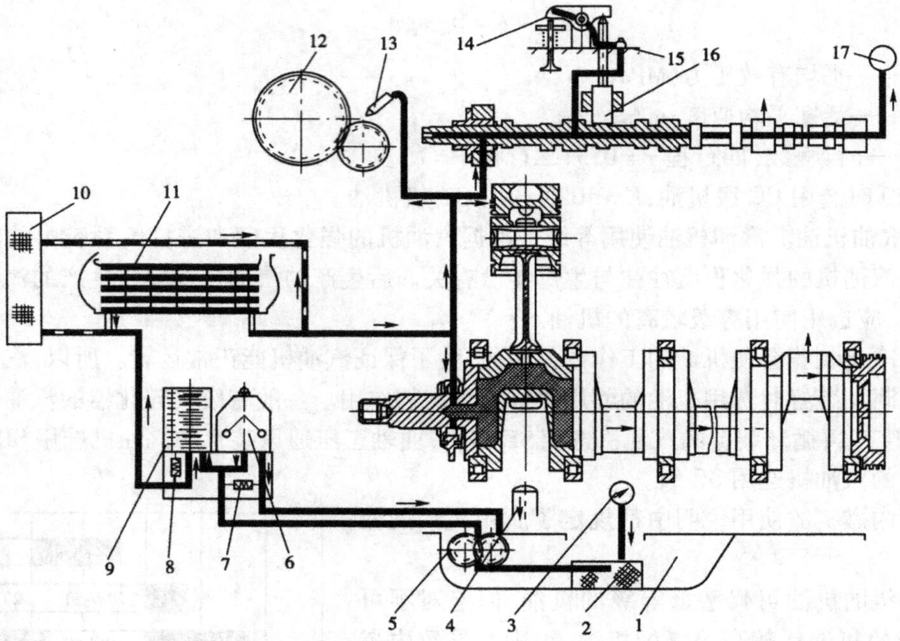

图 8-2 6135 型柴油机润滑系示意图

1-油底壳；2-吸油盘滤网；3-油温表；4-加油口；5-机油泵；6-离心式机油滤清器；7-调压阀；8-旁通阀；9-刮片式机油粗滤器；10-风冷式机油散热器；11-水冷式机油散热器；12-齿轮系；13-齿轮润滑的喷嘴；14-摇臂；15-气缸盖；16-挺杆；17-机油压力表

连杆大头轴承流出的机油借离心力的作用飞溅至气缸壁上以润滑活塞和气缸套。由活塞油环刮下的机油溅入连杆小头上的两个油孔内以润滑活塞销和连杆小头轴承。

在标定转速下（1800r/min），该润滑系压力应保持在 0.3 ~ 0.4MPa。

若机油粗滤器被杂质严重堵塞，将使整个油路不能畅通。因此在机油泵与主油道之间，与粗滤器并联设置一个旁通阀。当粗滤器进油和出油道中的压力差达 0.15 ~ 0.18MPa 时，旁通阀即被推开，使机油不经过粗滤器滤清面直接流入主油道，以保证对内燃机各部分的正常润滑。

如果润滑系中油压过高（如在冷起动时，机油黏度大，就可能出现油压过高现象），这将增

加发动机功率损失，为此在机油泵端盖内设置柱塞式限压阀。当机油泵出油压力超过 0.6MPa 时，作用在阀上的机油总压力将超过限压阀弹簧的预紧力，顶开柱塞阀而使一部分机油流回机油泵的进油口，在机油泵内进行小循环。弹簧预紧力可用增减垫片数目的办法来调节。

二、6130 型柴油机的润滑油路(图 8-3)

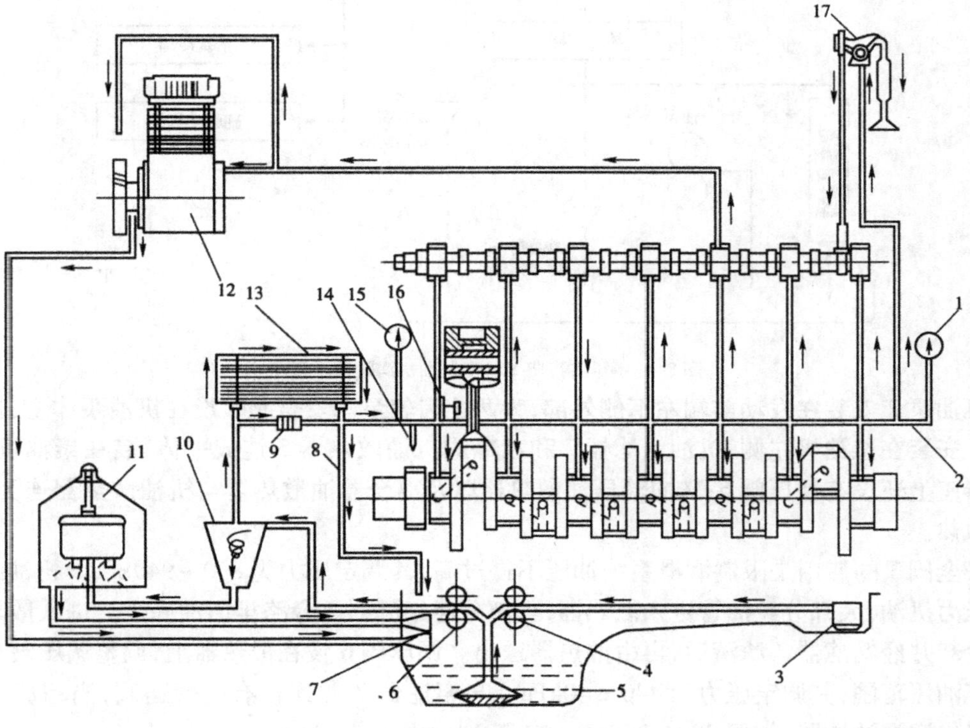

图 8-3　6130 系列柴油机润滑油路示意图

1-油温表;2-主油道;3-辅泵集滤器;4-辅泵;5-主泵集滤器;6-主油泵;7-限压阀;8-调压阀;9-恒温阀;10-机油粗滤器;11-机油细滤器;12-空气压缩机;13-机油散热器;14-齿轮室喷油口;15-油压表;16-冷却活塞喷口;17-摇臂

主油泵 6 首先将机油泵入旋涡式机油粗滤器 10 中，经过粗滤器的机油分为两路：一路是少量机油及被粗滤器分离出来的杂质进入机油细滤器 11，经过滤清后回到油底壳；另一路是经过粗滤后的清洁机油经散热器 13 冷却后进入主油道 2。机油由主油道再分成四路到各部分润滑：一路分别进入各主轴承、连杆轴承和凸轮轴承；另一路经冷却活塞喷口 16 喷向各活塞顶内腔，冷却活塞，并润滑活塞销及连杆衬套、活塞与气缸壁；第三路经气缸体上的垂直油道输送到气缸盖上部的摇臂轴中空油道，润滑配气机构各零件；第四路经喷油口 14 喷出，润滑正时齿轮，油路中并联有限压阀 7，恒温阀 9 和调压阀 8。为了保证润滑的可靠性，该油路设有辅泵 4。

三、康明斯 NT-855 型柴油润滑油路

康明期 NT-855 型柴油机润滑系采用全流式机油冷却和旁流式机油滤清。用于小松 D80A-18 推土机的柴油机其润滑系统油路循环如图 8-4 所示，同时使用全流式和旁流式机油

滤清器，可使润滑油达到较好的净化和滤清效果。

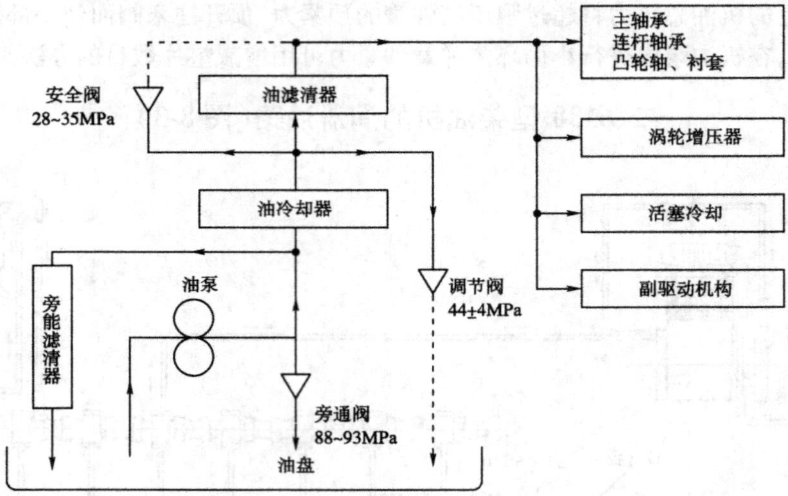

图 8-4　康明斯 NT-855 型柴油机润滑系示意图

机油泵 2 安装在发动前端左下侧外部，为两连齿轮泵。安全阀 3 设在机油泵体上；机油滤清器 4 安装在柴油机左侧；机油粗滤器 7 和水冷式机油散热器 5 连成一体，装在柴油机左侧；散热器座上还设有调压阀 6；转向液压油散热器以及离合器油散热器与机油散热器连为一体，分别散热。

安全阀 3 的使用是限制润滑系统油压不得过高，其调定压力为 890 ~ 940kPa。机油泵 2 送出的压力机油，大部分经油管进入散热器，少部分经细滤器 4 旁路排回油底壳。进入散热器的机油冷却并经精滤器 7 滤清后，再由散热器送出。调压阀 6 设在散热器上，调整调压阀 6 可改变系统油压范围，其调定压力为 440 ± 40kPa。与粗滤器 7 并连接有一旁通阀，当粗滤器堵塞时可提供润滑油通路，阀压 280 ~ 350kPa，起安全作用。

经冷却和滤清后的压力机油由散热器送到主油道，在此，机油开始分流润滑。

一路通过供油软管进入增压器，增压器回流的机油通过回油软管流回曲轴箱中。

进入主油道的润滑油，通过钻孔油道被送到主轴承、连杆轴承、活塞销衬套、凸轮轴衬套、凸轮随动臂轴及随动臂、摇臂轴和摇臂等，然后流回油底壳中。

由于采用增压器活塞承受的负荷大，温度较高，因此，对活塞必须进行冷却。活塞冷却是由主油道头部相通的输油道来供油的。一个活塞冷却油道在缸体右侧，自气缸体前部一直延伸到气缸体的后部。从气缸体外侧安装有 6 个活塞冷却喷嘴，它们自活塞冷却油道向每个活塞的内腔喷射机油，对活塞进行冷却。

附件传动的润滑是与主道相通的输油道供油的。一个相交油道将从输油道来的润滑油引出气缸体的前部，送到柴油机排气管一侧的齿轮室盖中，通过一油管将油送到齿轮及附件传动轴套上，对附件进行润滑。

第三节　润滑系主要机件的构造

润滑系的主要机件有机油泵、机油滤清器和机油冷却器等。

一、机 油 泵

机油泵通常采用齿轮式和转子式两种结构形式,如图8-5所示。

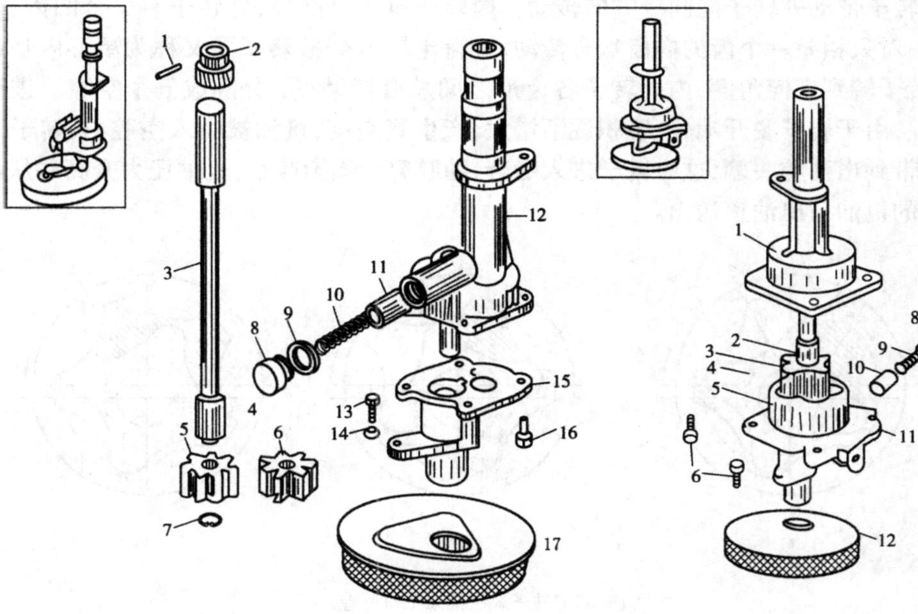

图8-5 机油泵

a)齿轮式 1-销;2-油泵驱动齿轮;3-油泵驱动齿轮轴;4-半圆键;5-主动齿轮;6-从动齿轮;7-止动弹簧;8-安全阀螺塞;9-衬垫;10-弹簧;11-安全阀;12-机油泵体;13、16-螺栓;14-垫圈;15-油泵盖;17-机油集滤器

b)转子式 1-上泵体;2-轴;3-内转子;4-销;5-外转子;6-螺栓;7-安全阀螺塞;8-衬垫;9-弹簧;10-安全阀;11-下泵体;12-机油集滤器

1. 齿轮式机油泵

由泵体、泵盖、主动齿轮、从动齿轮、主动齿轮轴及传动螺旋齿轮等组成。当发动机工作时,凸轮轴的驱动齿轮带动螺旋齿轮而使泵壳内的主动齿轮旋转,主动齿轮又带动从动齿轮作反方向旋转,将机油从进油口沿齿隙与泵壁间送至出油口(图8-6)。在此同时,进油口处形成低压,产生吸力,机油盘内的机油被吸入进油口,出油口处的机油越积越多,因而油压增高,机油便不断的被泵压送到各摩擦部分去进行润滑。

当齿轮进入啮合时,啮合齿间的机油,由于容积变小在齿轮间产生很大的推力。为此在泵盖上铣出一条卸压槽,使轮齿啮合时齿间挤出的机油可以通过卸压槽流向出油腔。齿轮式机油泵由于结构简单,制造容易,并且工作可靠,所有应用最广泛。

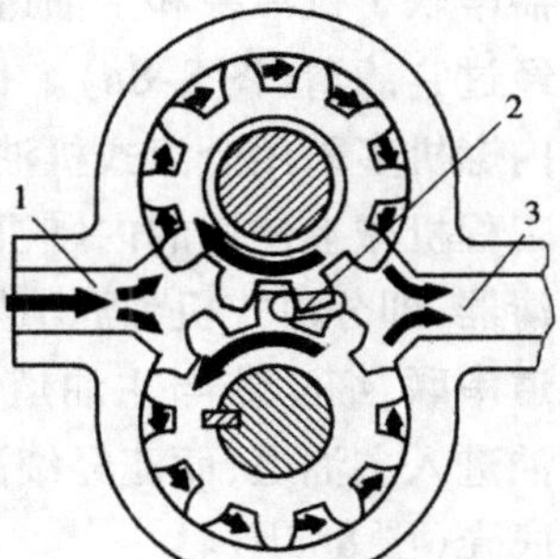

图8-6 齿轮式机油泵工作原理
1-进油腔;2-卸压槽;3-出油腔

2. 转子式机油泵

图 8-7 是转子式机油泵的工作原理图。转子泵由内转子、外转子、油泵壳体等组成。油泵工作时，内转子带动外转子向同一方向转动。内转子有 4 个凸齿，外转子有 5 个凹齿，它们可以看作是一对只相差一个齿的内齿啮合传动，转速比是 5:4，故转子泵又称为星形内啮合转子泵。无论转子转到任何角度，内外转子各齿形之间总有接触点，分隔成五个空腔。进油道的一侧的空腔，由于转子脱开啮合，容积逐渐增大，产生真空度，机油被吸入空腔内，转子继续旋转，机油被带到出油腔一侧，这时转子进入啮合，油腔容积逐渐减小，机油压力升高并从齿间挤出，拉压后的机油从出油道送出。

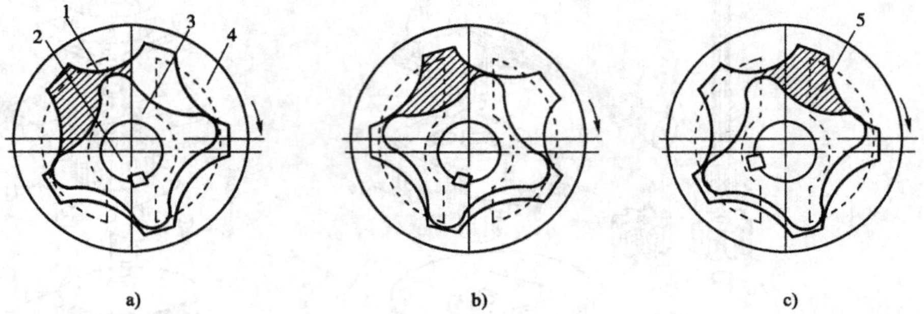

图 8-7 转子式机油泵工作原理

a）进油；b）压油；c）出油

1-进油腔；2-油泵轴；3-内转子；4-外转子；5-出油腔

转子式机油泵结构紧凑，吸油真空度较高，泵油量较大，且供油均匀，当油泵安装在曲轴箱外且位置较高时，用此种油泵较为合适。

二、机油滤清器

机油滤清器的功用是清除机油中的金属磨屑、机械杂质、机油变质后的胶黏物等。

按机油滤清器在油路中的连接方式将机油滤清器分为全流式和分流式。全流式机油滤清器串联于机油泵和主油道之间，因此全部机油都经过它滤清（图 8-8a）。目前轿车及其他中小型内燃机多采用全流式机油滤清器。在载重货车、工程机械上使用的内燃机一般采用粗、细双级滤清器，即分流式机油滤清器。其中粗滤器与主油道串联，细滤器与主油道并联，经过粗滤器的机油进入主油道，而流经细滤器的机油直接返回油底壳（图 8-8b）。

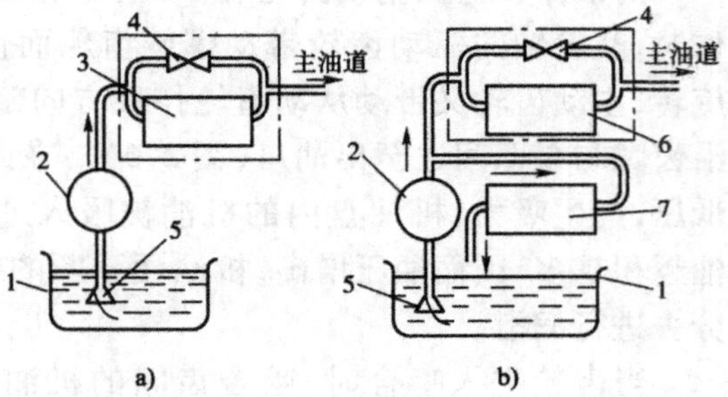

图 8-8 机油滤清器在油路中的连接方式

a）全流式；b）分流式

1-机油底壳；2-机油泵；3-全流式机油滤清器；4-旁通阀；5-集滤器；6-机油粗滤器；7-机油细滤器

机油滤清器按其滤清方法有过滤式和离心式两种。过滤式又有粗滤和细滤之分，而离心式只用在细滤器上。

1. 集滤器

集滤器装在机油泵之前(进油口端),为滤网式,其滤清能力差,阻力小可阻止较大杂质进入机油泵。目前应用最多的是浮子式集滤器,其构造如图8-9所示。工作时漂浮在机油面上,以保证机油泵能吸入最上层的洁净机油。

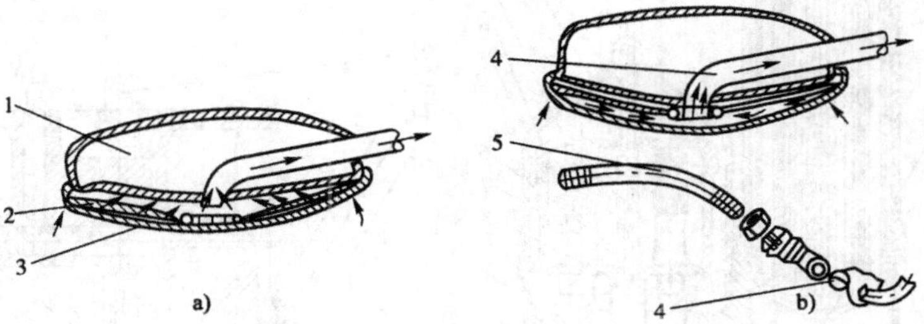

图8-9 浮子式集滤器

a)滤网未被堵塞;b)滤网被堵塞

1-浮子;2-滤网;3-罩;4-活动油管;5-固定油管

浮子1是中空的,可以浮在机油面上,其上焊有活动油管4,活动油管4和固定油管5活络连接,油管5固定在通往机油泵的进油道上。浮子1可随油面升降,浮子下装有金属丝制成的滤网2,滤网具有弹性,中间开有环口,平时依靠滤网本身的弹性,使环口紧压在罩3上。罩3的边缘有狭逢,以便进油。

当机油泵工作时,机油从罩与浮子间的狭逢被吸入,经过滤网滤去粗大的杂质后,通过油管进入机油泵(图8-8a)。当滤网被堵塞时,滤网上方的真空度增大,克服滤网的弹力,滤网便上升而环口离开罩3,此时机油不经滤网而直接从环口进入吸油管内(图8-8b)。

2. 粗滤器

粗滤器滤除机油中粒径0.05 mm以上的杂质。它的阻力小,通过能力较好。因此串联于机油泵和主油道之间,即属于全流式滤清器。

粗滤器根据滤清元件(滤芯)的不同,有不同的结构形式。国产内燃机常用的有绕线式、金属缝隙式和纸芯式等。

1)绕线式机油滤清器(图8-10)

绕线式机油滤清器粗滤芯19用压制的铜丝绕成,分为内外两层,以增加过滤面积。滤芯借助粗滤器轴18装于粗滤器盖14上,并安装于粗滤器体17和底座9内。机油经过铜丝滤芯夹层,并汇集到粗滤器轴的中心孔内,经粗滤器盖和粗滤器体中铸出的油道,流出粗滤器至机油散热器或主油道。

2)金属缝隙式机油滤清器(图8-11)

金属缝隙式机油滤清器滤芯由依次装叠在方形滤芯轴14上的厚0.35mm滤清片9和厚0.08mm隔片10组成,利用上下盖板和螺母将其紧固。由于滤清片之间有隔片,造成宽0.08mm的滤缝,机油经滤缝汇集在滤清片的集油腔内,然后经出油口通向主油道(机油流向如

图 8-11 上箭头所示）。为了及时清除黏附在滤缝中的杂质，在滤清片间还装有厚度和隔片相同的刮片 11，刮片装在刮片固定杆 5 上，并借助螺纹拧在滤清器盖上。拧动滤芯轴顶端的手柄 8 转动滤芯时，则固定着的刮片可将滤片间的杂质剔出来。

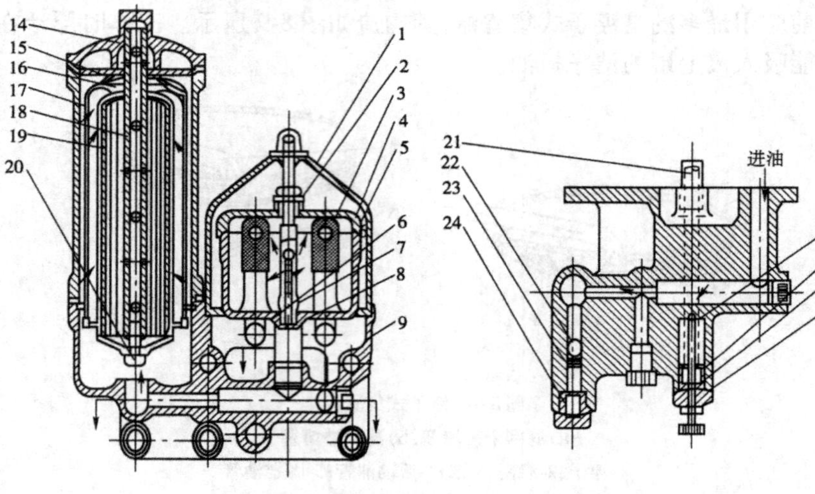

图 8-10　135 系列柴油机机油滤清器（粗滤器为绕线式）

1-转子外壳；2-转子上轴承；3-滤网；4-转子盖；5-转子体；6-喷嘴；7-转子下轴承；8-转子轴；9-底座；10-调压器；11-调压弹簧；12-调节螺钉；13-调压阀外体；14-粗滤器盖；15、16-密封圈；17-粗滤器体；18-粗滤器轴；19-粗滤器芯子；20-螺钉；21-回油管接头；22-旁通阀；23-旁通阀弹簧；24-螺母

滤清器或油道中一般装有旁通阀或限压阀，它们的构造基本相同，只是其安装的位置，控制压力和溢流方向不同，一般把溢出机油流回油底壳或油泵进油口处的阀门称限压阀。限压阀的功用是限制油路的最高压力，保证油路安全。而把与油路并联，当油路堵塞时能旁通机油，保证机油不至于中断的阀门称为旁通阀。

金属缝隙式滤清器的旁通阀由旁通阀门盖 1、旁通阀门弹簧 2 及钢球 3 组成（图 8-11），当滤清器积污过多堵塞缝隙时，旁通阀的钢球 3 自动顶开，机油不经滤芯而直接流入主油路，以防止供油中断。

3）纸质滤芯式机油滤清器（图 8-12）

一般纸质滤芯式机油滤清器壳体由铸铁上盖 1 和钣压制成的外壳 3 组成。滤芯 4 用经过树脂处理的微孔滤纸制成。滤芯的两端由密封圈 2 和 6 密封。机油由上盖 1 上的下孔（进油孔）流入，通过滤芯后，经盖上的上孔（出油孔）流入主油道。当滤芯积污堵塞，其内外压差达到 0.15 ~ 0.18 N/mm。时，旁通阀的球阀 12 即被顶开，大部分机油不经滤芯滤清，直接进入主油道，以保证主油道所需要的机油量。

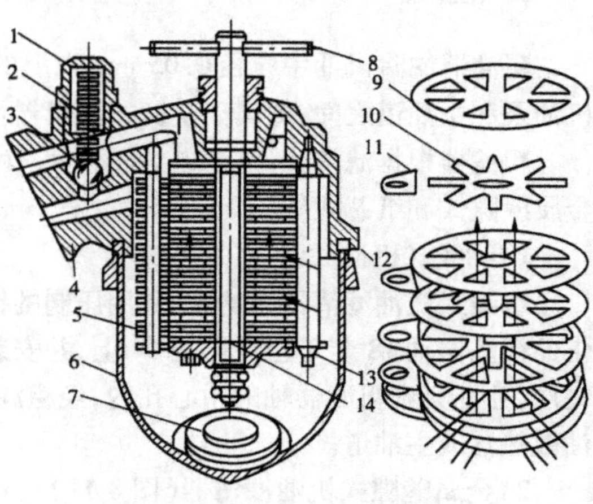

图 8-11　金属片缝隙式机油滤清器

1-旁通阀门盖；2-旁通阀门弹簧；3-钢球；4-上盖；5-刮片固定杆；6-外壳；7-放油塞；8-手柄；9-滤清片；10-隔片；11-刮片；12-衬垫；13-固定螺栓；14-滤芯轴

图 8-13 为纸质滤芯的构造。芯筒 2 是滤

芯的骨架，用薄铁皮制成，其上加工出许多圆孔。微孔滤纸一般折叠成扇形（图 8-13a）或波纹形（图 8-13b），以保证在最小体积内有最大的过滤面积，并提高滤芯刚度。滤芯用塑胶与上下端盖 1 和 4 黏合在一起。

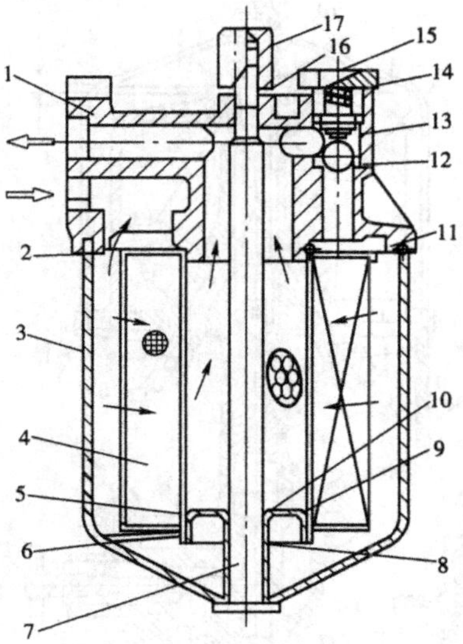

图 8-12　纸质滤芯式粗滤器

1-上盖；2-滤芯密封圈；3-外壳；4-纸制滤芯；5-托板；6-滤芯密封圈；7-拉杆；8-滤芯压紧弹簧；9-压紧弹簧垫圈；10-拉杆密封圈；11-外壳密封圈；12-球阀；13-旁通阀弹簧；14-密封垫圈；15-阀座；16-密封垫圈；17-螺母

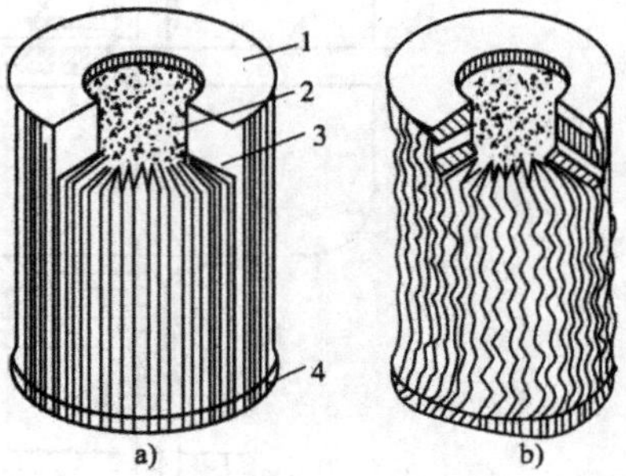

图 8-13　纸质滤芯的构造

1-上端盖；2-芯筒；3-微孔滤纸；4-下端盖

微孔滤纸经过酚醛树脂处理，具有较高的强度、抗腐蚀能力和抗水湿性能。因此纸质滤清器具有质量小，体积小，结构简单，滤清效果好，过滤阻力小，成本低和维护方便等优点，目前应用最广泛。

3. 细滤器

细滤器用来滤除粒径为 0.001mm 以上的细小杂质。由于细滤器阻力大，因此在具有粗、细两种滤清器的润滑油路中，细滤器都是并联在油路中作为分流式滤清器。通过细滤器的机油直接流回油底壳。细滤器分为离心式和过滤式两种。

1）离心式细滤器

离心式细滤器是根据离心分离原理制成。图 8-10 右侧的细滤器即为并联在油路中的离心式细滤器。离心式细滤器的结构见图 8-14。滤清器外壳 1 固定着带中心孔的转子轴 3。转子体 14 与转子体端套 6 连接一体，其上压入三个衬套 13，套在转子轴上可以自由转动。压紧螺母 12 将转子盖 8 与转子体紧固在一起。转子下面装有推力轴承 4。转子上面装有支承垫圈 9，并用弹簧 10 压紧以限制转子轴向移动。整个转子用滤清器盖 7 盖住，压紧螺套 11 将盖固定在外壳 1 上。转子体内有两个机油管，转子体下部有两个水平安装的互成反向的喷嘴 5。内燃机工作时，来自机油泵的机油，一部分流向粗滤器，另一部分流入离心式机油滤清器。机油经滤清器进油口 B 进入转子轴心，由出油口 C 进入转子内腔，再经过进油孔 D、油道 E 从两喷口喷出。在喷射中产生的反作用力的推动下，转子作高速旋转（可达 6000r/min）。转子内的机油中的杂质在离心力的作用下,被甩向四周并积存在转子内壁上。由于进油孔 D 朝向转子中心,因此从喷口喷出并流回油底壳的机油是经过滤清的清洁机油。

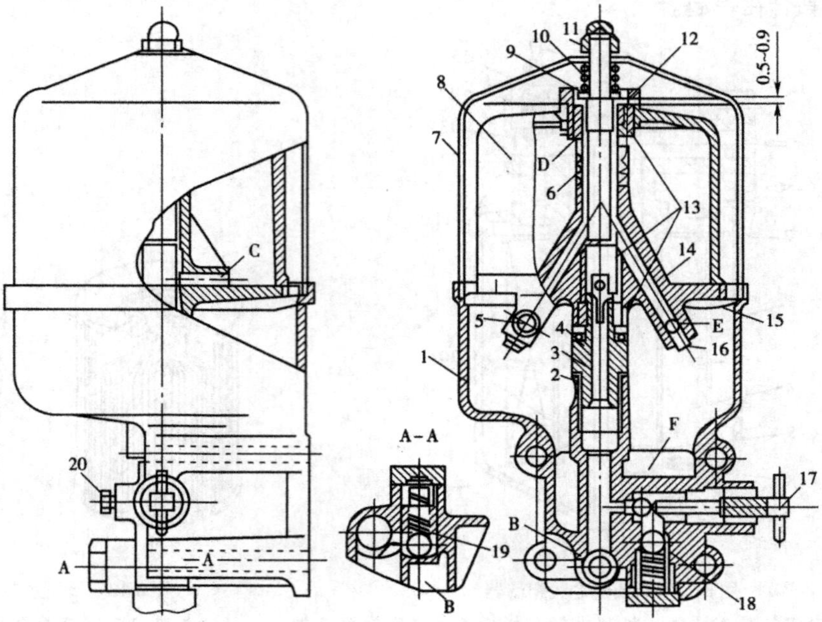

图 8-14 离心式机油细滤器

1-壳体;2-锁片;3-转子轴;4-推力轴承;5-喷嘴;6-转子体端套;7-滤清器盖;8-转子盖;9-支承垫圈;10-弹簧;11-压紧螺套;12-压紧螺母;13-衬套;14-转子体;15-挡板;16-螺塞;17-调整螺钉;18-旁通阀;19-进油限压阀;20-管接头;B-滤清器进油孔;C-出油孔;D-进油孔;E-通喷嘴油道;F-滤清器出油孔

当机油压力过低时,进油限压阀 19 关闭,机油不进入离心式细滤器而全部供入主油道,以保证内燃机可靠润滑。

离心式机油滤清器的优点是滤清效果高,通过能力好,不需更换滤芯,清洗周期长,使用保养方便,使用成本低,故在中小高速内燃机中广泛应用。但是,离心式滤清器的结构复杂,制造成本高,机油中的胶状沉淀物由于密度只比机油密度略大一点,所以离心式滤清器对它们的清除能力很差。故使用离心式滤清器的内燃机油底壳中胶质较多,易于发黑。并且离心式机油滤清器转子高速喷出的机油泡沫严重,加速了机油的氧化过程,缩短机油的使用周期。此外在冷起动及机油温度较低时,滤清效果较差。

2)过滤式机油细滤器

过滤式机油细滤器常用纸质滤芯式,其结构和原理同纸质滤芯式粗滤器。

三、机油散热器

内燃机工作时机油的循环从机体上带走大量的热量,使机油温度升高,而且进入机油的热量随着内燃机的强化程度而增加。为了防止机油温度过高引起机油黏度下降影响润滑效果,对于功率较大的内燃机一般均设有机油散热装置——机油散热器。

机油散热器分为风冷和水冷两种。

1. 风冷式机油散热器

风冷式机油散热器一般是装在内燃机冷却水散热器的前面,利用风扇的风力,使机油冷却。广泛用于运输车辆的内燃机上,但大气温度和车速的变化对散热效果影响较大。

风冷式机油散热器的结构多为管片式(图 8-15),和一般冷却水散热器类似。

2. 水冷式机油散热器

水冷式机油散热器一般装在内燃机侧面,机油温度受气温影响较小,尤其是在起动暖车而机油温度较低时,可从冷却水中吸热以缩短暖车时间。但结构较为复杂,水与油的密封要求高。

在工程机械上,内燃机负荷大,行驶速度低,采用风冷式机油散热器效果较差,因而多采用水冷式机油散热器。

图 8-15 风冷式机油散热器

图 8-16 所示为 135 系列柴油机的水冷式机油散热器。装在外壳内的散热器芯子是一组带散热片的铜管;两端与散热器前后盖内的水室相通。工作时冷却水在管内流动,而机油则在管外受隔片限制而成曲折路线流动。

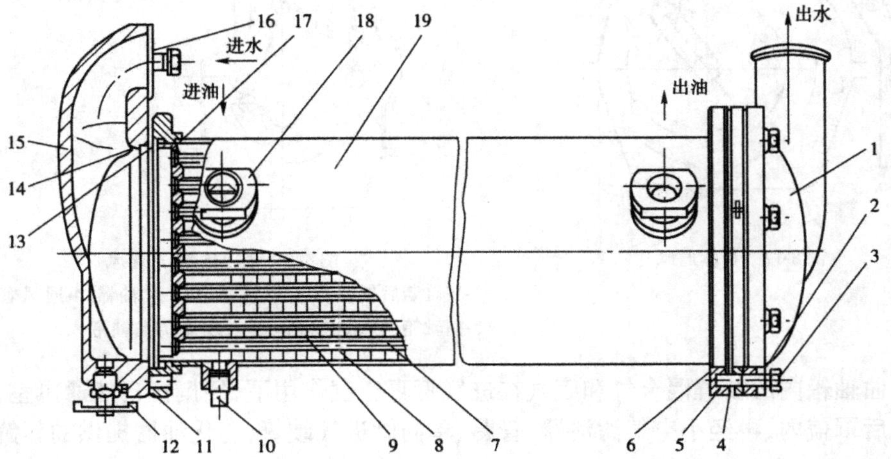

图 8-16 水冷式机油散热器

1-散热器前盖;2-弹簧垫圈;3-螺钉;4、11、16-垫片 5-芯子凸缘;6-外壳凸缘;7-冷却管;8-隔片;9-散热片;10-方头螺塞;12-放水;13-封油圈;14-封油垫片;15-散热器后盖;17-芯子底板;18-接头;19-散热器外壳

高温机油的热量通过水管上的散热片传给冷却水而被带走,达到了机油冷却的目的。

第四节 曲轴箱通风

发动机运转时,有极少的工作混合气和废气经活塞和气缸内壁的间隙流入曲轴箱内,进入曲轴箱内的燃油混合气凝结后将机油变稀,从而减小润滑油的黏度,并使润滑油性能变坏。因此,曲轴箱必须进行通风,使进入的新鲜空气在箱内回旋后,将水蒸气和油蒸气带出去或再加以利用。

曲轴箱通风的方式有3种:自然通风、强制封闭式通风和单向阀通风。

一、自 然 通 风

在曲轴箱连通的气门室盖或润滑油加注口接出一根下垂的出气管(图8-17),管口处切成斜口,切口的方向与车辆行驶的方向相反。由于车辆的前进和冷却系风扇所造成的气流作用,使管内形成真空而将废气抽出,曲轴箱中的气体直接导入大气中去。这种通风方法称曲轴箱的自然通风。

二、强制封闭式通风

强制封闭式通风装置如图8-18所示。

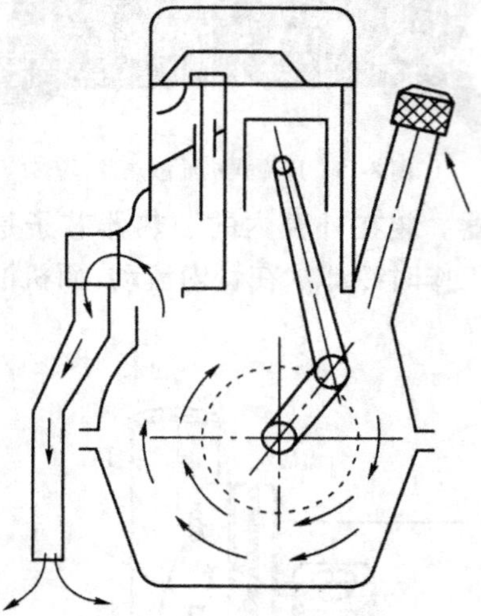

图8-17　自然通风

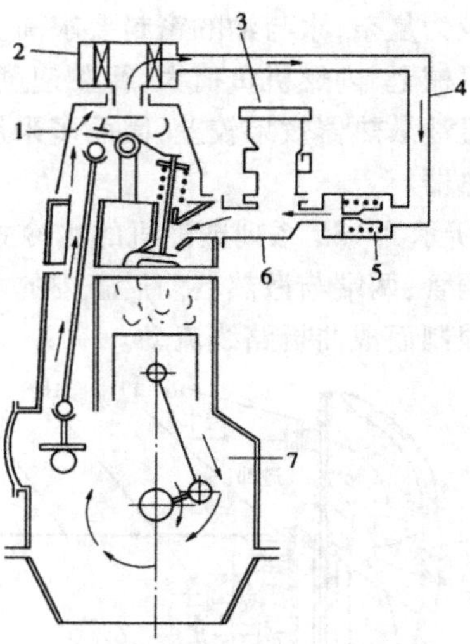

图8-18　强制封闭式通风

1-气缸盖后罩盖;2-空气滤清器;3-化油器;4-通风管路;5-曲轴箱通风单向阀;6-进气歧管;7-曲轴箱

进入曲轴箱内的新鲜混合气和废气在进气管真空度作用下,经挺杆自然通风室、推杆孔进入气缸盖后罩盖内,再经小空气滤清器、管路、单向阀进气歧管,与化油器提供的新鲜混合气混合后,进入燃烧室参加再燃烧。新鲜空气经气缸盖前罩盖上的小空气滤清器进入曲轴箱。为了降低曲轴箱通风抽出的机油消耗,除在气缸盖后罩盖内装有挡油板外,在后罩盖上部还装有起油气分离作用的小滤清器,在管路中串联曲轴箱单向阀。

当发动机小负荷低速运转时,由于进气管真空度较大,单向阀克服弹簧力被吸住在阀座上,曲轴箱内的废气经单向阀上的小孔进入进气管。随着发动机转速增高,负荷加大,进气管真空度降低,弹簧将单向阀逐渐推开,通风量也逐渐加大。当发动机大负荷工作时,单向阀全开,通风量最大,从而可以更新曲轴箱内的气体。

发动机在工作中,相互配合的许多零部件是在高温、高压、高速且配合间隙很小的状态下工作的。这些受摩擦的零部件除了合理地维护、修理、装配和使用能延长其寿命外,更重要的是保证良好的润滑、冷却,否则不仅会引起这些零部件的快速磨损,而且往往会造成发动机的事故性破坏，甚至造成整台发动机报废。所以，润滑系始终保持良好的技术状况是保证发动机正常工作，延长发动机使用寿命的必要前提和有效措施。因此在维护、修理工作中必须认真做好润滑系的检查、维护、修理、安装和调整工作，以使其技术状况得到恢复。在使用中，润滑系出现故障时必须及时分析排除，以免造成发动机事故性损坏。

第五节　润滑系的维护与修理

一、机油泵的修理与调试

机油泵在工作中润滑充分，受力均匀，工作条件特别好，所以在正常工作的一个大修间隔期内，磨损很小。因此，发动机大修时，机油泵在未拆修之前，应先在机油泵试验台上检查其泵油压力及泵油量。如果压力和流量都符合标准，且转动中无任何机械摩擦声，各部螺栓紧固正常，则不必拆修而继续使用。否则，不必要的拆装会使零件的密封性受到破坏而使泵油压力降低，流量不够。如果经检验，机油泵的供油压力低，流量不足，转动中有不正常的响声，轴与齿轮晃动量过大时，则必须拆卸修理。

1. 机油泵的技术检验

常用机油泵有外啮合齿轮式和内啮合转子式两种，它们都属于容积式机油泵。影响机油泵压力和流量的主要部位是端面间隙、啮合间隙、齿顶间隙、轴与轴承的配合间隙及限压阀的密封性等。机油泵修理时，必须对上述部位进行检验，以便采取相应的修复措施。

1）端面间隙检验

机油泵的端面间隙是指泵油齿轮或内外转子端面距离泵盖平面之间的间隙。端面间隙过大，机油内部泄漏增加，造成机油泵供油不足，压力过低。

在不解体的情况下检验端面间隙时，把机油泵固定在台钳上，将百分表顶在机油泵轴的端面上。用手推拉泵轴的另一端，百分表的摆动量就是机油泵的端面间隙。没有百分表时，也可凭感觉前后推拉泵轴试验。该间隙一般为 0.05 ~ 0.10mm。机油泵解体后，可将直尺靠在泵体与泵盖的分界面上，然后用塞尺测量直尺与齿轮或转子端面间的间隙，如图 8-19 所示。此间隙与泵盖磨损量的和即为端面间隙。

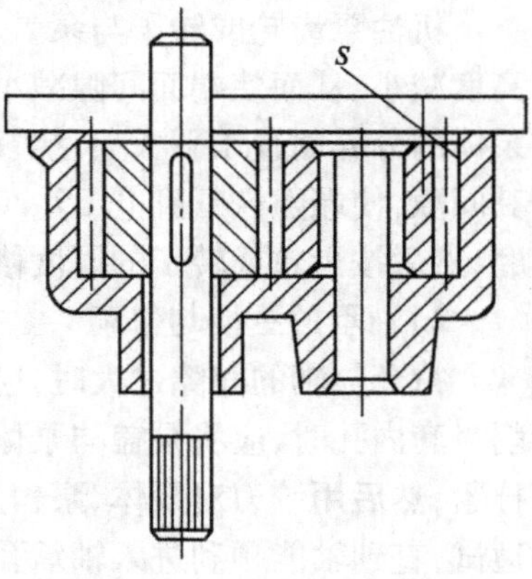

图 8-19　端面间隙的检验

2）轴与轴承配合间隙的检验

轴与轴承磨损，配合间隙增大后会使机油泵供油压力降低，流量不足。严重时会使齿顶刮磨泵体内表面。机油泵轴的轴承内径尺寸很小，很难用内径量表测量检验，所以多用感觉检验法。一般机油泵的泵轴能顺利装入轴承孔内，转动时无阻力感且径向无间隙感为合适。

3）限压阀的检验

机油泵的限压阀大都设置在机油泵上，有些发动机设置在滤清器上。限压阀设置在机油泵上时，限压阀的密封性及开启压力应在机油泵试验台上进行检验。密封良好的限压阀在低于开启压力时不应该有漏油现象。事实上，机油泵在额定压力和转速下，流量符合标准时，说明限压阀不漏油，流量不足时，则限压阀密封性差。

限压阀设置在滤清器上时，其密封性的检验应在发动机工作时进行。如果主轴承、连杆轴承、凸轮轴轴承与其轴的配合间隙都在规定的范围内，机油压力在规定值时，将限压阀调整螺塞退出一定量时，机油压力降低；将限压阀调整螺塞旋入到原来位置，压力上升到规定值，则说明限压阀密封良好。若发动机各配合副的配合间隙符合规范要求，机油泵技术状况良好，而机油压力偏低，则多为限压阀密封性差。

4）啮合间隙与齿顶间隙的检验

啮合间隙增大，对机油泵的性能影响较小，所以此间隙允许值较大，有时可达 1～1.5mm。齿顶与泵体内表面在正常工作时没有直接接触，所以磨损很小。因此，在一般修理作业时不必检验啮合间隙和齿顶间隙。但是，如果发动机运行多年，各部均已严重磨损，机油泵的状况极差，则应检查啮合间隙和齿顶间隙。检查方法如图 8-20 所示。

机油泵齿轮啮合间隙超过 1.8mm，顶隙超过 1mm 时，一般不再修理，应该更换新泵。转子式机油泵的检查项目及检验方法与齿轮式机油泵基本相同，不再重复。

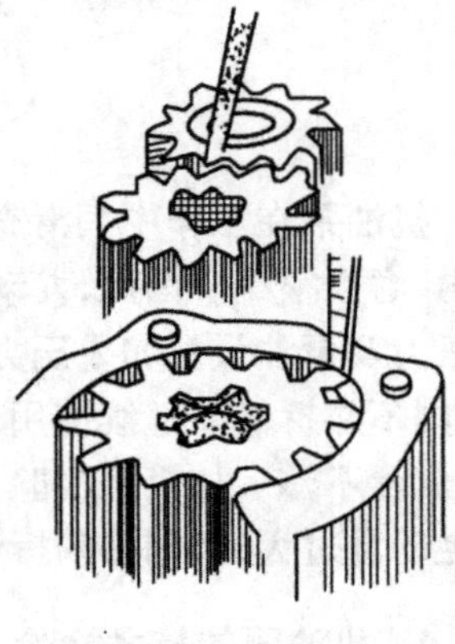
图 8-20　啮合间隙和齿顶间隙的检验

2. 机油泵的修理

1）泵体的修理

机油泵齿轮或转子与泵盖之间的端面间隙过大时，可对泵体的分界面进行磨修，使泵体的高度减小，从而使端面间隙减小。当端隙超限不多时，可以在平板上涂以适量气门研磨砂，将泵体的分界面置于平板上，绕“8”字研磨。边磨边用直尺和厚薄规按图 8-20 所示的方法测量其间隙，使端隙恢复到 0.05～0.10mm。如果齿轮或转子的端面不平时，也可按上述方法研磨，然后按齿轮或转子的厚度修磨泵体。

2）轴承的更换与修配

衬套与轴的间隙过大时，应更换新衬套，然后按轴的实际尺寸铰削，恢复其配合间隙。铰削衬套内孔时，应将泵盖与泵体装合（齿轮和轴不装入），定位销定位，各连接螺栓按规定扭矩拧紧，然后用铰刀对泵体、泵盖上的轴承孔同时铰削，以保证其同轴度要求。铰削量应小，边铰边试，直到轴能顺利进入轴承孔，并能转动自如，且无明显径向间隙为止。

3）泵轴的修理

泵轴因磨损出现台阶或圆度、圆柱度误差超过 0.04mm，或更换新轴承后，配合间隙仍然大于标准值时，可对泵轴进行刷镀修复，最后磨至标准尺寸。

4）泵盖的磨修

影响机油泵端隙的不仅是泵体和齿轮或转子，泵盖磨损同样会使端隙增大。另外，泵盖与泵体接合面处有拉损、沟槽等损伤时，会使机油泵的密封性变差而漏油。因此，泵盖有上述损伤时，必须在平面磨床上进行磨削，去除损伤。损坏不严重时，可在平板上进行研磨。

5）限压阀的维护

拆修机油泵时，将限压阀及弹簧取出，认真检查。若钢球有磨损痕迹时，应更换相同尺寸的新钢球。无新钢球更换时可用钢球冲击阀座,使其密封。如果限压阀是带球面或锥面的柱阀,可以在阀与阀座上涂以气门研磨砂设法对磨,使它们的密封性得到恢复。限压阀弹簧拆断或弹力过小时,应更换新弹簧。弹簧的自由长度不够或弹力不足时,一般可以通过调整限压阀螺塞得到补偿,必要时也可以在弹簧下垫垫片。

3. 机油泵的装配与试验

1)机油泵的装配

机油泵在装配时,各零件必须清洗干净。主动齿轮和轴的配合有一定的过盈,装前应加热主动齿轮后再进行装合,不得冷压。对于双联齿轮泵,在往轴齿轮上安装另一主动齿轮之前应将中间隔板装复。齿轮或转子装入泵体后,应再次检查端面间隙、啮合间隙、齿顶间隙等。若有不符合标准之处,应查明原因,予以解决。装复后的机油泵应转动灵活,无卡滞、摩擦现象。将机油泵的吸油口浸入机油内,用手转动泵轴时(沿工作时的转动方向),出油口有机油冒出。用大拇指按住出油口时,手力应转不动泵轴。

2)机油泵的试验

机油泵修复后应进行试验,以检查机油泵在规定的转速、油温、机油黏度条件下的泵油压力及泵油流量。常用机油泵的性能指标见表 8-1。

常用发动机机油泵性能指标 表 8-1

性能指标 \ 机型	6120	4125	135 系列	160 系列	NH220-CL
试验压力(r/min)	2000	975	1875	1875	
限压阀压力(kPa)	500	650 ~ 700	600	300	550
机油泵流量(L/min)	66.7	48	53.5	主泵 103 副泵 46	

试验用油的黏度在 20℃时为 3 ~ 5℃。试验时油温应达到 70 ~ 80℃。试验台无加温功能时,可在柴机油内加 50% 的柴油,以使实验油液的黏度接近实际工作时润滑油的黏度。

机油泵试验在专用试验台上进行。国产 ZJ1 型机油泵试验台(图 8-21)可以试验常用工程机械及汽车的机油泵、滤清器、机油压力表。试验台的油路如图 8-22 所示。

在试验台上调试机油泵时应按以下步骤进行:

将被试机油泵 2 通过连接板 3 安装在工作台上(图 8-22)。起动试验台,在低转速及最小油压下运转 5 ~ 6min。此时应注意机油泵及机械传动部分有无机械摩擦、局部发热、异响等现象。如有不正常现象,必须立即停机,并予以排除。运转正常时,可将转速及压力逐渐升高到规定值后,观察各部分密封情况。一般机油泵在规定转速和压力情况下运转时,允许限压阀、泵体与泵盖接合面、轴与衬套间有轻微滴漏,但不允许大量泄漏。

(1)限压阀开启压力的检查与调整。将试验台转速调到规定值,关闭节流阀 15,利用调节阀 10 提高油路压力,直至限压阀开启(溢流)时压力表上的读数即为限压阀的开启压力。如果限压阀开启压力不符合规定要求时,应进行调整。旋入限压阀调整螺栓,压力升高,相反则降低,直至调到规定要求。

(2)供油量的检查。将试验台转速调到规定转速后关闭节流阀 15 并利用调节阀 10 将油压调到规定值。关闭试验台的开闭阀 5 时,注意观察玻璃管 7 的油面高度,记住上油箱内的油量。观察记时器,1min 后看玻璃管的读数,此读数减去原来上油箱的油量即为该机油泵的供油量。机油泵的供油量不足时,应查明原因,并予以排除。必要时须翻修或换新。

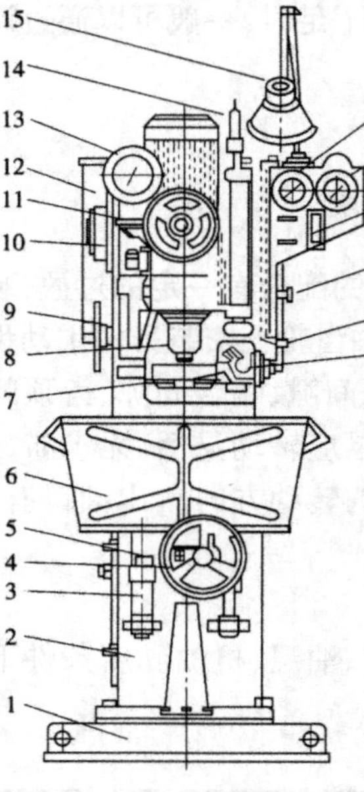

图 8-21　ZJ1 型机油泵试验台

1-底座;2-床身;3-下导轨;4-下油箱升降手柄;5-升降台;6-下油箱;7-工作台;8-主轴接头;9-变速箱;10-上导轨;11-无级变速手柄;12-上油箱;13-转速度;14-油管;15-照明灯;16-压力表(滤清前);17-压力表(滤清后);18-计时器;19-调节阀;20-开闭阀;21-节流阀

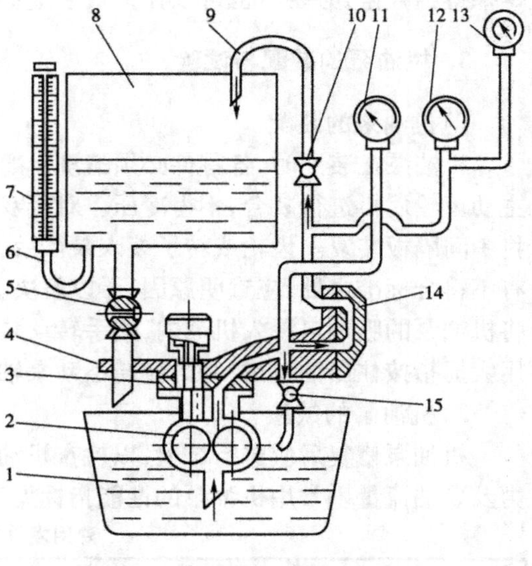

图 8-22　ZJ1 型机油泵试验台的油路

1-下油箱;2-机油泵;3-连结板;4-工作台;5-开闭阀;6-连通管;7-玻璃管;8-上油箱;9-弯管;10-调节阀;11-压力表(滤清前);12-压力表(滤清后);13-被检验的机油表;14-盖板;15-调节阀

二、滤清器的维护与修理

长期运转的发动机磨损下来的金属细屑、环境中的细砂粒、尘埃会进入润滑系统,加上氧化物及燃烧生成物等有害杂质,使机油中形成黑色黏性油泥。这种黏性油泥对发动机的正常工作危害极大。如果机油滤清器失效,这些油泥会进入零件摩擦表面而造成磨料磨损;沉积在油道中会减少机油的流量,严重时会堵塞油道,造成零件的早期磨损或事故性损坏。因此,及时维护、修理机油滤清器,是保证发动机可靠运行,延长其使用寿命的有效措施。

1. 机油滤清器滤清效果的检验

滤清器是过滤机油中杂质的装置。所以当拆卸滤清器进行维护、修理时,滤清器壳及滤芯上过滤下的杂质越多,滤清效果越好,即滤清器越脏,滤清效果越好。相反,如果机油很脏,滤清器却较干净,则说明滤清效果不佳。特别是转子式细滤器,工作正常时,转子壳内不仅沉积许多颗粒状重质物,而且聚积厚厚一层黏性油泥。

缝隙式滤芯在使用中容易发生缝隙堵塞、绕线断线松脱、上下口密封圈损坏等损伤形式,从而影响其滤清效果。检验这种滤芯时,先将滤芯清洗干净,并用压缩空气吹净,用木塞或橡皮塞堵住上下口,浸入 15℃左右的干净柴油中,检查柴油经缝隙充满滤芯内腔所需要的时间。

新滤芯应在 20～24s 内充满。如果充满时间少于 5s，说明滤芯有破损；充满时间多于 115s，说明滤芯堵塞严重。

2. 滤清器的清洗和滤芯的更换

带状缝隙式粗滤器一般在工作 50～60h 后应进行清洗。清洗时用毛刷蘸上汽油或柴油沿铜丝缠绕方向刷洗，不允许用金属刷或棉纱清洗。清洗后用压缩空气由内向外吹干。经检验，滤芯有堵塞现象时，可将滤芯放在碱水中煮 2～3h，然后再用碱溶液高压冲洗。高压冲洗时，碱溶液的温度应为 85～90℃，压力为 400～450kPa。

对于纸质滤芯，应按照说明，如期进行更换。更换滤芯时，应对润滑系，特别是滤清器壳等进行彻底清洗。

转子式细滤器每隔 240～250h 应清洗一次。清洗时先把滤清器外部擦干净，拆去罩壳，取出转子，打开转子顶盖，用木片或竹片清除转子内腔的油泥，并清洗喷口和滤网。喷嘴不必拆下，用铜丝或竹棍疏通即可。确认喷嘴磨损时可以换新。清洗后，将转子盖装好，并套在转子轴上。转子在其轴上应转动灵活，且无径向摆动。轴向间隙为 0.30～0.70mm。

转子式细滤器的转速对滤清效果影响极大。经维护后的转子式滤清器工作是否可靠，可用转子惯性旋转时间的长短判断。当发动机工作温度为 65～75℃，机油压力为 200～300kPa 时将发动机熄火。正常工作的滤清器转子在惯性力的作用下继续旋转，并发出清晰连续的“嗡嗡”声。响声由大到小，最后消失，持续时间应大于 1min。惯性持续旋转时间不到 1min 时，须重新拆检维护，必要时更换新件。

3. 滤清器的修理

滤清器外壳有裂纹或砂眼时，可用焊修法焊补。与密封圈接触的端面损伤，更换新密封圈也不能解决漏油问题时，可对损伤的端面进行研磨。缺口较大时，可对缺口进行焊补，然后锉削加工，最后再进行研磨。

带状缝隙式滤芯破损时，一般应予以更换。如果因机型特殊，配件供应不足，难以购置新件时，允许用锡焊焊补，但焊补面积不得超过滤芯面积的 10%。有条件时，也可将波纹筒置于手摇式绕线机上，把需修的滤芯铜丝网一端的焊锡烫开，并焊在准备使用的波纹筒上，重新绕制。在绕丝的过程中边绕边用 100 目砂布将铜丝上的胶结物打掉，并用布子擦净。经过这样的重绕，滤芯的滤清效果相当于新滤芯。

滤清器的各个密封圈在更换滤芯时应一同更换。如果需要继续使用旧密封圈时，必须认真检验。否则容易因密封圈性能变差而使滤清器滤清效果变差，甚至失去滤清作用。

三、润滑系指示装置的检验与维护

现代发动机润滑系设置机油压力传感器、机油压力表、机油油温传感器、机油温度表、滤清效果指示器等。这些指示装置，对润滑系的正常工作起着很重要的作用。如果指示装置失效，驾驶员就不能随时了解润滑系的工作情况，轻者（如滤清效果指示装置失效）滤清器堵塞，未经滤清的机油从旁通阀不经过滤进入主油道，加速零件磨损，严重时（如压力检测装置失效）发动机在无机油压力情况下运行，造成烧瓦抱轴等事故性损坏。因此，润滑系的指示装置必须经常处于完好状态。如遇压力表、传感器、指示灯、报警装置等有故障时,须及时检修,必要时更换新件。

四、机油散热器的维护与修理

发动机长期运转后,机油散热器内会沉积砂粒、尘土、磨屑等油泥状杂质。更换机油、清洗润滑系时,必须对机油散热器进行认真清洗。否则不但会因散热器内的杂质污染机油,而且散热器内的杂质沉积过多会阻碍润滑油流过散热器而影响散热,使机油温度过高。

机油散热器的常见损伤是油管接头漏油,散热管破裂等。油管接头漏油时,应仔细检查油管接头垫片,并更换新的铜垫或铝垫试验。一般的接头漏油,均可通过更换垫片解决。但是更换了平整无损的新垫片后仍然不能解决漏油的问题,则很可能是散热器上的油管接头平台不平或有划伤、刮伤等损伤。如遇此情况可用锉刀、刮刀或砂布等工具仔细修平,然后更换新铜垫或铝垫。散热管破裂漏油时,可用氧焊焊补,具体操作同水箱的修理。

第六节　润滑系的故障诊断与排除

一、机油压力过低

1. 故障原因

(1)润滑油黏度过小。

(2)限压阀弹簧弹力不足或调整不当。

(3)润滑系管路漏油。

(4)机油细滤器破损漏油。

(5)机油泵磨损过甚或有故障。

(6)机油压力表或传感器失效。

(7)主轴承、连杆轴承、凸轮轴衬套等配合间隙过大。

(8)阻水圈损坏,冷却水漏入油底壳。

(9)汽油发动机的汽油泵膜片损坏,汽油漏入油底壳。

2. 诊断与排除

(1)抽出机油尺检查,油面过低时应补足机油。机油过稀时,说明黏度过小或机油的黏温性过差,应重新加注符合标准的机油。机油有乳化现象或有水珠,且机油液面有升高趋势时,说明冷却水漏入油底壳。此时应查明漏水部位并予以排除。对于汽油发动机,汽油泵膜片破裂后,汽油会漏入油底壳。若遇此情况应修复汽油泵。

(2)将机油压力传感器上的导线拆下,接通点火开关,把导线头与缸体搭铁,观察机油压力表状态。如果机油压力表指针迅速升到最大读数,表明机油压力表良好;若指针不动或上升量很小,则表明机油压力表有故障或导线断路,应更换新机油压力表或导线。怀疑传感器损坏时,可换用新传感器试验。

(3)拆检、清洗细滤器,更换新滤芯。维护滤清器时,要特别注意检查细滤器滤芯或转子有无破裂、漏油之处,喷嘴的喷孔是否符合要求,必要时更换喷嘴。

(4)机油压力表、传感器、滤清器均无故障,润滑系统各管路无漏油现象时,应拆检机油泵,清洗集滤器。

(5)发动机长期使用,机油压力逐渐降低,或因缺机油,轴承及其他配合部位严重磨损时,应考虑发动机大修。

二、机油压力过高

1. 故障原因

(1)机油黏度过大。

(2)限压阀卡死或调整不当。

(3)机油压力表或传感器有故障。

2. 诊断与排除

(1)一接通点火开关机油压力表即有显示,说明机油压力表及传感器有故障,须换新。

(2)检查机油黏度是否符合要求,如果黏度过大,应更换黏度符合要求的机油。

(3)在机油泵试验台上检查、调整限压阀,使机油泵的泵油压力符合规定要求。

(4)清洗润滑油管、油道,维护滤清器。

三、机油消耗过多

1. 故障原因

(1)润滑油漏损。

(2)活塞与缸壁间隙过大。

(3)活塞环磨损过甚,端隙、侧隙和背隙过大,弹力不足;环卡死在槽内;扭曲环装反。

(4)气门导管磨损过甚或油封损坏。

(5)油道与水套间有裂纹,机油漏入冷却系。

2. 诊断与排除

(1)漏损的诊断与排除。仔细检查润滑系各油管及油管接头,发现有渗漏痕迹时应予以紧固。管接头损坏时应修复或更换。注意检查曲轴前后端油封的密封情况,保证曲轴箱通风良好或有规定的负压。

(2)烧损的诊断与排除。发动机运转时,排气冒蓝烟,曲轴箱机油加注口脉动冒烟气,说明活塞与缸壁间隙过大,使机油窜入燃烧室而烧损。此时应拆检缸筒、活塞及活塞环,分析机油上窜原因,并予以排除。发动机运转时冒蓝烟,曲轴箱无任何窜气现象,则为飞溅到气门室的机油沿气门导管被吸入燃烧室的结果。遇此情况时,应拆下气缸盖,更换导管,必要时连同气门一起更换并重新对研或铰削气门座。设有气门油封的机械要检查油封状况,必要时更换新油封。

(3)其他损耗的诊断与排除。在装有空气压缩机的发动机上,当拧开储气筒放污塞物时,有大量机油排出,说明空压机的活塞与缸壁间隙过大或活塞环磨损过甚。此时应检修空压机,使其技术状况得以恢复。

有些发动机缸体或缸盖在水套与油道之间有裂纹时,机油压力比冷却液压力高,故机油会窜入冷却液中。当打开水箱盖发现冷却液表面有一层油污,便是此故障现象。遇此情况时应对发动机进行解体检验,必要时进行探伤检验,查明裂纹部位,采取适当修理措施。

四、机 油 变 质

用机油尺沾少许机油,并滴在洁白的吸墨纸上,发现机油呈碳黑色并有杂质颗粒,或者油滴外缘呈黄色而核心部分呈黑色则为机油变质

1. 故障原因

机油在高温(有时在常温下)和氧化作用下生成氧化物或氧化聚合物。这种现象叫机油的"老化"。老化了的机油色泽变黑,黏度改变,油性变差,含酸量增加,不仅加速零件磨损,而且使零件的腐蚀加剧。机油在常温下老化所需时间特别长。如果老化现象加快,其原因如下:

(1)缸壁与活塞间隙过大,活塞环磨损,燃气窜入曲轴箱而使机油高温氧化。

(2)水、汽油等其他液体漏入油底壳,使机油乳化变质。

(3)滤清器工作不良,杂质进入机油而污染变质。

(4)经常用喷灯烧烤油底壳,高温会加速机油老化变质。

(5)机油使用太久。

2. 诊断与排除

(1)冬季烧烤油底壳时,应合理地控制温度。最好选用防冻机油。

(2)严格控制曲轴箱的窜气量,避免燃气大量窜入曲轴箱。经常保持曲轴箱通风良好。

(3)如有机油液面升高,且机油中有较大的汽油味时,说明有汽油进入油底壳,此时应检修汽油泵;如果机油有乳化现象时,说明有水进入油底壳,应查明漏水部位并予以排除。

(4)经常检查、维护滤清器,保持机油清洁不受污染。对于转子式细滤器,发动机熄火后的1 ~2min 内,能听到明显的"嗡、嗡"声。若听不到应及时维护。

复习思考题

1. 解释名词术语:

(1)压力润滑;(2)飞溅润滑;(3)曲轴箱通风;(4)全流式机油滤清器;(5)分流式机油滤清器。

2. 润滑系统的功用有哪些?润滑系统主要由哪些零部件组成?各起哪些作用?

3. 试列出6135型柴油机的润滑油路的机油流程。

4. 常用的粗滤器有哪几种形式?请叙述纸芯式机油滤清器的组成及工作原理。

5. 离心式机油细滤器的工作原理是什么?有何优缺点?

6. 内燃机为什么必须进行曲轴箱通风？柴油机和汽油机为什么要采用不同的曲轴箱通风方式？

7. 请叙述齿轮式机油泵和转子式机油泵的工作原理。各有什么特点？机油泵的常见损伤有哪些？怎样检验？如何修理？

8. 机油压力过低或过高的原因有哪些？

9. 机油消耗过多是什么原因？如何诊断？怎样排除？

10. 机油变质后有何特征？是什么原因引起的？怎样防止机油变质？

11. 机油散热器易出现哪些损伤？怎么修理？

第九章

发动机的装配与调试

第一节　发动机的装配与调试

一、发动机装配注意事项

(1)装配前,所有零部件和总成均应经过检验或试验,确保质量,工作场地与环境必须保持清洁。

(2)发动机的所有润滑油道应彻底清洗,并用压缩空气吹干净(禁止用棉纱头、棉布通洗油道);所有零件和部件应清洗干净,不得有毛刺、伤痕、积炭和锈蚀等现象。

(3)使用工具必须适当。应尽量采取专用工具,以提高工效和防止零部件的损伤。安装静配合零件时,应用压力机和专用夹具,不得用锤子打入。

(4)摩擦表面装配时,必须涂以适量的润滑油;各油道亦应加注一定量的润滑油,以便初始运转时,各部位有较好的润滑。

(5)不可互换的零部件,如各缸活塞连杆组、轴承盖、气门等,应按相应位置和方向装配,不得装错。

(6)所有密封垫,必须注意其厚度,保证各密封部位的严密性,无漏油、漏水、漏气现象。

(7)各配合件的配合应符合技术要求,如气缸活塞间隙、轴瓦轴颈间隙、曲轴轴向间隙、气门间隙等。

(8)主轴承盖、连杆轴承盖、气缸盖的螺栓或螺母应按规定的顺序和力矩拧紧。气缸盖螺栓或螺母应先由中间向四周交叉分3~4次逐步拧紧;主轴承螺栓一般是从中间起,对角交替分几次拧紧到规定的力矩,并可靠锁紧。利用开口销锁止的螺母,如扭力已达到要求但销孔错位时,可用互换螺母或更换不同厚度的平垫片予以调整。

(9)对于重要部位的弹簧垫圈、开口销、止动垫片、锁片及穿孔定位铁丝等,大修时应全部换新,且在装配时不得损伤或漏装。穿孔锁固用的铁丝,其直径应符合孔径,不得用钢丝或铜丝代替。弹簧垫圈的孔径应与螺栓的直径相适应。开口销的长度应合适,不能以小代大或以大改小。止动垫片及锁片的厚度原则上不宜减薄,必要时可以加厚,但不应超过0.5mm。

二、装配顺序与调整

发动机装配顺序随结构的不同而有所变化,但基本工艺过程大同小异。

1. 气缸套的安装

(1)气缸套试配。

①湿式气缸套未装阻水圈时，在机体内应能用手转动，但不能有明显松旷。

②气缸套放入机体内，其上端面应高出机体平面一定距离。高出量不足时，可在安装孔的台肩上加铜垫或铝垫。对于多缸发动机，各缸气缸套的高出量应一致。

4125A 型柴油机的高出量为 0.08 ~0.205mm，S195 型柴油机的高出量为 0.07 ~0.17mm。

(2)装阻水圈。将尺寸合格的阻水圈平整地装入气缸套或气缸体相应的槽内，不得扭曲或损伤。安装后的阻水圈，沿环槽圆周应均匀凸出。

为能顺利压入气缸套，又不损伤阻水圈，可在阻水圈上涂以肥皂水。

(3)安装气缸套。如果气缸套壁厚不均匀，应将壁厚较大的一侧置于承受最大侧压力的一面。

用压床或其他专用工具，压装气缸套。压装时用力应缓慢均匀，防止挤切阻水圈或使气缸套变形。

气缸套压入后，应检查圆度和圆柱度，其误差应符合技术要求。如变形过大，应查明原因，重新安装。最后，还要进行水压试验，检验阻水圈是否安装可靠。

对于干式气缸套，要注意气缸套与安装孔的清洁，不要涂机油，以免影响散热。

2. 曲轴与主轴承及飞轮的安装

(1)安装曲轴与主轴承。待装轴承必须保证一定的钢背高度，使轴承在座孔中有适当的贴紧度。否则会造成滚瓦、损坏轴承，严重的甚至会造成烧瓦抱轴乃至断轴事故。

瓦背与座孔间在正常情况下是不允许加垫片的，但在紧急情况不得不加铜垫片时，应注意铜片的厚度及其均匀性和平整度，不能太厚，要求薄铜片和钢背及轴承座紧密贴合。加垫铜片后，轴承内孔的圆度及圆柱度均不能超限，否则应修整座孔或更换适当厚度的铜片。加垫后使用时必须加倍注意，一旦条件许可时应及时更换合格的轴承。

轴承盖及轴承不能调换位置。轴承盖一般有方向记号和顺序记号。装配时应按记号复位。其方向性有的发动机是轴承盖上磨平一块或凸起一块，有的则是把顺序号打印在同一方向，装配时应使这些记号装在同一侧(一般是朝向前方)。

轴承应按镗刮时的位置装复，且上下轴瓦不能调换位置。如有调整垫片，应按镗刮时的位置和数量装复。

主轴承螺栓拧紧时，应按顺序和扭力要求进行。

组合式曲轴安装时应从机体后端装入。

无论是整体式曲轴还是组合式曲轴，装配时应检查其轴向间隙。有些发动机是用某一道主轴承的两侧端面保证(一般是中间或最后一道主轴承)，有些发动机是靠曲轴前端的推力垫保证。轴向间隙不符合要求，应对推力垫或主轴承两侧端面修复。曲轴装配后应转动灵活。几种发动机的曲轴轴向间隙如表 9-1。

(2)安装飞轮。飞轮和曲轴安装时有定位标志，应注意找正以便保证曲轴飞轮组的动平衡要求和有利于发动机的调整。

曲 轴 轴 向 间 隙　　表 9-1

机　型		146 系列	135 系列	160 系列	6120	6130
曲轴轴向间隙（mm）	标准	0.3～0.5	0.18～0.37	0.20～0.37	0.16～0. 26	0.16～0. 26
	应修	0.80	0.70	0.60	060	0.60

为了不破坏曲轴的平衡，飞轮与曲轴之间有严格的位置关系。安装飞轮时，应注意辨认安装记号、定位销或螺栓孔的不等距分布等。

飞轮螺栓应按规定扭矩拧紧，并用铁丝或锁片牢固锁紧。用铁丝锁紧时，正确的穿入方向是：铁丝拉紧时，有使螺栓顺时针方向转动的趋势，即向“紧”的方向转动。

3. 活塞连杆组的安装

（1）安装活塞连杆组前应进行偏缸检查。检查时将活塞连杆组装入气缸，拧紧连杆螺栓。转动曲轴，用厚薄规检查活塞四周与气缸壁的间隙是否均匀。要求活塞顶部与缸壁在曲轴前后方向上的间隙基本一致，其差值一般不大于0.1mm。

（2）活塞环的安装应正确，环口应错开90°～120°，但开口位置应避开活塞销两端。

（3）活塞连杆组装入气缸时应注意方向性。如活塞顶凹坑对准喷油器一边；活塞顶气门避碰坑与气门位于同侧；斜开面的连杆大端对准机体侧窗口一边；活塞销中心偏移时应使爆发压力对缸壁的侧压力减小；活塞上有方向标志时应按要求安装等。

（4）活塞上止点位置的检查。为保证一定的压缩比，应检查活塞处于上止点时，活塞顶距气缸体上平面的距离。距离过小，有可能顶撞气门，且使压缩比增大，发动机工作粗暴；距离过大，压缩比下降，发动机功率下降。活塞上止点位置不符合要求，应查找出原因，排除故障后，方可继续装配。

活塞连杆组的重量差应符合所属车型的规定。活塞连杆组装入气缸前应在气缸壁、活塞环处、轴承处涂以润滑油。安装时应用专用工具压缩活塞环，以利装配。

（5）连杆轴承应按镗刮时的位置装复，不能互换。如有垫片也应按原位置装复。连杆盖不能调换位置和方向，一般是轴承定位部分相对，或使打印的记号相对。

连杆螺栓扭紧力矩应符合要求，拧紧后应可靠锁牢。

每装完一个活塞连杆组后，应转动曲轴，检查转动是否灵活。全部装完后，应能用手或借助工具使曲轴转动。

4. 配气机构的安装

（1）凸轮轴的安装。凸轮轴安装后应检查轴向间隙。此间隙多数是由凸轮轴前端的推力垫和隔圈保证。轴向间隙应符合要求，表 9-2 为几种发动机的凸轮轴轴向间隙。

凸轮轴轴向间隙　　表 9-2

机　型		146 系列	135 系列	160 系列	6120	6130
轴向间隙（mm）	标准	0.35～0.45	0.195～0.545	0.35～0.45	0.10～0.21	0.10～0.21
	应修	0.70	1.00	0.60	0.50	0.50

(2)气门组的安装。将修磨好的气门按对应位置放入气门座中时,气门在导管中运动不得有卡滞的现象,否则应检查气门与座的同心度或气门杆与导管的配合间隙。

检查气门弹簧的自由长度和弹力,应选配自由长度和弹力较为一致的气门弹簧装在同一发动机上。根据气门头的不同下陷量,应在气门弹簧座的下面加垫弥补,以保证气门落座的接触压强。有些发动机的气门弹簧两端圈距不一样,安装时圈距小的一端应靠近缸盖。气门锁片安装后其上端应高出弹簧座,两瓣锁片之间应有间隙。

气门摇臂支架和摇臂轴一般都有润滑油道,切勿装错。支架固定螺栓必须拧紧,并用弹簧垫圈或锁片锁定。该螺栓的松动会影响配气定时,严重者还会折断摇臂支架。有些发动机摇臂支架固定螺栓的长度有严格的规定,不能换用,以防损坏缸盖冷却水套。

5. 气缸垫的安装

(1)气缸垫的安装。安装气缸垫时应注意通水孔和通油孔与缸体上相应的孔相对。有定位孔时应仔细对准定位套,无定位孔时应注意缸垫在缸口处不许压在缸套上,以防压裂缸口和使缸垫压不实。

(2)缸盖螺栓要按一定顺序扭紧,一般是从中间向两端按对角方向依次扭紧。扭紧时要分 2 ~3 次进行,最后一次扭力要符合要求。缸盖螺栓大小不一时先紧大螺栓后紧小螺栓。如图 9-1 所示。

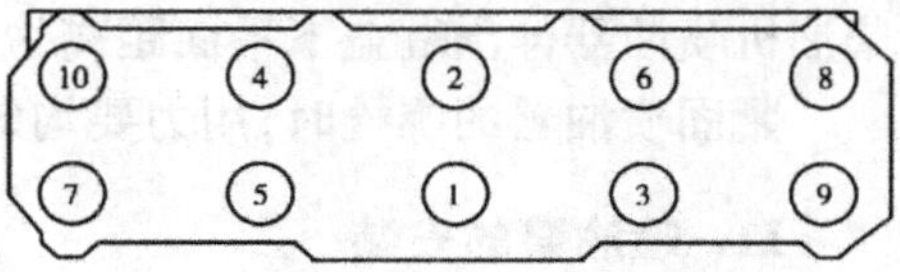

图 9-1 气缸盖螺栓的紧固顺序

(3)活塞顶与气缸盖下平面间间隙的检查。活塞顶与气缸盖下平面间的间隙大小不仅影响发动机的压缩比,而且也影响安全可靠性。此间隙一般用铅丝检查,即将较软的铅丝放在活塞顶与缸盖之间,使活塞经过上止点压扁铅丝,然后测量被压扁铅丝的厚度,此厚度即为活塞顶与缸盖下平面之间的间隙,应符合标准。如135系列柴油机为 1.4 ~2.3mm;160 系列柴油机为 0.20 ~1.42mm;6120、6130 柴油机为 0.95 ~1.42mm。

6. 正时齿轮组的安装

正时齿轮一般都有记号,一类是打在齿轮和机体之间,另一类是打在齿轮之间,安装时应对准相应的记号,以保证喷油正时和配气正时。如正时齿轮组原来没有记号或记号不清楚时,可根据下述方法安装:将飞轮按记号转到指定某一缸(如第一缸)的压缩上止点,按照规定的配气相位,找出第四缸或第六缸进气的提前角度,把曲轴转到相应的角度。把凸轮轴转到即将顶开进气门的位置,装入定时齿轮。转动曲轴检查在相应的角度上进气门是否开始顶开。进气门开始顶开的瞬时,可以从推杆开始被挺柱压紧的瞬时用手即可判断。由于曲轴上齿轮齿数不多,每齿至少相隔 10°以上,所以用该法检查安装不致发生误差。燃油供给也可根据供油提前角参照上述方法进行。

7. 调整气门间隙和减压间隙(详见发动机修理部分)

8. 机油泵的安装

应注意机油泵驱动齿轮的啮合间隙。一般是通过增减机油泵与机体接触面间的纸垫厚度进行调整。注意纸垫不能堵住油孔。135 系列柴油机机油泵驱动齿轮与惰轮的啮合间隙为0.12 ~0.35mm,使用极限为0.50mm;6120、6130 柴油机的该间隙为0.05 ~0.20mm,使用极限为0.35mm。

限压阀的调整应根据不同机型的要求进行。有的用调整螺栓,有的用调整垫片。机油泵的调整一般应在专用的试验台上进行。如在机上调整,大修时,除了应达到规定的供油压力外,还应有一定量的回油量,以备当各部间隙增大后仍能保持足够的供油压力。如果机油表的指示压力随着发动机转速的升高而增高,则说明机油泵供油量不足,应重新检查。一般的情况是当机油温度达到正常值后,怠速时和高速时机油压力相差不得超过50 ~80kPa。

9. 水泵的安装

安装水泵时应注意驱动皮带的松紧度。如135 系列柴油机要求在皮带中间施加30 ~50N 压力时,皮带应压下10 ~20mm,则松紧度合适。

10. 喷油器的安装

直接喷射式喷油器安装时应选择合适的铜垫,以保证喷油嘴伸出缸盖下平面的距离。135 系列柴油机缸盖下平面到喷油器最低的喷孔中心距离为2.5 ~3.0mm;6120、6130 及160 系列柴油机喷油器伸出缸盖下平面距离为0 ~1.5mm。否则调整铜垫厚度。

紧固喷油器的螺栓时,用力要均匀,分几次扭紧,防止喷油器歪斜。

11. 喷油泵的安装

首先将柴油机第一缸的活塞转至压缩行程上止点,然后转动喷油泵凸轮轴使第一缸柱塞开始供油,此时将喷油泵凸轮轴上的被动盘通过中间连接盘与驱动盘连接即可。安装后检查并调整供油提前角。

柴油机其他零部件及总成的安装也应严格按照装配要求进行。总装完毕以后应全面检查是否有遗漏、连接不可靠等现象。

第二节 发动机的磨合与试验

一、磨合试验的其目的

(1)改善配合零件的表面质量,使其能承受应有的载荷。

(2)减少初始阶段的磨损量,保证正常的工作间隙,延长发动机的寿命。

(3)发现并及时排除装配中的问题,以免在使用中出现事故性损坏。

(4)调整个别机构,使其工作协调,以得到最好的动力性和经济性。

(5)检验修理质量。

(6)测定发动机功率、油耗、转速等。

二、磨合试验设备

发动机的冷磨合一般在测功机上进行。测功设备的型号很多,其中 SG115M 型水力测功机，性能稳定，测量精度高，既能测功，又能对发动机进行冷、热磨合，与油耗仪配套使用，还可测定发动机耗油率。该测功机如图 9-2 所示，其主要由以下几个部分组成：

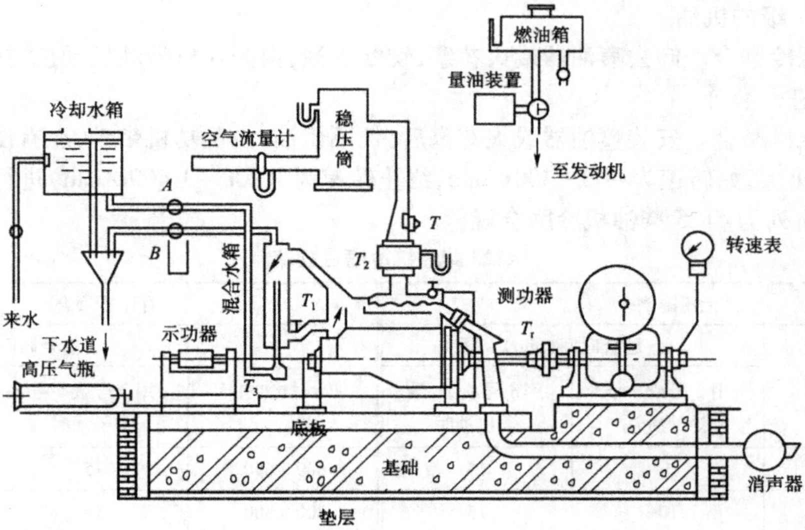

图 9-2 SG115M 型水力测功机

(1) 测功部分。它由制动鼓、量秤机构、测速机构等组成。

(2) 冷磨合部分。它由电动机、摩擦离合器、变速箱和单向离合器组成。

(3) 发动机支座部分。它由两个平板和四个支架组成，用以支承和固定发动机。

(4) 附属部分。它由供水系统、供油系统、方向传动装置组成。

三、磨合规范

发动机磨合分冷磨合与热磨合两个阶段。冷磨合是由外部动力驱动总成或机构的磨合。而发动机自行运转的磨合则称为热磨合。其中发动机自行空运转的磨合则称为无载热磨合；加载自运转磨合称为负载磨合。发动机的磨合质量在材料、结构、装配质量等条件已定的情况下，主要取决于磨合时期的转速、载荷、磨合时间、润滑油品质。磨合的原则是由低速到高速、由无负荷到有负荷、由小负荷到大负荷逐渐增加，以达到其目的。因此，由磨合转速、载荷和磨合时间组成了发动机的磨合规范。

1. 冷磨合规范及工艺

(1) 准备工作。

①将发动机装在测功机上。

②连接好冷却装置、油路及各种仪表。

③润滑发动机各部位，包括水泵轴承、喷油泵总成等。

④检查测功机变速器油面，检查离合器是否分离。

⑤用柴油清洗润滑油道及油底壳。将柴油加入发动机油底壳，启动测功机，使发动机在 300r/min 转速以内运转 3 ~ 5min；然后放出柴油，并用清洁柴油清洗机油滤清器；最后在油底

壳内加入磨合用油。

磨合用油一般按说明书规定选择机油,无合适机油时,应选择比规定的质量品级高一级、黏性等级低一级的机油。

(2)无压冷磨合。卸去喷油器或火花塞,切断供油,由测功机带动发动机,按磨合规范,从低速到高速进行磨合。

(3)有压冷磨合。安装喷油器或火花塞后,仍不供油,由测功机带动,在有压缩的状况下,从低速到高速(起始转速为400~500r/min,终止转速为1 200~1 400r/min)进行磨合。

表9-3所列为4125柴油机冷磨合规范。

4125柴油机冷磨合规范 表9-3

无压冷磨合			有压冷磨合		
转速(r/min)	磨合时间(min)		转速(r/min)	磨合时间(min)	
	用2号或3号锭子油时	用8号或11号柴机油时		用2号或3号锭子油时	用8号或11号柴机油时
300~350	5	15	600~650	15	25
450~500	10	15	800~900	15	30
600~650	10	20	1000~1200	10	20
800~900	10	20	—	—	—
1000~1200	5	15	—	—	—
合计	40	85	合计	40	75

(4)冷磨合注意事项。

①机油压力应为170~300kPa,摇臂机构应有润滑油。

②冷却水的温度最好控制在70℃左右。

③有无过热、异常声响或漏油漏水现象。

④配气机构的挺柱和推杆是否转动(要求转动)。

⑤各级转速的冷磨合时间约为15min,总共60min。

如发现异常,应立即停机检查,排除故障后再磨合。

冷磨合后,检查调整气门间隙,检查气缸压力。气缸压力应不小于规定值的5%,各缸压力差:汽油机的压力差≤10%、柴油机的压力差≤8%。最后,放出油底壳磨合油,并清洗机油滤清器。

发动机磨合的关键是气缸、活塞环、活塞和曲轴与轴承等配合副的磨合,配合面上的载荷主要由连杆活塞组的质量和离心力形成的。有资料介绍,在1200~1400r/min转速范围内单位面积上的载荷最大,超过或低于此转速,反而减小,影响磨合效率,如图9-3所示。

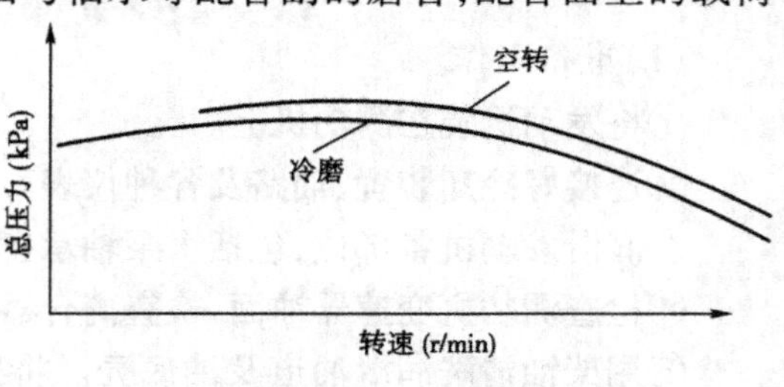

图9-3 连杆轴颈上的总压力与转速的关系

磨合转速采取四级调速。无级调速磨合效率低,在每级转速下,随着表面质量的改善,磨损率逐渐下降至平衡状态。为了提高磨合效率,故采用有级调速，如图 9-4 所示。

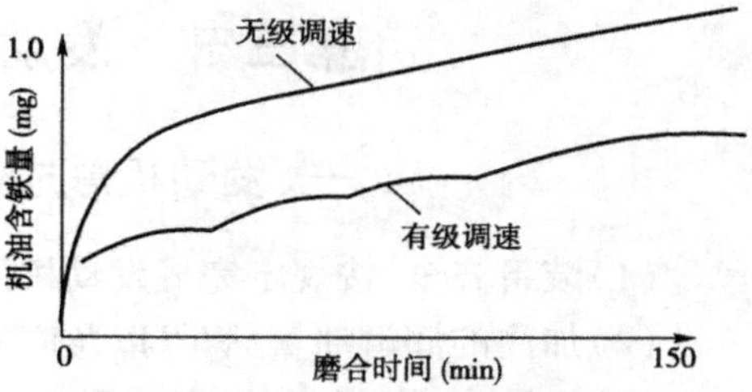

图 9-4　冷磨磨损特性

2. 热磨合规范及工艺

(1)准备工作。

①在油底壳内加注清洁机油至油尺上限。

②接通油路，排除空气，检查供油提前角。

③启动发动机，以怠速运转至水温达 40℃以上。

(2)无负荷热磨合。按磨合规范，控制油门，从低速逐渐升高到标定转速磨合。

(3)加负荷热磨合。将发动机稳定在标定转速下，按磨合规范，通过测功机对发动机逐渐增加负荷(但不到满负荷)。

表 9-4 是 135K-3、K-5 的热磨合规范。

135K-3、K-5 的热磨合规范　　表 9-4

转速(r/min)	功率(kW)	测功器读数(N)	磨合时间(min)
700 ~ 1500	0	0	35
1500	27.6	245	20
1500	55.2	490	30
1600	82.4	686	50
1700	100.1	784	20
1800	K-3:103.0 K-5:762.4	K-3:117.8 K-5:872.2	15

(4)热磨合注意事项。在热磨合过程中应检查如下项目，必要时进行调整和排除：

①按下起动电钮，在 10s 内能顺利起动，如起动不了，隔 2min 后再起动，仍起动不了则应检查并排除故障。

②检查并调整机油压力(一般为 250 ~ 300kPa)

③检查水温(一般为 80 ~ 90℃)油温(一般为 65 ~ 75℃)。

④查听有无局部过热和异响，发现后立即检查并排除。如系更换主要零件则应重新磨合；如系调整则累计磨合时间不能减少。

⑤检查是否漏水、漏油、漏气。

⑥观察排气烟色，一般允许有青灰烟，如有水珠、水汽喷出，应停机检查并排除。

⑦调整供油提前角。

⑧怠速不稳且易熄火时，应停机后立即扳转曲轴，如有卡滞现象，说明发动机的摩擦表面有“抱住”、“咬死”的故障，应找出原因并及时排除。

热磨合后在热车状态下放出全部润滑油，并检查润滑油中有无不正常的金属屑。然后用柴油彻底清洗油底壳、油道和机油滤清器等处。最后更换润滑油进行试验。

磨合质量的好坏影响发动机的使用寿命。所谓磨合质量好是指：磨合时间短，磨合期零件磨损量小，磨合后在正常负荷下使用寿命长。

第三节　发动机总成修理竣工技术条件

一、发动机总成修理竣工的一般技术要求如下

(1)装备齐全、按规定完成发动机的磨合,无漏油、漏水、漏气、漏电现象。

(2)加注的润滑油量、牌号以及润滑脂符合原厂规定。

(3)无异响,发动机急加速时无突爆声,化油器不回火、消声器无放炮声,工作中无异响现象。

(4)润滑油压力和冷却液温度正常。

(5)气缸的压力应符合原厂规定,各缸压力差,汽柴油机应不超过各缸平均压力的10%。

(6)四冲程汽油机的转速在500~600r/min时,以海平面为准,进气歧管真空度应57.2~70.5kPa范围内。其波动范围,六缸机不超过3.5kPa,四缸机则不超过5kPa。

二、发动机总成修理竣工后的主要使用性能如下

(1)发动机在正常工作温度下,5s时间内能起动。柴油机在5℃环境下,汽油机在5℃环境下,起动顺利。

(2)配气相位差不大于2°30′。

(3)加速灵敏,速度过渡圆滑,怠速稳定,各工况工作平稳。

(4)最大功率和最大扭矩不低于原厂规定的90%。

(5)最低燃料消耗率不得高于原厂的规定。

(6)发动机排放限值符合GB 7258—1997《机动车运行安全技术条件》之规定。

(7)电子控制系统的设置应正确无误。自检警告灯应显示系统正常,或通过系统自诊断功能读取的故障码应为正常。

第四节　发动机试验

发动机试验项目有:最高空转转速、怠速稳定转速、功率、耗油率,即速度特性、负荷特性试验。

一、发动机试验设备

1. 水力测功机

水力测功机,如图9-2所示。由于发动机试验时会产生较大的振动和旋转力矩,所使用的试验台用坚固、防振混凝土做基础。基础上固定有安装发动机用的铸铁底座和前后支架。

为保证发动机能迅速拆装和对中,前后支架在底座上的位置和高度做成可调式。

发动机曲轴与测功机转子轴用联轴器连接。通过测功机和转速表所测读数,可以计算出补测发动机的功率。燃油由专用油箱通过油量测量装置供给发动机的燃料供给系。

2. 电涡流测功器

电涡流测功器由电涡流制动器、测力机构及控制柜组成。如图9-5所示为电涡流制动器结构图。转子盘的圆周上加工有齿槽的钢齿轮。定子包括摆动壳体、涡流环(摆动体)、励磁

线圈。如图 9-6 所示为制动器工作原理简图。

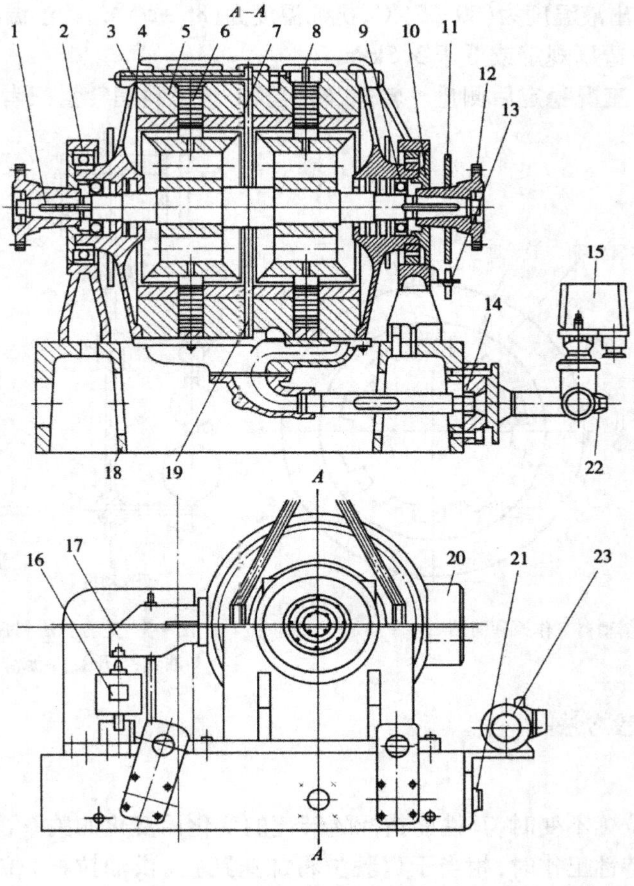

图 9-5　电涡流制动器结构

1-转子轴;2-摆动体支架;3-转子盘;4-轴承座;5-外环;6-励磁线圈;7-涡流环;8-摆动排水管;9-主轴轴承;10-轴承盖;11-测速齿盘;12-联轴节;13-转速传感器;14-摆动进水管;15-水压监测器;16-转矩传感器;17-测力臂架;18-底座;19-通风环;20-配重块;21-出水法兰盘;22-回水口;23-油泵

在励磁线圈中通以直流电时,即产生通过外壳、涡流环、空气隙和转子盘的磁力线。

发动机带动转子盘旋转。由于转子盘外圆涡流槽的存在,会在空气隙处产生密度交变的磁力线,因而在涡流环内产生感应电动势而形成涡电流。此电流与产生的磁场相互作用即形成一定的电磁力矩,从而使涡流环(摆动体)偏转一定角度,由测力机构可以测出力矩数值。

3. 油耗测量装置

油耗测量装置,又称油耗仪,如图 9-7 所示。它由油箱、量瓶(或量杯)、三通阀、滤清器等组成。

4. 发动机试验的一般条件

(1)所用燃油及润滑油符合制造厂的规定。

(2)测试仪器的精度及测量部位应符合规定要求。

(3)试验前发动机应按规定的磨合规范进行磨合。

(4)发动机冷却液出液温度为(80±5)℃,机油温度为(85±5)℃,柴油温度为(40±5)℃。

(5)排气背压按制造厂规定或低于3.5kPa。

(6)所有数据要在工况稳定后测量。转速、转矩及排气燃料消耗量三者应同时测量。

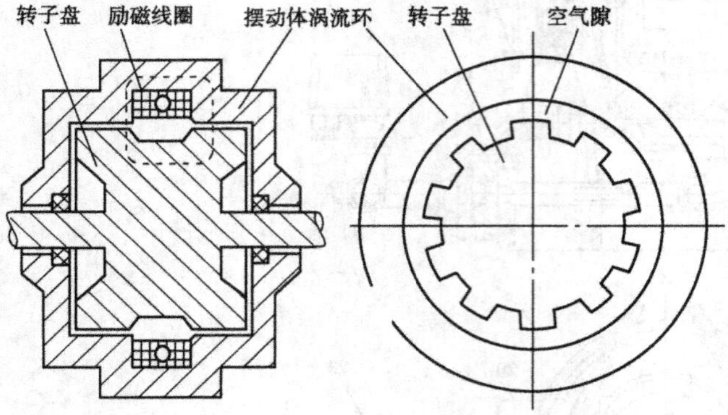

图9-6 制动器工作原理简图

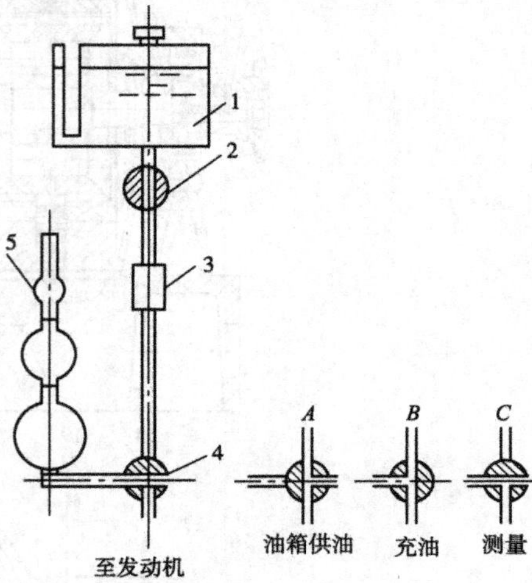

图9-7 定容积法测量燃油消耗量示意图

1-油箱;2-开关;3-滤清器;4-三通阀;5-量瓶

5. 主要性能的试验方法

1)速度特性试验

柴油机供油拉杆位置不变时,其性能指标随转速的变化而变化的关系,称为柴油机的速度特性。柴油机沿速度特性工作时,相当于驾驶员将加速踏板(供油拉杆)位置保持一定,工程机械柴油机随工作阻力的变化而变化的情况。

用图来表示速度特性时,一般横坐标表示柴油机的转速,纵坐标(性能参数)主要是性能指标,如有效功率 P_e、有效转矩 T_e 和有效燃料消耗率 g_e 等。由发动机台架试验测取一系列数据,绘制成速度特性曲线。供油拉杆保持最大开度时,所测得的速度特性,称为发动机的外特性。通过分析发动机的速度特性,可找出柴油机在不同转速情况下工作时,其动力性和经济性的变化规律,及对应于最大功率(P_{max})、最大转矩(T_{max})、最小燃料消耗率(g_{min})时的转速,从而确定柴油发动机工作时最有利的转速范围。

如图9-8所示为6130型柴油机的外特性曲线。如图9-9所示为WD615型柴油机外特性曲线。

试验时供油拉杆保持最大开度,在柴油机工作转速范围内,顺序地调节负荷(由小到大或由大到小加载),改变转速,进行测量。适当地分布八个以上测量点。绘制外特性曲线。

试验中主要测量:进气状态、转速、转矩、燃料消耗量、排气烟度、噪声、排气温度、喷油提前角等。

做发动机速度特性试验,测定发动机的外特性,分析评定所测发动机在全负荷下的动力性和经济性。

2)负荷特性试验

发动机的负荷特性是指当发动机转速不变时,其经济性指标随负荷而变化的关系。发动

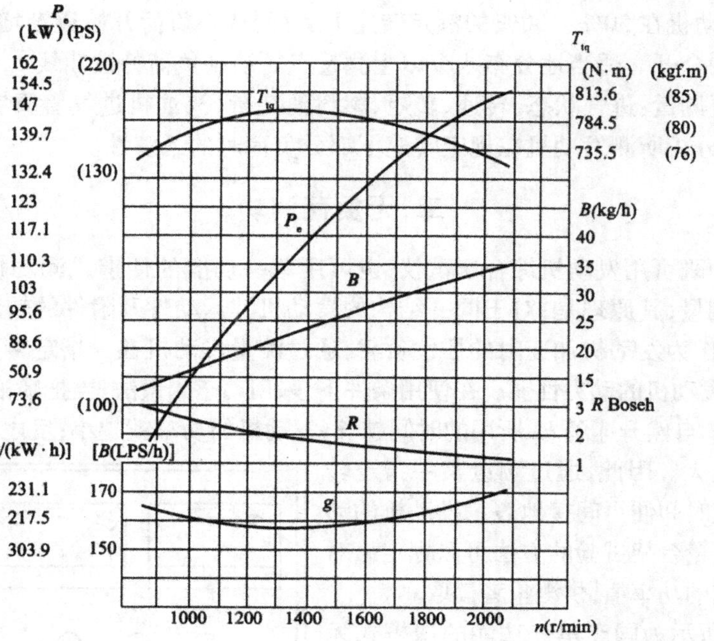

图 9-8　6130 型柴油机的外特性曲线

机沿负荷特性工作时，相当于汽车以等速在不同阻力的道路上行驶时的情况。用图来表示负荷特性时，一般横坐标（负荷）表示发动机的有效功率 P_e，纵坐标（性能参数）主要是经济性指标，如每小时燃料消耗量、有效燃料消耗率等。由发动机至台架试验测取一系列数据，绘制成负荷特性曲线。通过分析发动机的负荷特性，可了解发动机在各种负荷情况下工作时的经济性以及最低燃料消耗率的负荷状态。

如图 9-10 所示为 6135Q 型车用柴油机负荷特性曲线。

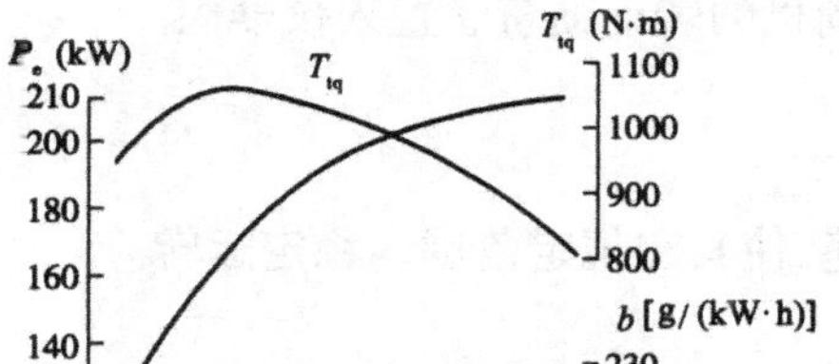

图 9-9　WD615 型柴油机外特性曲线

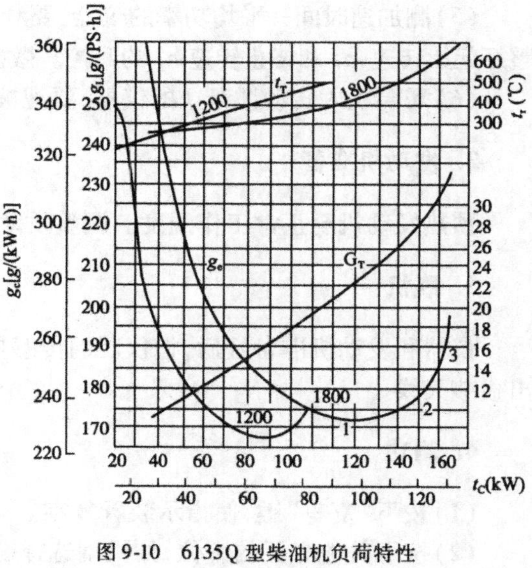

图 9-10　6135Q 型柴油机负荷特性

试验时,发动机在50%~80%的额定转速下运行,从小负荷开始逐渐增大负荷,相应增大节气门开度直到全开。适当地分布八个以上测量点。绘制负荷特性曲线。

试验中主要测量:进气状态、转速、转矩、燃料消耗量、汽油机进气管真空度等。做发动机负荷特性试验,分析所测发动机在规定转速下部分负荷时的经济性。

二、无负荷测功

无负荷测功既可用发动机综合测试仪,也可用单一功能的便携式测功仪。采用无负荷测功仪进行动态测量,其原理是:对于同一结构的发动机其运动件及附件的转动惯量可以认为是一个定值,以此作为发动机加速时的惯性负载,通过测量发动机在一指定转速范围内的平均加速度,便可反映发动机的动力性能。在使用条件下,采用动态测量法,当把喷油泵的齿条拉到底,发动机转速由 h_1 自然升速到 h_2 所用的时间越长,发动机的功率就越小;反之,加速时间越短,发动机的功率就越大。因此,通过测量某一指定转速范围内的加速时间便可间接地表示发动机的动力性能。通过大量台架试验的方法可以标定出对应一定加速时间的功率值,供测量者读取。

如图9-11所示为国产单一功能的便携式无负荷测功仪中的一种。不管哪种型式的无负荷测功仪,其通用测功方法如下。

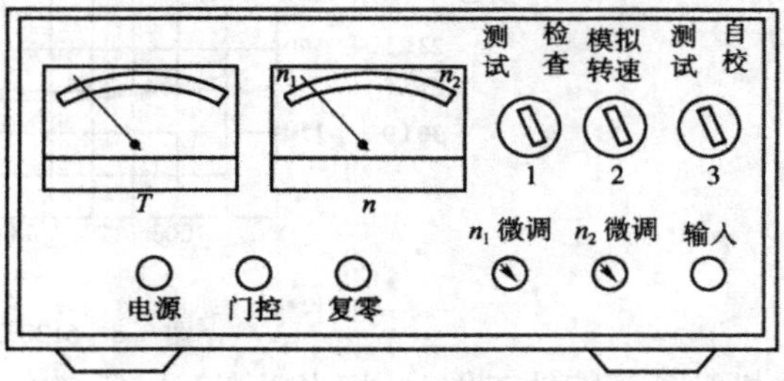

图9-11 国产单一功能的便携式无负荷测功仪面板图

1. 仪器准备

(1)未接通电源前,如指示装置为指针式,应检查指针是否在零点上,否则进行调整。

(2)接通电源后,电源指示灯亮,预热仪器至规定的时间。

(3)带有数码管的仪器,数码管亮度应正常,且数码均在零位。

(4)按仪器使用说明书给定的方法,对仪器进行检查、调试和校正。

(5)测加速时间—平均功率的仪器,要利用仪器的模拟转速、门控指示灯和微调电位器,调整好起始转速,n_1 和终止转速 n_2 的门控。微机控制的仪器,可通过数字键输入 n_1、n_2 的设定值。

(6)需要置入转动惯量 J 的仪器,要把被测发动机的转动惯量 J 置入仪器内。

2. 发动机准备

预热发动机至正常工作温度。调整发动机怠速,使其在规定范围内稳定运转。

3. 联机

仪器和发动机准备好后,把仪器的传感器按要求连接在规定部位。无连接要求的则应拉出拔节天线。

4. 测功

(1)按下"复零"键,使指示装置复零。

(2)按下其他必要的键位,如机型选择键,缸数选择键和"测试"键等。需要输入操作码的仪器,则应按要求输入规定的操作码。

(3)发动机在怠速下稳定运转,操作者急速地把加速装置加到底,发动机转速猛然上升,当超过终止转速 n_2 时应立即松开加速装置,切忌发动机长时间高速运转,记下或打印出读数后,按下“复零”键使指示装置复零,重复上述操作三次,检测结果取平均值。

(4)仅能显示加速时间的无负荷测功仪,测得加速时间后,应到仪器制造厂家推荐的曲线图或表格中查出对应的功率值,以便与标准功率值对照。

5. 检测结果分析

根据测定结果进行分析,对发动机技术状况做出判断。

(1)在用车发动机功率不得低于原额定功率的75%,大修后发动机功率不得低于原额定功率的90%。

(2)若发动机功率偏低,燃料供给系调整状况不佳,点火系技术状况不佳,应对油、电路进行调整。若调整后功率仍偏低时,应结合气缸压力和进气歧管真空度的检查,判断是否机械部分故障。

(3)发动机功率与海拔高度有密切关系,无负荷测功仪所测功率是实际大气压下发动机的实际功率,如果要校正到标准大气压下的功率,还应乘以校正系数。

三、发动机的试验

热磨合后进行发动机的性能试验,以鉴定修理质量。在发动机水温和机油温度正常的情况下:测定发动机的功率 N_e、扭矩 M_e 耗油率 g_e;检查调速性能,在额定转速、额定负荷时突然卸去载荷,其调速率不应大于10%,转速稳定时间不应大于10s。最低转速不应大于400~500r/min,怠速稳定性不大于±30%;检查排气烟色及排气温度(一般不大于500~550℃)。发动机试验可以分3个阶段进行。

1. 台架试验

静态测量,利用测功器进行试验,过去多用水力或电力测功器进行静态测量,近年来逐步采用无负荷测功仪进行动态测量。其原理是:对于同一结构的发动机其运动件及附件的转动惯量可以认为是一个定值,以此作为发动机加速时的惯性负载,通过测量发动机在一指定转速范围内的平均加速度,便可反映发动机的动力性能。在使用条件下,采用动态测量法,当把喷油泵的齿条拉到底,发动机转速由 n_1 自然升速到 n_2 所用的时间越长,发动机的功率就越小;反之,加速时间越短,发动机的功率就越大。因此,通过测量某一指定转速范围内的加速时间便可间接地表示发动机的动力性能。通过大量台架试验的方法可以标定出对应一定加速时间的功率值,供测量者读取。关于无负荷测功仪的构造及工作过程和测试注意事项请查阅有关的使用说明书。

2. 路试

如没有测功器,可将发动机装在机架上,以各种不同的负荷进行试验:如推土、铲土、起重、压路等实际工作试验,以判断功率的大小和其他各项技术指标。

3. 试验后的检验性观察

为了进一步确定气缸、活塞、轴承、曲轴轴颈、活塞环等基本零件的状态，在经过试验后可在测功器上进行部分的拆卸。此时将气缸盖连同气门一起拆下并拆下油底壳，检查气门在气门座里的位置和活塞在上止点位置时，活塞顶与气缸体平面的相对位置。

气缸、活塞、活塞环、曲轴轴颈的摩擦表面，应当是光滑的、没有擦伤、击伤、划痕；在轴承表面上允许有 2 ~ 3 个不深的圆形小条纹。

轴承的接触表面应不小于整个内表面的 80%，不允许抗磨层有裂纹和脱落。

缸套表面磨合应均匀，不能有条纹和擦伤现象。

从发动机拆下的零件部件经检验观察以后，应当装回原位。

最后再全部重新检查并紧固所有的螺栓和螺母。

复习思考题

1. 发动机装配与调整的基本要求有哪些？
2. 修理竣工的发动机为什么必须经过磨合才能投入正常使用？
3. 维护和修理竣工的发动机验收的主要内容是什么？
4. 什么是发动机的负荷特性？画出柴油机负荷特性图。
5. 什么是发动机的速度特性？画出柴油机的速度特性图。
6. 简述电涡流测功器测量发动机功率和转矩的原理。
7. 如何测量燃油消耗率并计算出燃油消耗率？

参考文献

[1] 陈新轩等.现代工程机械发动机与底盘构造[M].北京:人民交通出版社,2002.

[2] 吴幼松 余清和.公路机械化施工与管理[M].北京:清华大学出版社,2007.

[3] 蒋向佩.汽车柴油机构造与使用[M].北京:机械工业出版社,1997.

[4] 上海柴油机厂.135 系列柴油机使用保养说明书(第三版)[M].北京:人民交通出版社,1991.

[5] 陆耀祖,田维铎.内燃机构造与原理[M].北京:中国建筑工业出版社,2004.

[6] 陈家瑞.汽车构造(第四版)[M].北京:人民交通出版社,2002.

[7] 宋守信.内燃机增压技术[M].上海:同济大学出版社,1993.

[8] 扶爱民.汽车发动机构造与维修[M].北京:电子工业出版社,2005.

[9] 张育益等.汽车起重机、装载机故障诊断与排除[M].北京:机械工业出版社,1998.

[10] 唐国民.汽车柴油机供给系的维修与调试[M].北京:人民交通出版社,1996.

[11] 甄凯玉,杜彦良.现代发动机燃油系的维修[M].北京:机械工业出版社,1997.

[12] 唐艺.新编汽车修理工艺[M].北京:机械工业出版社,1998.

[13] 王定祥.现代工程机械柴油机[M].北京:机械工业出版社,2005.

[14] 邹小明.发动机构造与维修[M].北京:人民交通出版社,2001.

[15] 姚国忱.康明斯柴油机构造与维修[M].辽宁:辽宁科学技术出版社,1997.

[16] 许安 崔崇学.工程机械维修[M].北京:人民交通出版社,2001.

[17] 杜仕武,简晓春.现代柴油机喷油泵喷油器维修与调试[M].北京:人民交通出版社,2004.

[18] 陈文华.汽车发动机构造与维修[M].北京:人民交通出版社,2001.